普通高等教育工商管理类专业精品教材

运营管理

主　编　雷　森　张立明
参　编　张肖虎　奚国茜　杨　玥

机械工业出版社

本书在系统介绍运营管理相关理论的基础上，通过运营管理概论、运营战略、产品与服务设计、运营能力规划、设施选址、设施布置、生产与服务计划、从 MRP 到 ERP、作业计划、库存管理、供应链管理、质量管理和精细管理 13 个模块对运营管理展开了深入剖析。本书在每章融入了相关且最新的企业典型案例，帮助学生更加深入、有效、立体化地理解相关理论知识。

本书结合时代背景和职业素养培养案例，对全书内容进行了优化，培养学生成为有优秀品质的社会主义建设者和接班人。

本书是综合化立体教材，每章配有案例分析、本章习题等资料。

本书可作为普通高等学校经管类专业的本科生、硕士生教材，也可供其他专业师生和社会读者使用。

图书在版编目（CIP）数据

运营管理 / 雷森，张立明主编. —北京：机械工业出版社，2024.1（2025.1 重印）
普通高等教育工商管理类专业精品教材
ISBN 978-7-111-74354-5

Ⅰ.①运…　Ⅱ.①雷…②张…　Ⅲ.①企业管理-运营管理-高等学校-教材　Ⅳ.①F273

中国国家版本馆 CIP 数据核字（2023）第 229711 号

机械工业出版社（北京市百万庄大街 22 号　邮政编码 100037）
策划编辑：刘　畅　　　责任编辑：刘　畅　赵晓峰
责任校对：潘　蕊　薄萌钰　韩雪清　　　封面设计：王　旭
责任印制：常天培
北京机工印刷厂有限公司印刷
2025 年 1 月第 1 版第 2 次印刷
184mm×260mm · 16.75 印张 · 392 千字
标准书号：ISBN 978-7-111-74354-5
定价：58.00 元

电话服务
客服电话：010-88361066
010-88379833
010-68326294

网络服务
机 工 官 网：www.cmpbook.com
机 工 官 博：weibo.com/cmp1952
金 书 网：www.golden-book.com
机工教育服务网：www.cmpedu.com

前言

科学的管理是企业持续发展的关键。“运营”作为一种经营和管理的理念，是企业关注的重点。本书在全面、系统地呈现生产运营管理理论和框架结构的基础上，从运营战略、产品与服务设计、运营能力规划、设施选址、设施布置、生产与服务计划、从 MRP 到 ERP 等方面具体讲解了企业，特别是制造业企业和服务业企业是如何进行生产与运营的，从而实现有效管理。

本书立足于制造业企业和服务业企业的生产运营管理，进一步将两种企业类型进行更为细致的划分，充分吸收了生产运营相关领域理论研究和管理实务方面的最新成果。

本书为新形态、立体化的特色教材，其特点主要体现在以下方面：

一是引入了课堂职业素养案例体系。本书在每章的开篇设置了引导案例，结尾设置了案例分析，引导学生立足于党和国家的方针政策，运用理论知识分析企业在生产运营过程中如何进行管理，让学生成为德才兼备、全面发展的人才。

二是结构紧凑，内容新颖。本书从运营战略、产品与服务设计、运营能力规划、设施选址、设施布置、生产与服务计划、从 MRP 到 ERP 等 13 个方面完整地阐述了企业生产运营管理的理论与应用。本书充分吸收了相关学科领域理论研究和管理实务的最新研究成果，有助于学生在理解课程体系的同时，掌握该领域的未来发展趋势。此外，本书的创新点在于重点研究了服务业企业和制造业企业的生产与服务等，使内容更加完善新颖。

三是时效性和权威性强。本书立足于互联网、人工智能、大数据、连锁经营、跨国经营、精细管理等当前热点话题，结合企业当前面临的关键问题和最新实践，进行理论知识阐述。书中包含大量的案例分析和阅读材料，涵盖典型企业的生产与服务计划等运营管理模式，均取材于中国管理共享案例中心、《哈佛商业评论》等权威机构和刊物及各大新闻网站发表的代表性成果。

四是立体化教材。本书配有案例讨论、本章习题等资料，以进一步加深学生对知识的印象，提升学生的学习效果。

本书凝结了编者多年的教学心得，具体分工如下：本文总体框架及主要内容由云南财经大学张立明和雷森编写。其中，第 1 章至第 4 章由张立明编写；第 5

章至第 9 章由雷森编写，第 10 章、第 11 章由张肖虎编写，第 12 章由奚国茜编写，第 13 章由杨玥编写。李怡婷、孟欣、尚书涵三位同学参与了书稿前期收集资料和后期整理的工作。本书参考和引用了许多专家学者及新闻网站相关的文献资料，借鉴了他们在生产运营管理相关领域的研究成果，在此对这些专家学者表示衷心的感谢！

本书难免会有不足之处，敬请广大读者批评指正，不胜感激！

编　者

2023 年 8 月

目录

Contents

Contents

Contents

第 12 章　质量管理

第 13 章　精细管理

第 1 章 运营管理概论

学习目标

- 了解运营管理的概念及其内容。
- 了解运营管理的发展历程。
- 理解运营的分类以及制造业和服务业的区别。
- 掌握运营管理未来的发展方向。

逻辑框架

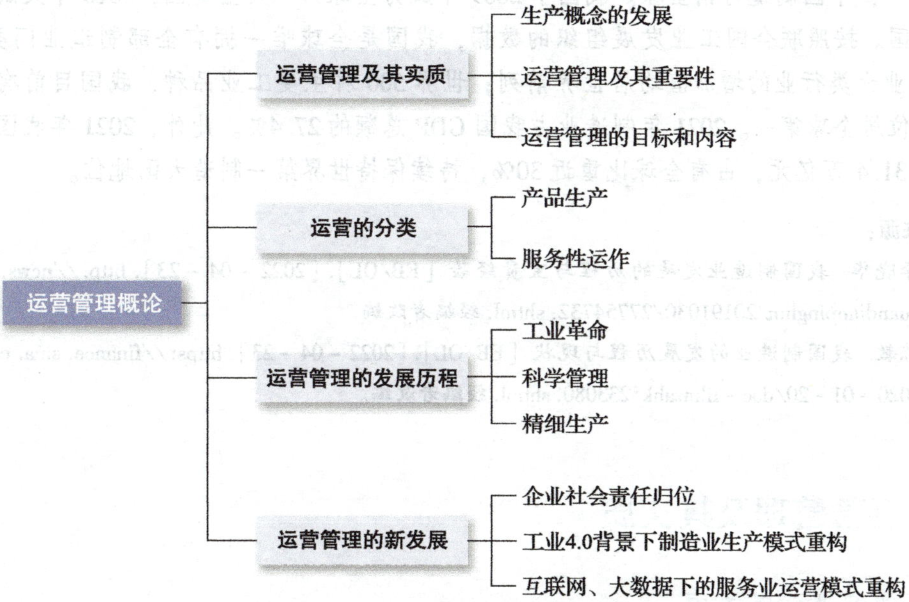

图 1-1　运营管理概论逻辑框架

引导案例

我国制造业的发展历程

新中国成立以来，我国迎来了从站起来、富起来到强起来的伟大飞跃。作为国民经济的主要支柱、技术创新的重要来源、人民生活的物质保障，制造业在推动经济社会发展中发挥了重要作用。新中国的制造业在“一穷二白”的基础上起步，经过多年的发展，我国制造业规模不断扩大，已成为名副其实的“世界工厂”和世界制造业第一大国。

新中国在成立之初，我国是一个典型的农业大国，工业基础非常薄弱，产业体系很不完善，工业化水平很低。数据显示，以净产值衡量，工农业结构中农业比重高达 84.5%，工业占 15.5%，其中重工业只占 4.5%。从一五、二五时期 156 个重点项目的建成投产，到“两弹一星”试制成功，再到后来的大规模“三线建设”，举全国之力投入工业化建设，使我国拥有了在世界上比较独特、相对完整的工业体系。

我国制造业真正驶入发展快车道并融入全球化分工体系始于改革开放初期。此时，欧美日等发达国家和地区掀起一轮“去工业化”浪潮，而我国大力实施改革开放政策，打开国门让境外资本、装备、技术和管理等生产要素与国内相对丰富的劳动力、土地与自然资源结合起来，以中外合资、外商独资、“三来一补”以及代工生产等多种方式，迅速在沿海地区形成大规模制造产能和产业集群。特别是 2001 年加入世贸组织以后，我国适应国际贸易规则，空前加大改革开放力度，不断优化投融资和营商环境，吸引全球跨国巨头纷纷落户中国，促使其迅速成为“世界工厂”，中国制造行销全球。我国于 2009 年成为全球第一大出口国，2010 年又成为全球第一大制造国。按照联合国工业发展组织的数据，我国是全球唯一拥有全部制造业门类的国家，22 个制造业大类行业的增加值均居世界前列；世界 500 种主要工业品种，我国目前有约 230 种产品产量位居全球第一。2021 年制造业占我国 GDP 总额的 27.4%。此外，2021 年我国制造业增加值高达 31.4 万亿元，占有全球比重近 30%，持续保持世界第一制造大国地位。

资料来源：

[1] 李晓华. 我国制造业发展的历程与宝贵经验 [EB/OL]. [2022-04-23]. http://news.cnfol.com/guandianpinglun/20191030/27754732.shtml. 经编者改编。

[2] 陈敏. 我国制造业的发展历程与现状 [EB/OL]. [2022-04-23]. https://finance.sina.com.cn/roll/2020-01-20/doc-iihnzahk5233080.shtml. 经编者改编。

1.1 运营管理及其实质

1.1.1 生产概念的发展

1. 社会组织及其职能

社会组织种类众多。学校、商店、快递公司、消防队、医院、银行等，都是社会组织。社会组织是具有特定目标和功能的、社会化的生产要素的集合体。社会组织的活动以其内部资源条件为基础，并受到各种外部条件的约束。

社会分工导致社会组织出现，社会组织也是社会生产力发展水平的标志。尽管某些社会组织提供的产品和服务不尽人意，但比人们自己为自己做的好得多，并且效率更高。正是由于社会组织具有高效率的特征，才使得人们在维持生计之余，有时间去从事科研、文创、体育赛事和各种休闲活动。

运营又称生产运作，是社会组织的基本职能。运营过程是一个“输入—转换—输出”的过程。在这一过程中，输入的是原材料、能源、信息等资源，经过加工、运输等转换活动，以产品或服务的形式提供给顾客，来满足其他社会组织和居民的需求。这是社会组织对社会做出的贡献，也是它赖以生存的基础。社会组织若没有输出，或者所提供的产品或服务因品种、质量或价格等问题被人们排斥，就得不到社会的认可。这样的社会组织很快就会在激烈的竞争中被淘汰。社会组织及其外部约束如图 1－2 所示。

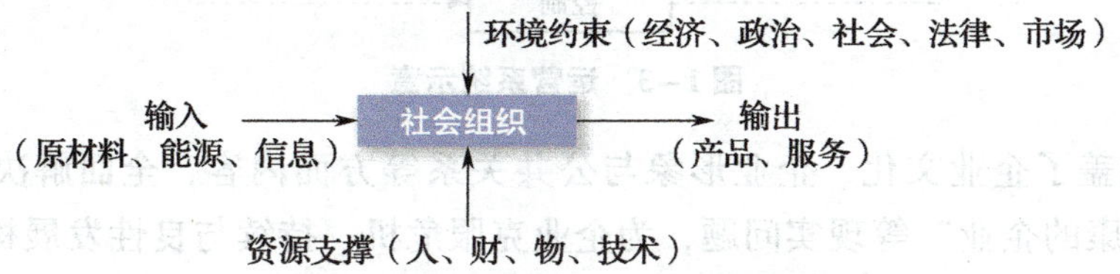

图 1－2　社会组织及其外部约束

但运营不是社会组织的唯一职能。社会组织的基本职能有三项，除运营以外，还有财务和营销。运营是社会组织最基本的活动。社会组织会把大部分人力、物力和财力都投入生产活动中，以制造社会所需要的产品和服务。因此，想要提高社会组织的经济效益，就必须把运营组织好。财务是社会组织筹措资金并合理运用资金。营销是社会组织发现并发掘顾客的需求，通过各种方式让顾客了解组织的产品和服务，并将这些产品和服务送到顾客手中。

社会组织都应具备这三项职能。离开这三项基本职能，任何社会组织都不可能持续生存。但社会组织的职能并不局限于这三项，采购与供应也是很重要的职能。社会组织职能的重要程度也会随着外部条件而变化，在计划经济体制时期，供应就比营销更重要。但是，随着社会主义市场经济体制的建立，买方市场替代卖方市场，营销职能比供应职能更为重要。人力资源管理也是社会组织的重要职能，它具有普遍性，不过相对三项基本职能，它与生产经营活动不具有直接的关系。

三项基本职能是相互依存的。如果该产品或服务缺乏良好的营销手段，那再强的财务支撑和运营能力，都没有意义；拥有了资金和市场，但缺少运营能力，将会导致财产的流失。因此，三项基本职能连同组织的其他职能，都是组织必不可少的，当我们研究运营管理时，不要忘记运营职能与其他职能之间的关系。传统的生产管理将运营职能与其他职能相剥离，既不能满足市场经济的客观要求，也不利于企业生产经营活动的整体优化。

2. 运营系统

运营过程是一个“输入—转换—输出”的过程。在这一过程中，输入的是土地、劳动、资本、信息等资源，经过加工、运输等转换活动，以产品或服务的形式提供给顾客。在把输入转换为输出的过程中，不可避免地会出现各种的问题，如质量达不到内部标准、设备出现故障、成本过高、延误订单的交付等。企业需要及时发现这些问题，并采取措施尽快解决，此即反馈机制。管理运营过程的直接目标是实现增值，最终目标是顾客满意，实现经济效益。引入反馈机制，致力于实现增值、最终达到顾客满意并实现经济效益的“输入—转换—输出”的运营过程构成了完整的运营系统。运营系统示意如图1－3所示。

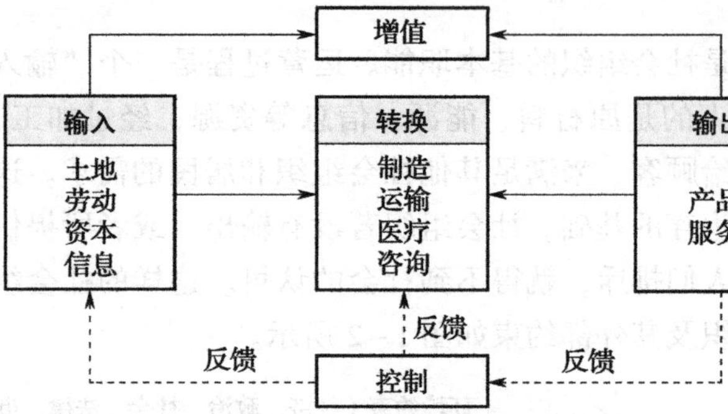

图1－3　运营系统示意

运营系统涵盖了企业文化、企业形象与公共关系等方面内容，全面解决了“什么是企业”“什么是健康的企业”等现实问题，为企业克服危机、持续与良性发展构筑了坚固的运行机制与管理体系，已经成为当期大多数企业必备的管理系统。

运营管理系统是随着企业不断地发展壮大、业务量不断增加、业务种类越来越多、手工操作无法完成日常运营管理工作应运而生的。它可以和其他系统连接在一个后台数据库、共享数据，通过数据库的信息达到高效运营管理的目的，提高工作效率。

运营系统实现的增值反映了输入与输出之间的差异。输出的价值由顾客愿意为该组织的产品或服务所支付的价格来衡量。增值越多，运营效率越高。对非营利组织而言，输出的价值是指其所实现的社会价值。

经济的发展过程分为前工业社会、工业社会和后工业社会三个阶段。在前工业社会，人们主要从事农业和采掘业，包括种植、捕鱼、狩猎、采掘煤炭、淘金等。进入工业社会，人们从从事农业和采掘业转为从事制造业。在后工业社会，人们主要从事服务业。目前，以信息技术产业为主导的现代服务业成为经济增长的主要动力。因此，运营系统早期就是制造业的生产系统，也就是对制造业的生产管理。进入后工业社会，随着服务业的崛起，转变为服务业的运作系统。生产系统和运作系统统称为运营系统。

运营管理致力于实现顾客满意与经济效益，其实质在于对增值转换过程的有效管理，是在技术可行、经济合理基础上的资源高度集成，可以满足顾客对产品和服务的特定需求。运营系统的“规划与设计”以及“运行与控制”构成了运营管理的两个主要内容，如果不分边界必然导致“三边工程”甚至“四边工程”，割断两者之间的联系，又将导致“先天不足、后天失调”。目前，运营管理的发展越来越快，环境、道德与社会责任的归位不仅是社会对企业提出的要求，更是企业生存和发展的基础与内在动力。

3．生产概念的扩展

按照马克思主义的观点，生产是指以一定生产关系联系起来的人们利用劳动资料改变劳动对象以满足人们需要的过程。这里所说的生产，主要是指物质资料的生产。物质资料生产可以使一定的原材料转化为特定的有形产品。

服务业的兴起使生产的概念得到延伸和扩展。过去，西方学者把与工厂联系在一起的有形产品的制造和提供劳务的活动在称呼上进行了区分。现在，西方学者将有形产品和劳务都称作“财富”，把生产定义为创造财富的过程，从而把生产的概念扩大到非制造领域，这是有道理的。虽然搬运工人和邮递员转送的都不是他们自己制造的东西，但他们付出了劳动，创造了价值，我们不能说他们从事的不是生产活动。事实上，在现代社会已经很难将制造产品和提供服务截然分开，单纯制造产品不提供任何服务的企业几乎是不存在的。比如人们在购买大型家电（产品）时，也更加倾向于具有售后保障（服务）的品牌。

不同社会组织提供产品和服务的比例不同，单纯提供服务而不提供任何有形产品的活动虽然很少，但却是存在的。因此，生产的概念必须扩展。教科书已经从最初的生产管理改为生产运作管理，现在大都称之为生产运作。从一般意义上讲，我们可以给生产运作下这样一个定义：生产运作是一切社会组织将对它的输入转化、增值为输出的过程。

社会组织要提供输出，则必须有输入。输入是由输出决定的，生产的产品和提供的服务，决定了社会组织所需的原材料和其他投入。从输入到输出这一过程之间需要转化。转化是通过人的劳动实现的，转化的过程就是生产运作。

转化是在生产运作系统中实现的。生产运作系统是由人和机器构成的、能将一定输入转化为特定输出的有机整体。生产运作系统本身是一个人造的系统，它也是由输出决定的。输出的结果不同，则生产运作系统不同。输入、转化和输出与社会组织的三项基本职能——财务、运营和营销相对应。

1.1.2　运营管理及其重要性

企业的每一方面都影响着运营，或者说都受运营的影响，因此学习运营管理十分重要。除此之外，学习运营管理还可以在其他方面发挥作用。例如，通过学习运营管理，人们可以对生活的世界有更深入的了解，并认识到在全球化环境下，社会组织之间以及国家之间的相互依赖性；还可以了解公司成败的原因，并认识到协作的重要性。

要做到成功的配合，人们不但要明确自己的作用，还要了解其他人的作用。然而在实际中，各职能领域之间存在一些交叉和配合之处，包括信息交流和联合决策，这些职能之间存在大量的交互作用。

财务人员与运营管理人员要密切合作，在预算、投资经济分析、资金供应等活动中要及时交流信息与专门知识。营销部门的核心工作是销售或推销组织的产品或服务。该部门还要对顾客需求做出估计，并将这一信息传递给运营部门和设计部门。这就是说，运营部门需要中短期顾客需求的有关信息，以便据此做出计划；设计部门也需要这方面的信息，以便对目前的产品与服务做出改进和设计出新的产品。营销、设计和生产三部门必须密切配合才能顺利完成对产品和服务的改进并生产出新产品。如果生产部门与营销部门各自为政，那么营销部门推销的可能是那些无法盈利的产品或服务，或者生产部门正在生产或提供的是那些已经没有市场的产品或服务。同样，如果没有财务部门与生产部门的密切配合，当组织需要扩大规模或更新设备时，就可能因资金无法落实而难以实现。运营管理和其他职能之间的关系，如图 1－4 所示。

各领域的工作人员都应该理解管理的重要性、影响供应链的协调运营决策、供给和需求的一致性以及这些决策如何影响一个组织的其他职能。企业组织的其他所有活动，如人力资源、法律事务、公共关系、后勤保障等都与运营管理有直接或间接的联系。这些职能只有密切协作才能实现组织的目标。

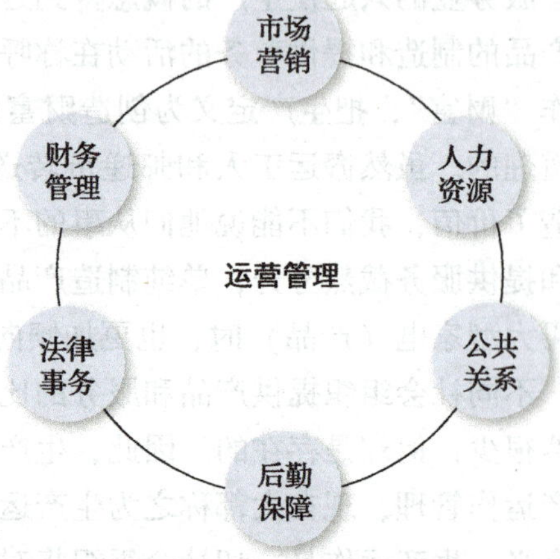

图 1－4　运营管理和其他职能之间的关系

1.1.3　运营管理的目标和内容

1. 生产运作管理的目标

生产运作管理的直接目标是增值。生产运作管理的最终目标是顾客满意，并在此基础上实现经济效益。顾客满意是前提，只有达到顾客满意才能实现可持续的经济效益。生产运作管理的实质是高效、灵活、准时、清洁地生产合格产品、提供满意服务。

高效是指以最少的人力、物力、财力和时间，生产或提供满足顾客所需要的产品和服务。灵活是指迅速适应市场的变化的能力，能够随着市场的变化，生产不同的产品种类和开发新的产品种类或提供不同的服务和开发新的服务。准时是指在顾客需要的时间，按顾客需要的数量，提供其所需的产品和服务。清洁是指在产品生产、流通、使用和报废处理过程中，对环境的污染和破坏最少。合格产品和满意服务，是指产品的质量和价格为顾客所接受。当前，激烈的市场竞争对企业的要求包括五个方面：成本、时间、质量、服务和环保。因此，企业要保证提供的产品和服务具有较低的购买和使用成本，短而准的交货期，满足顾客对产品和服务在质量和提供的相关服务的要求，并且对环境有较高的保护程度。

效率是投入和产出的比值，生产率是投入的资源和产出的产品和服务的比率。因此，提高效率就是提高生产率。产品和服务是通过输入资源转化而来的，转化的效率越高，产出就越多。提高生产率有两种途径：减少投入的同时保持产出不减少，或增加产出的同时保持投入不增加。管理是整个系统的关键，即投入通过管理转化为产出。生产同样数量和质量的产品，人力、物力和财力的消耗最少才能实现低成本。

灵活性需要通过提高生产运作系统的柔性来实现。柔性是指生产运作系统处理环境变化的能力。提高机器设备的柔性有助于提高生产系统的柔性，但想要提高企业整体柔性，仅依靠机器的柔性是不够的，而是需要协调地提高机器、人员和组织的柔性。

准时性是市场经济对生产过程提出的要求。任何生产如果不与市场需求挂钩，而盲目地追求内部连续性、平行性与均衡性就是闭门造车。在市场多变的情况下，准时性也只是一种达不到的理想状态，瓶颈出现永远是正常现象。

合格产品和满意服务，是指质量。对有形产品，通常以性能、可靠性、耐久性、安全性、经济性等作为衡量质量的指标。对服务，通常以安全性、时间性、舒适性等作为衡量质量的指标。但同一个服务提供者在不同场合提供的服务有所差异，即便提供相同水平的服务，不同顾客的满意程度有所不同。

2. 运营管理的内容

（1）通过运营管理取得竞争优势　竞争优势是指企业与竞争对手相比所拥有的可持续的优势。企业竞争优势最终体现为更高的质量水平、更低的成本或者更高的准时交货率。

运营管理是企业赢得竞争优势最直接、最有效的途径。企业也可以通过其他途径赢得竞争优势。值得注意的是，这些途径最终都与生产运作管理有着或多或少的联系。

在战略方面，企业要科学合理地制定运营战略，使运营战略与企业的使命、愿景、中长期发展战略相匹配，并且利用更具体的策略和方案来保证战略的实施。

（2）运营系统的规划与设计　运营系统的规划与设计包括产品或服务的选择和设计、生产运作设施的选址、生产运作设施布置、生产运作能力规划、工作系统等。运营系统的设计一般在设施建造阶段进行。但是，在运营系统的生命周期内，不可避免地要对运营系统进行更新，在这种情况下，都会遇到运营系统设计问题。

产品或服务的选择和设计解决针对细分市场需要为顾客提供什么样的产品或服务的问题。

生产运作设施的选址回答的是将企业建在哪里，如何选址的问题。

生产运作设施布置解决如何合理安排企业内部各生产作业单位和辅助设施的相对位置与面积、车间内部生产设备的布置的问题。

生产运作能力规划回答了企业的规模有多大的问题。能力过剩，企业将无法承担过高的固定费用；产能不足，企业又会失去销售机会。

工作系统要解决的是标准化工作方法的建立，以及岗位设置和定编定员等问题。工作系统研究与绩效考核有直接的关联。

（3）运营系统的运行与控制　运营系统的运行与控制的对象可概括为质量、成本、进度和库存。

质量控制的任务就是采用先进实用的质量管理方法与工具识别质量问题、分析质量问题、解决质量问题。质量管理体系的建立与有效运行是世界经济一体化的现实要求，是质量保证活动成功经验的总结，是质量管理发展的历史必然，是企业在激烈的竞争中求得生存和发展的必然选择。

成本控制就是保证产品的价格既为顾客所接受，同时又为企业带来一定的利润。成本控制涉及土地、物料、设备等资源的合理配置和利用，以及企业资金的运用和管理，归根结底是努力降低产品生产的费用。

进度控制，就是把运营中涉及的人员、物料、设备、资金等资源在需要的时候组织起来、筹措到位，目的是保证零件按期完工，产品按期装配并适时适量地将产品投放到市场上。

库存控制包括原材料库存、在制品库存和成品库存的控制，以及维护所需的备品备件的库存控制。以最低的库存保证供应，是库存控制的主要目标。

（4）运营系统的更新与改善　任何一个运营系统随着时间的运行都免不了会出现问题，因此就要不断进行更新。这就带来了运营系统的更新与改善问题。

运营系统的更新与改善包括人员的培训、设备和设施的维护以及生产系统的改进。人员培训是从事生产活动的保障。设备和设施的维护是保证运营系统正常运行的物质条件。生产系统的改进则是不断提高质量、消除浪费、降低成本、提高产销率的需要。

企业是供应链上的一个节点，因此，企业的运营管理应是基于供应链的。近年来，供应链管理中涌现出了一系列新理论和新方法，企业应积极应用这些新理论和新方法管理运营系统。随着信息技术的发展，互联网运营不仅是运营管理的新发展方向，而且为有效运营管理提供了新的思路。

1.2 运营的分类

可以从不同角度对运营管理进行分类。从管理的角度，可以将运营管理分成两大类：产品生产和服务性运作。

1.2.1 产品生产

产品生产又称制造性生产，是通过物理、化学方法将有形输入转化为有形输出的过程。例如，通过切削、焊接、弯曲、裂解、合成等方法，将原材料转化为产品的过程。通过产品生产能够产生自然界原来没有的物品。

1. 连续性生产与离散性生产

按工艺过程的特点，可以把产品生产分成两大类：连续性生产与离散性生产。连续性生产又称流程式生产，是指物料均匀、连续地按一定工艺顺序运动，在运动中不断改变形态和性能，最后形成产品的生产。如炼油、造纸、食品、冶金等。

离散性生产是指物料离散地按一定工艺顺序运动，在运动中不断改变形态和性能，最后形成产品的生产，如汽车制造是由多种零件组装成一种产品，这样的离散性生产又称加工装配式生产。加工装配式生产的例子还包括机床、船舶、服装、电子设备、家具等产品的制造。在加工装配式生产过程中，产品是由离散的零部件装配而成的。这种生产的特点使得构成产品的零部件可以来自不同地区和不同的国家。加工装配式生产的组织十分复杂，是生产管理研究的重点。

连续性生产与离散性生产在产品市场特征、生产设备、原材料等方面有着不同的特点，因此两者的生产管理特点具有差异。对连续性生产来说，生产设施地理位置集中，生产过程自动化程度高，只要设备体系运行正常，工艺参数得到控制，就能正常生产合格产品，生产过程中的协作与协调任务也少，但由于该生产一般具有高温、高压、易燃、易爆等特点，因此对生产系统可靠性和安全性的要求较高。相反，离散性生产的生产设施地理位置分散，零件加工和产品装配可以在不同地区和不同国家进行。由于零件种类繁多，加工工艺多样化，又涉及加工单位、工人和设备的多种多样，导致生产过程中协作关系更加烦琐，计划、组织、协调任务相当繁重，运营管理复杂化。因此，生产管理研究的重点一直放在离散性生产上。

2. 备货型生产与订货型生产

按照企业组织生产的特点，可以把产品生产分成备货型生产和订货型生产两种。

备货型生产是指在没有接到用户订单时，经过市场预测按已有的标准产品或产品系列进行的生产，生产的直接目的是补充成品库存，通过维持一定量的成品库存及时满足用户的需要。因此，备货型生产是预测驱动的。小型家具、电子设备、服饰等产品的生产属于备货型生产，该类产品通用性强，标准化程度高，有广泛的用户。

备货型生产的优点是能够及时满足顾客的共性需求，有利于企业编制计划并按计划组织生产活动，企业有较大的主动权；缺点是顾客只能在制造商提供的有限的产品品种当中做出选择，在不确定性因素日益增加的情况下，往往造成产品库存积压和短缺并存，给企业带来极大的风险。备货型生产的产品通常要经过分销渠道销售。

订货型生产是指按用户特定的要求进行的非标准产品的生产。生产的产品品种、型号规格和花色完全符合顾客的要求，产品一旦生产出来，就可以直接发送给顾客，不必维持成品库存，也不必经过分销渠道销售。订货型生产以顾客的订单为依据。订货型生产又称按订单制造，不过两者有一定的区别。订货型生产适用于大型、非标准产品的生产，订单制造则是从大量重复性生产发展而来；订货型生产中大部分零件由本企业加工制造，按订单制造则倾向于通过外部采购零件。虽然在零件上存在加工和采购的区别，但所有产品都是在本企业组装而成。对于订货型生产，顾客可能对产品提出各种各样的要求，经过协商和谈判，以协议或合同的形式确认对产品性能、结构、质量、数量和交货期的要求，然后组织设计和制造。飞机、大型船舶等产品的生产，属于订货型生产，这类产品的专用性强，有特定的顾客。

备货型生产和订货型生产是两种典型的组织生产的方式，它们有各自的优点和缺点。一般而言，备货型生产由于产品标准化程度高，因而生产效率高，顾客订货提前期短，但库存水平高，且难以满足顾客个性化需求；订货型生产的产品由于标准化程度低，因而生产效率低，顾客订货提前期长，但库存水平低，对顾客的个性化需求的满足程度高。

1.2.2　服务性运作

1. 服务性运作的分类

服务性运作又称非制造性生产，它的基本特征是提供劳务，而不制造有形产品。但是，不制造有形产品不等于不提供有形产品。

可以按以下方式对服务性运作进行分类：

1）按照是否提供有形产品可将服务性运作分成纯服务运作和一般劳务运作两种。纯服务运作不提供任何有形产品，如咨询、法庭辩护、指导和授课；一般劳务运作则提供有形产品，如批发、零售、邮政、运输、图书馆书刊借阅。

2）按顾客是否参与也可将服务性运作分成顾客参与的服务性运作和顾客不参与的服务性运作两种。顾客参与的服务性运作如理发、保健、旅游、客运、学校和娱乐中心等，没有顾客的参与，服务不可能进行；顾客不参与的服务性运作如修理、洗衣、邮政和货运等。顾客参与的服务性运作管理较为复杂。

3）按劳动密集程度和与顾客接触程度可将服务性运作分成大量资本密集服务、专业资本密集服务、大量劳动密集服务和专业劳动密集服务四种，如图 1-5 所示。

劳动或资本密集程度

与顾客接触程度（低→高）

与顾客接触程度	资本密集	劳动密集
低	大量资本密集服务： 航空公司 大酒店 游乐场	大量劳动密集服务： 中学、小学授课 批发 零售
高	专业资本密集服务： 医院 车辆修理	专业劳动密集服务： 律师事务所 专利事务所 会计师事务所

图1-5　按劳动密集程度和与顾客接触程度对服务的分类

2. 产品生产和服务性运作的异同

制造业以制造产品为特征，汽车、冰箱和电视机都是看得见、摸得着的实物。服务业以提供劳务为特征，外科医生做检查、汽车修理以及教授讲课，都只是某种行动，不一定提供有形的物品。当然，服务业也从事一些产品生产，只不过产品生产处于从属地位，例如饭馆需要制作各种菜肴。

产品生产管理和服务性运作管理在“做什么”上是相似的，如都要选择工厂厂址和服务设施的位置，确定工厂的生产能力和服务设施的容量，对稀缺资源进行配置，对生产服务活动进行计划与控制等。

由于服务业的兴起，提高服务性运作的效率日益引起人们的重视。然而，由于生产是产品导向，服务是行动导向，服务性运作的管理与产品生产的管理有很大不同，不能把产品生产的管理的方法简单地搬到服务性运作中。与产品生产相比，纯服务性运作有以下几个特点：无形性、同步性、异质性和易逝性。正是这些特点决定了服务性运作管理的特殊性。

（1）无形性　服务看不见、摸不着、闻不到，也尝不了，它们只是一种“表现”，而不是一件“东西”。因此，服务性运作的生产率难以测定。工厂可以计算它所生产的产品的数量，律师做出的辩护词则难以计量。

（2）同步性　在提供服务时，顾客必须出现，顾客也对服务性运作过程做出贡献，服务性运作实现的时候就是服务同时消费的时候。服务过程发生的时候就是服务提供者和顾客同时出现在服务场所的时候，他们是不能分离的。制造业可以将生产和消费分离，生产车间可以不与顾客接触；服务业则以运作和消费结合为特征，与顾客接触是服务性运作的一个重要内容，但这种接触往往导致运作效率降低。

（3）异质性　服务难以标准化，每个顾客每次经历的都是不同的服务，服务质量取决于顾客的感知、情绪和服务氛围。因此，服务运作的质量标准难以建立。教师讲课的水平不同，不同学生的评价往往不同。

（4）易逝性　服务不能通过库存来调节，不可存储供未来之用。理发师不能在顾客少时存储几个理过发的脑袋，以便顾客多时能够提供极快的服务。

因此，需要专门对服务性运作管理进行研究。

章内阅读

中美三大产业对比分析

一个国家的 GDP 一般由三部分组成：第一产业增加值（农业）、第二产业增加值（广义工业，包括制造业、采矿业、建筑业等）、第三产业增加值（服务业、商业等）。前两大产业是实体经济的主要组成部分。2021 年中美三大产业数据见表 1－1。

表 1－1　2021 年中美三大产业数据　（单位：亿美元）

国家	第一产业		第二产业		第三产业	
	增加值	GDP 比重	增加值	GDP 比重	增加值	GDP 比重
中国	12878.55	7.26%	69891.29	39.43%	94501.98	53.31%
美国	2464.46	1.07%	41864.28	18.20%	185632.12	80.72%
中国占美国的	522.57%		166.95%		50.91%	

由表 1－1 中可知，从产业增加值来看，2021 年我国第一产业的增加值是美国的 5 倍多，第二产业的增加值是美国的 1.6 倍多，但是第三产业的增加值仅占美国的一半左右。从 GDP 比重来看，2021 年我国第二产业的 GDP 比重是美国的 2 倍多，这彰显了我国世界第一制造大国的地位，更得益于党的正确领导，积极促进企业复工复产。但是，2021 年我国第三产业 GDP 的比重要远低于美国。由此可以看出我国的产业结构调整还有很大的发展空间，必须加快推动产业结构的转型升级，推动经济的高质量发展。积极发展第三产业对我国有重要意义。首先，发展第三产业能更好地满足人民不断变化的消费需求，进而带动其他产业的发展，最终更好地满足我国人民群众对美好生活的需要。其次，第三产业不仅可以为第一产业和第二产业的发展提供辅助服务，例如人才和资金，还可以吸纳从第一产业和第二产业中转移就业的人员，促进我国产业的转型升级，保证社会稳定。最后，第三产业的涉及面最广，不仅包括传统的餐饮、零售行业，还包括了教育、金融、旅游、文化娱乐、体育运动行业，更有利于培育新行业，为我国创造新的经济增长点。因此，随着我国居民收入的不断提高，及时捕捉人民群众消费需求的变化，积极推动我国第三产业的发展是非常重要的。

资料来源：

[1] 北海居. 2021 年中美 GDP 主要行业增加值比较[EB/OL]. [2022－04－23]. https://xueqiu.com/5296061618/215819452. 经编者改编。

[2] 中华人民共和国国家发展和改革委员会. 数据概览：2021 年三次产业相关数据[EB/OL]. [2022－04－23]. https://www.ndrc.gov.cn/fggz/fgzy/jjsjgl/202201/t20220129_1314001.html?code=&state=123. 经编者改编。

1.3　运营管理的发展历程

生产活动自从人类出现在地球上就开始了，伴随人类的生产活动，生产系统也随之存在与发展。例如，都江堰、长城等巨大工程的修建都运用了生产管理的知识与技能。而现代意义上用于销售的产品生产和现代工厂制度都出现于工业革命时期。

1.3.1 工业革命

工业革命是以机器取代人力，以工厂大规模生产取代工场个体手工作业的一场生产与科技革命。工业革命始于18世纪60年代的英国，19世纪又扩展到美国和其他国家。之前农业占主体地位，产品生产主要为手工作坊式。这种生产方式下，没有明确的分工，靠人力采用最简单的工具进行操作。

这种手工作坊式的生产方式直到19世纪初才发生变化。许多发明创造改变了生产方式，机器代替了人力。而生产力提高的最主要的原因是蒸汽机的发明，当然劳动分工概念和标准化生产方式的提出与运用在当时也发挥了巨大的作用。

1765年，英国人詹姆斯·瓦特发明了蒸汽机，为制造业提供了机械动力，推动了制造业的发展。

1776年，亚当·斯密在其著作《国富论》中提出了劳动分工的概念。劳动分工是指让每个劳动者专门从事生产活动的某一部分工作。亚当·斯密认为，分工可重复单项操作，提高熟练程度，进而提高效率；分工可减少变换工作所损失的时间；分工有利于工具和机器的改进。

1801年，美国人伊莱·惠特尼提出了标准化生产方式。标准化是指为在一定范围内获得最佳秩序，对实际或潜在的问题制定共同且重复使用的规则的活动。正是采用了标准化，大大减少了对定制品的需求，才能实现快速批量生产。工厂开始迅猛发展，大量农业人员被吸引到工厂工作。

尽管发生了这些巨大的变化，但管理理论与实践并未获得长足的发展，这时人们迫切需要更系统、切实可行的管理理论和方法来指导生产。

1.3.2 科学管理

到了20世纪初，以弗雷德里克·泰勒为代表的管理学家提出了科学管理原理，给工厂管理带来了巨大变化。泰勒是科学管理原理的创始人，被尊称为“科学管理之父”。泰勒依据对工作方法的观测、分析和改进以及经济刺激，得到最好的操作方法，通过挑选和培训工人，寻找最佳的工作方法，他还研究工具的改进，工人的操作，制定劳动定额，并实施差别计件工资制。泰勒认为雇主与雇员的真正利益是一致的，只有最大限度地提高生产率，同时实现雇主和雇员的财富最大化，才能永久地实现社会财富的最大化。

泰勒强调的是最大限度地提高生产率，但其思想并不总是受到工人的欢迎。工人认为采用这些方法后产出增加了，而他们的劳动报酬并未得到相应的提高。当时，存在有些企业为追求效率而让工人过度劳动这一问题。最终，美国国会在公众呼声下就此事举行了听证会。1911年泰勒被要求到会做证，也就是这一年，他的划时代著作《科学管理原理》出版了。

除了泰勒以外，还有不少先驱对科学管理做出了重大贡献，下面简要介绍其中的一些学者及其管理思想。

弗兰克·吉尔布雷斯是一位工业工程师，被称为“动作研究之父”。莉莲·吉尔布雷斯是一位心理学博士，她把心理学的成果应用于动作研究，我们可以认为这是人际关系学说的萌芽。吉尔布雷斯夫妇将研究集中在有关工人疲劳方面的问题。他们将工人的操作分解成基本动作进行研究，最后提出了节约动作的 10 个原则，帮助工人消除多余、笨拙的动作。这些原则至今仍用于操作和动作的改进与优化。

亨利 · 甘特看到了非物质利益对刺激工人的价值，发明了至今仍被广泛使用的甘特图。

亨利 · 福特是一位伟大的实业家，为汽车行业采用大量生产做出了巨大贡献。

20 世纪初，汽车在美国开始畅销，福特公司的 T 型车大获成功，供不应求。为提高运营效率，福特组建了汽车装配线。福特之所以能够使大量生产变成现实，一方面在于他淋漓尽致地发挥了亚当 · 斯密提出的劳动分工论，并充分采用了惠特尼提出的标准化生产方式；另一方面在于他把泰勒提出的科学管理原理系统地应用于工厂管理。

章内阅读

"搬运铁块"实验

1898 年，泰勒在伯利恒钢铁公司开始了他的实验。多年来，该公司的高炉产品均是由一个生铁搬运小组负责搬运。这个小组有 75 名工人，由一位工长带领，工长和工人均是熟练的生铁搬运工。此时，工人平均每天能搬运 12.5 长吨[㊀]生铁，每天的工资是 1.15 美元。泰勒通过实验发现，头等生铁搬运工一天可以搬运 47 ~ 48t 生铁。为了能提高生产搬运效率，泰勒开展了以下方法。第一，科学地挑选最适合这类工作的工人。通过对 75 名工人的性格、习惯和志向的观察，最终挑选了老实、爱财如命的施密特。第二，通过研究劳动强度对工人疲劳度的影响，总结出了科学的工作规律，将劳动时间和休息时间科学地搭起来。第三，让工人按照规定的时间搬起生铁、移动、休息，即对工人进行培训，养成良好的工作习惯，每天按照平均的速度搬运，避免过度疲劳。第四，计件工资制。当工人的生铁搬运量达到 47t，工资达到 3.75 美元。第五，将管理者与工人的职责区分开来，让管理者承担更胜任的工作，例如科学地培训工人。通过这一系列方法后，伯利恒钢铁公司的工人搬运生铁的数量都达到了 47.5t。

参考来源：

泰勒. 科学管理原理 [M]. 马风才，译. 北京：机械工业出版社，2007. 经编者改编。

1.3.3　精细生产

1973 年 10 月爆发了第一次石油危机，原材料价格上涨，加之工资提高和需求多样化的诉求，给丰田公司提供了向世人展示其独特生产方式的机会。丰田生产方式震慑性地冲击了美国引以为豪的福特生产方式。当时，福特汽车采用了较为保守传统的 T 型车的生产方式并且不存在车型、颜色的创新，逐渐不能够满足人们多样化的需求。福特汽车公司在 20 世纪 80 年代初险些破产，只好反过来向日本丰田汽车公司学习生产管理。

日本汽车公司之所以后来居上，至今仍在全球汽车市场上占据主导地位，其制胜法宝是丰田生产系统以及以丰田生产系统为核心的精细生产的实践，精细生产迅速在世界范围内的

㊀ 1 长吨 = 1016.05kg。

制造业得以推广。同时，这种运营管理方式在服务业和非营利组织中也得到越来越广泛的应用。

1.4 运营管理的新发展

历史的车轮滚滚向前，运营管理的发展也从来没有停息。运营管理的新发展表现在企业社会责任归位，工业 4.0 背景下制造业生产模式以及互联网、大数据下的服务业运营模式的重构等几个方面。

1.4.1 企业社会责任归位

企业社会责任是指企业在创造利润、对股东和员工承担法律责任的同时，还要承担对消费者、社区和环境的责任。发展生产，本意是不断提高人们的物质生活和精神生活的质量。但目前事与愿违，环境污染和资源破坏、会计丑闻、侵犯网络信息的隐私性和安全性、行业欺诈、在金融和电信等企业中传播顾客的个人信息等都属于社会责任问题。这些问题已招致公众的强烈反对并引起各级行政管理部门的关注。

从企业角度来看，越来越多的企业认识到利益以及履行责任的重要性，更多地关注公众和社会的利益、认真履行社会责任。虽然短时间内会牺牲企业的经营业绩，但从长期看，会改善企业在公众心目中的形象，可通过吸引大量人才、提高客户的忠诚度等方式弥补短期的损失。值得庆幸的是，越来越多的企业对企业社会责任问题做出了准确的定位：企业首先应该遵纪守法，然后再关注盈利。

气候变化是人类面临的全球性问题，随着各国的二氧化碳排放，大气中温室气体含量猛增，对生命系统形成威胁。在这一背景下，世界各国以全球协约的方式减排温室气体，2020 年 9 月，我国在联合国大会上向世界宣布了力争 2030 年前实现碳达峰、2060 年前实现碳中和的目标。

在此背景下，鞍钢集团总经理戴志浩代表鞍钢集团，在上海举行的第十一届中国国际钢铁大会上发布《鞍钢集团碳达峰碳中和宣言》。宣言提出，鞍钢集团积极践行绿色发展理念，郑重承诺：2021 年年底发布低碳冶金路线图；在 2025 年前实现碳排放总量达峰；2030 年实现前沿低碳冶金技术产业化突破，深度降碳工艺大规模推广应用，力争 2035 年碳排放总量较峰值降低 30%；持续发展低碳冶金技术，成为我国钢铁行业首批实现碳中和的大型钢铁企业。

除此之外，企业承担社会责任还体现在绿色制造和循环经济方面。

绿色制造又称环境意识制造、面向环境的制造等。它是一个综合考虑环境影响和资源效益的现代化制造模式，其目标是使产品在从设计、制造、包装、运输、使用到报废处理的整个产品生命周期中，对环境的副作用最小，资源利用率最高，并使企业经济效益和社会效益协调优化。绿色制造这种制造模式，是人类可持续发展战略在现代制造业中的体现。

在生产运作管理上，实现绿色制造就是要构造“生态供应链”，使企业或居民的产出物成为其他企业或居民的可用资源。如何变废为宝，不仅是管理问题，更是科学技术问题。通过突破技术难关，可以从根本上解决污染问题。然而，在科学技术没有实现新突破的情况下，更主要的是从管理上想办法。

要实现绿色制造，不仅需要企业尽责，而且需要每个人的努力。每个人都要成为理性消费者，才能促使并保证企业实现绿色制造。理性消费者，就是有环境保护意识的消费者。理性消费者不追求财富的数量，而看重生活的质量，追求按需要购买不同用途的产品。自然界和社会提供的资源有限，一个人占用过多，就会剥夺另一些人获得维持生存的资源的权利。当企业为了利润去无止境地满足人们的各种需要，就会对自然造成破坏。在生产活动中企业要以最低资源消耗，来满足人们最大的需求，减少不必要的浪费，这才是对自然资源的保护。

资源循环型经济是以资源节约和循环利用为特征、与环境和谐的经济发展模式。强调把经济活动组织成一个“资源—产品—再生资源”的反馈式流程。其特征是低开采、高利用、低排放。所有的物质和能源能在这个不断进行的资源循环中得到合理和持久的利用，以把经济活动对自然环境的影响降低到尽可能小的程度。资源循环型经济作为一种科学的发展观，一种全新的经济发展模式，具有自身的独立特征。

发展循环型经济的主要途径：从资源流动的组织层面来看，主要是从企业小循环、区域中循环和社会大循环三个层面来展开；从资源利用的技术层面来看，主要是从资源的高效利用、循环利用和废弃物的无害化处理三条技术路径去实现。

1.4.2　工业 4.0 背景下制造业生产模式重构

1. 工业互联网与工业 4.0

(1) 工业互联网概念的提出　“工业互联网”的概念最早由通用电气于 2012 年提出。随后，通用电气、IBM、思科、英特尔、AT&T 五家行业龙头联手组建了工业互联网联盟。

(2) 工业互联网的内涵　工业互联网是指主体、设施和产品互联互通，以共享工业生产全流程的各种资源要素，实现全流程的数字化、网络化、智能化的一种开放的通信网络。

(3) 工业互联网迎来了第四次工业革命的浪潮　第一次工业革命是蒸汽机时代，第二次工业革命是电气化时代，第三次工业革命是信息化时代。那么，第四次工业革命就是智能化时代。

目前普遍认为第四次工业革命发端于 2012—2013 年。2012 年，通用电气发布《工业互联网：打破智能与机器的边界》白皮书。2013 年 4 月，在德国汉诺威举行了规模空前的工业博览会，为期五天的展会中，“工业 4.0”的概念受到了特别关注。

(4) 工业互联网与工业 4.0　工业 4.0 是指以信息物理系统为基础，实现企业制造系统的网络化集成以及价值链数字化集成，进而构建智能工厂，实现智能制造，全面提升生产过程的智能化水平和制造业的商业价值。

工业 4.0 概念最早出现在德国，其核心目的是提高德国工业的竞争力，在新一轮工业革命中占领先机。“中国制造 2025”与德国“工业 4.0”的合作对接渊源已久。2015 年 5 月，国务院正式印发《中国制造 2025》，部署全面推进实施制造强国战略。

工业 4.0 已经进入中德合作新时代，中德双方签署的《中德合作行动纲要》中，有关工业 4.0 合作的内容共有 4 条，第 1 条就明确提出工业生产的数字化（“工业 4.0”）对于未来中德经济发展具有重大意义。双方认为，两国政府应为企业参与该进程提供政策支持。

德国提出的工业 4.0 与美国提出的工业互联网的不同之处在于，德国提出的工业 4.0 是指以信息物理系统为基础，实现企业制造系统的网络化集成以及价值链的数字化集成，进而构建智能工厂，实现智能制造，全面提升生产过程的智能化水平和制造业的商业价值的工业变革。而美国工业互联网是以工业互联网平台为媒介，实现设备、生产线、工厂、供应商、产品和客户的紧密融合，进而提高生产效率，推动整个制造业服务体系智能化的工业变革。但是，工业互联网与工业 4.0 的本质是相同的，有异曲同工之处。

章内阅读

工业 4.0 的演进过程

工业 1.0 是如何演变成工业 4.0 的呢？工业 1.0（18 世纪末到 19 世纪中期），也称为第一次工业革命，以蒸汽机的出现为代表，主要特点是机器代替人类工作的工业思想开始出现，生产效率大大提高，但是生产复杂产品的效率低、成本高、时间长。工业 2.0（19 世纪 70 年代初到 20 世纪初），起源于内燃机和发电机的发明，推动了电器的广泛使用，使得基于电力的机器自动化生产成为可能。工业 2.0 主要特点是大规模生产及组装，以泰勒的科学管理理论为指导思想，以福特 T 型车流水线生产为代表，缺点是产品品种单一。工业 3.0（20 世纪 70 年代到 2014 年）的主要特点是机械自动化和大规模定制生产，这主要得益于原子能、航天技术、遗传工程等高新技术和以互联网为基础的信息技术的发展，使得机械自动化的柔性生产系统成为可能。工业 4.0（2015 年至今）的特点是在传统的物理系统（机械化、电气化、自动化）基础上，通过融合信息系统（计算机化、信息化、网络化），最终实现信息物理系统的智能化。工业 4.0 以全面数据分析能力为核心，在全产业链和企业内部各个部门均能实现资源的集成与共享，进而快速响应市场需求，满足大规模客户的个性化定制需求。总的来看，从工业 1.0 到工业 4.0 的演变过程中，灵活性和复杂性也越来越高。

参考来源：

与子同袍. 工业革命下的四种生产模式的历史演化过程[EB/OL]. [2022-04-23]. https://zhuanlan.zhihu.com/p/86364962. 经编者改编。

2. 工业互联网对运营管理模式的重构

在工业 4.0 时代，传统产业将被重新定义，智能机床、工业自动化、工业机器人、3D 打印、互联网、物联网、大数据、云计算等新型产业得到进一步发展。以工业互联网为基础，企业价值取向的重新定位就有了可能，组织结构的重构变得更为现实，企业运营体系的重构就有了保障，产品研发方式的创新变得更为容易，生产过程控制、物流配送与顾客服务等创新解决方案可以更快地被提出。

事实上，以下运营管理正在或将要实现：

1）顾客个性化需求的满足。能够直接从顾客那里获取个性化需求，并通过设计与制造的大规模定制予以实现。

2）柔性化的制造。能够更好地响应来自内外部的各种变化。需求管理、设计变更、过程管理、维护更新等变得更灵活。

3）智能化的运营管理。以信息物理系统为基础，实现人、设备、产品的互联互通，对价值链节点企业数据以及市场数据、销售数据、采购数据、研发数据、工艺技术数据、设备数据、生产过程实时数据、产品与服务数据、物流配送数据等进行深度挖掘，以给出更加科学的运营管理方案。

1.4.3　互联网、大数据下的服务业运营模式重构

业务流程重组是最早由美国的迈克尔·哈默和詹姆斯·钱皮提出，在 20 世纪 90 年代达到全盛的一种管理思想。通常定义为通过对企业战略、增值运营流程以及支撑它们的系统、政策、组织和结构的重组与优化，达到工作流程和生产力最优化的目的。强调以业务流程为改造对象和中心、以关心客户的需求和满意度为目标、对现有的业务流程进行根本的再思考和彻底的再设计，利用先进的制造技术、信息技术以及现代的管理手段、最大限度地实现技术上的功能集成和管理上的职能集成，以打破传统的职能型组织结构，建立全新的过程型组织结构，从而实现企业经营在成本、质量、服务和速度等方面的突破性的改善。业务流程再造具有以下特点：

1）以客户为中心。

2）企业管理面向业务流程。

3）注重整体流程最优化的系统思想。

4）重视发挥每个人在整个业务流程中的作用。

5）强调面向客户和供应商来整合企业业务流程。

6）利用信息技术手段协调分散与集中的矛盾。

随着互联网和大数据等信息技术的发展，工业互联网思维逐步进行扩展应用于服务业领域中。例如，在“互联网 + 医疗健康”方面，传统住院流程复杂，患者需要在医院各个科室间反复穿梭办理手续，甚至可能存在重复的问询或者信息登记。患者离院后，仍然需要多次返回医院办理出院结算、复印病历等。从患者及家属的角度来看，手续烦琐、负担重；从医院角度来看，环节拖沓、效率不高。经过改进后，医院以信息技术作为桥梁，打通医院与患者之间的信息壁垒。在网上诊疗系统的基础上将一些非医疗的线下服务转移到线上，使患者通过手机就能方便体验智能导诊、预约挂号、在线支付、查看检验结果、推送住院信息，以及费用明细查询和门诊就诊记录查询等全流程服务，减少排队和等候时间。通过互联网，使用 App 以及微信公众号，患者就可以在线查询自己的健康档案，同时与医生和医院建立联系，完成随访与慢性病管理等健康管理的更高需求。

信息时代，面临大环境的根本变化，企业进行必要的业务流程重组势在必行。业务流程再造 不可能一蹴而就。更多时候，企业采用的是局部的流程重组，抓住重点，再以循序渐进的方式逐步推进。而且在流程重组的过程中将会遇到各种阻碍，有组织结构上的，利益冲突上的，也有观念上的。企业流程重组必须得到核心管理层的优先关注，有可行的实施方案，优秀的工作团队以及相适宜的企业文化才能克服困难取得可观的效益。总之，企业要根据自身情况合理地进行业务流程重组。

本章小结

本章阐述了运营管理的基本概念。第一节从介绍运营管理及其实质开始，对生产概念、社会组织以及运营系统的输入、输出、约束和资源支撑的关系进行了描述，分析了社会组织的三项基本职能及其关系，论述了服务业兴起的原因，提出了运营管理的定义，对运营管理的目标、内容和运营管理人员所需的技能进行了论述。第二节讨论运营的分类与划分，阐述了连续性生产与离散性生产和备货型生产与订货型生产，阐述了服务的特点及其与制造业之间的区别。第三节论述了运营管理的发展历程，主要包括工业革命、科学管理和精细生产。第四节介绍了运营管理的新发展，分析了当前生产运作管理的发展趋势，介绍了企业社会责任归位、绿色制造、资源循环型经济，讲述了工业互联网与工业4.0以及互联网、大数据下的服务业运营模式重构。

案例分析

玉溪卷烟厂烟叶标准化种植

褚时健，这个91岁的老人，曾一手将红塔山打造成我国名牌香烟，使玉溪卷烟厂成为亚洲第一、世界前列的现代化大型烟草企业。褚时健“烟草大王”的名号，来源于他对玉溪卷烟厂以及旗下香烟品牌红塔山的成就。

1979年，51岁的褚时健先生接手玉溪卷烟厂，出任厂长。因为独特的水土与充足的阳光，云南很多地方都有优质的烟草，而真正被称为“云烟之乡”的只有一个地方，那就是玉溪。但在彼时，玉溪卷烟厂只是一家濒临倒闭的破烂小厂。老先生一翻财务的表格，有时一天的退货量比销售量还要大。很多香烟销售单位都拒绝销售红梅香烟。由此，褚时健立下了改善产品质量的决心。褚时健提出了烟田是烟厂的“第一车间”的概念，首先要提高烟叶的质量，并建立了试验田。烟厂2418亩㊀烟草试验田很快获得了巨大成功。褚时健的试验田平均亩产373kg，高于云南全省的平均亩产量242kg；烟叶质量优良，中上等烟叶占比例80%，而以前这一比例仅为20%。这些等级的烟叶制成高档香烟后，利润将是以往中下等级烟叶的5倍。基础问题解决了，下一步就是最重要的生产设备问题。

1993年12月，轰动全国的世界最大工程——关索坝工程破土动工，这项工程占地近1000亩，总造价为40亿元，全部由玉溪卷烟厂自有资金解决，该项工程可以说是增加名烟数量、提高名烟质量的关键。1994年4月，褚时健带领工程技术人员前往欧洲实地考察，与德国、意大利、英国签订了约合22.5亿元人民币的设备订购合同。1997年，关索坝工程竣工，生产能力达到年产300万箱，无论生产规模和生产环境，都是世界一流的。对于关索

㊀ 1亩≈666.67m^2。

坝工程，知名投资人、企业家褚一斌说，这是一场产业革命，“老父亲当年打造的关索坝工程实现了全自动化，有着非常先进的仓储、物流体系，并且可追溯，本质就是实现了现在流行的物联网。”想要生产出好烟，有好的设备还不行，必须得有好的原材料——烟叶。老先生积极学习国外种烟“秘籍”，与农民合作播种试验田，并且对烟叶的生产加工全过程进行技术改造，手把手教授种植烟草的知识，规范种烟方式，而且将烟农当作“第一车间”职工。在产烟体制上，老先生首创烟草公司、烟厂、专卖局“三合一”的管理模式，提高烟草自主权。玉溪烟厂也由此很快崛起，生产的红塔山、玉溪、红梅牌香烟在全国供不应求。

资料来源：

[1] 佚名. 从“烟王”到“橙王”，他成就了中国品牌最佳实践案例.[EB/OL].[2022-04-23]. https://www.sohu.com/a/299403966_174744. 经编者改编。

[2] 正和岛. 75 岁东山再起，86 岁身家过亿，他的管理秘诀是这两条 [EB/OL].[2022-04-23]. https://mp.weixin.qq.com/s/TyGJSNgDWjPjIXn_zKxvYg. 经编者改编。

【问题思考】

玉溪卷烟厂的成功之道是什么？

【案例讨论】

玉溪卷烟厂的成功体现在投资新厂——关索坝工程；从欧洲进口设备，解决了设备问题；学习国外种烟方法，对烟叶的生产和加工的全过程进行技术改造，规范种烟方式，培育优质烟叶，即原材料；在产烟体制上，首创烟草公司、烟厂、专卖局“三合一”的管理模式，提高烟草自主权，设立质检岗位。

本章习题

一、单选题

1. 社会组织出现的主要原因是（　　）。

A. 服务　B. 制造　C. 社会分工　D. 生产要素集合

2. 运营管理是一个（　　）的过程。

A. 无序　B. 输入—输出—转换

C. 输入—转换—输出　D. 输入—输出

3.（　　）不是社会组织的基本职能。

A. 研发　B. 运营　C. 财务　D. 营销

4.（　　）不是运营过程中输入内容。

A. 劳动　B. 信息　C. 服务　D. 土地

5.（　　）的兴起使生产的概念得到延伸和扩展。

A. 服务业　B. 制造业　C. 产品研发　D. 技术提升

6. 运营管理的目标没有（　　）

A. 准时　　B. 高产出　　C. 灵活　　D. 高效

7. 运营系统运行与控制过程不包括（　　）。

A. 质量控制　　B. 成本控制　　C. 营销控制　　D. 库存控制

8. 按照工艺过程的特点可以把产品生产分为（　　）。

A. 连续性生产与离散性生产　　B. 备货型生产与订货型生产

C. 备货型生产与按订单制造　　D. 研发型生产与批量型生产

9. 制造性生产与服务性运作的区别不包括（　　）。

A. 服务看不见，制造看得见　　B. 提供服务时，顾客必须出现

C. 服务可以标准化，制造标准化困难　　D. 服务不可调节，制造可以

10. 亚当·斯密在运营管理的（　　）发展阶段撰写了《国富论》。

A. 工业革命　　B. 科学管理　　C. 精细生产　　D. 个性化生产

二、多选题

1. 社会组织的基本职能有三项，主要包括（　　）。

A. 运营　　B. 财务　　C. 营销　　D. 研发

2. 经济的发展过程分为（　　）。

A. 前工业社会　　B. 工业社会　　C. 后工业社会　　D. 完全工业社会

3. 运营管理的目标有（　　）。

A. 准时　　B. 灵活　　C. 高效　　D. 增值

4. 运营系统的运行与控制包括（　　）。

A. 质量控制　　B. 成本控制　　C. 进度控制　　D. 库存控制

5. 产品生产都有哪几种类型？（　　）。

A. 非连续生产　　B. 连续性生产　　C. 备货型生产　　D. 订货型生产

6. 服务性运作与产品生产的不同点包括（　　）。

A. 易逝性　　B. 异质性　　C. 同步性　　D. 无形性

7. 运营管理的发展经历了哪几个阶段？（　　）

A. 工业革命　　B. 科学管理　　C. 科学系统　　D. 精细生产

三、判断题

1. 社会组织种类众多。学校、商店、快递公司、消防队、医院、银行等，都是社会组织。（　　）

2. 运营管理过程是一个“输入—转换—输出”的过程。（　　）

3. 运营是社会组织的唯一职能。（　　）

4. 运营系统不包括企业文化、企业形象与公共关系等方面的内容。（　　）

5. 运营管理致力于实现顾客满意与经济效益，其实质在于对增值转换过程的有效管理，技术可行、经济合理基础上的资源高度集成，满足顾客对产品和服务的特定需求。（　　）

6. 财务人员与运营管理人员因为负责的内容不同，因此不需要密切合作。　（　　）
7. 运营管理的直接目标是高效、灵活。　（　　）
8. 运营管理是企业赢得竞争优势最直接、最有效的途径。　（　　）
9. 运营系统的运行与控制的对象可概括为质量、成本、进度和库存。　（　　）
10. 服务性运作又称为非制造性生产，它的基本特征是既提供劳务，又制造有形产品。　（　　）
11. 企业社会责任是指企业在创造利润、对股东和员工承担法律责任的同时，还要承担对消费者、社区和环境的责任。　（　　）
12. 资源循环型经济是以资源节约和循环利用为特征、与环境和谐的经济发展模式。（　　）
13. 业务流程再造的特点有以客户为中心、企业管理面向业务流程、注重整体流程最优化的系统思想。　（　　）

四、简答题

1. 什么是社会组织？
2. 简要阐述什么是运营系统。
3. 产品生产的分类包括哪些？
4. 产品生产和服务性运作的异同有哪些？
5. 简述工业 4.0 对运营管理的影响。

第2章 运营战略

学习目标

- 了解战略的概念与制定的六个原则。
- 了解战略选择的影响因素。
- 了解运营战略的内容。
- 理解企业竞争关键因素。
- 掌握战略层级的相关内容。

逻辑框架

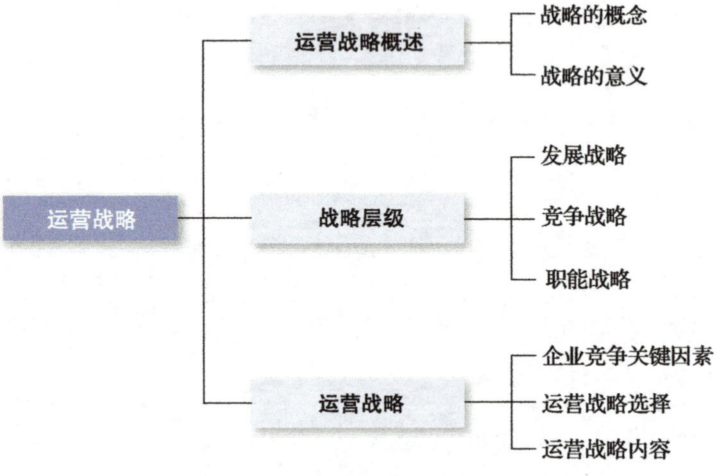

图2-1　运营战略逻辑框架

引导案例

非洲之王：传音手机

传音控股是一家中国深圳手机企业，在国内手机消费市场缺乏存在感，但它在万里之外的非洲市场家喻户晓。

2007 年，苹果手机的问世，为人们打开智能手机的一扇门，随着功能机时代终结，波导手机跌落神坛。而当时，非洲市场还处于功能机时代，出身于波导的竺兆江和同事在这个新兴市场开始了一场大冒险。

非洲相比其他市场还没有太大的竞争者出现。于是竺兆江瞄准了这里中端手机价位的市场机会，非洲又是全球第二的人口大洲，消费潜力尤为可观。这奠定了传音聚焦于新兴市场的起点。相比非洲当地市场，中国国产厂商无论在功能机还是智能机的研发和生产、运营上都具备十足的先行经验。传音手机进入非洲市场后，依托中国市场的产业链优势，运用先进经验“降维打击”非洲手机市场的竞争对手。针对当地市场，传音做了不少本地化的研发，让传音得以迅速获得当地消费者的青睐。传音因地制宜，手机产品先后解决拍照美黑、超长待机、四卡四待、超大喇叭音乐手机、手电筒等功能，收获了大量非洲用户。

据 IDC 数据，截至 2022 年上半年，传音公司在非洲智能手机市场占有率超过 40%，非洲市场排名第一；在全球手机市场占有率 11.4%，世界排名第三。

资料来源：

任建新. 传音控股的好运正在消失？[EB/OL].[2022-10-23]. http://finance.sina.com.cn/jjxw/2022-08-26/doc-imizmscv7809696.shtml. 经编者改编。

2.1 运营战略概述

2.1.1 战略的概念

从企业未来发展的角度来看，战略表现为一种计划；而从企业过去发展历程的角度来看，战略则表现为一种模式；如果从产业层次来看，战略表现为一种定位；而从企业层次来看，战略则表现为一种观念；此外，战略也表现为企业在竞争中采用的一种计谋。这是关于企业战略比较全面的看法，即著名的 5P 模型。

综观不同学者和企业家的见解，战略管理可以归纳为两种类型，即广义的战略管理和狭义的战略管理。广义的战略管理是指运用战略对整个企业进行管理，其代表人物是安索夫。狭义的战略管理包括两层含义：战略管理是企业制定长期战略和贯彻这种战略的活动，战略管理是企业处理自身与环境关系过程中实现其愿景的管理过程。

战略制定具有以下六个原则：

1）适应环境原则是指环境的影响力在很大程度上会影响企业的经营目标和发展方向。战略的制定一定要注重企业与其所处的外部环境的互动性。

2）全程管理原则是指战略是一个过程，包括战略的制定、实施、控制与评价。在这个过程中，各个阶段互为支持、互为补充，忽略其中任何一个阶段，企业战略管理都不可能成功。

3）整体最优原则是指战略管理要将企业视为一个整体来处理，要强调整体最优，而不是局部最优。战略管理不强调企业某一个局部或部门的重要性，而是通过制定企业的宗旨、目标来协调各单位、各部门的活动，使他们形成合力。

4）全员参与原则是指由于战略管理是全局性的，并且有一个制定、实施、控制和修订的全过程，所以战略管理绝不仅仅是企业领导和战略管理部门的事，在战略管理的全过程中，企业全体员工都将参与其中。

5）反馈修正原则是指由于战略管理涉及的时间跨度较大，一般在五年以上，因此战略的实施过程通常分为多个阶段，分步骤地实施整体战略。在战略实施过程中，环境因素可能会发生变化。此时，企业只有不断地跟踪反馈方能保证战略的适应性。

6）从外往里原则是指卓越的战略制定是从外往里而不是从里往外。

为什么现代企业如此重视战略？最主要的原因是环境发生了巨大变化，企业竞争日益加剧。进入20世纪90年代以后，由于参与竞争的选手远远超过市场这个竞技场地的容量，加上科学技术的发展日新月异，使竞争变得空前激烈。竞争不仅使每年有大量的中小企业倒闭，也使一些著名的大公司破产。

企业环境是指企业赖以生存和发展的各种外部条件和外在因素。企业环境的构成是复杂的，可以从不同的角度看待环境。从范围上讲，企业环境可以由国内环境和国际环境构成；从企业经营要素上讲，企业环境可以由投资环境、劳动力环境、资金环境、技术环境、信息环境、市场环境等方面构成；从企业的社会联系上讲，企业环境可以由投资者、消费者、供应者、主管机关、政府部门、社会团体等方面构成。

现代企业所处环境的特点：技术革新步伐急剧加速，需求日益多样化、个性化，竞争全球化、白热化，产品生命周期越来越短。

企业环境因素是多方面的、复杂的，这些因素相互依存、相互制约，综合地对企业发生影响，制约企业的行为。反之，企业战略的实施，又会影响环境的变化。

2.1.2 战略的意义

战略的选择可以让企业更加明确自己的客户是谁，哪些事情能做，哪些事情不能做，因此战略管理的核心也可说是防止“南辕北辙”的事情在企业发生。我们在做选择题，评估什么样的选择对我们长期有益，什么样的选择对现实收益有益，然后决定我们怎样做，因为目标准确清晰才是企业快速获得增值和提升的根本原因之一。

通常战略管理咨询主要包括：企业长短期战略发展方向的明确，战略定位的评估与提炼，战略落实过程中企业的阶段发展思路与措施，经营业务重点的明确和时机环境的选择设计等。

提高社会管理科学化水平是中国特色社会主义历史经验的科学总结。从开始改革开放，到把社会建设与经济、政治、文化建设相提并论形成“四位一体”的社会主义现代化建设整体格局，提出构建社会主义和谐社会的战略目标，党和国家始终高度重视社会管理，在社会管理法律、体制、能力建设等方面进行了坚持不懈的实践探索，维护了社会的稳定，促进了社会的发展。实践证明，只有坚持社会管理科学化，才能确保中国特色社会主义事业欣欣向荣。

提高社会管理科学化水平是中国特色社会主义现实需求的集中反映。从国内形势看，当前我国既处于发展的重要战略机遇期，又处于社会矛盾凸显期。新中国成立以来特别是改革开放以来所取得的巨大成就，为社会管理奠定了比较坚实的物质基础，但我国仍处于并将长期处于社会主义初级阶段，主要矛盾已经转化为人民日益增长的美好生活需要和不平衡不充分的发展之间的矛盾，而且经济快速增长同发展不平衡、资源环境约束之间的矛盾以及社会公共需求全面快速增长与公共服务不到位、基本公共产品短缺之间的矛盾正在日益凸显，对社会的稳定与发展带来了巨大的压力。这就表明，只有全面提高社会管理科学化水平，才能把握难得的机遇，迎接严峻的挑战，巩固和壮大中国特色社会主义的伟大事业。

提高社会管理科学化水平是中国特色社会主义长远发展的必然要求。提高社会管理科学化水平既是社会建设保障和改善民生、实现社会和谐与稳定的长远需要，又是确保经济社会协调、健康、持续发展的必由之路；既是实现全面建设小康社会宏伟目标的长远需要，又是实现富强、民主、文明、和谐、美丽的现代化建设目标的必由之路；既是维护最广大人民根本利益的长远需要，又是党和国家长治久安、事业发展的必由之路。

2.2　战略层级

2.2.1　发展战略

发展战略是根据组织的内部条件和所处外部环境的现状与发展趋势，就组织的发展方向、发展目标、发展重点及发展能力做出的全局性、长远性、纲领性的谋划。发展战略为组织提供了整体性方向，其涉及范围广，涵盖整个组织。

发展战略的制定过程一般遵循顶层设计、上下结合的原则。首先，高层决策者要对整个形势做出判断，提出总体思路和总体方向，然后交由各个业务部门展开讨论。经过反复磨合，形成简明扼要的发展战略。比起愿景中所表述的目标，发展战略中所确定的目标更为具体。例如，如果某企业的愿景中确定的目标是成为世界五百强企业，那么发展战略所确定的目标就应该明确未来主要业务在世界同类企业中的具体排名。

发展战略与愿景、价值观、使命的关系可概括为，通过实施所制定的发展战略来达到所确定的愿景，践行价值观，进而实现组织的使命。

公司可以选择专注于单一事业（专业化战略），也可以选择多种不同的事业领域（多元化战略）；可以采取垂直（纵向）一体化，也可以采取水平（横向）一体化。

1. 专注于单一事业

麦当劳、可口可乐、西尔斯百货，都采取专注于单一事业的战略。其优点是集中资源于单一领域，容易取得优势；避免进入不熟悉或无能力创造高附加值的领域。可口可乐曾渗透娱乐事业，发现管理娱乐事业使其宝贵的经营注意力脱离其饮料这一核心事业，于是撤资。

2. 垂直一体化

垂直一体化意味着公司自行生产其投入（向后或向上游整合），或自行处理其产出（向上游或向下游整合）。钢铁公司将铁矿供应整合进来，是向上游整合的例子；汽车制造商建立销售网络，是向下游整合的例子。垂直一体化的优点如下：

1）可以提高新竞争者的进入障碍。20 世纪 30 年代，美铝公司和加拿大铝业将当时唯一具有开采价值的牙买加的加勒比岛铝矿整合，使竞争者打消进入的念头，一直到 1950 年在澳大利亚和印度尼西亚发现高等级铝矿砂之后情况才开始改变。

2）提升专用资产投资效率。专用资产可增加产品差异化，既可以提高价格，同时又具有高效率，可以降低成本，且专用资产在其他用途上会降低使用价值。对专用化资产投资引起的问题通过垂直一体化才能得到较好的解决。

3）保证产品质量。麦当劳在莫斯科设店时，由于当时苏联的马铃薯和肉类质量太差，麦当劳选择在苏联建立自己的农场、养牛场、蔬菜区和食品处理工厂，实行垂直一体化。

4）便于加强计划与控制。实行垂直一体化使得企业之间的协调变成企业内的统一指挥，保证生产进度，并降低库存。

垂直一体化的缺点如下：

1）成本劣势。当低成本的外部供应商存在时，垂直一体化的成本较高。

2）垂直一体化缺乏适应技术变化的能力。当技术变化剧烈时，发现技术已落后，由于自己的投资形成包袱，会抗拒改变，导致市场占有率下降。

3）有一定风险。当需求不稳定时，垂直一体化有极大风险，协调也很困难。

3. 水平一体化

将非核心业务委外或外包是近年的一个趋势。委外的优点是，非核心业务由有优势的供应商来做会降低成本，更有效率，还可提升产品价值；有可能将资源集中到企业的核心能力上；容易响应顾客，适应市场变化。在急剧变化的环境下，各企业都只保留核心业务，将不擅长的业务外包，通过并购同种业务的企业，实行水平一体化，从事不同业务的企业形成集合优势能力的供应链，单个企业之间的竞争就变成供应链之间的竞争。

4. 多元化

当企业拥有的财务资源超过维持现有的或核心业务的需要，同时又看到令人激动的发展机会时，就企图利用剩余资源去投资，以创造价值，从而形成不同的业务，称为多元化或多角化。根据企业所经营业务的相关度，多元化可以分为相关多元化和非相关多元化。相关多元化是指经营在技术、生产、工艺和销售等方面有联系的多种业务；不相关多元化是指经营完全不相关的业务。

企业之所以追求多元化，最根本的原因是为了提高企业价值。市场需要多样化产品，但每种产品的批量都不大，通过多元化可以共用资源和能力，实现范围经济。但是，波特的研究表明，多元化结果不容乐观，多元化所浪费的价值超过了其所创造的价值。主要原因是多元化使业务大量增加，企业领导精力不够。

章内阅读

多元化是个陷阱吗?

长期以来，多元化战略被企业视为实现可持续发展的重要手段。支持者认为企业应该多元化；反对者认为企业应该专注本行、精耕细作。那多元化究竟是陷阱还是馅饼呢？谈到多元化的时候，我们知道在相关多元化下，企业可以依赖其原有的技术、现有的市场、销售渠道、营销、管理人才等资源。海航集团有限公司（简称海航）曾经是我国商业街的一个传奇。当谈到海航时，我们必须谈一下它的多元化战略。2003 年，因受到 SARS 疫情冲击，海航严重亏损，此时它意识到精耕航空业可以将企业做大做强，但是如果没有多元化分散风险，那么企业将难以应对外部环境的变化。于是海航在 2003 年收购了西安民生集团，依托自身优质航线资源，整合优质商品运输。2005 年，与德国企业合作进军航空食品行业。这一时期的海航在以航空实业为中心的同时，向上下游产业链扩张，如航空物流、航空旅游等产业，与航空运输主业进行产业融合，实现协调效应，降低了航空运输成本。但是自 2010 年起，海航在全球疯狂收购资产，最典型的是海航 2016 年以 60 亿美元收购美国科技公司英迈，2017 年以 22 亿美元购买了曼哈顿第二栋写字楼，以 55.3 亿港元收购九龙湾土地，大举进军地产、金融行业。在海航的疯狂扩张下，中国的 22 个大行业，海航进入了 12 个，其中涉足 44 个细分领域。最终，受到新冠疫情的影响，海航不得不破产重组。在当今时代，缺乏核心竞争力的多元化战略将会给企业带来更大的风险，多元化是把双刃剑，是“馅饼”也是“陷阱”。

资料来源：

[1] 谢佩洪，丁英蕾. 海航破产重整迷思［EB/OL］.［2022-04-23］. https://mp.weixin.qq.com/s/vmrMNzp6yIZuhgs9ekRxgg. 经编者改编。

[2] 王子璇. 海航集团多元化战略实施动因及经济后果研究［D］. 蚌埠：安徽财经大学，2021. 经编者改编。

2.2.2　竞争战略

波特教授提出了三种基本的市场竞争战略：成本领先战略、差异化战略和集中一点战略。

（1）成本领先战略　成本领先战略就是要使企业的某项业务成为该行业内所有竞争者中成本最低者的战略。采用成本领先战略，针对规模较大的市场提供较为单一的标准产品和服务，不率先推出新产品和服务。制造业中福特的 T 型车、服务业中的麦当劳和沃尔玛等，都是运用成本领先战略的典型例子。运用成本领先战略一般需要采用高效专用的设备和设施，在组织生产的过程中，要提高设备利用率，要对物料库存进行严密控制，要提高劳动生产率，采用低工资率并降低间接费用。成本领先战略可获得大量生产、大量销售的好处。

（2）差异化战略　差异化战略的实质是要创造一种使用户感到是独一无二的产品或服务，使用户感到物有所值，从而愿意支付较高的价格。这般战略可以有多种形式。如唯一的品牌、唯一的技术、唯一的特点和唯一的服务等。

实施差异化战略的关键是创新。传统的战略都是把竞争对手击败的战略，考虑的都是如何战胜对手，如何扩大市场占有率，如何把竞争对手正在做的事情做得更好。这种战略好比众多的人要分享一块大小已经确定的饼，每个人都希望分到更大的份额，结果拼个你死我活。新的战略是从用户需求出发，考虑用户需求的变化，并通过技术创新提供使用户更为满意的产品和服务。这好比重新做一个不同的饼，它能满足用户不同的需求。要做一个不同的饼，就需要创新。因此，新的竞争战略被称为“基于创新的战略”。按照创新战略，竞争对手可能成为合作者，企业之间既有竞争，又有合作。在急剧变化的时代，与其努力赶上和超过竞争对手，不如合作起来致力于创新，实现共赢。在“做饼”的时候合作，合作才能共同创造市场，不合作将导致“双输”；在“分饼”的时候竞争，不应该忘记自己的利益，否则是“你输他赢”，合作就不会继续。国外有人将这种情况称为“合争”或译成“竞合”。

（3）集中一点战略　成本领先和差异化都是雄霸天下之略，集中一点战略是对选定的细分市场进行专业化生产和服务的战略，它为特定的狭窄目标市场顾客的特殊需求提供良好的产品和服务。绝大部分小企业都是从集中一点战略起步的。

2.2.3 职能战略

职能战略，又称职能支持战略，是按照总体战略或业务战略对企业内各方面职能活动进行的谋划。在组织内部，各种职能战略一般可分为生产运营型职能战略、资源保障型职能战略和战略支持型职能战略。其中比较重要的是财务战略、运营战略和营销战略。职能战略是为企业战略和业务战略服务的，所以必须与企业战略和业务战略相配合。比如，企业战略确立了差异化的发展方向，要培养创新的核心能力，企业的人力资源战略就必须体现对创新的鼓励；要重视培训，鼓励学习；把创新贡献纳入考核指标体系；在薪酬方面加强对各种创新的奖励。

职能战略描述了在执行公司战略和经营单位战略的过程中，企业中的每一职能部门所采用的方法和手段。职能战略在几个方面不同于公司战略和经营单位战略。

职能策略为增进企业内职能性操作效果的策略，如生产、营销、物料管理、研究与开发以及人力资源管理等策略，当然也包括跨职能的策略。通过职能策略的实施，实现高效率、高质量、创新和良好的顾客响应，以取得低成本和实现差异化，从而赢得竞争优势。竞争优势的基础如图 2－2 所示。

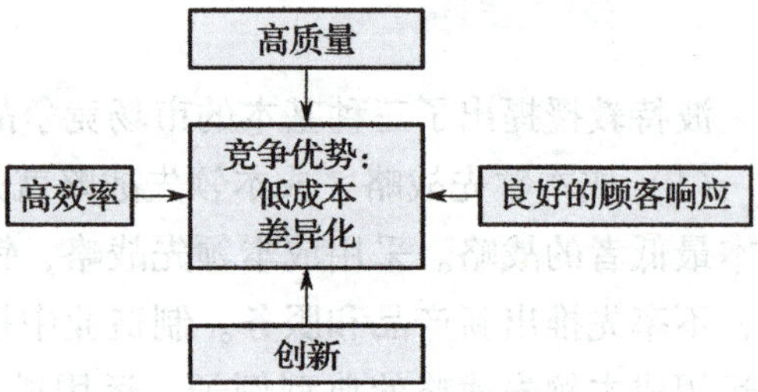

图 2－2　竞争优势的基础

高效率导致低成本，良好的顾客响应造成差异化，具有创新和高质量的产品往往既能提高差异化又能降低成本。

效率、质量、创新以及良好的顾客响应，都与生产运作有密切关系。要提高企业创造的价值，就要提高价值和降低成本。价值和成本都与生产运作活动密切相关。

效率是投入和产出的比较，是在生产运作过程中形成的。如果其他条件相同，效率高就可以获得低成本优势。当质量提高到战略性高度，成为主要竞争因素，质量会增加顾客心目中产品的价值。质量也是在生产运作过程中形成的，不是检验出来的。有创意的新产品，首先要设计出来，设计也属于生产运作范畴，设计的产品要变成实际的产品，还要经过制造。创新可以造成差异化，生产过程的创新对提高产品质量和降低成本有重要作用。对顾客的及时响应，完全取决于生产过程的准时性。因此，生产运作管理对于提高企业的竞争力具有举足轻重的作用，核心运作能力是企业形成核心竞争力的保证。

2.3 运营战略

2.3.1 企业竞争关键因素

21 世纪以来，随着经济的快速发展和信息技术的快速发展和应用，市场竞争日趋激烈。企业面临的外部经营环境发生了根本性的变化。现代企业经营环境具有 3C（Customer，顾客；Competition，竞争；Change，变革）和 3I（Informationization，信息化；Internationalization，国际化；Internet，网络化）的特征。

在此情景下，价格、质量、品种、服务、时间和环保是影响顾客对产品和服务需求的六大因素，也是影响企业产品及服务竞争力的关键因素。产品之所以成为产品就是因为它有使用价值，正是其使用价值满足了顾客的需要。价格是顾客要获得一定的使用价值在经济上的付出，当顾客认为产品或服务的价值高于他所付出的价格时，满意度较高；质量反映产品使用价值的高低和范围；品种是顾客对不同产品的选择余地；服务是指通过顾客在购买、使用和报废产品的过程中提供各种服务和便利，尽可能满足顾客个性化的要求，建立顾客与企业之间的信赖关系；时间用以衡量以多快的速度向顾客提供产品；环保是指产品在制造、使用和报废过程中，对环境的污染和破坏程度最小。

顾客对这六大因素的满意度越高，产品和服务就越能赢得顾客的信赖，企业就越具有竞争力。竞争成败的关键在于明确地知道顾客需要什么，然后予以满足。显然，不同的顾客对这六大因素要求是不相同的。但随着消费水平的提高，影响需求的主要因素的变化是有一定规律性的。

在工业化初期，居民消费水平较低，“有没有”的问题比较突出。产品只要可用、便宜，就受欢迎。影响产品竞争力的主要因素是价格。20 世纪 60 年代的中国，人们普遍看好处理品，喜欢逛处理品商店，这正是当时低消费水平下的顾客行为。

随着消费水平的提高，“好不好”的问题突出出来，“价廉质劣”的产品不再受人们青睐，影响产品竞争力的主要因素是质量。现在人们的观念已经改变：只要产品质量好或服务档次高，贵一点也可以。

当质量和价格普遍达到一定水平之后，顾客就要追求多样化的产品和服务，需要不断更新产品和服务，产品即使“经久耐用”，也要被淘汰。这就需要供方提供多种多样的产品和服务供顾客选择。单一化的产品，即使质量好、价格低，也不能为顾客所接受。品种成为影响产品竞争力的主要因素。

提供多样化的产品供顾客选择，不仅使成本大幅度上升，而且还是不能满足顾客个性化的需要。顾客需要的是解决他们的问题，满足他们个性化的要求。服务就成为影响竞争力的主要因素。服务的本质就是使顾客个性化的要求能够得到满足。提供"量身定做"的产品和服务，才能真正为顾客提供解决方案。早期的运营管理只重视生产的"产品"，因为顾客只看重有形产品，后来，运营管理逐渐转为提供"产品或服务"，即制造业提供产品，服务业提供服务。再往后，转变为提供"产品和服务"，产品和服务已经不可分离。目前，若不提供售前和售后服务，产品销量将受到极大影响。但是，服务仍然是附加在产品上的。现在，企业的宗旨就是为顾客服务，产品作为顾客需求的满足物，只是这种服务的一个部分。

当企业的产品和服务在前四种因素的差别不大时，谁能够最及时地向顾客提供定制的产品和服务，谁能够最快地推出顾客意想不到的新产品和新服务，谁就受到顾客的欢迎。时间成为影响竞争力的主要因素，这在日常生活中就可以见到。在国内将邮件送达的时间，特快专递需要1天—2天，普通信件需要4天—5天。人们常常愿意花20倍左右的钱，用特快专递换来提早3天的时间。当各个企业提供的产品和服务在前五种因素的差别不大时，哪种产品和服务能够更清洁地生产出来，在使用中对环境的污染最小，报废处理也由企业承担，哪种产品就能得到顾客的青睐。

主要竞争因素与消费水平的关系如图2-3所示。需要说明的是，该图反映的是一种变化的总趋势，并不说明没有例外情况。如同马斯洛需求层次论，在低层次需求得到基本满足后，较高层次的需求就会凸现出来，但并不意味着低层次需求就没有了。主要竞争因素的变化也是一样，较高层次的因素凸现出来，并不意味着低层次因素不重要，只不过不再是主要竞争因素。

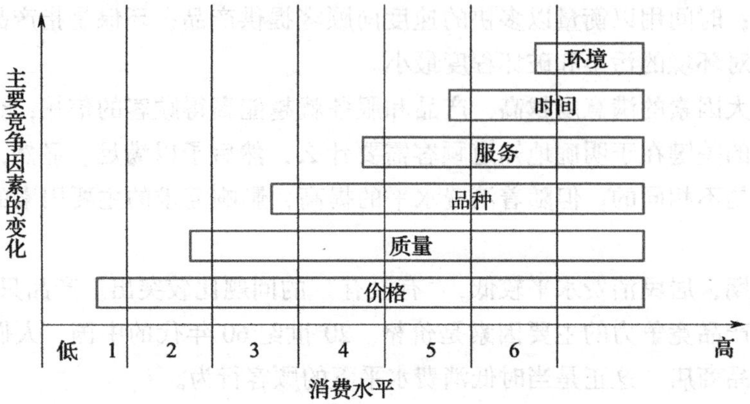

图2-3 主要竞争因素与消费水平的关系

当价格成为竞争的主要因素时，出现了"基于成本的竞争"，典型的生产方式是大量生产；当质量成为竞争的主要因素时，出现了"基于质量的竞争"，典型的生产方式是精细生产；当品种成为竞争的主要因素时，出现了"基于柔性的竞争"，典型的生产方式是计算机集成制造；当服务成为竞争的主要因素时，出现了"基于服务的竞争"，典型的生产方式是大量定制生产；当交货期或上市时间成为竞争的主要因素时，出现了"基于时间的竞争"，典型的生产方式是敏捷制造和即时顾客化定制；当环境成为竞争的主要因素时，将出现"基于环保的竞争"，典型的生产方式是绿色制造。

2.3.2　运营战略选择

发展战略和竞争战略为组织提供了整体性方向，其涉及范围广，涵盖整个组织。运营战略面较窄，主要涉及组织内各运营方面。运营战略与产品、工序、方法、使用的资源、质量、成本、生产准备时间及进度安排等要素密切相关。各战略层次的比较见表 2－1。

表 2－1　各战略层次的比较

层面	战略层次	管理层次	时间跨度	范围	详细程度	涉及内容
公司层	发展战略	高	长	宽	低	生存、盈利能力
	竞争战略	较高	长	宽	低	增长率、市场份额
运营层	运营战略	中等	中到长期	宽	低	产品设计、选址、技术选择、新设施
	策略	中	中	中	中	雇员人数、产量大小、设备选择、设备布置
	运营	低	短	窄	高	人员安排、产量调整、库存管理、采购

为了使运营战略确实有效，将其与发展战略和竞争战略联系在一起是十分重要的。这就是说，不能将这三类战略的制定独立开来。相反，发展战略和竞争战略的制定应考虑运营的优势和劣势，扬长避短。同样地，运营战略必须与该组织的发展战略和竞争战略相一致，制定出的运营战略要服务于组织的目标。这就要求高级管理者要与各职能部门一起制定出运营战略，做到各运营战略之间及其与该组织的发展战略和竞争战略之间相互一致，而非相互冲突。实践中我们可能会见到各职能部门之间有冲突，这对组织是不利的，因为这样使得各职能部门间相互对立，而不能把精力用在使组织更具竞争力和更好地服务于顾客上。近来，组织中出现一些新的举措，包括由管理者和工人组成工作团队，可能反映了这样一个事实，即人们越来越认识到组织内协同工作而非相互冲突的重要性。

因此，企业要根据发展战略、竞争战略、竞争的关键因素，来进行运营战略的制定与选择。例如当企业对于某种关键材料的获取方式进行决策时，如果企业的发展战略选择多元化，那么企业在材料获取中要选择自己生产的材料；如果企业在竞争战略中选择低成本，那么企业就要寻找成本最低的获取方式。以下为企业进行运营战略选择时将会遇到的六种影响因素：

（1）成本　降低成本通常是企业不懈的追求。成本降低可以使生产企业利润更高，产品市场价格更低，更具有市场竞争力。每个行业都存在严格遵循低成本原则的细分市场，为了在这个细分市场得以生存发展，企业必须以低成本生产，即便如此，企业也不一定能够获得成功。印包企业由于竞争日益激烈，整体利润在逐步下滑，尤其是纸箱生产企业利润更低，如果不严格控制成本，企业就很难生存，更谈不上发展壮大。

（2）质量　质量意味着提供优质产品，它与用料、生产以及设计密切相关，顾客是根据产品满足其目的的程度来评价质量的一般情况的，顾客愿意为高质量的产品付出更高的价格。在生产运营中质量分为：产品质量和工艺质量。产品质量根据它所面对的细分市场来确定。如包装普通衬衣的纸箱与包装高档等离子彩电的纸箱有着很大的区别，前者三层普通瓦楞纸箱就可以了，后者可能需要七层的高强度瓦楞纸箱才能满足要求。这两种纸箱是针对不同的细分市场而设计生产的，高强度的瓦楞纸箱由于其高质量决定了其高价格。工艺质量与产品的可靠性直接相关。工艺质量的目标是生产没有缺陷的产品，产品必须符合尺寸以及产品预期性能。

(3) 交货快速　交货快速主要体现在：企业接到订单后迅速组织生产并尽快将产品交付给客户，或者是将新的（改进的）产品尽快推向市场。在很多市场上企业的交货时间是竞争的重要条件，甚至是首要条件。即便客户对交货时间的要求不是很苛刻，但是更快的交货时间意味着更快的资金回笼以及更快的资金周转速度，这意味着企业有更高的效益，以及更强的市场竞争力。

(4) 柔性　柔性是指对变化的反应能力，变化包括产品设计特性的改变、客户需求量的增减以及企业提供的产品组合的改变等。尤其是在客户需求增长的时候，企业一般能应付。在客户需求快速上升时，规模经济促使成本递减，此时在新产品研发时的投入会很快收回。但是在客户需求下降时，则能够及时减小规模、减少资产或减员，以适应市场环境变化。柔性强的企业具有较大的竞争优势。

(5) 服务　服务是指给顾客在购买和使用产品的过程中提供各种方便。包括：售前的技术联系和支持，售后优质服务，可靠的产品支持，便利的服务网点，客户定制化需求。在企业之间技术壁垒日益薄弱的今天，众多行业及企业的产品及服务同质化严重，在激烈的竞争中，价格战让企业杀敌一千的同时也自损八百，而优质便利的服务，从根本上解决顾客的问题、满足客户的需求可以让企业在竞争中重新获取竞争的优势。

(6) 环保健康　环保健康是指产品及服务在提供和使用过程中，是否对环境的影响程度更低、资源消耗更少，同时是否有利于消费者的身心健康。伴随社会的进步及消费者更趋理性，公众对产品及服务的需求不仅仅局限于个人需求的满足，而且开始关注其对自然环境和公共健康的影响。企业所生产的产品及服务如果更加环保健康，无疑会受到消费者的更多青睐。

运营战略的中心是运营其重点以及对其权衡。这是由于企业不可能同时满足所有的运营重点，企业首先确定运营重点中的哪些部分是企业成功的关键，然后集中企业资源去实施。运营的重点当中，如低成本与高质量不可能同时实现，二者是矛盾的，必须采用权衡的方法。

2.3.3　运营战略内容

在 20 世纪 70 年代和 80 年代初，运营战略对营销战略和财务战略的有利影响常被忽视。这可能是由于大多数业务最高负责人没有运营实务经历，也或许是他们对运营职能的重要性不够重视。企业间的兼并和收购经常出现，杠杆收购这一措施也常被采用，不同的企业组建成了企业集团。这些对组织的增值帮助不大，其实质无非是资产的组合。决策常常由那些对业务不太熟悉的人做出，结果大多对业务产生不利影响。与此同时，国外竞争者因十分重视运营战略而在竞争中逐渐显示出优势。

到了 20 世纪 80 年代后期和 90 年代初，许多公司察觉到了这一点。它们认识到自己同国外竞争者相比已处于劣势。这促使它们对运营战略重视起来。而战略制定则是组织战略和运营战略的关键因素。

运营战略可对组织的竞争力产生很大影响。如果运营战略制定得好，实施顺利，那么该组织就能成功；如果运营战略未能制定或实施好，则该组织成功无望。

1. 运营管理的战略领域

在企业组织中，运营管理人员在许多战略决策中起着战略性的作用。表 2－2 强调了一些关键战略领域。注意，大多数战略领域都影响着成本。

表 2－2　战略运营管理决策

决策领域	决策影响方面
生产和服务设计	成本、质量、责任和环境问题
能力	成本构成、柔性
流程选择和设施	成本、柔性、需要的技术水平、容量
工作设计	工作生活质量、员工安全、生产率
选址	成本、可见度
质量	满足或超越顾客期望的能力
库存	成本、缺货
维修	成本、设备可靠度、生产率
进程	柔性、效率
供应链	成本、质量、敏捷度、缺货、卖方关系
项目	成本、新产品、服务或运营系统

质量和时间通常是对战略具有普遍重要性的两个因素。下面主要讨论质量战略和时间战略。

2. 质量战略和时间战略

企业组织的传统战略趋向于把成本领先或产品差异化作为重点。而现在，在不放弃这些战略的同时，许多企业正在采取基于质量和时间的战略。质量战略和时间战略之所以很快为企业界所接受，是因为它们给企业组织的运营方式带来了极大的变化。

（1）质量战略　该战略以保持或改进组织的产品或服务质量为中心。质量通常是吸引并留住顾客的一个因素。制定质量战略的动因很多，例如，为了改变留给顾客质量差这一印象而所做的努力，期望赶上竞争对手，保持现有质量高的印象，或这些因素及其他一些因素的结合。说来有趣，质量战略可能成为其他战略诸如降低成本、提高生产率或缩短时间的一部分，所有这些都受益于较高的质量。

企业可以通过以下手段提高质量水平：

1）企业建立质量管理体系，确定质量管理前景和目标。

2）企业有效地运行质量管理体系，并落实具体的工作方法。

3）企业有质量管理口号，并且为员工所熟知。

4）企业高层重视运营品质的管理，并参与质量管理标准和策略的制定与实施。

5）企业及时总结运营质量管理的措施和经验，并与同行共享。

6）企业有顾客满意度和员工满意度测评系统，并且运行正常。

7）企业各部门有运营质量的检查、评估和考核，且运行良好。

8）企业内部开展全面质量管理（TQM）、零缺陷等质量管理活动。

9）企业有提高员工质量管理意识的相关培训且记录完整。

（2）时间战略　该战略以减少完成各项活动所需要的时间为中心，这些活动包括开发新产品或服务并进行销售、对顾客需求变化的反应、交付产品或完成一项服务等。通过该战略的实施，企业可提高对顾客的服务水平并在竞争上取得优势。

时间战略将重点放在减少完成各项活动的时间上。其理论依据：减少花在各项活动上的时间，通常使成本下降、生产率增大、质量趋于提高、产品创新加快和对顾客的服务得到改进。

企业可在下列几个方面缩短时间：

1）计划时间，包括对竞争威胁的反应、制定战略和选择策略、批准设备更换方案以及采用新技术等等所需要的时间。

2）产品或服务设计时间，是指开发和销售新的或重新设计产品或服务所需的时间。

3）加工时间，即生产产品或提供服务的时间，包括进度安排、设备维修、无效的劳动、库存、质量、培训等。

4）变换时间，是指从生产一种产品或服务变换到另一种所需要的时间，其中涉及新设备安装、不同的方法、设备、进度安排或材料。

5）交付时间，即供应订货所需要的时间。

6）对抱怨的反应时间，包括顾客对质量、交货时间及错误装运的抱怨，也包括雇工对工作条件、设备问题或质量问题的抱怨。

营销人员和运营管理人员必须配合以制定相关的职能战略，以便每一个细分市场上的顾客最重要的需求都能够得到满足。

敏捷制造是一种战略方法，采取该战略的企业强调柔性，力求适应变化的环境并不断壮大自己。敏捷性涉及几个竞争因素，如成本、质量、可靠性和柔性的组合情况。柔性加工方面包括设备的快速变换、进度安排和创新。产品或服务方面包括产量和产品组合的变化。

成功的敏捷制造需要有一个谨慎的计划方案，以形成一个包括人员、柔性设备和信息技术在内的系统。降低完成工作所需要的时间是一个企业提高其生产率这一关键指标的方法之一。

本章小结

本章阐述了运营战略的基本概念。第一节从介绍战略开始，对战略的概念、意义进行了描述，分析了战略制定的六个原则，论述了为什么现代企业重视战略，提出了战略制定的重要意义。第二节讨论战略层级，阐述了战略层级包含的内容，分析了发展战略、竞争战略以及职能战略的具体内容。第三节论述了运营战略，主要包括企业竞争关键因素、运营战略选择以及运营战略内容。详细介绍了影响顾客选择产品的六大影响因素，战略选择的影响因素、运营管理的战略领域以及质量战略和时间战略。

案例分析

中国瓶装水行业报告

中研产业研究院数据显示，我国瓶装水市场规模从 2014 年的 1237 亿元增长至 2019 年的 1999 亿元，2021 年已突破 2000 亿元。未来几年，瓶装水市场规模仍将以 8% ~9% 的速度增长，2025 年有望突破 3000 亿元大关。当谈到我国的瓶装水市场时，就不得不谈谈 2021 年我国瓶装水品牌排行榜的前三名：农夫山泉、娃哈哈和康师傅。这三家企业分别是市场上天然水、纯净水和矿物质水的代表企业。

农夫山泉是养身堂旗下控股公司，当谈到农夫山泉时，我们一定会想起“农夫山泉有点甜”“我们不生产水，我们只是大自然的搬运工”的广告语，其自然、健康的产品理念已深入消费者的心中。当整个饮用水市场都生产纯净水时，农夫山泉却在 2000 年率先提出“只做对人体健康有益的天然水”的理念。经过几年的努力，农夫山泉先后在吉林、湖北、广东、新疆、四川、贵州等地建立了八所天然水源基地，抓住了天然水的命脉。农夫山泉在无污染的水源地建厂，在水源地生产，可以保证产品的高品质，这也是农夫山泉的竞争力所在。但是由于离市场距离较远，运输成本就会高一些。加之农夫山泉的产品线较窄，所以农夫山泉做瓶装水必须要赚钱。此外，农夫山泉不仅卖包装水，茶、果汁、咖啡应有尽有。在产品原材料的选择上，农夫山泉更是花费大量的人力物力财力去建设自己的种植基地，例如脐橙、苹果、石榴、杏、大米、茶叶等。农夫山泉既卖水果和粮食，又能够为自家产品生产提供原材料，追本溯源，好品质让用户能够看得见。例如，果汁类产品 NFC 主打的“100% 鲜果压榨，不加任何添加剂”，农夫果汁“喝前摇一摇”，可以说农夫山泉的自然、健康理念已深入人心。

娃哈哈与农夫山泉、康师傅相比，最大的优势在于它的庞大的渠道网络。娃哈哈的渠道网络遍布全国 29 个省、自治区和直辖市，基层销售单位可以直接到村镇上。总体而言，娃哈哈瓶装水的水源是纯净水，其成本在康师傅之上、农夫山泉之下。与康师傅的低价占领市场不同，娃哈哈必须保持有合理利润的价格，因为娃哈哈必须把中间价差留给经销商，只有让经销商赚钱了，娃哈哈的销量才能增加。对于娃哈哈而言，其本身在瓶装水上面可以是不赚钱的。因为娃哈哈的产品线很长，瓶装水只是其在饮料行业实行配销战略的工具，可以依靠瓶装水在其他高利润的产品上赚钱。

康师傅自2004年进入我国瓶装水市场以来，靠的是低价迅速占领市场，康师傅瓶装水的价格在三者里面也是最低的。康师傅为何能做到成本最低呢？它有着自身的优势。首先，在瓶装水的包装上，康师傅致力于降低瓶身的重量，一个瓶身仅有12~13g重。当农夫山泉和娃哈哈采用纸箱装配、包装时，康师傅采用的是塑料膜。其次，康师傅瓶装水利用规模化生产，生产效率高，大大降低了每瓶水的生产成本。此外，康师傅的水厂布置也有其自身特点，可以说，市场在哪里，康师傅的工厂就建在哪里。这样的设施布置不仅能及时满足顾客的需求，还可以节省运费，进一步降低成本。2020年，康师傅推出了熟水产品“喝开水”，采用了李时珍《本草纲目》中的“热汤”理念，以现代科技最大程度还原“太和汤”，以135℃超高温瞬时杀菌，在线快速冷却，推出了温和、安全、甘甜的“喝开水”。在“喝开水”的驱动下，康师傅2021年包装水的增幅在所有水品牌中位居第2名。

资料来源：

[1] 新行情. 2000亿元瓶装水市场新变化：矿泉水即将进入4元时代［EB/OL］.［2022-04-23］. https://www.163.com/dy/article/HD081Q7M05317XQZ.html? f=post2020_dy_recommends. 经编者改编。

[2] 广告人方案与复盘. 复盘学习：农夫山泉的营销策略［EB/OL］.［2022-04-23］. https://zhuanlan.zhihu.com/p/264438748. 经编者改编。

【问题思考】

在饮用水市场上，农夫山泉、娃哈哈和农夫山泉分别采取的是什么运营战略？

【案例讨论】

农夫山泉采用的是环保战略，主要表现在农夫山泉产品的环保、健康理念上，例如果蔬汁零添加；娃哈哈的战略重点是营销渠道，其渠道营销能力非常强；康师傅采用的是成本战略，主要表现在瓶身重量轻，在包装上用塑料膜代替纸箱，规模化生产，水厂离市场近，运费少。

本章习题

一、单选题

1. 战略的5P模型中不包括（　　）。

   A. 目标　　B. 模式　　C. 计划　　D. 定位

2. 下列哪个是战略制定的六个原则（　　）。

   A. 战略的制定不一定要注重企业与其所处的外部环境的互动性

   B. 战略制定不需要全员参与

   C. 战略制定要具有全局性

   D. 反馈修正原则战略管理涉及的时间跨度不长

3. (　　) 是指企业赖以生存和发展的各种外部条件和外在因素。

A. 企业内部环境　B. 国内环境　C. 国际环境　D. 企业环境

4. 现代企业所处的环境特点不包括 (　　)。

A. 技术革新步伐急剧加速　B. 需求日益多样化、个性化

C. 竞争逆全球化但呈现白热化　D. 产品生命周期越来越短

5. 战略管理咨询主要包括 (　　)。

A. 企业长短期战略发展方向的明确

B. 战略定位的评估与提炼

C. 战略落实过程中企业的阶段发展思路与措施

D. 有效管理增值转换的过程

6. 战略层级不包括 (　　)。

A. 发展战略　B. 竞争战略　C. 职能战略　D. 企业竞争计划

7. 影响企业竞争的关键因素不包括 (　　)。

A. 价格　B. 质量　C. 服务　D. 地点

8. 战略选择的 6 个影响因素不包括 (　　)。

A. 成本　B. 质量　C. 交货迅速　D. 价格

9. 运营管理的战略领域包括 (　　)。

A. 能力　B. 财务　C. 营销　D. 研发

10. 组织缩短时间的方法不包括 (　　)。

A. 延迟交货时间　B. 计划时间　C. 加工时间　D. 变换时间

二、多选题

1. 战略 5P 模型中，战略表现为 (　　)。

A. 观念　B. 模式　C. 计划　D. 定位

2. 战略制定的 6 个原则包括 (　　)。

A. 适应环境原则　B. 全程管理原则

C. 整体最优原则　D. 全员参与原则

3. 发展战略主要包括 (　　)。

A. 成本领先　B. 差异化

C. 垂直一体化　D. 专注于单一事业

4. 职能战略主要分为 (　　)。

A. 生产运营型职能战略　B. 资源保障型职能战略

C. 战略支持型职能战略　D. 集中一点职能战略

5. 影响企业竞争关键因素主要包括 (　　)。

A. 价格　B. 质量　C. 品种　D. 服务

三、判断题

1. 从企业过去发展历程的角度来看，战略表现为一种计划。　(　　)

2. 全程管理原则战略是一个过程，包括战略的制定、实施、控制与评价。（ ）
3. 全程管理原则由于战略管理是全局性的，并且有一个制定、实施、控制和修订的全过程。（ ）
4. 国际环境是指企业赖以生存和发展的各种外部条件和外在因素（ ）
5. 通常战略管理咨询主要包括：企业长短期战略发展方向的明确，战略定位的评估与提炼，战略落实过程中企业的阶段发展思路与措施，经营业务重点的明确和时机环境的选择设计等。（ ）
6. 职能战略的制定过程一般遵循顶层设计、上下结合的原则。（ ）
7. 当低成本的外部供应商存在时，水平一体化的成本较高。（ ）
8. 发展战略包括成本领先战略、差异化战略和集中一点战略。（ ）
9. 职能战略又称职能支持战略，是按照总体战略或业务战略对企业内各方面职能活动进行的谋划。（ ）
10. 企业要根据发展战略、竞争战略、竞争的关键因素，来进行运营战略的制定与选择。（ ）

四、简答题

1. 简述战略的5P模型。
2. 阐述战略制定的六个原则。
3. 简述战略制定的意义。
4. 简述战略层级的内容。
5. 简述影响企业竞争的关键因素。

第 3 章 产品与服务设计

学习目标

- 了解产品与服务设计的背景特征。
- 理解产品与服务开发的压力与动力。
- 理解服务设计的方法与服务利润链。
- 掌握产品设计的步骤和方法。

逻辑框架

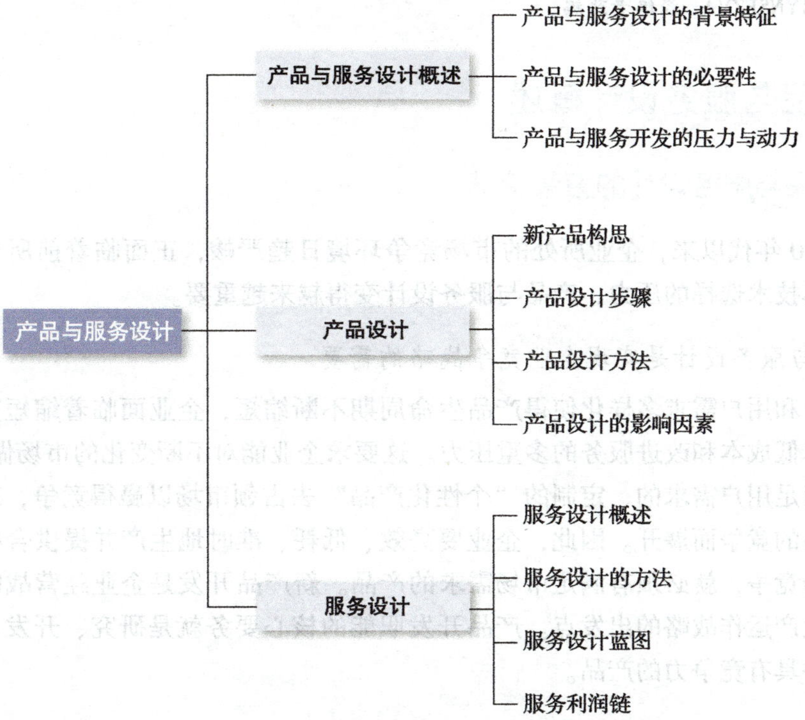

图 3-1　产品与服务设计逻辑框架

引导案例

为什么大街上的汽车总是那几种颜色?

《2021 年全球量产汽车色彩流行统计报告》指出，过去一年，全球 82% 的汽车制造商都忙着制造白色、黑色、灰色和银色的中性色汽车。在当代，顾客对产品的需求越来越多样化、个性化，但是大街上的汽车为什么总是那几种颜色呢？答案是出于节约成本的需要。汽车是汽车厂商生产出来的，对于汽车厂商来说，成本和产量是保证利润的关键。1908 年，福特的第一辆 T 型车面世，开启了面向普通消费者的平价车时代，但查看图像资料，你会发现那些 T 型车几乎都是黑色的。因为黑色油漆干燥最快，可以在福特汽车采用流水线实行批量生产的基础上，进一步提高生产效率，降低总成本。这也是市场的选择。《2021 年全球量产汽车色彩流行统计报告》显示，白色（35%）、黑色（19%）、灰色（19%）和银色（9%）仍是当下最为盛行的汽车色彩，其中，白色已连续 11 年成为全球购买最多的颜色，灰色的流行度持续上涨。所以，尽管厂商希望节约成本，但是汽车作为商品，生产颜色的选择依然是销售导向。当然，这几种颜色也是消费者的消费习惯。对大部分消费者而言，汽车可能是人生中除房子之外花销第二高的商品，那么保值率也就必须纳入考虑范畴。即使以后将汽车出售或者有个小剐小蹭时，出售和维修起来也比较方便。

资料来源：

CN. 为什么大街上的汽车总是那几个颜色?[EB/OL]. [2022-04-23]. https://mp.weixin.qq.com/s/P-RpHvb_5WcSRr8YN5FZVA. 经编者改编。

3.1 产品与服务设计概述

3.1.1 产品与服务设计的背景特征

20 世纪 90 年代以来，企业所处的市场竞争环境日趋严峻，正面临着前所未有的产品与服务设计及其技术选择的压力，产品与服务设计变得越来越重要。

1. 产品与服务设计是实现企业竞争战略的需要

技术进步和用户需求多样化使得产品生命周期不断缩短，企业面临着缩短交货期、提高产品质量、降低成本和改进服务的多重压力。这要求企业能对不断变化的市场做出快速反应，不断开发出满足用户需求的、定制的“个性化产品”去占领市场以赢得竞争，市场竞争也主要围绕新产品的竞争而展开。因此，企业要高效、低耗、准时地生产并提供合格的产品和服务，参与市场竞争，就必须有满足市场需求的产品。新产品开发是企业经营战略的核心内容之一，也是生产运作战略的出发点。产品开发职能的核心要务就是研究、开发、设计出能满足市场需求并具有竞争力的产品。

2. 技术变革加速

科学技术飞速发展，并被迅速而广泛地应用于实践中，推动着产品与服务设计的开发，也使产品更新换代的速度越来越快，产品生命周期越来越短。同时，以计算机及其他高技术为基础的新技术也影响着产品与服务设计的生产与交付流程。虽然高技术应用的初始投资很高，但它会带来许多竞争优势。高技术的应用不仅仅在于节省人力、降低劳动成本，而更重要的是提高了产品和服务质量，降低了废品和材料损失，缩短了对用户需求的响应时间。由于可以在很短时间内就把新产品或服务介绍给市场，企业赢得了时间上的优势，这种趋势在未来还会进一步加强。

3. 用户需求呈现多样化、个性化的特点

随着时代的发展，大众知识水平的提高和激烈竞争带给市场更多更好的产品，使用户的要求和期望越来越高。消费者的价值观发生了显著变化，需求结构普遍向高层次发展。一是对产品的品种、规格、花色、需求数量呈现多样化、个性化要求，而且这种多样化要求具有很高的不确定性；二是对产品的功能、质量和可靠性的要求日益提高，而且这种要求提高的标准又是以不同用户的满意程度为尺度的，这就产生了判别标准的不确定性；三是要求在满足个性化需求的同时，产品的价格像大量生产那样低廉。制造商发现，最好的产品不是自己为用户设计的，而是与用户共同设计的。

4. 产品研制开发的难度越来越大

越来越多的企业认识到了新产品开发对企业创造收益的重要性，因此，许多企业不惜成本予以投入，但是资金利用率和投入产出比往往不尽如人意。原因之一是产品研制开发的难度越来越大，大型、结构复杂、技术含量高的产品在研制中一般都需要各种先进的设计技术、制造技术、质量保证技术等，不仅涉及的学科多，而且大都是多学科交叉的产物。因此，如何成功地解决产品开发问题是摆在企业面前的难题。

5. 可持续发展的要求

人类社会在经济快速发展的同时，由于忽略了环境保护，也带来了污染、酸雨、土地沙化、能源储备与可耕地减少、臭氧层破坏、全球气候变暖等恶果，给人类社会的可持续发展乃至生存带来了严峻的挑战。目前，环境保护问题迫在眉睫，维持生态平衡和环境保护的呼声越来越高。各国政府将环保问题纳入发展战略，相继制定出各种各样的政策法规，以约束本国及外国企业的经营行为。这对企业提出了更高的要求，要求企业系统考虑产品开发、设计、制造、销售乃至回收对环境的影响，使产品在整个生命周期内对环境的负面影响最小、资源利用率最高，使企业经济效益和社会效益得到协调。要求企业的产品设计站在产品全生命周期的视角，考虑产品的环境属性，如可回收性、可重复利用性等，在满足环境目标要求的同时，保证产品应有的功能、质量与使用寿命。

在此背景下，企业必须变革传统的大批量生产方式，根据用户的个性化需求定制产品和服务，即实施个性化定制生产。但是，虽然个性化定制生产能高质量、低成本快速响应用户需求，但是对企业的运作模式提出了更高的要求。与传统的规模化大批量生产相比，个性化定制生产不仅能快速响应用户的个性化需求，而且能大大削减库存，做到高质量、低成本。个性化定制生产或服务要求企业有很强的产品开发能力，这不仅指产品品种，更重要的是指产品上市的时间，即尽可能提高对用户需求的响应速度。

3.1.2 产品与服务设计的必要性

1. 科技发展和社会需求变化的必然要求

随着社会的进步、科学技术的长足发展、可支配收入的增加、自由时间的增多、价值观的改变，人们对产品或服务的需求日益呈现多样化趋势。追求新颖、时尚已不再是年轻人的专利。这对产品开发和服务设计提出了更高的要求，并且企业只有具有很强的产品开发能力，才能支持个性化定制生产的有效实施。

2. 企业生存和发展的基本要求

企业生存和发展的基本要求表现在以下三个方面。

（1）企业竞争地位的维持 日趋激烈的市场竞争使得企业无不投入大量资源研究和开发新产品，以维持或提高其市场份额。新产品的研究与开发能力以及相应的生产技术是企业在竞争中获胜的根本保证，产品与服务设计在成本大小、质量好坏、产品上市时间快慢、柔性大小和客户满意程度等方面的良好组织更能实现企业的目标。

（2）营业收入和利润的增加 营业收入和利润的增加意味着企业规模与实力的扩大和增强，是企业的重要运营目标。企业只有不断地推出新产品，才能持续地增加营业收入。营业收入的增加并不必然带来利润的增加，因而在新产品的研究和开发过程中应做好评价工作，以便在增加营业收入的同时还能提高利润。

（3）法令法规的约束 产品的规格或性能，必须遵守安全和环境保护方面的法令法规。一方面，产品责任方面的法规和用户对产品安全意识的提高促使企业越来越注重产品生产和使用过程中的安全性；另一方面，现有产品可能不是环境友好型的，为适应环境保护的要求，就必须对这些产品进行改造或研究开发全新的绿色产品。上面的分析是基于制造业的。非制造业面临着同样的问题，也需要不断提高服务质量，推出新的服务项目。

3. 产品生命周期理论的必然反映

产品生命周期理论是由美国哈佛大学教授雷蒙德·弗农于1966年提出的。他认为任何产品都有其生命周期，即从研制成功投入市场至被淘汰退出市场的“生命”历程。

通常，把产品生命周期分为投入期、成长期、成熟期和衰退期四个时期。以时期为横坐标，以销售收入或利润为纵坐标，可绘制出产品生命周期曲线，如图3-2所示。

从图3-2中可以看出，在产品的研发期间和产品投入期初期，企业是亏损的，然后利润随着销售收入的增加而增加，接下来利润会下降，直到达到零利润。产品生命周期理论告诉我们，任何产品都不可能永远保持旺盛的生命力，而且总的发展趋势是产品生命周期越来越短，产品的更新换代速度越来越快。根据这一理论，当产品处于成长期时，着手研制开发新产品；当产品处于成熟期时，积极推出新产品；当产品处于衰退期时，果断地终止产品的生产，代之以新产品。

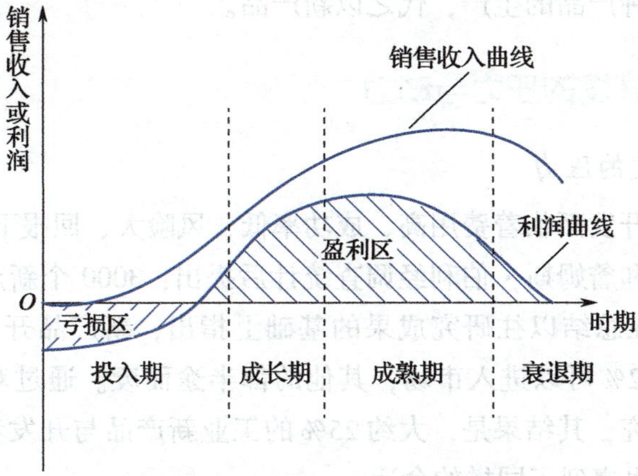

图 3-2　产品生命周期曲线

产品在生命周期的不同阶段表现出不同的特点。产品生命周期不同阶段的特点见表 3-1，该表总结了产品在四个时期的销售收入、目标市场、竞争对手数量、产品/服务个性化和订单赢得要素。根据表 3-1，运营管理者可正确地判断产品处在生命周期的哪个阶段。

表 3-1　产品生命周期不同阶段的特点

项目	投入期	成长期	成熟期	衰退期
销售收入	低	快速增长	缓慢增长	下降
目标市场	前卫者	一般用户	一般用户	保守者
竞争对手数量	极少	开始增加	相对稳定	开始减少
产品/服务个性化	定制化程度高	标准化	主流产品	标准件/日用品
订单赢得要素	产品新颖	配套服务	售后服务	无

运营管理的重点因产品所处阶段的不同而不同。

（1）投入期　在投入期，用户对产品不太了解，产品需求通常较低。此时期运营管理的重点是做好市场定位，加强广告宣传和产品推介，强调产品的新颖性，同时，还要改进工艺、提高效率、稳定质量、降低成本，促使产品尽快进入成长期。

（2）成长期　在成长期，随着设计的改进，产品更加可靠、更加成熟，成本逐渐降低，用户对产品和服务的了解不断加深，产品需求逐渐增加。此时期运营管理的重点是针对各个细分市场做好配套服务，在确保质量的前提下提高生产能力，扩大批量。为了持续获得竞争优势，当产品处于成长期时，就应当着手研制开发新产品。

（3）成熟期　在成熟期，设计很少变化，需求停止增长，市场最终达到饱和。此时期运营管理的重点是最大限度地降低成本，提供更优质的售后服务。同时，适时推出新产品。此时，新旧产品共存，企业应把资源更多地投向新产品。

（4）衰退期　在衰退期，需求开始下降，已无订单赢得要素可以培植。此时期运营管理的重点是果断地停止这种产品的生产，代之以新产品。

3.1.3 产品与服务开发的压力与动力

1. 产品与服务开发的压力

目前，产品与服务开发面临着费用高、成功率低、风险大、回报下降等压力。

格雷格·史蒂芬斯和詹姆斯·伯利经调查统计后提出：3000 个新产品的原始想法，只有 1 个能成功。艾尔巴拉在总结以往研究成果的基础上指出，新产品开发的死亡率为 98.2%。在初期的项目中只有约 2% 可以进入市场，其他的都半途而废。通过对美国和欧洲的文献中查到的失败事例进行研究，其结果是，大约 25% 的工业新产品与开发者的愿望相去甚远，同时 30%~35% 的消费品也遭到了同样的命运。

新产品与服务开发失败可归纳为三个关键原因：①没有潜在的用户和需求，新产品是按照设计人员的想象开发出来的；②新产品与当前的需求不匹配，要么不能满足需求，要么功能过剩；③在营销方面，特别是在将产品介绍给顾客的相互沟通方面所做的工作不得力。

产品与服务开发可分为技术推动、市场牵引、同行竞争。但新的产品开发成功首先必须满足技术与市场匹配的原则。新产品诞生的一个基本条件是特定的技术以一种特定的方式表现出来，即它对人类的需求产生了新满足，或在更高的层次上实现了这种满足。因此，了解和确定人们的需求，将这种需求用技术实现，提高产品在研究与开发过程中的管理水平，是新产品开发的关键。

2. 产品与服务开发的动力模式

新产品与服务开发有两种动力模式，即需求牵引型和技术导向型。

（1）需求牵引型动力模式　所谓需求牵引型，是指按照“需求理论”的方式进行新产品或新服务开发。首先，企业要进行市场调查，了解市场需要什么样的新产品；其次，进行生产技术、价格、性能等方面的研究；最后，根据销售预测决定是否开发这种新产品或新服务。需求牵引型产品以“市场—研发—生产—市场”的形式出现。

（2）技术导向型动力模式　所谓技术导向型，是指按照被称为“种子理论”的方式进行新产品或新服务开发，即从最初的科学探索出发开发新产品，以供给的变化带动需求的产生和变化。技术导向型的产品以“科研—生产—营销”的模式出现。今天，风靡全球的纳米、微纳米材料也是典型的技术导向型产品，这些产品正广泛应用于军事装备、家电、计量仪器等。

在服务业，同样存在需求牵引型和技术导向型两种动力模式。例如，快餐店向办公楼和学校配送午餐，心理分析专家提供电话咨询或远程视频服务等，是典型的需求牵引型服务；而银行等金融服务业推出的 24h 柜员机服务、信用卡业务，出版界和新闻界推出的电子读物、电子新闻等，则更多的是技术导向型服务。

3.2　产品设计

3.2.1　新产品构思

1. 新产品的概念

新产品是指在产品特性、材料性能和技术性能等方面具有先进性或独创性的产品。所谓先进性或独创性，是指由于采用了新技术、新材料产生的先进性，或由原有技术和改进技术综合产生的先进性或独创性。

2. 新产品的分类

根据对产品的改进程度，可把新产品分为创新产品、换代新产品、改进新产品三类。

1）创新产品，即采用新技术、新发明生产的具有新原理、新技术、新结构、新工艺、新材料等特征的新产品。成功推出创新产品可以使企业获得先入为主的优势。这种革命性的产品深刻地改变了人们的生活和工作方式，可以使企业保持持续的竞争力。

2）换代新产品，即在原有产品的基础上，保持基本原理不变，部分采用新技术、新材料、新元件制造，使产品功能、性能或经济指标有显著改进的新产品。

3）改进新产品，即改进原有产品的性能、功能，提高质量，增加规格型号，改变款式、花色而制造出来的新产品。推出改进新产品需要投入的资源少。改进新产品是对现有产品的补充和延伸，通过不断地改进和延伸现有产品线，企业可在一定时期内维持市场份额。

3. 发展方向

企业在开发新产品时只有朝着正确的方向才能获得成功。企业新产品的发展方向一般有五个，即多能化，复合化，轻便化，智能化，艺术化。

1）多能化即在提高产品效率和精度的前提下扩大同一产品的功能和使用范围。

2）复合化即把功能上相互关联的不同单体产品发展为复合产品。

3）轻便化即改进产品结构，减少产品的零部件，缩小产品的体积，减轻其重量，使之便于操作、携带、运输以及安装。产品小型、轻便化可以大量节省资源和能源，降低成本，有利于在低成本条件下扩展产品功能，从而在差别需求中寻找市场机会，打开市场缺口，进而扩大市场份额。不少日本企业都采用这种新产品开发策略，取得了极大成功。

4）智能化即把一般人需要长期学习才能掌握的知识和技术转化到产品中，使产品更便于操作和使用。这可以使许多专业性产品发展成大众产品，从而显著扩大这些产品的市场。

5）艺术化即从产品的造型、色彩、质感和包装等方面使产品款式翻新，风格各异，体现独特的艺术品位。当今对产品艺术、品位化的研究已经成了产品研究与开发中的重要组成部分。不仅汽车、电视、家具这些具有一定观赏功能的产品，就连洗衣机、盥洗用具甚至螺丝刀、扳手这样的纯实用产品也在追求尽善尽美，以在激烈竞争的市场中赢得顾客。

章内阅读

产品创新，该听网民的意见吗？

瑞士卢塞恩大学营销学教授莱托·霍夫斯泰特（Reto Hofstetter）团队通过使用Atizo（欧洲主流开放创新平台之一）收集并分析了1917名消费者提出的31114项建议，研究发现社交偏差对创意得到的点赞和评论数影响很大。这主要表现为研究中的所有企业都将投票系统作为第一道筛选程序，用户的点赞和评论情况对企业决定奖励和进一步研究哪些创意起着重要作用。而Atizo的用户支持好友创意的概率，比陌生人高得多。这意味着好的创意得到的票数不一定高，而不好的创意因好的社交反而票数会高一些。为进一步分析消费者投票的指导价值，研究者在众包项目结束一年多后，随机列出网络参与者的建议，请管理者对每项创意的实用性和创新价值打分。结果显示，消费者青睐的创意与实际转化为成功产品的创意并无相关性。为了找出这种不匹配的原因，研究者邀请了145名外部专家，从可行性、原创性和客户价值角度，对所有众包项目产生的创意打分，然后将得分与网络参与者的意见进行对比。研究者发现，消费者低估可行性的价值，而青睐中等程度的原创性；企业则看重可行性，且要么选择高度原创性的方案，要么选择较为普通的创意。研究结论可归纳为“消费者在网上发表的意见，难以作为创意质量的评判依据”。但是这并不是说众包项目没有用，研究者只是建议企业不应太看重点赞、评论等消费者意见，而应找到更有效评估创意的办法。例如，企业在寻找创新解决方案时，去征集更合适的小众意见，而非大众的创意。

资料来源：

HOFSTETTER R, ARYOBSEI S, HERRMANN, A. Should you really produce what consumers like online? Empirical evidence for reciprocal voting in open innovation contests[J]. Journal of Product Innovation Management, 2018,35(2):209－229. 经编者改编。

3.2.2 产品设计步骤

1. 产品构思过程

产品开发过程开始于产品构思，而构思来源于企业的战略，包括技术开发和市场评估，也有可能是竞争对手的产品和服务。通过与顾客的交流，听取顾客对改进产品的建议，进而分析市场需求，挖掘新产品创意。产品构思的另一个来源是R&D，将研究出来的新技术或者新服务内容应用于新产品开发，由新技术或新服务推动新产品的开发。研究竞争对手的产品和服务，往往能够激发出新设计以及对现有产品进行改进的许多构想，使企业能够开发出优于竞争对手的产品。

2. 产品结构设计过程

产品结构设计对不同企业有不同内容。对制造型企业来说，产品结构设计过程包括从明确设计任务开始，到确定产品的具体结构为止的一系列活动；对服务型企业来说，产品结构设计实际上就是服务内容和服务过程设计。无论哪种企业，产品设计始终是企业生产活动中的重要环节。产品结构设计阶段决定了产品或服务的特征、性能、质量、成本。因此，产品的设计阶段决定了产品的未来，一旦设计出现纰漏，将导致产品先天不足，工艺和生产上的一切弥补都将无济于事。

为了保证设计质量，缩短设计周期，降低设计费用，产品结构设计必须遵循科学的设计程序。产品结构设计一般分为总体设计、技术设计、工作图设计三个阶段。产品结构设计过程如图3-3所示。

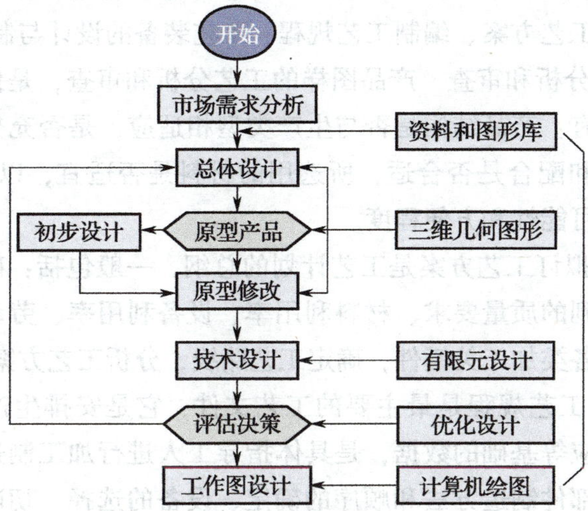

图3-3 产品结构设计过程

(1) 总体设计　总体设计是指通过市场需求分析，确定产品的性能、设计原则、技术参数，概略计算产品的技术经济指标并进行产品设计方案的经济效果分析。

(2) 技术设计　技术设计是指将技术任务书中确定的基本结构和主要参数具体化，根据技术任务书所规定的原则，进一步确定产品结构和技术经济指标，以总图、系统图、明细表、说明书等总括形式表现出来。

(3) 工作图设计　工作图设计是指根据技术设计阶段确定的结构布置和主要尺寸，进一步做结构的细节设计，逐步修改和完善，绘制全套工作图样，编制必要的技术文件，为产品制造和装配提供确定的依据。

产品设计是一个递阶、渐进的过程。产品设计是从产品要实现的总体功能出发，从系统层构思产品方案，然后逐步细化，划分成不同的子系统、组件、部件、零件，最后确定设计参数。服务型企业的产品设计虽然没有这么复杂，但是所涉及的环节基本相同。

3. 工艺设计过程

工艺设计是指按产品设计要求，安排或规划出把原材料加工成产品所需要的一系列加工过程、工时消耗、设备和工艺装备需求等的说明。工艺设计过程是产品结构设计过程和制造过程之间的桥梁，它把产品的结构数据转换为面向制造的指令性数据。工艺设计过程的结果，一方面可以反馈给产品设计者用以改进产品设计，另一方面可以作为生产实施的依据。工艺设计过程的内容如图3-4所示。

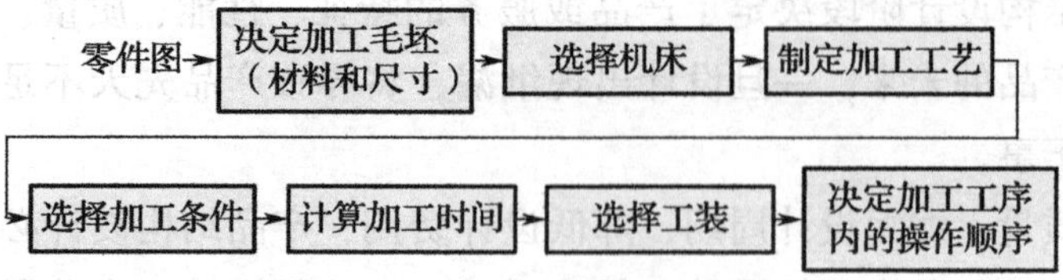

图3-4　工艺设计过程的内容

工艺设计过程难度大，是技术系统中的瓶颈环节。工艺设计过程的程序包括：产品图样的工艺分析和审查、拟订工艺方案、编制工艺规程、工艺装备的设计与制造。

（1）产品图样的工艺分析和审查　产品图样的工艺分析和审查，是保证产品结构工艺性的重要措施。其主要内容有：产品结构是否与生产类型相适应，是否充分地利用已有的工艺标准，零件的形状、尺寸和配合是否合适，所选用的材料是否适宜，以及在企业现有设备、技术力量等条件下的加工可能性和方便程度。

（2）拟订工艺方案　拟订工艺方案是工艺计划的总纲，一般包括：确定产品所采取的工艺原则，规定生产时应达到的质量要求、材料利用率、设备利用率、劳动量和制造成本等技术经济指标，列出产品的各类加工关键件，确定工艺路线，分析工艺方案的经济效果。

（3）编制工艺规程　工艺规程是最主要的工艺文件，它是安排生产作业计划、生产调度、质量控制、原材料供应等基础的数据，是具体指导工人进行加工制造操作的文件。编制工艺规程包括：产品及零部件制造方法和顺序的确定、设备的选择、切削规范的选择、工艺装备的确定、设备调整方法的选择、产品装配与零件加工的技术条件的确定等。

（4）工艺装备的设计与制造　实现工艺过程所需要的工具、夹具、卡具、量具、模具等，总称为工艺装备。工艺装备的设计与制造对贯彻工艺规程、保证加工质量、提高生产效率，具有重要作用。

4. 产品设计的原则和绩效评价

选择一个真正能为企业带来效益的产品并不容易，关键看产品设计人员是否真正具备市场经济的头脑。一方面，新技术的出现对新产品的形成有重要影响；另一方面，则主要看企业是否真正把用户放在第一位。

因此，产品设计和选择应该遵循以下几条原则：

1）设计用户需要的产品或服务。

2）设计可制造性强的产品。

3）设计鲁棒性强的产品或服务。

4）设计绿色产品。

为了使企业保持长久的竞争力，必须不断向市场推出新的产品。为此，企业必须有效响应用户需求，并且能超过竞争对手。抓住机会、快速开发出新产品、用很短的时间将产品推向市场，对一个企业而言是十分重要的，因为产品的市场寿命是有限的。

为此，必须对企业产品和服务设计的绩效进行测量和控制，争取取得最大的效益。根据企业在市场上的竞争要素，通常用作度量产品开发绩效的评价指标，见表3-2。

表3-2　度量产品开发绩效的评价指标

评价指标	对竞争力的影响
• 新产品引入频率 • 新产品从构思到上市的时间 • 构思数量和最终成功数量 • 实际效果与计划效果的差异 • 来自新产品的销售比例	• 用户/竞争对手的响应时间 • 设计的质量——接近市场的程度 • 项目的频率——模型的寿命

3.2.3　产品设计方法

1. 并行工程

为实现从产品设计到生产的顺畅传递并减少产品开发时间，许多企业开始采用同时展开或并行工程的产品设计方法。并行工程的产品设计方法是一种强调各阶段、各领域专家共同参加的系统化产品设计方法，其目的在于对产品的设计和产品的可制造性、质量保证等问题同时加以考虑，以减少产品早期设计阶段的盲目性，尽早预防和避免因产品设计阶段不合理因素而对产品生命周期后续阶段造成不良影响，缩短研制周期。并行工程的思想主要包括以下四个方面：

1）设计时同时考虑产品生命周期的所有因素，作为设计结果，同时产生产品设计规格和相应的制造工艺与生产准备文件。

2）产品设计过程中各项活动并行交叉进行。由于各部门的工作同步进行，各种相关的生产制造问题和用户的不满意问题，在项目研发准备阶段便能得到及时的沟通和解决。

3）不同领域技术人员全面参与和协同工作，实现产品生命周期中所有因素在设计阶段的集成，实现技术、资源、过程在设计中的集成。

4）高效率的组织结构。产品的开发过程是涉及所有职能部门的活动。通过建立跨职能产品开发小组，能够打破部门间的壁垒，降低产品开发过程中各职能部门之间的协调难度。

并行工程的方法具有巨大的吸引力，这种方法的主要优点如下。

1）制造部门人员能够指明生产能力。在设计中，制造部门人员经常在选择合适的材料和流程方面有某些深刻的见解，对生产能力的了解能帮助流程的选择。

2）能够为关键工具的设计或采购带来较早的机会，其中某些工具在本行业中处于领先地位。这样可以缩短产品开发流程，而这正是关键的竞争优势之一。

3）能较早考虑一种特殊设计或设计中某些部分的技术可行性。

4）可以将重点放在解决问题而不是解决矛盾上。

因此，如果要采用并行工程，管理者就应该予以特别关注。

2. 计算机辅助设计

计算机在产品设计中的应用日益普及。计算机辅助设计是运用计算机图表进行产品设计。设计者可以用一支钢笔、一个键盘、操纵杆或类似的设备修改已有的设计或创造新的设计。一旦设计输入计算机后，设计者就可以在屏幕上进行修改或调整，并且可以得到全部设计的打印版本，也能将其变成电子文件，提供给企业内需要该信息的人员。

计算机辅助设计的主要优点是提高了设计者的效率。设计者不需要为准备产品或零件的机械图花费大量时间，也不需要为修改错误或吸收新观点而反复修改机械图。据可靠估计，计算机辅助设计将设计者的效率提高了 3～10 倍。

计算机辅助设计的第二个优点是它所建立的数据库能为制造部门提供产品几何图形和尺寸、荷载力、材料规格等必要信息。但是，计算机辅助设计需要一定数据库才能发挥其功能，而制作数据库需要投入大量的精力。

有些计算机辅助设计系统允许设计者对已提出的设计进行工程和成本分析。例如，计算机能确定某个零件的重量和体积，进而做压力分析。如果有许多可供选择的设计，计算机能按照设计者的标准迅速检索出其中的最优设计，有助于开发者进行新产品的设计、分析和商业化的仿真。

3. 生产要求

设计人员必须考虑生产能力，确切了解生产能力有助于其选择与生产能力相匹配的设计。当机会和生产能力不匹配时，管理层必须考虑扩大或改变生产能力以利用这些机会。

对未来需求的预测十分重要，该预测提供了未来需求的时间性和数量方面的信息以及对新产品和服务需求的信息。

对于制造业来说，产品的可制造性也是一个重要概念，制造和安装的难易程度对成本、生产率和质量影响较大，对于服务业来说，提供服务的难易程度也对成本、生产率和质量产生重要影响。

可制造设计被用来表示与企业生产能力相匹配的产品设计。在制造领域中与之相关的概念是可装配设计。一个好的设计不仅要考虑产品是如何制造的，还要考虑产品是如何装配的。可装配设计关注的焦点是如何减少装配零件的数量以及所采用的装配方法和工序。可制造性指的是产品制造或装配的容易程度。

4. 零部件的标准化、通用化

企业通常有多种产品或服务提供给顾客，这些产品或服务往往具有很高的相似性。当一个零件应用场景很多时，可为企业带来很大的好处。例如，汽车制造商利用这种方法制造内部配件如水泵、发动机。除了节省设计时间之外，零件共性还可使企业采取标准化的装配培训、节省采购大量供应品的时间以及减少库存量，从而为企业带来很大利益。零件共性也给服务业带来类似的好处。例如，对汽车修理业来说，零件共性意味着需要的培训较少，因为工作的种类减少了。这点同样适用于家具维修业，配件的共性和可替代性是很常见的。计算机软件常常包含许多通用的模块。

5. 价值分析与价值工程

价值工程（Value Engineering，VE）是以产品功能分析为核心，力求用最低的寿命周期成本实现产品的必备功能，从而提高价值的一种有组织、有计划的创造性活动和科学管理方法，于 1947 年由美国通用电气公司设计工程师麦尔斯在研究和选择原材料代用品时所提出。价值工程通常用于企业两个领域：一是新产品研制领域；二是产品制造领域或作业过程，称为价值分析（VA）。

价值工程起源于20世纪40年代的美国。第二次世界大战结束前不久，美国的军事工业发展很快，造成原材料供应紧缺，一些重要的材料很难买到。

当时在美国通用电气公司有位名叫麦尔斯的工程师，他的任务是为该公司寻找和取得军工生产用材料。麦尔斯研究发现，采购某种材料的目的并不在于该材料的本身，而在于材料的功能。在一定条件下，虽然买不到某一种指定的材料，但可以找到具有同样功能的材料来代替，仍然可以满足其使用效果。

当时轰动一时的“石棉板事件”就是一个典型的例子。

该公司汽车装配厂急需一种耐火材料——石棉板，当时，这种材料价格很高而且奇缺。麦尔斯想：只要材料的功能（作用）一样，能不能用一种价格较低的材料代替呢？他开始考虑为什么要用石棉板？其作用是什么？

经过调查，原来汽车装配中的涂料容易漏洒在地板上，根据美国消防法规定，该类企业作业时地板上必须铺上一层石棉板，以防火灾。麦尔斯弄清这种材料的功能后，找到了一种价格便宜且能满足防火要求的防火纸来代替石棉板。经过试用和检验，美国消防部门通过了这一代用材料。

麦尔斯从研究代用材料开始，逐渐摸索出一套特殊的工作方法，把技术设计和经济分析结合起来考虑问题，用技术与经济价值统一对比的标准衡量问题，又进一步把这种分析思想和方法推广到研究产品开发、设计、制造及经营管理等方面，逐渐总结出一套比较系统和科学的方法。

1947 年，麦尔斯以《价值分析程序》为题发表了研究成果，“价值工程”正式产生。

价值工程的全过程，实际上是技术经济决策的过程，其基本程序如下：

1）选择价值工程对象。选择的具体原则：①从产品构造方面看，选择复杂、笨重、材料贵、性能差的产品；②从制造方面看，选择产量大、消耗高、工艺复杂、成品率低以及占用关键设备多的产品；③从成本方面看，选择占成本比重大和单位成本高的产品；④从销售方面看，选择用户意见大、竞争能力差、利润低的产品；⑤从产品发展方面看，选择正在研制将要投放市场的产品。选择的具体方法有：重点选择法、百分比法、产品生命周期法等。

2）收集有关情报。收集的情报资料包括该企业经营目标、经营方针、生产规模、经营效果，以及各种经济资料和历史性资料，最后进行系统的整理，去粗取精，加以利用，寻找评价和分析的依据。

3）进行功能分析。功能分析是针对产品，产品的部件、组件、零件或一项工程的细目，系统地分析它们的功能，计算它们的价值，以便进一步确定价值工程活动的方向、重点和目标。功能分析是价值工程的核心和重要手段，主要包括以下几方面：①明确对分析对象的要求；②明确分析对象应具备的功能；③进行功能分类，并进一步把功能明确化和具体化；④确定功能系统，绘制功能系统图，把功能之间的关系确定下来；⑤进行功能评价，以便确定价值工程活动的重点、顺序和目标（即成本降低的期待值）等。

4）提出改进设想，拟订改进方案。

5）分析与评价方案。常用的方案评价方法有：优缺点列举法、打分评价法、成本分析法、综合选择法等。

6）可行性试验。一方面验证方案选择过程中的准确性，发现可能发生的误差，以便进一步修正方案；另一方面从性能、工艺、经济上证明方案实际可行的程度。

7）检查实施情况，评价价值工程的成果。

3.2.4 产品设计的影响因素

1. 产品设计中的法规与道德问题

设计人员在进行产品设计时必须认真考虑一系列法规和道德问题，例如设计的产品是否会给环境带来潜在的危害。大多数企业在活动中都要受到许多政府机构的调控。例如在食品方面，政府对糖精、红色食品染料、磷酸盐及石棉的使用就有很大的限制。同样，在汽车行业中，汽车污染标准和安全特性，如安全带、气囊、安全玻璃及起缓冲作用的保险杠和框架，都对汽车设计有实质影响。在玩具设计中，设计者的许多注意力也被导向消除玩具的锋利边缘、能导致窒息的小碎片及有毒材料。在建筑业，政府规章要求使用无铅油漆，道路入口处要使用安全玻璃，公共建筑应有专门的残疾人通道，并统一了绝缘品、电配线及铅管制品的标准。

产品责任能强烈刺激设计的提高。产品责任意味着制造商要对因加工或设计粗劣的、有缺陷的产品所造成的任何伤害或损失负责。许多商业公司都曾遇到过有关其产品的法律诉讼。制造商也面临着统一商业代码条款下的国家法律隐含的担保要求，该条款认为一件产品要有可销性和适合性的内涵，即一种产品从设计目的来看必须能够被使用。

因此，设计者在设计产品时必须保证产品的合理性和安全性。当产品的危险确实没办法排除时，就要对产品建立安全防护或其他措施以减少事故发生的可能性，同时要提供精确的危险警告标志，甚至是停止产品的生产，停止提供服务。

在产品和服务设计中经常出现道德方面的问题，管理层意识到这些问题受设计人员坚持的道德标准影响较大。设计人员通常迫于压力而加快设计进程和削减成本。这些压力常常要求他们做出抉择，其中有许多就涉及道德问题。比如，当一家软件公司遇到生产问题或软件病毒而不能如期宣布软件发行时，该公司面临两难选择：立即发行该软件或等到大部分病毒消除后再发行。该公司明白，等待的时间越长，公司实现收益的时间越晚，对公司声誉损害的风险越大。

一般说来，企业都希望设计人员遵守如下指导原则：

1）做出与该组织目标相一致的设计。例如，当公司坚持高质量时，就不要图省事以节省成本。

2）为顾客提供他们所期望的价值。

3）把健康和安全作为主要考虑因素。生产产品和提供服务的员工、运送产品的工人、使用产品和接受服务的顾客，以及可能遭到由产品或服务带来的危险的公众都有可能成为受害者。

2. 产品设计中的全球化因素

传统上，产品设计是由在同一场所或临近场所的团队成员来完成的。然而，全球化运营的企业发现了全球化生产设计的优点，它使来自不同国家的团队共同努力。这种虚拟团队可以超越传统团队，因为不需要把他们召集到一个地方就能雇用到来自全世界的最好的人力资源，可以24h运营，因此缩短了推向市场的时间。全球化生产设计在考虑资源、机会和限制的情况下，允许顾客在多个国家完成需求评价。全球化设计能提供增加产品适销性和实用性的产品设计。不同的国际化团队可能获得不同的观点、主意和信息来丰富设计过程。然而，管理者仍必须注意控制这些不同点，因为一旦失控，不同点就可能导致冲突和误解。

信息技术先进性对全球产品设计具有重要的影响，使团队成员之间保持不断的联系，实时分享设计和进步，传播工程变化和必要的信息。

3. 产品设计中的环境可持续问题

基于可持续性的产品和服务设计是个热点问题，包括产品环境影响评价、末端处理工程、3R（减量化、再利用、再循环）原则等。

（1）产品环境影响评价　产品环境影响评价也称为产品生命周期评价，即对产品全生命周期内可能对环境造成的影响进行评价。评价的重点为全球变暖、烟雾的形成、氧气消耗、固废的产生等。对产品来说，产品环境影响评价考虑了产品整个生命周期各个阶段的影响，包括从地球开采原材料、植物材料的成长和收获、产品的加工和安装，或者用于生产产品的其他过程，也包括产品的使用和消耗以及产品的最终处置。在产品生命周期的各个阶段还要考虑能源的消耗、污染及运输影响。尽管服务通常只涉及较少的实物材料，但是，产品环境影响评价也很重要，因为服务消耗能源并涉及很多与产品相似的流程。

产品环境影响评价的目的是从环境角度来考虑，选择那些对环境有最小影响的产品和服务。

（2）末端处理工程　末端处理工程就是当产品生命结束时对其进行处理。产品既包括消费品，也包括企业设备。这项工程的目的是减少产品的丢弃，特别是尽可能少地把电子设备丢弃在垃圾填埋场或第三世界国家。也要避免采取焚烧的方法，否则会把材料转变为有害气体和有毒灰烬。当然，该项工程不仅局限于电子设备的处置，但是这类设备是处置重点，因为其包含有害物质，如铅、镉、铬以及其他重金属。

（3）3R　基于成本节约和减少对环境的影响，设计人员通常从三个方面来考虑：通过价值分析减少原材料的消耗；对那些仍然有用的零件进行回收利用，有时也称为再制造；对不能使用的产品进行再循环利用。

1）减量化。利用价值分析检查零件或材料的功能，降低成本或改进性能提高其价值。

2）再利用。制造业中出现的一个新概念就是再制造。再制造是指将旧产品中的某些部件拆卸下来，在新产品中再使用。现在采用再制造部件的产品有汽车、打印机、复印机、照相机、计算机及电话等。一件再制造产品的售价仅为一件新产品成本的 50%，而且再制造流程需要的大多是不熟练或半熟练的工人。

设计产品时要使其容易拆卸给设计者提出了另一个要考虑的设计因素，即旧产品的拆卸要更加容易，此即可拆卸设计。

3）再循环。再循环是设计人员需要考虑的重要因素。再循环是指将材料收回再利用。这不仅适用于制造零件，也适用于生产中用过的材料。回收的金属或塑料配件可以熔化掉，用于制造不同的产品。

公司实行再循环有许多原因，其中包括：节省成本、爱护环境、环境法规要求。基于再循环的客观要求，再循环设计这一概念应运而生。再循环设计是指拆卸废旧品以收回可循环零件的产品设计。

章内阅读

高端产品背后的认知偏差

产品的设计除了受到法规和道德因素的影响，还会受到管理者认知偏差的影响。目前，企业已经知道颠覆性创新一般从低端产品开始，并持续改进；但是很多管理者仍不愿意投资低端产品创新。一项研究发现了这种心态背后的原因：管理者本性地希望在群体中显得地位很高，从而导致在管理工作中出现隐性认知偏差。研究者通过三个实验来探索这种认知偏差。第一项实验，200 多名高管自主选择是高端产品创新还是低端产品创新，结果大部分高管选择了高端产品创新。第二项实验，管理者需要在高端和低端产品创新项目中将 1000 万美元资金分配开来，并且只能从中选择一个项目投资。结果投资高端项目的资金数额平均超过了 600 万美元，选择高端项目和低端项目的管理者比例为 4∶1。第三项实验，通过分析 2009 年到 2010 年推出的 2312 种消费产品发现，其中 82% 的商品定价高于品类平均价格，因此属于高端产品。研究者认为，所在地域和年龄的管理者群组均对高端产品存在隐性认知偏差，这种认知偏差与管理者自身的决策风格、风险偏好、对物质的态度、利他性等个人特性关系不大，可能源于人类在进化过程中社会地位显示出的重要性。

资料来源：

莱因哈特 · 高端产品背后的认识偏差 [J]. 哈佛商业评论简体中文版，2018 (1)：38. 经编者改编。

3.3 服务设计

3.3.1 服务设计概述

1. 服务及其特点

（1）服务与服务包　服务是指为满足顾客需求，在顾客、服务提供者之间发生的具有更多无形特征的交互活动、过程或表现。服务可看作特殊的产品，它由服务系统提供。该系统包括提供服务所需要的设施、人员、技术和流程等。现实中，很少有纯粹的服务，更多的是服务包。

所谓服务包，是指包括用于提供服务的硬件、辅助物品、显性服务和隐性服务在内的统一体。硬件是指提供服务所必需的场所、设施、设备等，如候机室、客机、商品部、手推车、行李转盘等；辅助物品即实物产品，如宣传材料、快餐等；显性服务即可以用感官感觉到的服务，即服务的本质或核心特征，如航班准时、办理登机手续快捷有效、引导清晰明了等；隐性服务即服务的附属或非本质特征，如适时的问候、得体的服饰、服务人员彬彬有礼等。

（2）服务的特点　与产品相比，服务有以下四个特点：

1）服务是无形的。通常，产品可以触摸，服务无法触摸，如气氛、态度等，只可感受。

2）服务需求更具不确定性。例如，你很难预计明天会有多少人光顾王府井百货大楼。

3）服务无法储存。一般地，接受服务与提供服务是同时进行的。这是服务与产品的最大不同之处。产品可以单独生产，单独销售，人们却很少能单独生产出服务，然后在另外的时间出售。这一特点决定了接受服务与提供服务的同时性，如教学、就诊、美容美发等。

4）服务过程的可视性。一般地，服务过程是可见的。即使某些可以在后台进行的服务过程，为了博得顾客的满意，也倾向于展示给顾客。例如，拉面馆把拉面的制作过程展示给顾客，又长又细的拉面还没下锅，顾客已迫不及待了。

2. 服务设计的基本要求

服务的上述特点，决定了服务设计比产品设计更复杂、更困难。服务设计要满足以下四个基本要求：

1）与组织的使命、价值观和愿景相一致。所设计的服务或服务系统要有利于实现组织的使命、价值观和愿景。

2）有统一的服务宗旨。例如，社区便民店应从各个方面达到便民效果，如为行动不便的老人送货上门。

3）所设计的服务对顾客来说是有价值的。所设计的服务是否有价值要以顾客的评判为准。豪华的装饰对到高档饭店就餐的顾客来说，是身份的体现；而对想快速解决午餐的顾客来说，并没有什么价值。

4）所设计的服务是稳健的。无论是超市、医院，还是书店、高尔夫球场，至少要有与平均服务能力相匹配的设施、人员或其他资源。

服务设计的两个关键点是服务要求的变化程度及顾客接触程度。这会影响服务更倾向于标准化或必须定制。顾客接触程度和服务要求的变化程度越低，服务能达到的标准化程度就越高。相反，高变化程度及高顾客接触程度通常意味着服务必须是高度定制的。服务设计的一个相关考虑因素是销售机会：顾客接触程度越高，销售的机会就越大。

3. 服务设计的有效性

为保证和提高所设计服务的有效性，应注意以下五个方面的问题：

1）一旦开始进行服务设计，管理者应立即介入并支持服务设计活动。

2）确定服务标准，尤其是那些感受、气氛等难以度量的标准。

3）确保服务人员的招聘、培训和薪酬制度与服务设计的目标相一致。

4）建立可预测事件的处理流程和不可预测事件的紧急预案。

5）建立监控、维持和改进服务的管理体系。

3.3.2　服务设计的方法

1. 服务流水线

制造系统因采用流水线生产方式而使制造成本大为降低，在服务业也可以进行分工并通过工具和设备专业化来建立类似的流水线，这里不妨称为服务流水线。

为了使服务流水线获得成功，必须坚持以下四个原则：

1）劳动分工，把整个过程分为若干简单而具有重复性的工作。

2）服务标准化，尽可能把服务设计成事先设定好的常规工作，以便稳定服务质量。

3）用技术代替人力，在与顾客接触程度低的环节用机器代替原来的手工作业，不但可以提高效率，而且可以减少差错。

4）充分授权，服务一线的员工有紧急情况处置权。

2. 把顾客作为服务主体

在服务过程中，不应把顾客作为被动的服务对象。当需要的时候，应把顾客作为服务主体，即尽可能地提高顾客参与服务系统的程度。自助餐的盛行证明了这种方式的优越性。技术进步也促进了顾客的参与，我们对银行系统的24h自动柜员机早已司空见惯，电子机票取代纸质机票实际上在某种程度上提高了顾客的参与程度。事实上，最低工资的提高也促使服务公司积极采取这种策略。如今，宾馆的门童越来越少，航空公司鼓励旅客使用便携的行李。

3. 预约与预订

顾客到达服务系统的随机性导致服务能力难以与顾客需求完全匹配。为此，常采用预约或预订的方法，以减少顾客的等待时间。此外，也可在需求处于淡季时，通过价格刺激来吸引顾客消费，这实际上也是一种预约，即把顾客“预约”到淡季，以平衡服务能力。

3.3.3 服务设计蓝图

根据服务的特点，顾客或多或少地会参与到服务过程中，所以只是简单地绘制业务流程图是不够的。服务设计中的一个常用工具是服务蓝图，它是用来描述和分析服务流程的一种方法。服务蓝图的关键要素是将服务流程绘制成服务流程图。服务流程图提供了服务流程的可视模型，有助于理解具体的流程。服务蓝图是对业务流程图的细化和扩展。从横向上可把服务蓝图分为四个层次，即顾客层、前台、后台和支持层。第一个层次描述顾客的活动，第二个层次描述前台服务人员的活动，第三个层次描述后台服务人员的活动，第四个层次描述支持单位或其他部门的活动。从纵向上，根据特定的服务项目，划分为若干阶段。

饭店就餐服务蓝图如图3－5所示，该图从四个层次描述了就餐过程。同时，把整个就餐过程分为界限比较清晰的四个阶段，即顾客到达、顾客候餐、顾客就餐和顾客离开。

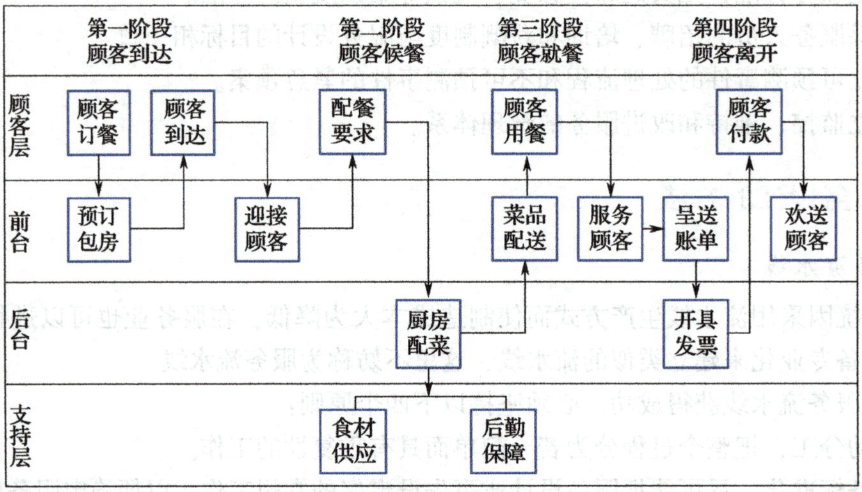

图3－5 饭店就餐服务蓝图

下面结合饭店就餐说明绘制服务蓝图的基本要求：

1）站在顾客的角度，把从顾客接触服务系统到完全离开服务系统的整个过程分为若干步骤。

2）根据每个步骤的先后顺序，用箭头线把每个步骤连起来。

3）判断每一步骤的主导者，是顾客层、前台、后台还是支持层。例如，顾客订餐、顾客到达和配餐要求等的主导者是顾客，预订包房、迎接顾客和菜品配送等的主导者是前台服务人员，厨房配菜的主导者是后台厨师，而食材供应和后勤保障的主导者是支持层的员工。然后，把相应的步骤放在对应的层次。

为确保向顾客提供更好的服务，需要对服务质量进行控制。为此，可在绘制服务蓝图的基础上，用图表形式标明整个服务过程中容易出现的差错并给出预防措施。必要时，就出现差错给顾客以相应的承诺。通常，把容易出现差错的地方叫作“质量控制点”。为最大限度地提高顾客的满意度，可采用防差错设计来避免差错的发生。防差错设计是一种在作业过程中采用自动作用、报警、提醒等手段，使作业人员不须注意或不须特别注意也不会失误的方法。防差错设计是一种用途非常广泛的技术，如防止接入错误的特殊USB接口，自动柜员机提醒顾客取卡的声光信号装置，确保“微笑服务”而安装在电话机上的镜子，机场登记处自助式测量行李箱尺寸的设施等。饭店就餐过程中最容易出现的差错、预防措施以及就出现差错对顾客的承诺见表3－3。

表3－3　饭店就餐过程中最容易出现的差错、预防措施以及就出现差错对顾客的承诺

最容易出现的差错	预防措施	就出现差错对顾客的承诺
房间不满足基本要求	电话回访，并保留电话录音	由顾客任意选择房间或免除包间费
没注意到顾客到达	增加门童，确保每个入口有一位候客门童	由顾客拿走门童手中预备的10元人民币
菜单错误	点餐后复述菜单，送达厨房时询问是否复述	错误的菜品以及补上的正确的菜品均免费
配餐错误	复验菜品，交服务员时核对菜单	错误的菜品以及补上的正确的菜品均免费
菜品配送错误	对餐桌和菜品编号，关联菜桌和菜品编号	错误的菜品以及补上的正确的菜品均免费

3.3.4　服务利润链

服务业具有无形性、异质性、同步性和易逝性的特点，因此在服务提供过程中，顾客的需求多样化导致服务不能够像制造业一样提供标准化产品。一方面，标准化的服务很难满足所有顾客，而应该根据顾客的个性化需求来提供服务。另一方面，在服务质量控制过程中，由于服务提供时，员工与顾客的状态、心情不断变化调整，因此出现同一员工同一服务不同顾客的评价不同，或者出现不同员工相同服务的顾客评价有所差异的情况。因此在服务设计过程中，员工在满足顾客需求方面发挥着重要作用，所以尽管服务质量的衡量标准难以统一，但可以利用服务利润链关注利润、顾客与员工，动态把握服务质量。

服务利润链是表明利润、顾客、员工、企业四者之间关系并由若干链环组成的链，是1994年由詹姆斯·赫斯克特等五位哈佛商学院教授组成的服务管理课题组在提出“服务价值链”模型时提出的。这项历经二十多年、追踪考察了上千家服务企业的研究，试图从理论上揭示服务企业的利润是由什么决定的。他们认为：服务利润链可以形象地理解为一条将盈利能力、客户忠诚度、员工满意度和忠诚度与生产力之间联系起来的纽带，它是一条循环作用的闭合链，其中每一个环节的实施质量都将直接影响其后的环节，最终目标是使企业盈利。服务利润链示意如图 3-6 所示。

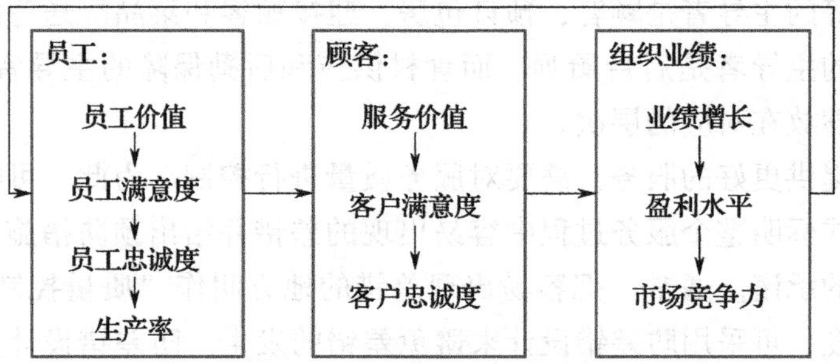

图 3-6　服务利润链示意

简单来说，服务利润链告诉我们，利润是由客户忠诚度决定的，忠诚的客户（也就是老客户）给企业带来超常的利润空间；客户忠诚度是靠客户满意度取得的，企业提供的服务价值（服务内容加过程）决定了客户满意度；最后，企业内部员工的满意度和忠诚度决定了服务价值。简言之，客户的满意度最终是由员工的满意度决定的。

服务利润链的思想认为：利润、增长、客户忠诚度、客户满意度、客户所获得的产品及服务的价值，员工的能力、满意度、忠诚度、生产率之间存在着直接、牢固的关系，这些都是和服务的利润以及利润的增长有着直接的联系。

服务利润链的核心内容是客户价值等式，客户价值 =（为客户创造的服务效用 + 服务过程质量）/（服务的价格 + 获得服务的成本），该等式和内部员工及外部客户都有关系。

服务领先战略和成本领先战略构成了服务利润链的核心内容：服务链基于服务领先战略，利润链基于成本领先战略，两者相辅相成、浑然一体。其中，服务领先战略是企业的“真经”，而成本领先战略则是企业的“金箍棒”，双剑合璧才会在竞争中立于不败之地。

服务领先战略，是指企业在一定发展阶段，以服务为核心，以客户满意为宗旨，使服务资源与变化的环境相匹配，实现企业长远发展的动态体系。成本领先战略是指企业强调以低单位成本为客户提供低价格的产品。这是一种先发制人的战略，它要求企业有持续的资本投入和融资能力，生产技能在该行业处于领先地位。

以海底捞为例，其经营方式的成功之处在于对于员工满意度和员工忠诚度的关注，在于对客户满意度和客户忠诚度的重视。正因如此，当员工对于海底捞的满意度达到一定程度时，员工服务水平提升，客户的满意度和忠诚度也随之提高，进而企业业绩增加，市场竞争力增强。不管是坚持成本领先战略还是服务领先战略，都要关注客户与员工，成本领先战略是在关注客户与员工的基础上，降低成本费用，而服务领先战略则是在此基础上，提高服务质量。

如果企业发现员工、客户对企业的满意度较低，可以根据相关调查结果，通过一系列措施来进行调整。值得注意的是，企业除了要为员工提供必要的支持系统，比如工作需要的基础设备外，还需要考虑前沿科技。例如，当企业坚持服务领先战略时，大数据、人工智能等互联网技术可以帮助进行信息收集，分析客户对服务的评价、未来期望的服务等方面的数据，减少信息不对称，减轻基层员工的工作压力。

一般认为客户满意会导致客户忠诚，但在许多情况下并非如此。根据最近的研究，在服务利润链的所有联系中，这项联系的可靠程度最低。竞争性降价会诱使客户离开杰出的服务提供者，而不管客户对现有服务的满意度有多高。因此，在客户满意与客户忠诚之间还有一个相当重要的步骤或要素，即客户依赖。客户依赖是指客户基于对某一服务企业以往的经验与其他同类服务提供者相比较后做出对该服务企业有利的决定的态度。客户依赖并非一定要经过亲身的服务体验，别人的满意体验同样能够成为形成客户依赖的关键因素。因此，服务性企业应特别注意培养满意的客户主动为企业宣传的意识，并提供必要的支持。

1. 突出特色

服务企业要明白并不是所有的客户都可能成为忠诚的客户。市场营销中的一个重要的策略是目标市场策略，即根据某些细分变数将一个大的市场划分为若干个具有类似特征的较小的市场，然后根据这些较小市场的共性特征确定相应的营销策略。企业选定的一些细分市场被称为目标市场。对服务企业而言，竞争是不可避免的，服务企业要选准自己的目标市场，准确定位，并尽量保持恒定，实行差别定位，突出特色就是必由之路。

例如建立有特色的“次日达”服务，加快物流流通速度，使客户离不开自己。同时还要不断发展有特色服务，在竞争行业开展同等特色业务时，进一步发展自己。

2. 实施关系营销

关系营销是指所有旨在建立、发展和保持成功关系的一切活动。关系营销在致力于发展长期的客户关系时十分强调关系的建立和信任承诺的实现。服务的无形性使得关系营销非常重要。服务消费的重复性，也使保留客户、使之成为“回头客”变得至关重要。企业可以在客户消费完成的时候请客户填写满意度调查表，一方面可以获得客户的反应，另一方面也可借此了解到客户的常规信息，如消费特征和联络方式等。俱乐部营销方式是提高客户忠诚度的有效手段之一。这种方式能与客户建立长期和密切的联系，并以此维系客户对企业的依赖。

3. 采用现代技术

现代技术对服务质量和效率提高的作用显而易见，恰当的技术的应用可以大大降低企业和客户交易的成本。服务企业可以通过一些客户关系管理软件来很好地实施客户关系管理（CRM）。客户关系管理是指企业通过有意义的交流沟通，理解并影响客户的行为，最终实现提高客户获得、客户保留、客户忠诚和客户价值的目的的管理策略。客户关系管理要求利用现代技术建立客户档案或客户数据库，充分了解客户的需求以及需求的变化信息，及时准确地提供解决方案建议，建立与潜在忠诚客户的“直通渠道”。同时企业可以较为详尽地掌握客户的需求信息，实现服务定制。这一点十分重要，因为定制化的客户服务是提升客户忠诚度的根本方式。

总之，企业要将企业自身、员工，客户链接成一个盈利的良性循环，将提高企业内外部的服务质量，提高员工及客户的满意度作为最终目的，而不仅仅简单地视其为一种简单的服务活动。这样才能为企业赢得长期的竞争优势，使企业长期、良好地发展。

本章小结

本章阐述了产品与服务设计的基本概念。3.1 节从介绍产品与服务设计的背景特征开始，对产品与服务设计的必要性进行了描述，论述了产品生命周期理论，分析了产品与服务开发的压力与动力，提出了压力产生的原因以及动力的来源。3.2 节讨论产品设计，阐述了新产品的概念、分类及发展方向，阐述了产品设计步骤，包括产品构思过程、产品结构设计过程、工艺设计过程以及产品设计的原则和绩效评价，论述了产品设计的方法，分析了产品设计的影响因素。3.3 节论述了服务设计，主要包括服务的概念及其特点，服务设计的基本要求，阐述了服务设计的方法、服务设计的蓝图以及服务利润链。

案例分析

海底捞服务至上

海底捞是由张勇于1994 年创立的，最初只是四川街边的一个麻辣烫小摊。近年来，它改变了传统的服务模式，以特色服务、用心服务作为基本的经验理念，在企业内倡导“双手改变命运”的价值观。短短几年内，迅速成长为国内知名的火锅企业。截至 2022 年第一季度，海底捞在中国大陆的在营门店数量总和为 1402 家。2021 年，海底捞餐厅的总体平均翻台率为 3.0 次/天，同店翻台率为 3.5 次/天。2021 年下半年，海底捞在受到疫情、闭店等因素的影响下，还能保持与 2021 年上半年基本持平的翻台率，说明海底捞的运营能力是非常强的，这与其“服务至上”的理念是分不开的。

顾客满意度是保证企业发展的基础。当谈到海底捞，我们马上就能想到它周到的服务。顾客在等餐的时候，就可以品尝到免费的水果、零食，享受免费擦鞋、美甲、宽带服务。在点菜和上菜时，服务员会很贴心地提醒菜可以上半份，建议顾客有的菜可以先不点，后续不够吃了再点。为了防止火锅汤溅到衣服和手机上，服务员会及时送上眼镜袋、围裙和衣服袋，如果空间不够放，还会贴心的帮顾客把衣服收好。在就餐过程中，服务员会很细心地观察顾客的需要，主动帮顾客续杯、夹菜、收拾好桌子上的残余物。如果老人来就餐，可以优先入座吃饭，饭后还有精致的粥品。对于单人就餐，服务员还会贴心地咨询一下顾客是否需要陪吃娃娃，让就餐过程不再孤单。最重要的是，海底捞服务员提供的服务不是机械、刻板的标准化服务，而是真诚的、热情的、像家人般的贴心服务。这一系列的细节服务提高了顾客的满意度，高的顾客满意度更容易导致高的顾客忠诚度。据统计，海底捞的客人 80% 是回头客，而且这些顾客的忠诚度很高，不会介意等待的时间长短，也不会介意菜价的上涨而选择其他的替代店消费。

为了满足顾客满意度，员工激情非常重要。张勇认为，要想提高顾客满意度，得先提高员工满意度，让员工满意了，他们才会有激情，才会愿意去做，把顾客当成自己的家人去对待。海底捞是怎么做的呢？首先，为员工提供好的福利待遇。在员工的基本生活需求方面，海底捞为员工提供正式的公寓，保证24h热水供应，配置计算机，员工宿舍离店面不会超过20min的路程；还有专职收拾屋子的服务人员，床单被罩每半个月给换一次；同时，还有相应的住房补贴、医疗补贴等。此外，海底捞也考虑到了员工的父母和孩子。海底捞会将员工奖金的一部分直接寄给他们的父母，让员工的家人共享这份荣誉；海底捞在简阳建了一所寄宿制学校，员工的孩子可以在那里免费上学，只需要交书本费。除了好的福利待遇，海底捞更为员工提供了生活的奔头。"靠双手改变命运"是海底捞的核心战略思想，员工们只要努力，就有发展的机会，付出一定会有回报。海底捞员工的晋升路线也是很明确的，管理人员基本上都是从服务人员队伍中晋升的，谁有能力谁升职。例如袁华强一路从传菜员到门童、会计，再到领班、大堂经理，最后晋级到片区经理，现在担任海底捞火锅董事职务。更重要的是，海底捞对员工充分授权，给予服务员给顾客打折、免单的权力，让员工有成就感，以"主人""管理者"的身份及时发现并解决问题。

资料来源：

胡湘菊，周慧．论休闲餐饮企业的服务利润链管理：以海底捞火锅店为例［J］．湖南商学院学报，2010，17（6）：94－97．经编者改编。

【问题思考】

海底捞的成功之处在哪里？

【案例讨论】

海底捞的成功在于处理好了员工、顾客、利润与企业之间的关系，即服务利润链的成功运用。海底捞通过满足员工需求提高了员工满意度和员工忠诚度，员工忠诚度提高的同时又促进了员工的高效率服务和高质量服务，进而相应提高了顾客满意度和顾客忠诚度，最终导致企业利润增加。企业利润增加了，相应的继续提高员工满意度和顾客满意度，这是一个正反馈过程。

本章习题

一、单选题

1. 产品与服务设计的背景特征不包括（　　）。

A. 可持续发展的要求　　B. 研发难度降低

C. 用户需求多样化　　D. 技术变革飞速

2. 企业生存与发展的基本要求（　　）。

A. 竞争地位的维持　　B. 降低产品价格

C. 营业收入与利润增加　　D. 法律法规约束

3. 产品生命周期不包括（　　）。

A. 投入期　B. 研发期　C. 成熟期　D. 衰退期

4. 产品设计要求产品更加可靠、更加成熟，成本逐渐降低是在（　　）阶段。

A. 投入期　B. 研发期　C. 成长期　D. 衰退期

5. 产品与服务开发面临的压力不包括（　　）。

A. 回报下降　B. 成本高　C. 成功率低　D. 风险大

6. 产品与服务开发的动力模式中，哪个是指“种子理论”？（　　）

A. 成本制约型　B. 制造推动型

C. 需求牵引型　D. 技术指导型

7. 产品设计步骤不包括（　　）。

A. 投入市场过程　B. 产品设计的原则和绩效评价

C. 产品结构设计过程　D. 产品构思过程

8. 产品设计方法不包括（　　）。

A. 价值分析与价值工程　B. 用户调查分析

C. 计算机辅助设计　D. 并行工程

9. 3R 原则不包括（　　）。

A. 减量化　B. 再利用　C. 减质化　D. 再循环

10. 服务利润链的四个主体不包括（　　）。

A. 顾客　B. 员工　C. 企业　D. 供应商

二、多选题

1. 产品与服务设计的背景特征有（　　）。

A. 产品与服务设计是实现企业竞争战略的需要

B. 技术变革加速

C. 用户需求呈现出多样化

D. 产品研制开发的难度越来越大

2. 新产品与服务开发失败的关键原因是（　　）。

A. 没有潜在的用户和需求

B. 新产品是按照设计人员的想象开发出来的

C. 新产品与当前的需求不匹配

D. 在营销方面，特别是在将产品介绍给顾客的相互沟通方面所做的工作不得力

3. 新产品的分类包括（　　）。

A. 创新产品　B. 换代新产品　C. 改进新产品　D. 迭代产品

4. 产品设计步骤包括（　　）。

A. 产品构思过程　B. 产品结构设计过程

C. 工艺设计过程　D. 产品设计的原则和绩效评价

5. 产品设计方法包括（　　）。

A. 并行工程　　B. 计算机辅助设计

C. 零部件的标准化、通用化　　D. 用户调查

6. 使服务流水线方法获得成功，需要坚持的原则有（　　）。

A. 劳动分工　　B. 服务标准化　　C. 用技术代替人力　　D. 充分授权

三、判断题

1. 企业必须变革传统的大批量生产方式，根据顾客的个性化需求定制产品和服务，即实施个性化定制生产。（　　）
2. 营业收入和利润的增加意味着企业规模与实力不断地扩大和增强，是企业的重要运营目标。（　　）
3. 在成熟期，随着设计的改进，产品更加可靠、更加成熟，成本逐渐降低，顾客对产品和服务的了解不断加深，产品需求逐渐增加。（　　）
4. 新产品与服务开发失败关键的原因是没有潜在的用户和需求，新产品是按照设计人员的想象开发出来的，不存在其他问题。（　　）
5. 技术导向型是指按照所谓“需求理论”的方式进行新产品或新服务开发。（　　）
6. 改进新产品，即在原来产品的基础上，保持基本原理不变，部分采用新技术、新材料、新元件制造，使产品功能、性能或经济指标有显著改进的新产品。（　　）
7. 总体设计是指通过市场需求分析，确定产品的性能、设计原则、技术参数，概略计算产品的技术经济指标和进行产品设计方案的经济效果的分析。（　　）
8. 企业通常有多种产品或服务提供给顾客，这些产品或服务往往具有很高的相似性。（　　）
9. 价值工程是以产品功能分析为核心，力求用最低的寿命周期成本实现产品的必备功能，从而提高价值的一种有组织、有计划的创造性活动和科学管理方法。（　　）
10. 可持续性的产品和服务设计是个热点问题，包括从产品环境影响评价、末端处理工程、3R 原则等。（　　）
11. 服务过程不具有可视性。（　　）
12. 服务利润链是表明利润、顾客、员工、企业四者之间关系并由若干链环组成的链。（　　）
13. 服务领先战略，是指企业在一定发展阶段，以服务为核心，以顾客满意为宗旨，使服务资源与变化的环境相匹配，实现企业长远发展的动态体系。（　　）

四、简答题

1. 简述产品与服务设计的必要性。
2. 简述产品与服务开发的压力与动力。
3. 简述产品设计方法。
4. 简述服务的概念及其特点。
5. 简述服务设计的方法。

第 4 章 运营能力规划

学习目标

- 了解运营能力的概念及其规划的意义。
- 了解服务需求的特点及其总体原则。
- 掌握运营能力规划的策略。
- 掌握运营能力规划的步骤。

逻辑框架

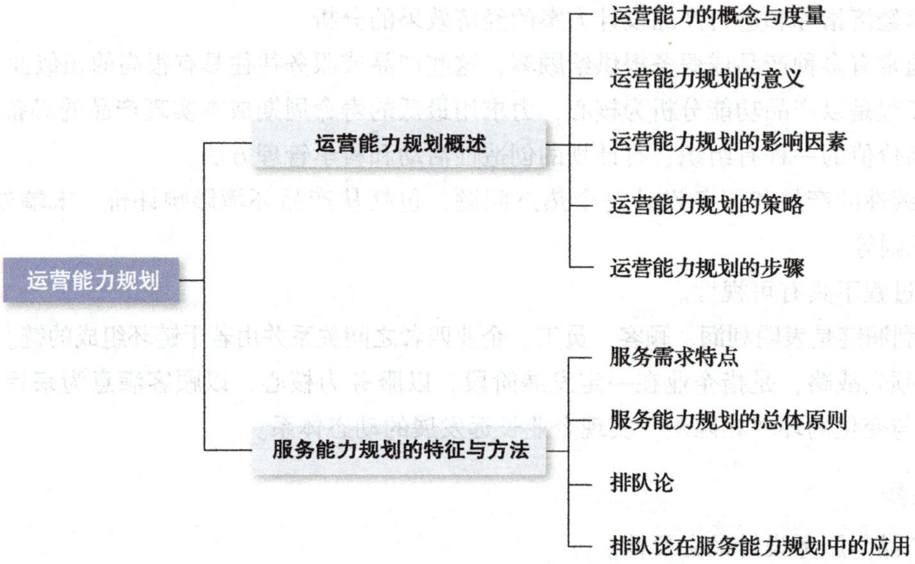

图 4－1 运营能力规划逻辑框架

引导案例

比亚迪如何成为世界最大的口罩生产企业？

2020 年年初新冠疫情暴发后，比亚迪第一时间捐款捐物，并自制口罩机援产口罩。比亚迪有 3 万名工程师及 22 万名员工，3 天出图纸、7 天出设备、10 天量产、24 天做到全球第一、最高日产口罩 1 亿只，为全国乃至全球近百个国家和地区提供防疫物资，这种速度一度让外界瞠目结舌。

总结起来，这主要有三个原因。

1. 企业的社会责任

在国内外疫情防控任务异常艰巨的时期，在人民迫切需要口罩的时候，比亚迪作为企业的代表，选择站出来，动用一切力量援产口罩，并以每天 100 万只到 200 万只的速度增产、扩产，这已然体现了一个企业所应有的责任担当。比亚迪在首批口罩下线后，向多家医院、公益组织和国际机构捐赠口罩，同时，它也在国家的引导下向海外疫情比较严峻的地区提供口罩，帮助其他国家抗击疫情。可以说，在当时的情况下，比亚迪数以亿计的口罩为全世界的人民提供了安全防护，这充分彰显了比亚迪的社会责任。

2. 企业的核心技术

技术为王，创新为本，企业的核心技术是企业发展的根本，是企业最大的财富。比亚迪日产口罩达到 1 亿只，相当于每秒钟需要生产 1157 只口罩，这无疑需要强大的技术支撑。比亚迪拥有着三个数字背后的“硬核”操作技术：第一个数字是 3，比亚迪仅用了 3 天时间就完成了 400 多张设备图的设计；第二个是 7，它仅用时 7 天就做出来第一台口罩机；第三个是 90%，一条口罩机生产线，各种齿轮、链条、滚轴、滚轮大概有 1300 个零部件，其中 90% 由比亚迪自制。

此外，在当时的背景下，受春节与疫情的双重影响，口罩生产设备在市场上很难买到，即使外购，交货周期也需要 40 多天，一度成了瓶颈。为了解决这一难题，比亚迪采取“非常规”措施，完成了一系列让外界瞠目的“硬核”操作，自己设计制造口罩机，并成为首家自制口罩机的车企。

3. 企业的价值

企业的价值在于解决社会问题。比亚迪援产口罩体现了其公司使命：用技术创新，满足人们对美好生活的向往。

资料来源：

口罩日产 2000 万只，比亚迪如何成就全球最大量产口罩工厂？[EB/OL].（2020-04-23）[2022-04-23]. http://finance.sina.com.cn/stock/relnews/hk/2020-04-23/doc-iircuyvh9380116.shtml. 经编者改编。

4.1 运营能力规划概述

4.1.1 运营能力的概念与度量

1. 运营能力的概念

能力经常是指产出的上限。运营能力则可定义为组织接收、持有、容纳或给付的能力。运营能力从形成阶段可分为设计能力、有效能力和实际能力。运营能力的表示方式因企业类型的不同而不同，可能是最大原料加工能力、最大产量（产值），也可能是最大运输量、最大库存量、最大床位数、最大就餐人数等。运营能力的表示方法举例见表4-1。

表4-1 运营能力的表示方法举例

行业	投入	产出	行业	投入	产出
汽车制造	人工工时 机器工时	每班生产 汽车数	餐厅	餐桌数 座位数	每天招待的 客人数
冶金	炉膛尺寸	每天生产 钢铁吨数	剧院	座位数	每天的 票房收入
石油精炼	精炼炉尺寸	每天生产 燃油升数	超市	营业面积	每天的 营业收入

2. 运营能力的度量

（1）工程项目建设的基本阶段　一项工程项目的建设与运行维护通常包括三大阶段，即策划设计阶段、建设安装阶段、运营维护阶段。

1）策划设计阶段一般又细分为策划决策和勘察设计两个阶段。在策划决策阶段要编制项目建议书和可行性研究报告。在勘察设计阶段要编制初步设计方案和施工图设计方案。比较复杂的工程项目还需要在编制施工图设计方案之前编制技术设计方案。

2）在建设安装阶段要完成基建施工、设施安装，并进行竣工验收。更详细一点，建设安装阶段还可以再细分为建设准备、施工、生产准备、竣工验收等阶段。

3）在运营维护阶段需要按照正常的生产秩序进行生产运营，并对运营系统进行维护与更新。

（2）设计能力、有效能力与实际能力

1）设计能力是指策划设计阶段完成后所确定的能力，所设计的一项作业、一个过程或一件设施的最大产出。

2）有效能力是指在建设安装阶段完成后，竣工验收所确定的能力，即在比较理想的运营条件下能够达到的设计能力，扣除因个人时间、机器维修以及质量因素等情况造成的能力减少部分。有效能力通常是把最佳工况下在试生产的实际时间内的产出折算成正常生产周期后的产出计算出来的。有效能力总是小于设计能力。

3）实际能力是指在正常生产周期内，在运营系统的实际运营条件下能够实现的产出。实际能力总是小于有效能力。

三种能力形成的阶段如图 4－2 所示。

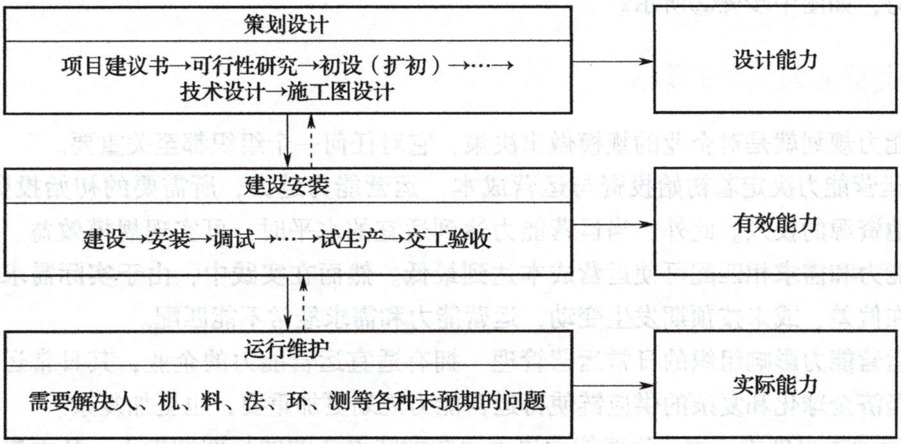

图 4－2　三种能力形成的阶段

实际中，上述三大阶段的边界并不是那么清晰，但无论如何，应避免出现违背工程建设基本程序的“三边工程”（边勘察、边设计、边施工），甚至“四边工程”（边设计、边施工、边生产、边整改）。

考虑到正常生产后会有合理增加负荷甚至改扩建情况，设计能力通常会比较大。如果实际能力在各种规范允许的情况下比设计能力大，只能说明给出的设计能力是不正确的；如果考虑了各种规范下最大的设计能力，却出现了实际能力大于设计能力的情况，这是一种不正常的现象，特别在某些行业，可能会发生安全事故。

（3）利用率与效率　为测评运营系统的能力，根据设计能力、有效能力和实际能力的定义，引入利用率和效率两个指标。利用率是指实际能力与设计能力的比值，而效率是指实际能力与有效能力的比值，即

$$利用率=\frac{实际能力}{设计能力}$$

$$效率=\frac{实际能力}{有效能力}$$

3. 通过运营管理最大化实际能力

运营管理的一个主要目的是在设计能力给定的情况下，将实际能力最大化。运营管理作用如图 4－3 所示。

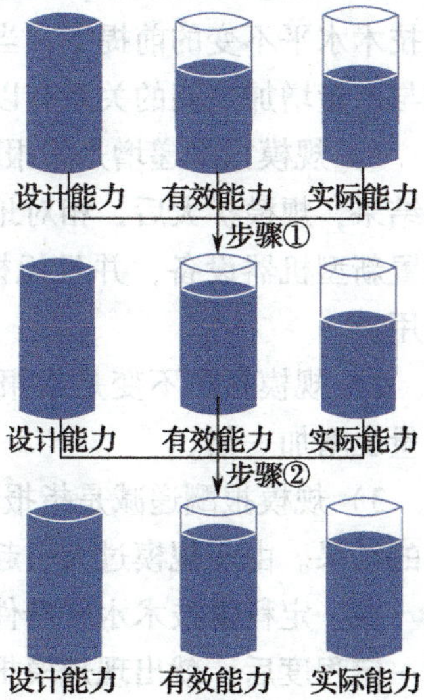

图 4－3　运营管理作用

从图中步骤①可以看出，要想提高实际能力，需要在给定设计能力的前提下，通过提高建设安装管理水平来提高有效能力。但如果仅限于此，其结果是利用率得到提高。效率却有三种情况：当实际能力提高的幅度大于有效能力提高的幅度时，效率得到提高；当实际能力提高的幅度等于有效能

力提高的幅度时，效率保持不变；当实际能力提高的幅度小于有效能力提高的幅度时，效率反而降低。我们的目标是在设计能力给定的前提下，显著地提高实际能力，使利用率和效率都得到提高。为此，需要在有效能力提高的能力基础之上，加强日常运营管理，大幅度地提高实际能力，如图中步骤②所示。

4.1.2　运营能力规划的意义

运营能力规划就是对企业的规模做出决策，它对任何一个组织都至关重要。

（1）运营能力决定着初始投资与运营成本　运营能力越大，所需要的初始投资就越多，并涉及其他资源的投入。此外，当运营能力达到适宜的水平时，可实现规模效益。理想情况下，运营能力和需求相匹配可使运营成本达到最低。然而在实践中，由于实际需求与预测需求之间存在偏差，或未按预期发生变动，运营能力和需求经常不能匹配。

（2）运营能力影响组织的日常运营管理　拥有适宜运营能力的企业，其日常运营管理更加容易。经济全球化和复杂的供应链使得运营能力规划更加重要，也更加复杂。

（3）运营能力事关长远　运营能力决策通常意味着资源的长期性投入，从而决定企业能否满足未来潜在的需求，也就是说，一旦实施，就难以改变这些决策，或需要付出高额的费用进行改变。形成运营能力往往需要多年的时间，需要从长计议。

（4）运营能力影响组织的竞争力　如果组织拥有足够的运营能力，或能迅速增加运营能力，就会阻碍其他组织的进入。运营能力通过影响交货速度来影响组织的竞争力。如果企业有过剩运营能力，或者能迅速扩大运营能力，就能给其他企业设置进入障碍。运营能力也会影响交货速度这一竞争优势。

4.1.3　运营能力规划的影响因素

1. 规模经济效应

所谓规模经济效应，是指所有生产要素按同方向增加或减少时对产量变动的影响。在生产技术水平不变的前提下，当所有生产要素的投入量都按同比例增加时，生产要素投入量增加与产量增加之间的关系有以下三种情况：

1）规模报酬递增是指报酬增加的幅度大于规模扩大的幅度。规模报酬递增是规模经济的结果，规模扩大后，相对地减少了生产、销售费用，减小了管理人员所耗费用占的比重，添置新型机器设备，并且规模扩大后，专业化协作发展，从而使单个厂商都降低了总成本费用。

2）规模报酬不变是指报酬增加的幅度与规模增加的幅度相等，即生产要素增加一倍，产量也增加一倍。

3）规模报酬递减是指报酬增加的幅度小于规模扩大的幅度。规模报酬递减是规模不经济的结果。由于规模过大引起管理效率下降，各项费用增加。

在一定科学技术水平条件下，随着运营能力的扩大，最初往往是规模报酬递增；当扩大到一定程度后，就出现规模报酬不变的现象；如果继续扩大，超过一定的限度，会出现规模报酬递减的现象。因此，运营能力规划应坚持适度规模原则，尽可能使规模报酬递增，至少应使规模报酬不变，避免规模报酬递减。

2. 学习效应

学习效应是指企业的工人、技术人员、经理等人员在长期生产过程中，可以积累产品生产、技术设计以及管理工作经验，从而通过增加产量导致长期平均成本下降。如果产品在市场上的销售价格不变，单位产品成本下降，单位产品利润提高，可以刺激企业扩大产品生产规模，增加市场供给。学习效应通常用学习曲线来表示。学习曲线所描述的是企业累积性产品产量与每一单位产量所需要投入生产要素数量之间的关系。由于学习效应而导致的单位产品劳动投入量下降必然导致产品长期平均成本的下降，使企业能够用较低的劳务成本生产较多的产品。

学习曲线对于一个进入新行业的厂商进行新产品经营决策是非常重要的。当一个企业从事某种新产品生产时，生产最初阶段产品成本是很高的，可能会出现规模不经济的现象，这往往会使得不少企业在进入这一新行业时望而却步。但是如果在该行业的产品生产过程中存在着学习效应，则企业不应该被开始阶段较高的生产成本所吓倒。从长期看，进入该行业也许是有利的。对于存在着学习效应的行业，当企业生产规模扩展到足够大时，进入该行业的企业可以通过提高生产技术水平，降低劳务成本和提高经营管理水平等措施获得比较好的经济效益。

3. 需求与资源

（1）需求　无论是运营能力的构建还是运营能力的改变，都是为了更好地匹配需求。因为运营能力事关长远，所以，要预测市场对运营能力的中长期需求。

某些行业的需求具有典型的季节性或时段性。例如，对城市公交系统运力的需求就具有很强的时段性。工作日早晚两个高峰的需求最大，中间时段的需求则急剧下降。对于这种特殊的行业，必须配备足够的运力，以保证在上下班两个高峰时段乘客走得了、走得快。在非高峰时段，把富余的运力用于短途旅游、会务或商务用车等。

（2）资源　需求是外在的，资源是内生的。企业的运营能力一方面要尽量与外在的需求相匹配，另一方面还要考虑本身所能动用的资源，尤其要考虑特殊设备、特殊工种等关键资源。

在规划能力时，不但要考虑特殊设备或特殊工种等关键资源，还要考虑各种资源的整合与配套性。

制造业在规划主体生产线的能力时，应考虑对水、电、汽（气）管网、桥架、仓储面积、运输专用线、水处理、配电站等公用工程或辅助设施的运营能力。

在确定主要业务的运营能力时，应考虑其他配套设施的运营能力。例如，当在服务业，增加汽车旅馆的房间数量时，必须同时考虑增加停车场、餐饮的供应数量。

4. 设施选址与设施布置

设施选址与设施布置方案决定了运输成本、与市场的距离、劳动力和能源的供应等，直接影响着运营能力的发挥。

占地面积、厂区布局以及是否为以后扩大规模预留余地等都是在规划运营能力时要考虑的因素。选址还影响着运营能力的集中程度与能力的分配。地址越少，运营能力越集中；反之，运营能力越分散。

设施布置包括规模以及今后扩展的余地，是一个关键因素。工作区的布局决定了工作能否顺利完成。供热、光线和通信等环境因素，对员工是否能有效工作也起到很重要的作用，必须尽力克服不利设计带来的影响。

5. 产品及其生命周期的阶段性

产品和服务特征对运营能力有重要影响。产品或服务的关联性越强，实现标准化的可能性越大，同样的投资所形成的运营能力就越大。例如，品种单一的快餐店，比品种繁多的快餐店能更快捷地为顾客提供服务。

产品会经历其生命周期的不同阶段，在规划运营能力时，要考虑其生命周期的阶段性。

1）在投入期，市场规模尚不明朗，产品销售尚不稳定，所形成的运营能力一般应小于需求。

2）在成长期，市场规模迅速扩大，多数企业倾向于快速扩大运营能力。但是这种策略是否有效，取决于本企业的相对市场占有率、营业增长率、竞争对手采取的策略等。如果市场上多数企业都迅速扩大其运营能力，其结果是整个市场上运营能力的过剩。当这种情况发生时，更理智的做法是增加在工艺和技术改进方面的投资强度，在产品性能、功能或柔性等方面获得竞争优势。

3）在成熟期，市场已经饱和，企业的市场份额趋于稳定。此时，应充分利用已有运营能力，并通过降低运营成本来提高盈利能力。如果产品的成熟期持续的时间较长，就适当增加运营能力。

4）在衰退期，由于需求下降，企业面临运营能力过剩的情况。此时，可转卖多余的运营能力或推出新的产品或服务，也可以把运营能力转移至劳动力成本较低的地区，以此来延长企业在该产品上的获利时间。

6. 供应链方面的因素

如果在运营能力规划中涉及运营能力大幅度的变化，就必须考虑供应链的影响。关键问题包括：能力变化对供应商、仓储、运输和经销商将产生什么影响？如果提高了运营能力，供应链上的这些部分能满足要求吗？相反，如果运营能力降低了，业务减少将对供应链上的这些因素造成什么影响？

7. 产品或服务因素

产品或服务设计对运营能力有巨大影响。如果生产的产品或服务相似，系统的运营能力要比生产不同产品和服务的运营能力强。因此，一家提供有限品种菜单的餐馆，通常比菜单品种繁多的餐馆更能快速提供服务。一般来说，产出越一致，其生产方法和材料就越有可能实现标准化，从而有更强的运营能力。此外，要考虑特定产品或服务的特定组合，因不同类型的产品或服务产出不同。

8. 外部因素

产品标准，特别是产品最低质量标准和性能标准，限制了管理人员增加和利用运营能力的选择。例如，产品和设备的污染标准经常会减少有效能力。政府管理机构由从事非生产性活动的雇员做文书工作，类似地，工会制定的雇员工作时间限制和雇员可以从事的工作种类也会影响运营能力。

4.1.4 运营能力规划的策略

运营能力决策就是确定运营能力的总体规模及在不同地点的运营能力分配方案。从战略层面上考虑，构建或改变运营能力的策略、能力缓冲、外部能力的利用都是需要重点解决的问题。

1. 构建或改变运营能力的策略

构建或改变运营能力有三种基本策略：先于需求建立运营能力，即超前策略；等需求到来之后再建立运营能力，即滞后策略；与需求同步建立运营能力，即同步策略。构建或改变运营能力的三种基本策略如图4-4所示。

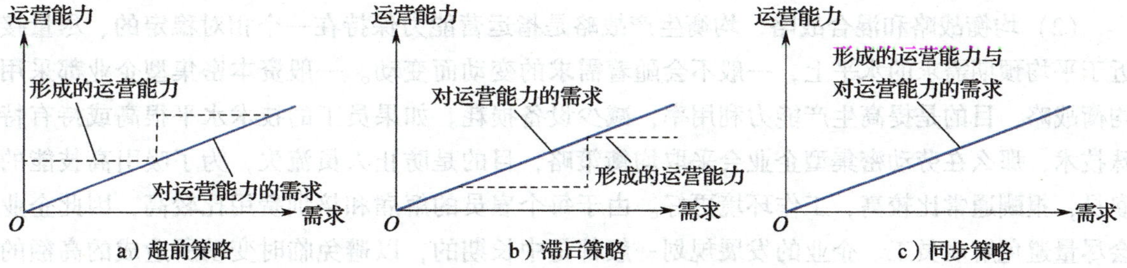

图4-4 构建或改变运营能力的三种基本策略

（1）超前策略　超前策略就是根据预测的未来需求增长来形成运营能力，以应对即将到来的需求。如果提升运营能力需要较长的时间，这种战略是最佳选择。对需求增加的情况，采取这种策略时，会有一些运营能力富余，甚至先期投入无法完全收回。但是，这种策略可使销售损失最小化。超前策略比较适合技术密集型企业。这类企业的运营能力构建或改变需要一定的时间。如果滞后于需求来构建或改变运营能力，将会失去市场机会。就产品生命周期阶段来说，处于成长期的产品也倾向于采取这种策略。

（2）滞后策略　滞后策略是比需求延后一段时期构建或改变运营能力，是指当需求超过当前运营能力时的再提升运营能力。

这种策略的目标是使运营成本最小，保证企业始终按照最大负荷生产。滞后策略适合劳动密集型企业。这类企业的运营能力构建或改变相对容易。

（3）同步策略　同步策略介于超前策略和滞后策略之间，与需求同步构建或改变运营能力，但是运营能力的增加是小幅度进行的。采用这种策略时，需要做好中长期的需求预测。

值得注意的是，运营能力的构建或改变不可能一蹴而就，需要一定的时间。而未来的需求又具有一定程度的不确定性，所以即使采取同步策略，构建或改变后形成的运营能力也不可能正好在时间上和数量上完全与需求相吻合，采取超前与滞后策略更是如此。因此，对运营能力的构建或改变必然存在能力过剩或能力不足的风险。如果小幅度地构建或改变运营能力，会在一定程度上减少这种风险，但又涉及因频繁改变运营能力而带来的风险。所以，企业应在这两种风险之间找一个平衡点。

2. 生产能力余力战略

生产能力余力为总能力减去生产设备的负荷。影响生产能力余力的主要因素有企业战略、市场需求的不确定性、企业经济技术的特点以及资源供应状况。因此在生产能力余力战略中，主要有以下几种战略方式：

（1）跟踪战略　跟踪战略中，一定时期内的产出与需求保持一致。跟踪战略一般应用于不需要高技术的劳动密集型企业，尤其是服务业，因其劳动力随着需求而波动实现的可能性大；或者是存在较多外购的制造型或服务型企业，通过增加或者减少外购的数量，很容易实现产量的增加或者减少，从而与需求保持一致。实行跟踪策略的企业的工人工资一般比较低，要求的技术水平也不高，较低的招聘、培训费用使得企业更容易采取这种策略。但由于解雇和招聘频繁，不熟练工人增多，会造成流动率和流动成本过高，导致生产过程中的低水平操作和低质量产品。

（2）均衡战略和混合战略　均衡生产战略是指运营能力保持在一个相对稳定的、尽量接近于平均预期需求的水平上，一般不会随着需求的变动而变动。一般资本密集型企业都采用均衡战略，目的是提高生产能力利用率，减少设备损耗。如果员工的技术水平很高或持有特殊技术，那么在劳动密集型企业会采取均衡策略，目的是防止人员流失，为了吸引高技能的雇员，报酬通常比较高，工作环境更好。由于每个雇员的解雇和培训费用比较高，因此企业会尽量避免解雇员工。企业的发展规划一般都是中长期的，以避免临时变动所造成的高额的解雇、招聘和培训成本。由于工人的技能比较高，操作过程质量和产品质量就能得到保证。但有时均衡生产战略会导致出现库存或无法满足的订单。在一个均衡生产的企业中，当需求较少时，计划者为了保证运营能力水平不变可以允许库存提高；当需求较大时，计划者允许存在无法满足的订单，而不是提高运营能力水平。

有时候单纯应用跟踪战略或者均衡战略效果不好。在越来越多的企业中，已经实行混合战略，以获得两种战略的益处，减少单纯应用一种战略的弊端。而且随着竞争的加剧，很多企业已经把生产能力战略提高到企业整体战略的层面上来分析，这表明了运营能力战略对于企业战略的重要性。

（3）前瞻型战略　前瞻型战略通常也称能力超前战略，是指管理层预期未来需求会增长而让生产能力超前的战略，以保证迅速反应并及时满足需求的增长，对于前瞻型战略而言，尽管企业投入的产能在运营初期的固定成本只能分摊到相对较小的产量上，但其基本目标是要使由于产能不足而无法满足客户需求所造成的销售损失及相应的机会成本最小化。这种战略最适合劳动密集型企业，即劳动力成本通常在总制造成本中占主要部分的企业，诸如成批装配型企业。此外，这种战略也适合其市场正在不断成长中的企业，一方面可以保证迅速反映市场需求的增长，另一方面也避免了长期闲置生产能力的风险。

3. 能力缓冲

能力缓冲是指所构建或改变的运营能力超过了需求。任何运营系统都不可能达到百分之百的效率，更不可能达到百分之百的利用率，所以必须建立能力缓冲。

建立能力缓冲总是要有付出的。对固定投资大、经营范围不易改变的企业，可以实行能力预留策略来减少能力缓冲。其做法是基础建设方面形成足够的能力，如足够大的标准厂房、足够的运输专用线、足够的水处理设施、足够的配电站，但只开动需要的负荷。主体生产装置则只建成一定的规模，待企业资金充足，而市场需求足够大时再扩大运营能力，并相应地提高运输专用线、水处理设施、配电站的负荷。

4. 外部能力的利用

企业在构建或改变运营能力时，不但要善于利用自身的资源，还要最大可能地利用外部形成自己的运营能力。通常，企业在配置运营能力时应在自制与外包，或者设备购买与租赁之间进行利弊权衡，做出选择。

（1）自制与外包　如果企业的资源充足，且利用起来具有良好的经济性和技术性，就可以自制产品。反之，就可以考虑外包。外包的另外一种考虑是，企业专注于自己的核心竞争力，而将非核心业务委托给外部的专业公司，以降低营运成本、提高品质。

生产外包是外包的一种，是企业利用自己的核心技术专注于产品的设计和开发，控制销售渠道，以合同订购的形式把加工任务委托给其他厂家，再将所委托加工的产品低价买断，贴上自己的品牌。生产外包是企业利用外部资源的重要途径之一。例如，苹果公司就把富士康作为长期合作的生产外包制造商。

（2）设备的购买与租赁　设备租赁是指承租人按照合同约定，以按时向出租人支付租金的方式，在一定的时期内拥有设备使用权，但不拥有所有权的资金信贷形式。设备共享可以看作一种特殊的设备租赁形式。对某些关键且昂贵的设备，可以建立共享机制。例如，对一些大型专项医疗设备，可以由几家医院共享使用。

在运营能力的配置上，企业可以在设备的购买与租赁之间做出选择。如果企业当前的资金不充足，或者这种设备只使用不长的时间，或不擅长设备的维护保养，或不愿意承受设备折旧，就可以以设备租赁代替设备购买。例如，企业经常利用租赁的形式来满足对工程机械的需要。

4.1.5　运营能力规划的步骤

1. 需求预测

需求预测是对未来可能发生情况的估计与推测。需求预测是考虑市场的各种影响因素，对未来的产品或服务需求进行的估计与推测。需求预测为企业生产经营决策提供产品和服务的需求信息，是规划能力和编制生产计划的依据。需求预测可以分为定性预测和定量预测。定性预测的方法主要有德尔菲法、用户调查法、部门主管讨论法和销售人员集中法等。定量预测的方法主要有时间序列模型和因果关系模型。

章内阅读

预测为何有时不靠谱?

美国大选民调的不靠谱彰显了预测有时也是不靠谱的。

1936 年，在共和党候选人阿尔夫·兰登与民主党候选人富兰克林·罗斯福进行美国总统大选时，《Literary Digest》（文学文摘）发放了 1000 万张问卷用于民意调查，且最终收回了其中的 230 万张问卷。根据民调结果，共和党是大幅领先的，然而最终实际的选举结果却表明民主党胜出，罗斯福获得了压倒性的胜利，成功当选总统。这次预测的结果也直接导致了《文学文摘》后期的破产，相反的是，另一家刚成立了一年的民调公司盖洛普，只用了 5 万样本，却得出了正确的结果。盖洛普由此一战成名，逐步成长为美国知名民调机构，而其创始人乔治·盖洛普，也被视为大选民调科学化的代表性人物。

在以后的几年，类似的事例又重新上演。1948 年，根据盖洛普和多数民调机构预测，杜威会击败杜鲁门，但结果却是杜鲁门胜了；2000 年，小布什对战戈尔，盖洛普的民调产生过大幅波动，最终结果也不符；2012 年奥巴马对战罗姆尼时，也出现了失误；2016 年，民调呈现一边倒的局面，多数民调显示希拉里会获胜，然而最终结果也并非如此。

各家民调机构都努力追求准确的民调以维持声誉和生存发展，但结果表明在个别情况下，民调预测并不准确，更不靠谱。原因在于在大选群体方面，性别、种族、教育背景这些因素，每次大选都在发生变化；对于中间选民来说，其态度也是会发生变化的，突发事件等都会影响选民的投票选择。此外，选民也未必会向调查机构展示自己的真实想法。由此可见，在进行需求预测时，企业需认真谨慎，因为预测的结果可能并不准确，可能会影响企业的运营能力规划及规划后的效果。

资料来源：

美国大选：那些年，靠谱与不靠谱的民调［EB/OL］.［2022－04－23］. http://news.sohu.com/20161108/n472608035.shtml. 经编者改编。

2. 估算对运营能力的需求

如果以所需设备台数表示运营能力，就可以根据产品需求预测、每种产品所需台时定额以及设备可提供的总台时来计算所需的运营能力。

3. 核算现有运营能力与所需运营能力之间的差距

两者之差为零表示运营能力需求与供给平衡，为正数表示运营能力过剩，为负数表示运营能力不足。

每一个“投入—转换—产出”过程都会涉及几个环节或步骤，并且需要多种资源。在核算现有运营能力与所需运营能力的差距时，应首先确定瓶颈环节在特殊设备、特殊工种等关键资源方面的差距。

4. 调整运营能力

根据现有运营能力与所需运营能力之间的差距，采取超前、滞后或同步策略对运营能力做出相应调整，并给出若干候选方案。对于暂时或短期的能力需求，加班、招聘临时工或签订外包合同是首先考虑的方案；能力过剩时，则减少工作时间、解聘临时工或终止外包合同。

5. 评价运营能力方案

对候选方案以定量分析为主，辅以定性分析，选择经济可行的方案。定性分析主要考虑方案与相关业务的适应性、需求的不确定性、竞争对手的反应程度、技术创新的可能性等。定量分析以收益分析为主。常用的评价方法有盈亏平衡分析法、回收期法、现值法、内部报酬率法以及决策论。

6. 实施方案

对所确定的最优运营能力方案，从资金、技术、人员等方面给予保障，并确定实施进度。

7. 测评实施效果

把实施效果同期初目标进行对比。如果存在差距，分析所存在的问题并进行整改。

运营能力规划的步骤如图 4 – 5 所示。

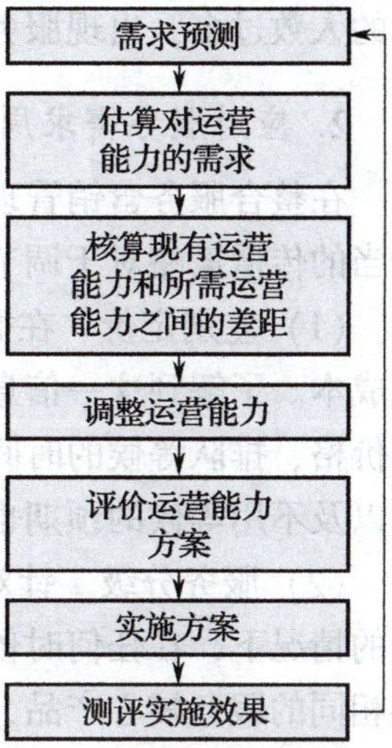

图 4 – 5　运营能力规划的步骤

4.2　服务能力规划的特征与方法

4.2.1　服务需求特点

服务业除了无形性、异质性、同步性和易逝性这四个特点，在提供服务过程中，服务需求还呈现出周期性、季节性与服务不可存储性的特点。周期性与季节性可以表现在日常的公共交通运输和季节服饰售卖上。公共交通工具每天都会呈现出早高峰与晚高峰的现象，由于早晚通勤客流量增加，此时对公共交通服务的需求增加，而过了通勤时间，公共交通服务需求就会大幅度降低。季节服饰可以表现在早夏与早冬服饰售卖上，因为天气状况影响服饰需求，所以绝大部分商家不会进行反季节服饰销售，以便更好地满足顾客，赚取更多的利润。

由于服务的生产和消费同时发生，服务往往是不可存储的。服务行业不同于制造业，无法依靠库存的调节来缓冲需求的变化，服务业只能依靠稳定需求、调整服务能力以及“排队”来解决，服务的同步性和不可存储性这两个特点，也是服务管理上常见的难题。

4.2.2　服务能力规划的总体原则

1. 应对服务需求高峰期

服务需求的高峰期要求企业在提供服务时，需要保证企业的服务能力能够满足高峰期的需求，至少要高于平均服务需求。例如天猫双十一零点时期，服务需求瞬间达到高峰，下单量激增。为了能够满足顾客需求，阿里巴巴需要在活动开始之前进行需求预测，并且利用技术扩大下单口径，避免服务器崩坏，导致顾客的服务体验较差的局面。再例如日常娱乐观影，当某部剧大火，在这部剧更新时，观影人数将会剧增，特别是休息日时期，增加量将远超于工作日，因此像爱奇艺、优酷等影视应用，需要确保平台能够容纳足够多的人数观看。

日常也要避免因某些特殊事件导致的需求激增，而发生服务能力不足的情况。新浪微博作为人们获取信息资源的一种重要途径，偶尔会因为某些热点事件的发生，同一时间上线搜索的人数过多，出现服务器崩溃，信息反馈严重延迟的情况。

2. 应对服务需求周期性

在整合服务营销管理中，差别定价、服务分级、改变产品属性，改变服务通路以及使用恰当的传播策略对于调节管理服务需求发挥了重要的作用。

(1) 差别定价　在需求高峰时期，降低过量需求的最直接有效的方法即是提高价格和其他成本。了解到这一信息后，那些不愿意在需求高峰时段付出额外成本的顾客。如调高的服务价格、排队等候的时间、面对拥挤的人群等，往往会选择推迟消费。同样的，较便宜的价格以及不用等候的预期也会鼓励顾客在非繁忙时段消费。

(2) 服务分级　针对不同的细分市场，将服务分级，按级定价以确保在服务供应能力一定的情况下，在任何时候尽可能使既有的服务能力产生最大的利润。即向每一个细分市场提供相同的服务核心产品，同时提供不同的附加服务来增加产品价值，以此吸引愿意支付溢价的细分市场。如航空公司面向不同的乘客市场，将服务产品分级为头等舱、商务舱及经济舱，在基本产品相同的情况下，通过分级服务创造附加值，获取较好的利润水准。

(3) 改变产品属性，刺激新的需求　有些季节性很强的服务产品，在淡季，即使提供大幅度的价格折扣，也很难刺激需求。如滑雪胜地夏季的上山缆车服务。在此情况下，服务商有必要对服务产品做出修改调整，以刺激顾客在淡季的需求。如越来越多的滑雪胜地在夏季开展山地自行车运动，游客们可以在山脚营地租自行车，由特别设计的上山缆车运送自行车上山，游客再骑车下山，从而提高了淡季上山缆车的需求。很多类似的服务产品，都可以通过改变产品属性，刺激淡季的服务产品需求。

(4) 改变服务通路　还可以考虑改造服务的交付通路，强化沟通与宣传、有序的排队管理和预售预订服务来调节需求。

在汽车销售行业中，周期性的需求变化就像是汽车行业的魔咒，一直在困扰着很多汽车厂商。受就业、信贷条件、汽油价格等经济因素影响，汽车销售市场中经常出现汽车需求变化不定的情况。汽车厂商无力掌控这些因素，而且身处汽车销售行业的人都知道这一周期性变化。汽车厂商们也总结了一套应对需求周期性变化的经验。当销售旺季到来时，汽车厂商会积累资金，以应对未来可能出现的低迷形势；在研发方面投入资金，以便在未来用新车型刺激消费。

当前美国汽车销售非常强劲，正处在创纪录的阶段。汽车厂商们不断推出促销措施，以巩固自己的市场份额。如果在这一阶段失去了市场份额，那么当经济下行时他们会损失更多。汽车行业大都想缓和这种需求周期性变化。通用汽车认为，当消费者对汽车所有权的理解发生变化后，汽车销售概念也需要重新定义。通用汽车和 Lyft 正展开合作，在 Lyft 拼车司机中进行一项名为汽车租赁业务的实验。如果拼车业务能够“缓解”汽车行业的周期性需求变化，那么汽车厂商们也将避开许多风险。

4.2.3 排队论

1. 排队论概述

排队论是1909年由丹麦工程师爱尔朗在研究电话系统时创立的。20世纪60年代以来，计算机技术飞速发展，为排队论的应用开拓了宽阔的前景。

排队论又称随机服务系统理论，是一门研究拥挤现象（排队、等待）的科学。具体来说，它是在研究各种排队系统概率规律性的基础上，解决相应排队系统的最优设计和最优控制问题。

排队是日常生活和运营中经常遇到的现象。例如，上下班搭乘公共汽车，顾客到商店购买物品，患者到医院看病，旅客到售票处购买车票，学生到食堂就餐等常常出现排队和等待现象。除了上述有形的队列外，还有大量“无形”的队列，如若干顾客打电话给快餐公司要求送餐，如果快餐公司没有足够的送餐人员，顾客就只好等待。此外，排队的不一定是人，也可以是物。例如加工的原料或半成品、等待修理的机器、等待装卸货物的船只、等待着陆的飞机等。

2. 排队系统

一个完整的排队系统由顾客源、到达特性、排队规则和服务机构四个部分组成。排队系统组成部分的关系如图4－6所示。

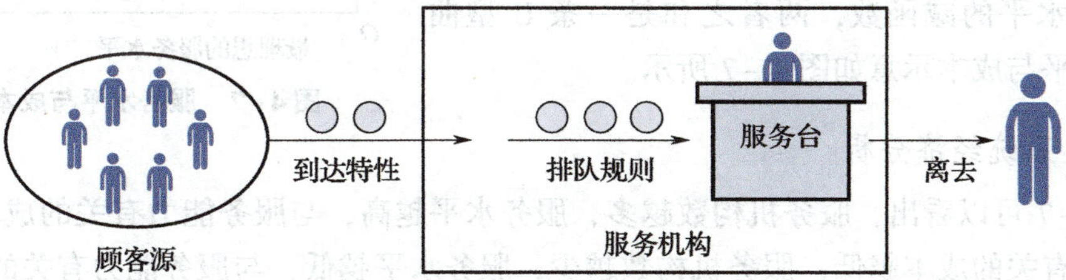

图4－6　排队系统组成部分的关系

（1）顾客源　到达服务系统的顾客源分为有限总体和无限总体两类。有限总体是指顾客数量是有限的，其增减会影响到为其他顾客提供服务。无限总体是指顾客数量足够大，其增减不会显著影响为其他顾客提供服务。

（2）到达特性　多数情况下，顾客到达是随机的。在排队系统中，最常见的随机分布是泊松分布。泊松分布是指一个事件以固定的平均瞬时速率随机且独立出现时，这个事件在单位时间内出现的次数所呈现出的一种分布。泊松分布满足以下三个条件。

1）平衡性。平衡性就在长度为 t 的时段内，恰好到达 k 个顾客的概率仅与时段长度有关。

2）无后效性。无后效性就在任意几个不相交的时间区间内，各自到达的顾客数是相互独立的。也就是说，以前到达的顾客情况对以后顾客的到达没有影响。

顾客到达服务系统后的耐心程度也对运营管理产生影响。这里假设顾客有足够的耐心，即到达服务系统、等待、接受服务。有些顾客则没有足够的耐心：如果等待时间过长，他们会因失去耐心而离开；如果到达后发现队列过长，他们就不再加入。

3）单个性。单个性就在充分小的时段内最多到达一个顾客。

（3）排队规则　排队规则是指决定顾客接受服务次序的准则。最常用的准则有先到先服务准则（FCFS）。对某些情况，则要遵守业务时间最短者优先准则。有时甚至要遵循后到先服务准则（LCFS），如后进入电梯间的乘客总是先出来，最后放到料堆上的钢材总是先运出，刚刚到达的军事情报需要优先处理等。时间是相互独立的，概率分布是负指数分布。

（4）服务机构　描述服务机构特征的主要指标是服务时间分布。

4.2.4　排队论在服务能力规划中的应用

1. 与排队有关的两类成本

与排队有关的成本可分为两类：与服务能力有关的成本和与等待服务有关的成本。前者是指因创建服务能力而产生的费用，后者是指因顾客等待而给服务系统带来的费用。与服务能力有关的成本包括：服务人员的工资，服务设施的折旧费、维修费、管理费等。与等待服务有关的成本包括：支付给等待服务员工的工资；与预设等待空间有关的费用；顾客在接受服务前离开队列，甚至拒绝等待所导致的业务流失；商誉的降低；排队对其他业务所造成的干扰。显然，与服务能力有关的成本是服务水平的增函数，而与等待服务有关的成本是服务水平的减函数，两者之和是一条U型曲线。服务水平与成本示意如图4－7所示。

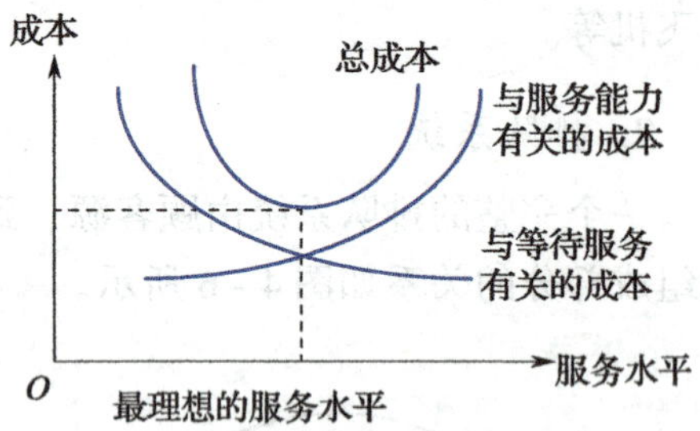

图4－7　服务水平与成本示意

2. 排队系统经济分析

从图4－7可以看出，服务机构数越多，服务水平越高，与服务能力有关的成本越高，但与等待服务有关的成本越低；服务机构数越少，服务水平越低，与服务能力有关的成本越低，但与等待服务有关的成本越高。因此，总成本是服务机构数的函数，并且存在一个最佳服务机构数，此时，总成本最低。

设目标函数为

$$C(M)=c_M M+c_W L(M)$$

式中，$C(M)$表示排队系统平均总成本；c_M表示给定时间内与服务能力有关的平均单位成本，可根据服务人员、设施的投资和管理费用估算出来；M表示服务机构数；c_W表示给定时间内与等待服务有关的平均单位成本，可根据历史数据统计得到；$L(M)$表示队长，它是关于服务机构数的函数。

要确定最佳服务机构数M^*，其计算公式为

$$f(M^*)=\min f(M)=\min[c_M M+c_W L(M)]$$

在实际应用中，一般通过仿真方法得到最佳服务机构数，进而确定服务运营能力。

值得注意的是，这里确定的最佳服务机构数只考虑了成本这一个因素，但在实际中还要考虑收入、场地限制、品牌形象等因素。

本章小结

本章阐述了运营能力规划的基本概念。第一节开始介绍了运营能力的概念与度量，对工程项目建设的基本阶段、设计能力、有效能力、实际能力以及利用率与效率进行了描述；然后分析了运营能力规划的意义，论述了运营能力规划的影响因素包括规模经济效应、学习效应、需求与资源、设施选址与设施布置等，提出了运营能力规划的策略，对构建或改变运营能力的策略、生产能力余力策略、能力缓冲、外部能力的利用进行了论述；最后阐述了运营能力规划的步骤。第二节讨论服务能力规划的特征与方法，阐述了服务需求特点，介绍了服务能力规划的总体原则，讲述了排队论的概念、排队系统以及排队论在服务能力规划中的应用。

案例分析

京东“双十一”的劝退

北京京东世纪贸易有限公司（简称京东）在资本的支持下用低价抢占市场，迅速做大做强，登上了 B2C 行业第一的宝座，成为行业老大。但在京东快速发展的同时，也有许多追赶者在对它虎视眈眈。

2008 年，在全球金融危机的背景下，京东首席执行官刘强东做出了一个错误的判断，他认为此时订单的需求不会有较大的波动，因此并未过多的招募物流人员。但恰恰相反，在此期间，订单量呈暴涨趋势，远远超过了物流能力，从而导致客户的包裹无法及时送出，产生了消费者要求退款等现象，京东也因此流失了近 20% 忠实的老客户。此外，京东物流外包给第三方，也产生了诸多问题。由于是货到付款，因此京东并不能快速拿到资金，从而导致企业的财务部门、售后部门甚至运营部门都处于瘫痪的状态。同时，资金寄存在第三方，存在风险问题。

针对自身的错误判断所引发的一系列问题，首席执行官刘强东警惕着任何一个潜在的危机，他迅速做出了自建物流的措施，实现了企业从“轻”到“重”的转变。他认为，若不自己建立物流体系，企业将会被市场淘汰。为此，他频繁飞往各地，到处买地盖房，将 30 亿元资金用于投资建设，并致力于在仓库建完后，实行 70% 的自动生产。而正是京东这种自建物流的措施，能跟踪订单的流程，及时挽救了企业的危机，为企业赢得了更多的消费者。

事实上，京东并非第一家采用自建物流模式的电子商务企业。此前，在 2005 年，主打母婴产品的红孩子商城就构建了自己的物流体系；当当网也拥有自己的六大物流中心；2009 年，凡客诚品也在北京和上海建立了物流公司。这些企业如此做的目的就在于抢占服务的最后 1 公里，争夺客户群体。

正所谓轻者未必轻松，重者未必沉重。表面上电子商务企业自建物流使资产变得沉重，但实际上这也是一种可能，一种资本。电子商务企业间的竞争并不是资金等方面的竞争，归根结底是服务的竞争，而自建物流体系恰好帮助企业提供更高质量的服务，从而拥有更多的客户。

资料来源：

央视网．“轻公司”为何变“重公司”［EB/OL］．［2022－04－23］．https://tv.cctv.com/2010/09/17/VIDE8N4uCaKpU8LJ7GQHrGEo100917.shtml．经编者改编。

【问题思考】

1．像淘宝的物流都是外包给韵达、圆通这种物流，京东为何要花大价钱来打造自己的物流，建立自己的物流体系，实现从“轻”到“重”的转变？

2．电子商务企业为抢占服务的最后1公里，争夺客户群体，可采取哪些措施？

【案例讨论】

首先，电子商务企业自建物流独具优势。该类企业自建物流，不仅让企业的人力资源储备更为完善，同时企业的贷款流转速度更快，便于企业资金的流动。此外，电子商务企业的货品纷繁复杂，尤其3C产品，且为保障商业信用环境，其不得以自建物流。

其次，电子商务企业自建物流不同于传统物流，它绝不是全面物流，而是集中在某一个点上。它是有所选择、有所侧重的。在选择上，企业主要选取一线城市所在区域，因为此处的消费者网民数量较多。在侧重上，主要是企业仓库的选址建设。为增强客户的满意度，加快产品回收，企业可通过运用信息化手段改造传统物流，并通过互联网监察企业所有的运作。

最后，电子商务企业可通过做强物流链，将企业的金融产品进一步延伸，从而有利于企业资金的流动性增强。此外，自建物流也可帮助企业拓宽业务渠道，进行一些金融方面的运作，比如商业信贷等。

在最后1公里中，企业在提供送货服务的同时，也要做好客户信息的保密工作。电子商务企业间的竞争归根结底是服务的竞争，因此抢占最后1公里十分重要。

企业们为此都采取了圈地的策略，争取在最后1公里为客户提供更快更好的体验，从而争夺更多的客户。比如凡客诚品，它为客户提供试穿服务，目的就是损失一些运费来留住客户，同时满足客户的需要。而京东商城推出的在12个城市提供24h送达服务，即客户晚上11点前下单，在第二天上午就可收到货物，也是为了提供更好的消费者体验，让订单量上涨，而这也正是电子商务企业由“轻”转变为“重”的原因。

本章习题

一、单选题

1．（　　）经常是指产出的上限。

A．使命　　B．愿景　　C．计划　　D．能力

2．运营能力的度量内容不包括（　　）。

A．效率与利用率　　B．理想能力

C．设计能力　　D．工程项目建设的基本阶段

3. （　　）是指策划设计阶段完成后所确定的能力。
   A. 设计能力　　B. 实际能力　　C. 有效能力　　D. 理想能力
4. 运营能力规划的意义在于运营能力能够（　　）。
   A. 决定企业战略　　B. 决定企业能否满足未来潜在的需求
   C. 影响组织的日常运营管理　　D. 决定初始投资与运营成本
5. 运营能力规划的影响因素不包括（　　）。
   A. 规模效应　　B. 学习效应
   C. 设施选址与设施布置　　D. 产品成本
6. （　　）是根据预测的未来需求增长来形成能力，以应对即将到来的需求。
   A. 平行策略　　B. 同步策略　　C. 滞后策略　　D. 超前策略
7. 生产能力余力战略不包括（　　）。
   A. 混合战略　　B. 前瞻型战略　　C. 能力缓冲　　D. 跟踪战略
8. 运营能力规划的步骤中哪一步可以对未来可能发生的情况进行估计与推测（　　）。
   A. 估算对运营能力的需求　　B. 需求预测
   C. 调整运营能力　　D. 测评实施效果
9. 服务需求还呈现出（　　）的特点。
   A. 无形性　　B. 异质性　　C. 周期性　　D. 同步性
10. 泊松分布满足的条件不包括（　　）。
   A. 平衡性　　B. 无后效性　　C. 对称性　　D. 单个性

二、多选题

1. 运营能力的度量主要包括（　　）。
   A. 工程项目建设的基本阶段　　B. 设计能力
   C. 有效能力与实际能力　　D. 利用率与效率
2. 运营能力规划的意义包括（　　）。
   A. 运营能力决定着初始投资与运营成本　　B. 运营能力影响组织的日常运营管理
   C. 运营能力事关长远　　D. 运营能力影响组织的竞争力
3. 运营能力规划的影响因素包括（　　）。
   A. 产品或服务因素　　B. 供应链
   C. 学习效应　　D. 规模经济效应
4. 运营能力规划的策略包括（　　）。
   A. 构建或改变运营能力的策略　　B. 生产能力余力策略
   C. 能力缓冲　　D. 外部能力的利用
5. 服务能力规划的总体原则包括（　　）。
   A. 应对服务需求高峰期　　B. 应对服务需求周期性
   C. 应对服务需求无形性　　D. 应对服务需求同步性

三、判断题

1. 运营能力可定义为组织接收、持有、容纳或给付的能力。（　　）

2. 设计能力是在建设安装阶段完成后，竣工验收所确定的能力，即在比较理想的运营条件下能够达到的能力。 ( )
3. 效率是指实际能力与设计能力的比值，而利用率是指实际能力与有效能力的比值。 ( )
4. 如果组织拥有足够的运营能力，或能迅速增加运营能力，就会阻碍其他组织的进入。 ( )
5. 在一定科学技术水平条件下，随着运营能力的扩大，最初往往是规模报酬不变。 ( )
6. 学习曲线对于一个进入新行业的厂商进行新产品经营决策是非常重要的。 ( )
7. 同步策略介于超前策略和滞后策略之间，与需求同步构建或改变运营能力，但是能力的增加是小幅度进行的。 ( )
8. 均衡生产战略是指生产能力保持在一个相对稳定的、尽量接近于平均预期需求的水平上，一般不会随着需求的变动而变动。 ( )
9. 如果企业当前的资金不充足，或者这种设备只使用不长的时间，或不擅长设备的维护保养，或不愿意承受设备折旧，就可以通过自制与外包缓解。 ( )
10. 如果以所需设备台数表示运营能力，就可以根据产品需求预测、每种产品所需台时定额以及设备可提供的总台时来计算所需的运营能力。 ( )
11. 服务需求的高峰期要求企业提供服务时，需要保证企业的服务能力能够满足高峰期的需求，至少要高于平均服务需求。 ( )
12. 与排队有关的成本可分为两类：与服务能力有关的成本和与等待服务有关的成本。 ( )

四、简答题

1. 简述运营能力规划的意义。
2. 简述运营能力规划的策略。
3. 简述运营能力规划的步骤。
4. 简述服务能力规划的总体原则。
5. 简述排队系统。

第 5 章 设施选址

学习目标

- 了解设施选址的概念及重要性。
- 熟悉设施选址的影响因素。
- 理解设施选址的一般步骤。
- 掌握设施选址的评价方法。
- 掌握连锁经营服务业企业和跨国制造企业的选址策略。

逻辑框架

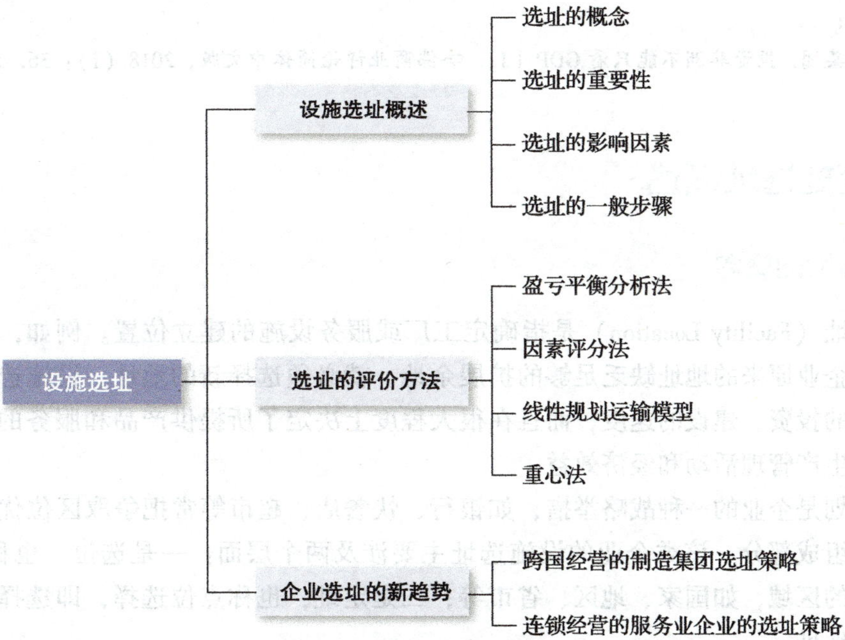

图 5－1　设施选址逻辑框架

引导案例

投资非洲不能只看 GDP

近年来，为从中产阶级消费群体的扩大中谋求收益，跨国企业不断加大对非洲的投资力度。2000 年，非洲居民的消费支出是4700 亿美元，但 2016 年，其数值就已上涨至 1.1 万亿美元。尽管这些数据很大程度地表明了非洲群体的消费水平在提升，但仍存在一些跨国企业在非洲开展业务不顺的情况。

通过研究，发现出现该种现象主要有以下几点原因：

一是购买力低下的贫困人口依旧存在。非洲居民并非全部富有，精英阶层在非洲人口中所占的比例很小，除此之外，绝大多数非洲居民依旧是贫困人口，他们无能力购买意愿产品，从而导致一些跨国企业的产品销量低下，进而导致了其利润的低迷。

二是名义经济指标的误导。很多跨国企业通过人均 GDP 增速等名义经济指标，判定非洲地区经济的发展水平。但实际上，很多经济发展水平高的非洲地区，居民的薪资水平并不是很高，从而致使他们的购买力还处于较低的水平，这也会导致跨国企业利润的损失。

目前，出现了一家专门为跨国公司提供有关新兴市场业务的信息和咨询服务的公司 Frontier Strategy Group，该公司的研究人员通过利用就业、福利、社会融合、健康、教育、经济多样化、商业环境和社会治理水平等方面的数据，构建了"消费者阶层状况指数"，该指数能根据社会财富传导的难易度评估非洲各个市场，旨在帮助企业更精准地判断在哪些非洲国家开拓业务，能拥有购买力稳定的广大消费群体，获得更多的收益。

资料来源：

前沿策略集团．投资非洲不能只看 GDP [J]．哈佛商业评论简体中文版，2018 (1)：36．经编者改编。

5.1 设施选址概述

5.1.1 选址的概念

设施选址（Facility Location）是指确定工厂或服务设施的建立位置。例如，随着经营规模的扩大，企业原来的地址缺乏足够的扩展余地，就必须选择新的地址。设施选址不仅关系到设施建设的投资、建设的速度，而且在很大程度上决定了所提供产品和服务的成本，从而影响企业的生产管理活动和经济效益。

选址规划是企业的一种战略举措，如银行、快餐店、超市等常把争取区位优势看作运营战略的一个组成部分。该类企业的设施选址主要涉及两个层面：一是选位，也称商圈选择，即选择一定的区域，如国家、地区、省市等；二是定址，也称点位选择，即选择工厂或服务设施的具体地址。

企业面临选址问题主要体现在以下三种方面。一是新业务的选址。无论是制造业还是服务业，当需要开展新的业务时，就面临着为新业务选址的问题。二是保留现址并增加新址。

零售业经常通过增开新的工厂或店面而形成一种保护性策略，以维持市场份额或防止竞争对手进入市场。三是舍弃现址而迁至新址。市场的转移、原材料的消耗以及原址的运营成本过高等经常促使企业做出这种选择。

5.1.2　选址的重要性

选址的重要性表现在以下几方面：

（1）选址决策与企业的总体战略密切相关　在进行选址决策时，若企业选择低成本战略，那么其通常会把厂址选在劳动力或原料价格低廉、靠近原料供应地或顾客群的地方，从而降低运输费用。如果企业确定了通过加强市场份额来增加利润的战略，那么，就应当把厂址或店面选在人员流动比较密集的地方。如果企业选择营销策略，则应侧重于为顾客提供便利，把厂址或店面选在顾客能够便利地处理事务或购物的地方，如银行的网点、服务站或快餐店附近等。

（2）选址决策直接影响运营成本并决定运营管理的难度　选址决策经常会影响投资需要、运输成本、税收及运作。如生产服务设施者建在远离原料供应地或远离市场的地方，原料或产品的运输成本会很高；而建在城市或经济发达的地区，虽容易找到协作厂家，但职工工资较高。此外，在城市的中心地段建设服务设施，地价很高，寸土寸金；而将服务设施建在城郊，投资会较少，成本也就更低。因此可以说，地理布局决定直接成本的高低，一旦选址决策失误，将会产生运输成本过高、劳动力缺乏、竞争优势丧失、原材料供应不足等诸多不利于运作的情况。

（3）选址决策是一个长期的责任范畴，影响深远　长期就意味着决策出错后就很难克服。选址可谓是一项巨大的永久性投资，一旦工厂建成，即使发现厂址选择错误，但也为时已晚，难以补救。选址错误不利于经营，那么无人问津必定会影响利润，而重新更建，则耗资巨大。但如果继续维持下去，投资高、职工队伍不稳，企业将永远处于不利地位，一旦发生市场冲击，很可能就要倒闭。因此，选址不当极大可能会导致企业未来走向失败。

（4）选址决策会影响职员的工作积极性　不同地方有着不同的风俗习惯、气候条件、生活标准、教育水平和精神风貌等，这些会对职员生活及其子女的教育问题等产生不同的影响。若不适应，很可能导致一些职员不能安心工作，进而影响其工作的积极性。

（5）选址决策与企业的竞争力相关联　选址影响企业的产品或服务的成本、生产率以及投资收益。选址直接影响供需关系，影响员工的情绪，甚至影响公共关系等。此外，选址还影响企业所在供应链的绩效。而这些因素，都会影响企业在市场中的竞争力。

5.1.3　选址的影响因素

随着经济的全球化，选址变得比以前更加复杂和重要。地区不同、行业不同、企业不同，那么，诸多因素对其选址影响的程度也不同。从宏观环境因素、行业因素、商业竞争因素三个维度出发，影响选址的主要因素介绍如下。

1. *宏观环境维度*

（1）相关政策　企业选址，必须考虑相关政策及法律法规的要求。企业要充分了解当地包括环境保护方面在内的有关法规，其经营范围要符合当地法规的要求，不将工厂建在法规不允许的地方。同时，企业也要考虑当地的税负状况，若税负不合理或太重，会使企业财务负担过重，则不宜设厂。此外，企业选址时也要注意当地的优惠政策。一些地区为了吸引投资，出台了各种优惠政策，如土地使用费和税收的减免或返还等。这些优惠政策为企业前期投入大开方便之门，这种情况下则便于设厂。

相关政策对企业选址的影响有一个典型的案例，即开曼群岛案例。

章内阅读

开曼群岛

中国许多企业家选择将企业地址设在开曼群岛，主要有以下几个原因：

1）合理避税，获得更多的利益。企业有依法纳税的义务，但由于我国税收负担较重，导致大量公司倾向于在海外注册、成立离岸公司。几十年来，开曼群岛都未征收个人所得税、企业所得税、资本利得税和房地产税等税种，而只征收一些简单的进口税、商业登记税、旅游税等，当地政府也只是收取少量的年度管理费，这无疑使其成为企业家的“避税天堂”。

2）法律制度宽松，利于扩张商业规模和谋求私人利益。开曼群岛属于英国的海外领土，其公司法遵循英国的规则和先例，但开曼法案并不要求企业承担披露信息的一般义务，这意味着位于开曼群岛的离岸企业享有信息豁免权。也就是说，股东有保密的权利，他们的股权比例、收入水平等信息可不向公众披露。同时，开曼群岛对年度报告的要求较低，企业可不做年度财务报告。这种情况下，一些商人可利用这种信息优势，侵害其他外部投资者即中小股东的利益，从而使自身获得更多的利益，最终实现商业规模的扩张。

总之，开曼群岛以其轻税制度（税收优惠政策）和宽松的法律环境吸引了大量的中国投资者，深受我国市场欢迎。

资料来源：

陈霖. 为何大批中国企业在开曼群岛注册［J］. 国际商务财会，2015（4）：5－6；12. 经编者改编。

（2）自然环境　近年来，关于自然资源与设施选址的讨论越来越以环境因素为中心。

一方面，要考虑各种各样的污染，如空气污染、噪声污染和水污染。另一方面，要考虑非生产过程中自然资源的保护。目前，自然环境对企业选址的影响主要体现在气候条件、水资源状况、地势和地质条件三方面。

1）气候条件。气候条件对职工的健康和工作效率有直接影响，气温过高或过低都会影响职工的工作效率。此外，气候会对需要控制温度、湿度和通风的工厂有直接的影响，如纺织厂和乐器厂，这是在选址过程中需要注意的。

2）水资源状况。对于造纸厂、发电厂、钢铁厂、化纤厂等需水量巨大的企业，选址时应靠近水资源丰富的地区。对于如啤酒厂等水质要求高的企业，选址时则不仅要靠近水源，而且要考虑水质问题。此外，对于耗水量大且对水质造成的污染也大的某些产业，选址时要考虑当地环保的有关规定，安装治理污染的设施，而这无形中又会增加投资成本。

3）地势和地质条件。地势和地质条件会影响企业的建设投资。如在平地建厂比在丘陵或山区建厂施工要容易得多，造价也低。但在有滑坡、流沙的地面上建厂，还需有防范措施，而这就会增加额外的投资。

贵阳大数据中心就是自然环境对企业选址的影响的一个典型案例。

章内阅读

贵阳大数据中心

将大数据中心的选址定在贵阳，主要有三点原因。第一，从宏观环境维度来看是有相关政策的支持。国务院“十三五”规划的制订，使“互联网＋”进入了高速发展时期，对于资源匮乏、交通不便、发展相对缓慢的西部地区来说，这无疑是一个良好的发展机遇。而处于西部地区的贵阳市可依托数据资源实现产业经济的转型，实现城市创新发展。此外，贵阳市是省会城市，在建设创新型中心城市的同时也可发挥带头作用，推动其他地区的发展。第二，行业维度。长期以来，贵阳市是以传统的加工制造和旅游产业为主要产业来向前发展的。而在大数据战略的影响下，传统的产业形态受到了巨大的冲击，但贵阳市的特色产品和生态智慧旅游获得了大众的认可，这为大数据战略的发展提供了依据。第三，商业竞争维度。贵阳市通过大力引进创新型人才，推动高新技术产业区域中心化发展，建设创新型中心城市，实现了公平共享，能满足进一步推进大数据战略的需要。

资料来源：

王健菊，任红怡．大数据背景下贵阳创新型中心城市建设思路［J］．宏观经济管理，2017（12）：87－92．经编者改编。

（3）当地居民的社会文化因素　不同国家和地区、不同民族的教育水平、宗教信仰、生活习惯不同，外地流行或畅销的产品，简单复制到另一个地方可能就会水土不服。因此，选址时也要注意当地居民的开化程度和宗教信仰。如果生产企业的性质与当地宗教信仰相矛盾，则不仅产品销路会出现问题，而且生产过程可能会遭到无端的干涉和破坏。此外，还需考虑如果新企业的入驻带来了环境问题或者降低了社区生活水平，当地居民就会产生排斥心理。

2．行业维度

（1）从劳动力角度，不同行业的选址策略　企业进行选址决策时要考虑劳动力的可获性和成本问题。人口既是商品的市场，也是潜在的劳动力资源。劳动力是制造、加工、装配、配送选址的首要考虑因素。企业应确保厂址所在地区劳动力的供应数量和技术水平都能满足企业的需求。

对于劳动密集型行业的企业来讲，此类企业劳动力成本占总成本的比例较大，因此其还应考虑劳动力的工资水平即成本问题。该种企业设厂在劳动力资源丰富、工资低廉的地区，可以降低人工成本。

此外，对于需要大量具有专门技术职工行业的企业，由于人工成本占制造成本的比例很大，且随着现代科学技术的发展，只有受过良好教育的职工才能胜任越来越复杂的工作任务，在职工的技术水平和业务能力直接影响产品的质量和产量的情况下，劳动力资源的可获性和成本就成为选址的重要条件。由于在大城市较容易获得高水平的劳动力资源，因此，此类企业选择在城市或城郊建厂，更容易解决劳动力资源问题。

（2）从科技条件角度，不同行业的选址策略　对于高新技术行业的企业，选址可能就不能仅考虑成本，还需要考虑当地的基础设施和教育水平能不能支撑特定的生产技术。高新技术企业应建立在科技人才聚集之地，即在文化教育水平高的地区设厂，这样不仅有利于招收受过良好教育和训练的员工，而且浓郁的文化氛围有利于吸引更多的优秀人才，利于高新技术企业未来的发展。例如，中关村地区高校林立，生活水平高，发展机会多，为企业招聘高层次人才提供了诸多便利。

（3）从基础设施角度，不同行业的选址策略　便利的基础设施不但可以降低运营成本，而且可以高质量、快捷地为顾客提供服务。基础设施可以划分为交通、信息、市政三类。

首先，交通基础设施。企业一切生产经营活动都离不开交通运输，原材料、工具和燃料进厂，产品和废物出厂，零件协作加工等环节，都有大量的物料需要交通运输；而职工上下班，也需要交通方便。交通基础设施包括交通网、货运和客运枢纽，仓储运输周转和公共客运平台等。便利的交通能使物料和人员准时到达需要的地点，使生产活动能顺利进行，还可以使原材料产地与市场紧密联系。

对于不同行业及不同类型的企业，产品的性质不同，选取的交通运输条件也不同。生产体积大且笨重的产品的工厂，选址要靠近铁路车站或河海港口；而制造出口产品的工厂，选址要接近码头。因此，要根据企业类型，选择水、陆交通都很方便的地域，实现最理想的选址。

其次，信息基础设施，如闭路视频系统、高速信息网络、5G 基站等。

最后，市政基础设施，如电力、燃气、供热、供水、废弃物排放与处理的设施和条件等。

章内阅读

我国啤酒行业布局

啤酒发展历史悠久，是酒精饮料行业的重要组成部分，是继水和茶之后世界上消耗量排名第三的饮料。

啤酒行业在我国发展迅速，我国是啤酒生产大国和消费大国。目前，我国啤酒制造已处于成熟期，并向着新周期不断迈进，产品结构不断优化，中高档需求增长。

据国家统计局数据显示，在 2018 年，我国啤酒市场前 5 大品牌分别为华润雪花、百威亚太、青岛啤酒、燕京啤酒、嘉士伯。不同啤酒企业的销量的差异会受到企业选址决策的影响。一般情况下，啤酒企业在选址时主要需要考虑以下几点因素：

一是成本。啤酒的运输半径一般为 250～300km，超过了这个范围就没办法覆盖成本，因此企业选址时应注意成本的影响。

二是市场和原料。啤酒厂的选址要接近消费市场，确保该地区的群体有消费水平。同时，厂址应选在主要原材料来源丰富的地区，水源丰富且水质较好。比如华润啤酒，在除云南、青海、新疆外的全国其他地区，均建立了酒厂，数量超过 160 余家，而青岛啤酒工厂布局则远低于华润，这可能就是华润啤酒的消费市场高于青岛啤酒的原因。

三是交通。交通是啤酒厂设址时最应考虑的因素。一般来说，啤酒厂的运输是很关键的，交通的便利，不仅有助于产品的输出和原材料的购进，还能帮助企业节省运费。此外，啤酒厂还要考虑废料的处理问题。

资料来源：

刘帅. 2021年中国啤酒行业区域布局与竞争格局分析［EB/OL］.［2022-04-23］. https://www.qianzhan.com/analyst/detail/220/210816-b594409e.html. 经编者改编。

3. 商业竞争维度

（1）竞争对手　在竞争的环境下进行设施选址，就是竞争选址问题。关于竞争选址的研究最早是在1929年，由霍特林开创的。作为经济学家的霍特林研究了一条直线上两个竞争冰淇淋商贩的选址问题，并得出了当市场中有两个或两个以上的企业在争夺市场份额时，任何一个企业的选址不仅会影响到自身的市场份额，也会影响其竞争对手的市场份额的结论。竞争选址问题研究的内容较为广泛，包括在已存在竞争设施的区域进行新设施的选址，市场中已有的同行业阻碍其他竞争者的进入及选址完成后通过竞争来保持竞争优势等。比如连锁商店、加油站、大卖场的选址等都是竞争选址的应用。

虽然竞争选址表明大多数企业靠近竞争对手可能会损失一些顾客。但是，对于某些行业如旅游胜地的特色商品店等，与竞争对手毗邻而居则会因顾客聚集而受益。

（2）原材料的竞争　原材料成本往往占产品成本的比重很大。企业希望以合理的价格得到优质的原材料。诸如冶金、煤化工、建材、电厂、制药、造纸等需要大宗原材料的企业，其厂址要尽可能地接近原料或材料产地。此外，以水果、蔬菜罐头、肉类加工、奶制品等易变质原材料为加工对象的企业，如屠宰厂等原材料运输不便的企业，如砖瓦厂、水泥厂、玻璃厂、钢铁冶炼厂和木材厂等原材料笨重而价格低廉的企业，其厂址也应尽可能地靠近原材料供应地。较为典型的例子是宝钢集团，它把厂址选在上海宝山，占尽天时、地利、人和，不但通过海洋拉近了同铁矿和煤矿的距离，而且大量的钢材可通过水路运往世界各地。

（3）生活设施　企业选址地方的生活条件和生活水平决定了对职工吸引力的大小，健全的生活设施为职工及其家属提供良好的生活环境。具体包括住房、交通工具、超市、医院、学校、文化娱乐设施和健身设施等。若企业选址在生活水平高的地区，那么企业付给职工的工资高，从而产品的成本也高；若企业到贫困地区设厂，人工费用低，在企业产品的科技含量不高且对劳动力素质要求不高的情况下，该种选址方案是可行的。

影响选址的三个不同维度因素的关系，如图5-2所示。

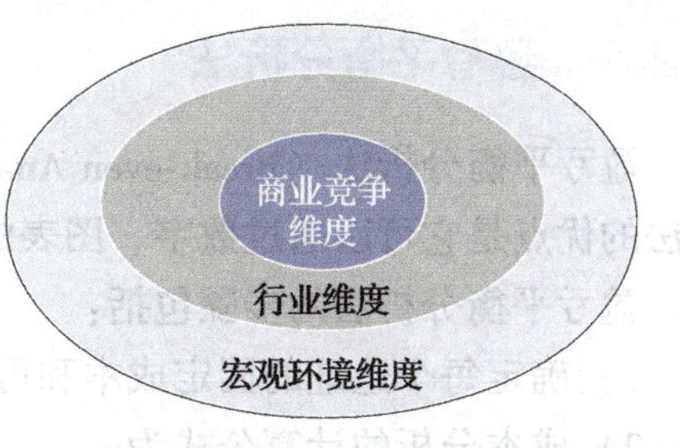

图5-2　影响选址的三个不同维度因素的关系

5.1.4 选址的一般步骤

企业选址的一般步骤如图5-3所示。

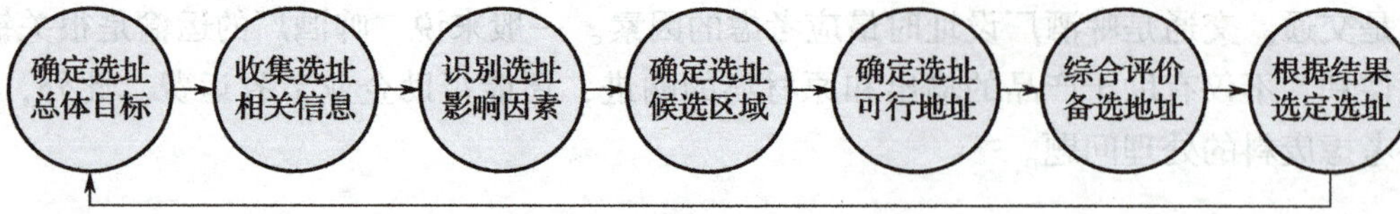

图5-3　企业选址的一般步骤

1）确定选址总体目标。选址的总体目标就是通过选址让企业收益最大化。

2）收集选址相关信息。在诸多信息中，通常要考虑产品的成本信息，如直接人工、物料搬运费和管理费用等。此外，还要收集包括占地面积和土地成本，交通状况，城市规划方面的限制，是否便于得到相关服务和物资供应，周围环境等相关信息。

3）识别选址影响因素。对于特定类型的企业，要能从诸多影响因素中识别出主要影响因素。选址时要综合考虑经济因素、政治因素、社会因素和自然因素，包括：地区的吸引力，如文化、税收、气候等；劳动力的可获性、成本；设施的成本和可获性；地区的环保规则；政府的激励措施和财政政策；靠近原材料和顾客；土地和建筑成本等。

4）根据选址总体目标和主要影响因素确定选址候选区域。

5）确定选址可行地址。企业进行选址决策时要对地区进行筛选，选择最适于运输、收货，同时公用设施较多、规模较大和成本较低的合适地点进行建设。如在城郊建厂兼具城市建厂和农村建厂的优点，现代交通和通信发达；在城市建厂则是各种企业聚集，协作方便，基础设施齐备，职工生活方便。但是，城市建厂地价昂贵，生活水平高，对环境保护要求也较高。企业在收集各候选区域的信息后，最终确定能供企业选择的可行地址。

6）采用定性与定量相结合的方式对备选地址进行评价　在确定可供选择的具体地址后，要针对企业的特点，更深入地分析研究各种相关因素。要考虑企业的布置方案，并留有适当的扩充余地，用定性与定量相结合的方式对备选地址进行充分的评价。

7）根据评价结果，选择最佳地址

5.2　选址的评价方法

5.2.1　盈亏平衡分析法

盈亏平衡分析法（Break-even Analysis Method）又可称为量—本—利分析法。盈亏平衡分析法的优点是它可以通过数字、图表的形式在经济上对不同的选址方案进行对比和评价。

盈亏平衡分析法的步骤包括：

1）确定每个选址的固定成本和可变成本。

2）成本分析的计算公式为

$$总成本 = \mathrm{FC} + VQ$$

式中：FC 表示固定成本；V 是单位可变成本；Q 是产品的数量或体积。

在同一张图表上绘出各选址的成本曲线，其中以横轴表示年销售量，以纵轴表示成本。

3）在某一预期的产量水平确定的情况下，选择总成本最低或利润最高的地点。

5.2.2 因素评分法

因素评分法（Factor-Rating Method）就是对影响决策问题的主要因素进行评分，并根据其影响决策问题的重要性，对备选方案进行综合评分，在此基础上选择最佳决策方案。因素评分法的内涵在于，它不同于盈亏平衡分析法，即只是从经济上进行比较。因素评分法是一个多目标或多准则的决策问题，它不仅综合考虑了影响选址的那些无形的、难以量化的因素，还考察了这些因素对选址影响的重要程度。通过全面比较不同选址方案，在科学的基础之上进行场址选择。

因素评分法一般有以下几个步骤：

1）识别影响选址成功与否的关键因素。如市场位置、原材料供应、基础设施等。

2）根据所确定的影响因素对选址的重要性，给每个因素赋予权重，并做归一化处理，即让所有因素权重之和等于 1。

3）给每个因素确定一个统一的最高分值，如 100 分。

4）对备选地址的每个选址因素评分。

5）将每一个因素的评分与其权重相乘，计算出每一个备选地址的每一个因素的加权评分值。

6）把每一个备选地址的所有因素的加权评分值相加，得到各个备选地址的综合评分值。

7）选择综合评分值最高的地址作为最佳选址方案，并给出选址建议。

5.2.3 线性规划运输模型

运输模型（Transportation Model）为物流优化配送提供了定量方法，也为选址提供了有效手段。运输模型要解决的问题：如何在把某种产品从多个产地配送到多个销地的情况下，使总的运输成本最低。解决这类问题的前提条件是已知各产地的供应量、各销地的需求量以及它们之间的单位运输成本。

运输模型作为一种特殊的线性规划模型，由决策变量、目标函数、约束条件三个部分组成。当企业可能需要建设新的工厂或物流中心时，可借助运输模型计算运输费用，从而选择较低的运输费用所对应的城市作为新建工厂或物流中心的地址。

5.2.4 重心法

重心法（Center-of-gravity Method）在物理上的意义是物体各部分所受重力的合力的作用点。选址上的重心法就是根据物理上重心的原理，来解决设施选址问题的方法。其目的是确定到各配送目的地的总的配送成本最低的配送中心的地理位置。

采用重心法的前提条件：已知目的地的地理位置及配送到各个目的地所需的经济量。

重心法的步骤包括：

1）绘制配送目的地的相对位置的地图，建立坐标系统并标明各个配送目的地的坐标。注意，只要这些配送目的地的相对位置是正确的，坐标系的原点和刻度可以是任意的。

2）计算重心位置的坐标，计算公式为

$$重心的横坐标\ X = \frac{\sum_{i=1}^{n} X_i Q_i}{\sum_{i=1}^{n} Q_i}$$

$$重心的纵坐标\ Y = \frac{\sum_{i=1}^{n} Y_i Q_i}{\sum_{i=1}^{n} Q_i}$$

式中：X_i 表示第 i 个目的地的横坐标；Y_i 表示第 i 个目的地的纵坐标；Q_i 表示向第 i 个目的地配送或运出的货物数量。

3）综合考虑其他因素，确定配送中心的位置。

5.3 企业选址的新趋势

5.3.1 跨国经营的制造集团选址策略

随着全球运营的出现和经济全球化的不断演进，选址问题已经跨越了国家和地区的界限，开始在全球范围内考虑。目前，跨国选址和产业转移已成为诸多制造业企业的选择。通过对相关文献的研究，发现出现这一现象的原因主要取决于两个方面。一是企业的生命周期和产业集聚联系紧密，企业随生命周期的变化而进行不同的区位选择；二是企业在原区域内的相对优势减弱，从而使企业开始多地区化布局发展。此外，在全球供应链的模式下，跨国企业已经在很大程度上影响着国际贸易、国际投资和技术转让等经济活动，采用跨国企业的模式，不仅能让企业自身获得巨大的经济利益，提升其国际竞争力，同时它也能加快生产技术在全球范围内的转移，推动生产要素和产业结构的互补。

当前，制造业最重要的选址对象就是工厂选址，而且由于全球供应链覆盖了多个国家和地区，工厂选址决策也变得愈发复杂。由于制造业主要是满足顾客的共性需求，而共性产品在质量和性能方面的趋同导致其竞争力主要体现在成本层面。因此，对于跨国经营的制造集团而言，其选址是以成本为导向的，它更多地考虑选址对其运营成本的影响，更关注成本最小化问题。因此，工厂选址决策的核心目标就是利润最大化。

对于制造业企业来说，跨国经营具有规模化、多元化与逆梯度的特点，且其选择跨国经营的主要动机有三点。第一，是为了能够获得廉价的劳动力和劳动技能；第二，是为了获得当地的原材料资源和技术；第三，是因为当地政府给予的税务优惠政策等。

跨国经营的制造业企业的选址策略主要体现在以下四个层次：

（1）总部层次　跨国经营的制造业企业在进行总部的选址时须谨慎，因为总部的设立从大的一方面来说不仅关系到企业，还能为其所在地带来巨大的经济效益；从另一方面来说，总部还肩负着组织协调众多子公司的经营活动，进行人力资源管理、法务管理等各项职能。因此，跨国公司总部的区位选择必须从多角度考虑，多数情况下，跨国经营的制造业企业总部的地址总是趋向于选择经济发达的国家或地区。例如小米的总部就位于北京。原因在于经济发达的地区信息来源广泛，企业能够迅速掌握重要信息，且经济发达地区的人力资源和资源配置极为丰富，便于企业招揽人才。

(2) 注册地层次　对于跨国经营的制造业企业而言，企业的持续发展是十分重要的，那么其获得的利润无疑是越多越好。跨国经营的制造业企业设立注册地时会考虑定性方面的因素如政治因素、经济因素等。政治因素是指政府的稳定性、政府对外来投资的态度等；经济因素是指相关税务优惠政策、货币强度等。它们会尽可能地选择在税收政策较为宽松或激励外方投资的地方设立注册地。如许多公司都将注册地设在开曼群岛，原因就是能够合理避税，使企业获得更多的利润，便于企业的长远发展。

(3) 研发中心层次　跨国经营的制造业企业的研发中心遍布全球，且多数选择在美国、欧洲或国内的大城市设立自己的研发中心。一般情况下，多数跨国经营的制造业企业设立研发中心时都会考虑人力资源、研发基础设施和生活设施等因素，人才是研发的关键，设施则是研发活动顺利进行的保障。因此，企业一般会选择人力资源丰富、研发基础设施和生活设施完善的地方作为自己的研发中心。这样不仅有助于吸引高素质管理或研发人才，也提升了企业的劳动力质量和研发效率，便于企业后续获得经济利润。

(4) 制造中心层次　制造中心无疑是跨国经营的制造业企业的一个重要部门，制造业顾名思义，就是制造产品满足顾客需要的企业。在全球供应链背景下，为使企业在未来获得更多的利润，跨国经营的制造业企业须考虑定量因素即成本因素。可以说，企业的选址决策决定着企业成本的高低，成本也影响着企业的选址决策。一般情况下，由于成本的影响，跨国经营的制造业企业更趋向于选择在落后的国家或地区设立自己的制造中心，因为这些地方的劳动力成本相对低廉。

此外，企业的制造中心所处社会环境的不同会导致供应链成本的差异，且其与目标市场和供应商的距离的不同也将会造成运输成本的差异。因此，跨国经营的制造业企业的制造中心一般会接近目标市场以及市场规模较大的地区，这有助于实现规模经济和范围经济，达到降低成本、提高利润的目的。

总之，跨国经营的制造业企业在进行选址决策的过程中，应综合考虑众多因素的影响，从四个层次进行深入分析并结合自身特点进行全面分析，最终选择能使自身获得最高利润的最优区域，实现企业的可持续发展。

5.3.2　连锁经营的服务业企业的选址策略

连锁经营是一种商业组织形式和经营制度，它是指经营同类商品或服务的若干个企业，以一定的形式组成一个联合体，在整体规划下进行专业化分工，并在分工基础上实施集中化管理，把独立的经营活动组合成整体的规模经营，从而实现规模效益的经营模式。而连锁经营服务业作为服务业的一种经营组织形式，它是通过专业化分工形成一种品牌效应和规模效应，从而使其服务更加灵活方便。

连锁经营服务业企业的显著特点是服务标准化。它在设施选址时主要包括选位和定址两个层次，如图 5－4 所示。具体来讲，在选位层面，它主要包含商圈确定、商圈特征考查、最佳商圈选择三个步骤。商圈确定就是以商场或大型超市附近、学校附近、医院附近等某一点为中心，以 15km 为半径画圆；商圈特征考察，是指考察商圈范围内人口、消费倾向、交通、桥梁、城市规划等特征；最佳商圈选择，则是综合以上各种因素，选择最佳商圈。在定址层面，以快餐业为例，其主要步骤包括点位筛选、人流量统计、销售额估算和最佳点位选择。点位筛选，即根据点位基本特征，如地理位置等，筛选符合条件的点位；人流量统计，即对选定商圈内不同点位的门前人流量进行分类统计，可按工作日、周末、节假日分别统计不同年龄段的人流量，并确定相应时段；销售额估算，即选用一定的方法估算企业的销售额；最佳点位选择则是以销售额为主要指标进行最终选址的确定。

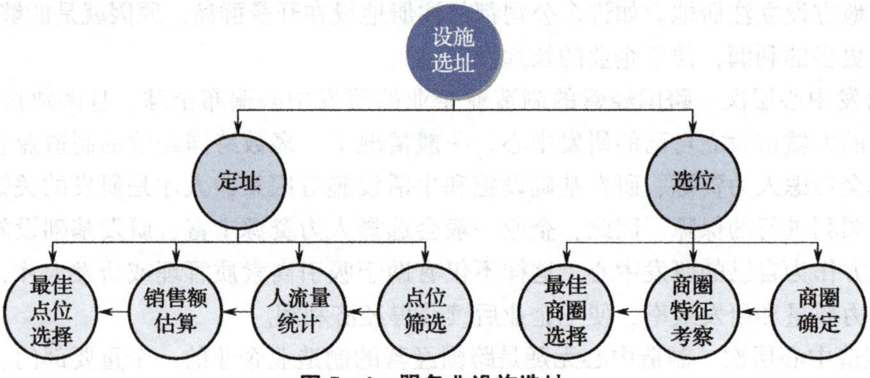

图 5-4　服务业设施选址

章内阅读

呷哺呷哺

呷哺呷哺餐饮管理有限公司是一家外商投资、国内首创、最大规模的吧台式涮锅连锁企业。公司总部设在北京大兴区孙村工业开发区。

呷哺呷哺在北京师大周边 2. 5km 范围内有四家门店：新华百货店、枫蓝国际店、牡丹园翠微百货店、花园北路店。其中，前三家门店都是位于百货内部的“店中店”，第四家则是独立的门店形式。

呷哺呷哺的这四家门店的地理位置都各具特色。新华百货店位于离北京师范大学最近的购物区，它靠近地铁 2 号线，周围有许多公交车站，交通十分便利。枫蓝国际店并不是位于一个集中购物区，而是位于学院路上，附近有多所高校，且其周边有许多写字楼，充分体现了“聚集效应”。牡丹园翠微百货店位于一个独立的百货大楼中，周边没有其他购物中心和写字楼，以居民区居多，同样位于北京师大附近。同时，牡丹园也是一个餐饮集中的地区，靠近地铁 10 号线，交通便利。花园北路店，这家店附近有几所高校，有写字楼和商业大厦，靠近白领，且附近有地铁 10 号线，对面有公交车站，交通便利，店前就有停车位。此外，花园北路这一条路上都是餐厅，符合“聚集效应”。总之，以上的四个门店都位于客流量比较大的区位，靠近消费群体（学生、白领、居民），交通便利（靠近公交车站和地铁站），并且具备很好的服务设施（大量停车位），这些特点都保证了客流量，从而生意兴隆。

由于呷哺呷哺是一个中式火锅快餐，因此各个分店之间是相互独立的，新店的选址是一个单一设施选址问题，其运营不受企业现有设施网络影响。但从呷哺呷哺的四家店铺可以看出，它的各个选址无疑是成功的。

资料来源：

呷哺呷哺关闭 200 多家门店，重拾初心再出发 [EB/OL]. [2022-04-23]. https://www.zixibio.com/news/2191.html. 经编者改编。

由上述案例可知，连锁经营服务业企业在选址时必须接近目标市场和顾客，并与顾客进行直接且高频率的接触，这是企业获得更多收益的关键。

（1）接近目标市场 连锁经营服务业店址的选择与目标市场的确定紧密联系。不好的位置将导致顾客流失和产生较高的运作成本，削弱其竞争优势。例如零售店，选址方案不同，销售量也会不同。此外，以连锁经营的餐饮业为例，其服务可大致划分为三类：坐堂式，即顾客到服务提供者处；上门式，即服务提供者到顾客处；虚拟式，即服务提供者与顾客在虚拟空间内完成交易。若服务业企业的类型属于坐堂式，那么此类企业在设施选址时首要考虑的就是选址区域要与目标市场接近，从而靠近顾客群。

（2）接近顾客 接近顾客这一点可以说是服务业在选址决策中考虑的最主要的因素。连锁经营服务业之所以选择开办多个分店，就是为了与顾客保持密切的联系。一般情况下，服务业企业的位置越靠近顾客，可能获得的收益越多。如对于百货商店、冷饮店或理发店来说，将店开在客流量大的繁华商业区或人口密度大的居民区，能使其获得更多的收入。

在确定了企业与目标市场的接近程度后，连锁经营服务业企业选址就要考虑该选址区域内的顾客特点。在日益激烈的市场环境下，服务业企业要把顾客的需求作为自己追求的目标，奉行顾客至上的理念。连锁经营服务业企业要确定自身的目标客户群，且在选址时尽量靠近这些顾客群体，在顾客密集的区域设址。如餐饮业的呷哺呷哺服务的客户群体是年轻人和白领，那么它就主要在人流密集的商场或大卖场、写字楼密集区开店。

由于连锁经营服务业企业地址的选择在影响企业的生产经营成本和市场竞争力之外，也关系到企业的生存与发展。因此，合理的选址是现代服务业经营与发展的战略要求。而连锁经营服务业企业的上述选址特点有利于其构建服务体系，进而可使连锁经营服务业形成成熟的服务模式即标准化服务，有助于企业的长远发展。

连锁经营服务业企业在选址时除了要接近目标市场和顾客外，也应具有以下几点策略：

（1）连锁经营的专业服务门店 目前，此种连锁业态的规模最大，且服务人群最广。该种连锁业态是以零售门店的形式提供服务的，主要包括美容美发连锁店、汽车美容连锁店、洗衣连锁店等。它提供的产品单一，以提供生活服务产品为主。由于这种类型的连锁经营服务业企业的目标顾客范围较为广泛，因此其通常在学校附近、工业区、居民小区附近设址。

（2）连锁经营的咨询和培训机构 此种连锁业态的发展速度较快，特别是房产中介连锁企业近十年发展迅猛。该种连锁业态是以零售门店的形式提供服务的，咨询机构主要包括房产中介、法律咨询、个人理财等，培训机构则主要包括舞蹈培训机构、职业技能培训机构等。该种连锁业态以提供信息、经验、知识为主要服务业务，其主要选址在商业区、工业区、居民区等。此外，连锁经营的培训机构主要集中在北京、上海、广州等地区。

（3）连锁经营的体验式服务机构 该种连锁业态以门店经营为主，主要提供休闲娱乐和个人服务项目，如连锁酒店、连锁旅行社、电影院、连锁健身中心等。该种连锁企业多在商业重地、重要旅游景点和娱乐场地附近设址。

总之，各种类型的连锁经营服务业企业侧重点是有所差异的，故而选址时考虑的因素会有所不同。企业应根据自身企业的类型，从实际情况出发，权衡利弊，做出最优的选址决策。

本章小结

选址是企业生产运作策略的一个重要内容，在产品或服务决策完成之后，就要决定在何处建造生产或服务设施来制造产品或提供服务。选址的目标就是使企业利润最大化。选址影响着企业的运营成本和效率，进而会影响企业的竞争力乃至企业未来的生存和发展。而选址成败的关键就在于能否找到影响企业选址的主要因素。

因此，本章首先介绍选址的概念。进而讨论选址的重要性，分析选址需考虑的因素，提出选址的一般步骤且表明选址的评价方法。最终，通过比较连锁经营服务业企业和跨国制造企业的选址策略来阐明企业选址的新趋势。

案例分析

我国商用大飞机总装基地选址

总部设在上海的中航商飞，被中国一航以资产形式注入中国商用飞机有限公司（“大飞机”公司），业内分析主要是看重了中航商飞在市场开拓方面的经验，有助于大飞机公司今后的市场开发。我国商用大飞机的总装基地被设在上海，而具体地址的选择则可能有三个，即上海的临港产业园区、奉贤和金山。据航空业专家透露，选择该三个地区的原因如下。

首先，临港产业园区。临港位于上海东南长江口与杭州湾交汇处，占地近300km^2，定位于以现代装备产业为主体的国家级制造业基地，从功能上划分为五大片区，其中综合产业区的产业导向包括“飞机零配件制造、飞机发动机及其零件制造、飞机维修等”。临港的周边配套具有很大的优势。一方面，其重装备产业区有利于资源的集中，另一方面，其临海的优势便于大飞机总装时大型部件通过海路运输。但同时，临港面临的最大问题是该产业区正好位于浦东机场跑道的延长线上。而大飞机总装基地势必还要建一个机场，以方便飞机总装后直接飞走实现交付，这样，该机场的空域正好与浦东机场的空域重叠，因此在空管方面获批会有一定的难度。

其次，奉贤和金山。其中奉贤的选址靠海，同时临近一条前往金山的铁路，不过这一区域的预留面积如果修建跑道，长度有些不够，因此如果要落户此处，可能需要对现有设施做一些迁移。而金山的预留选址则位于浙江省与上海的交界处。

资料来源：

陶光雄. 中国“大飞机”公司为何选址于上海?[EB/OL].[2022-04-23]. https://www.chinanews.com.cn/cj/cyzh/news/2008/05-11/1245302.shtml. 经编者改编。

【问题思考】

无论是选择上海的临港产业园区，还是选择奉贤和金山，我国商用大飞机的总装基地在选址时主要考虑了哪些因素？

【案例讨论】

我国商用大飞机的总装基地在选址时主要考虑了以下几个因素：

1）基础设施。选择临港产业园区的原因之一在于其交通基础设施较为完善，靠近海岸，便于大飞机总装时大型部件通过海路运输。而要落户奉贤，由于其设施较不完善，为保证跑道有足够的长度，可能需要对现有设施做一些迁移。这里需注意的是，总装基地和研发中心可以不用放在一起，可将研发中心设立在交通较为便捷的市区。

2）资源。临港产业园区的一个优势就是其是重装备产业区，资源集中。在临港产业园区可进行飞机零配件制造、飞机发动机及其零件制造、飞机维修等。目前，已有国内外物流商、机械制造商以及电子仪器制造商落户临港产业园区，且今后，一些飞机零部件生产也极有可能在临港产业园区集聚。

本章习题

一、单选题

1. 大量制造业企业把工厂建到消费市场附近，以降低运费和损耗，这是表达了设施选址的什么原则（　　）。
   A. 追求总费用最小化　　B. 接近用户原则
   C. 长远进展原则　　D. 分散和集中原则
2. 企业选址时，选择具体位置的主要因素不包括（　　）。
   A. 扩展条件　　B. 环境保护条件
   C. 政治、经济、法律和政策条件　　D. 地理条件
3. 企业选址决策的第一步骤为（　　）。
   A. 确定选址总体目标
   B. 收集与选址有关的信息
   C. 识别选址的主要影响因素
   D. 根据选址总体目标和主要影响因素确定候选区域
4. 对影响决策问题的主要因素进行评分，并根据其影响决策问题的重要性，对备选方案进行综合评分，在此基础上选择最佳决策方案的选址评价方法是（　　）。
   A. 盈亏平衡分析法　　B. 因素评分法
   C. 线性规划法　　D. 重心法
5. 企业选址标准取决于一个企业在供应链中的位置，例如处于供应链（　　）的（　　），在选址时主要考虑便利性，更多地关注消费者行为、交通模式和当地习俗等，这类企业会选择将设施建设在距离终端消费者较近的地方。
   A. 起始位置　零售商　　B. 末端　零售商
   C. 中部　分销商　　D. 末端　分销商
6. 以下要求选址应该接近消费市场的是（　　）。
   A. 原料易变质　　B. 原料笨重

C. 产品运输不便　　D. 原料运输不便

7. 关于食品生产企业选址及厂区环境的说法，以下表述不正确的是（　　）。

A. 生产车间外墙有绿化遮阴　　B. 厂区不宜选择易发生洪涝灾害的地区

C. 厂区周围不宜有虫害大量滋生　　D. 生活区与生产区保持适当距离或分隔

8. 物流园区选址如果考虑以解决市内交通拥挤、缓解城市压力为重点，则宜将物流园区建在（　　）。

A. 城市中心区域　　B. 工厂聚集区域

C. 城市商业繁华区　　D. 城乡结合的入城干道处

9. 跨国经营的制造业企业的选址策略主要体现在以下几个层次，即（　　）。

①总部层次　　②注册地层次　　③研发中心　　④制造中心

A. ①②③　　B. ①②④　　C. ②③④　　D. ①②③④

10. 服务业和制造业在设施选址时，关注的主要不同点是（　　）。

A. 制造业关注收入最大化，服务业关注成本最小化

B. 没有区别

C. 服务业关注收入最大化，制造业关注成本最小化

D. 制造业关注原材料，服务业关注劳动力

二、多选题

1. 与制造业的产品相比，服务业的产品主要是（　　）。

A. 无形的　　B. 不可见的

C. 难以形成库存　　D. 生产过程与消费过程合二为一

E. 产品质量主要通过消费举行感知

2. 设施选址的基本问题包括两个层次的决策问题，主要是（　　）。

A. 选区问题　　B. 成本问题

C. 收益问题　　D. 定址问题

E. 顾客问题

3. 设施选址的基本原则包括（　　）。

A. 费用最低原则　　B. 接近用户原则

C. 投资最少原则　　D. 长远发展原则

E. 分散与集中相结合原则

4. 影响制造业选址决策的定量因素主要包括（　　）。

A. 配送成本　　B. 劳动力成本

C. 原料供应　　D. 土地成本

E. 建筑成本

5. 影响服务业选址的因素主要包括（　　）。

A. 平均家庭收入　　B. 人口密度

C. 顾客流量　　D. 与竞争对手的位置

E. 基础设施条件

三、判断题

1. 设施选址是一项耗资较大的短期性投资。（　）
2. 设施选址就是确定在何处建厂或建立服务设施，它影响企业的生产管理活动和经济效益情况。（　）
3. 选址标准一旦确定，一般不得随意改动，如有变化必须经过一定的程序进行评估后“特批”。（　）
4. 设施选址的选区问题，即根据区域和企业的具体情况确定设施的具体位置。（　）
5. 连锁经营服务业企业的选址，考虑的主要是与市场相关的那些因素。（　）
6. 企业选区、定址前要认真调查，调查的要点包括周围竞争店、周围人群消费习惯、商圈未来发展等多方面。（　）
7. 啤酒厂应建在水源质量有保障的地方。（　）
8. 瓦砖厂应靠近原料产地。（　）
9. 连锁经营服务业选址不必考虑客流量的大小。（　）
10. 零售业企业的设施选址是追求成本最小化，仓库的选址则要综合考虑成本和运输速度的问题。（　）

四、简答题

1. 企业在哪些情况下会面临选址问题？
2. 影响选址决策的主要因素有哪些？
3. 选址决策的一般步骤是什么？
4. 请结合实例说明选址的重要性。
5. 选址的评价方法有哪些？
6. 结合实例说明连锁经营的服务业和跨国经营的制造业的设施选址各自有什么特点，以及二者之间有何不同。

第6章 设施布置

学习目标

- 了解设施布置的概念及其重要性。
- 熟悉设施布置的基本形式。
- 熟悉制造业设施布置的原则及策略。
- 掌握制造业设施布置的影响因素。
- 掌握服务业设施布置的影响因素以及顾客参与。

逻辑框架

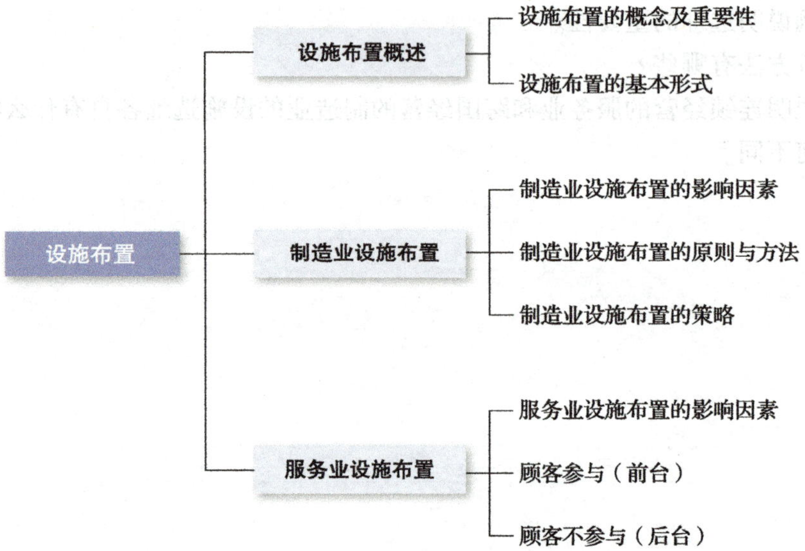

图6-1 设施布置逻辑框架

引导案例

谁动了我的店铺？——竹叶青的门店布置与运营

2018年6月竹叶青与君智签订合同，2018年12月竹叶青召开战略发布会，新战略正式启动落地。在2018年6月到12月期间，竹叶青基于新战略做了进一步的调整，资源绝对聚焦竹叶青品牌。在此之前，竹叶青一直在尝试全国化的道路，但在此过程中面临着诸多问题，从公司层面来看，包括品牌知名度不够，消费认知不足；市场投入不足，缺乏配套广告与地推；店铺布点不佳；团队执行过快，市场调研不足等。从门店层面来看，则包括产品陈列不够聚焦、品牌可视化不足、高端氛围缺乏、店员接待专业性不足等。而这些问题都聚焦于一个核心，即品牌认知不足。

正是由于以上这些问题的存在，所以为配合公司落实聚焦战略，解决消费者对竹叶青的品牌认知问题，竹叶青必须从产品、布置到服务进行全面细致的调整与升级。

竹叶青采取了一系列的措施进行调整，主要体现在通过门店陈列改变产品配置上，调整后，竹叶青品牌下产品品类由16个减至12个，砍掉了25%；碧潭飘雪品牌下产品品类由8个减至5个，砍掉了38%；君临天下产品品类由3个减至1个，砍掉了67%；而宝顶雪芽、红茶坊和花毛峰3个系列，则100%被砍掉。从零售店的设施布置目标“单位面积的净收益最大化，平效最大化”来看，被砍掉的产品，意味着这部分产品的老顾客就有流失的风险。

尽管存在风险，但竹叶青专卖店门店布置的改变，理论上更合理，实务中更契合新战略，效益上取得了业绩的增长，因此是一个有效率的调整。具体来讲，品牌定位调整后与公司新战略更为匹配，便于从上到下的贯彻执行；门楣调整后契合了最新的品牌定位，绿底白字的门楣风格与广告风格相近，便于资源投放吸引的用户识别和寻找，可视化更强；门店陈列调整后主题更集中、更明确、更聚焦，客户对门店销售的三个等级（品味、静心、论道总统茶）货品更清晰明了，针对不同的客户需求对应了不同的等级。

资料来源：

石声萍，何新月，洪静，等. 谁动了我的店铺：竹叶青的门店布置与运营［EB/OL］.［2022-04-23］. http://www.cmcc-dlut.cn/Cases/Detail/4903. 经编者改编。

6.1　设施布置概述

6.1.1　设施布置的概念及重要性

企业在确定了生产的工厂或服务设施的具体位置后，就要解决设施布置问题。设施布置是指合理安排及确定企业内部各个生产作业辅助设施的相对空间位置，包括各个组织、各个部门内机器设备的相对位置等。

设施布置会影响企业的长远发展及长期目标的实现。因此，设施布置需谨慎。在确定了企业内部的生产单位组成和采用的专业化形式之后，方可进行设施布置。设施布置的目的在于畅通企业内部的物流渠道，降低运输成本，提高企业的运营效率。

6.1.2 设施布置的基本形式

设施布置的基本形式大体上可划分为四类，即产品专业化、工艺专业化、固定式布置和成组技术。

产品专业化，是指企业集中生产一种产品，并向各类顾客销售这类产品。这一方式通常有助于企业在某产品领域树立起良好的声誉和形象，而且为企业的进一步发展打下了基础。

工艺专业化，又称“工艺导向型原则”，是指按照工艺特征建立生产单位，将完成相同工艺的设备和工人放到一个厂房或一个区域内，这样构成诸如铸造厂、锻造厂、铸造车间、锻造车间、机械加工车间等生产单位。

固定式布置，是指由于产品体积或重量庞大，不便于移动，而将产品固定在一个位置，并将生产设备移动到产品所在位置的布置形式，如建筑工地等。

成组技术，是指利用事物间的相似性，按照一定的准则分类成组，同组事物能够采用同一方法进行处理，以便提高效益的技术。它已涉及各类工程技术、计算机技术、系统工程、管理等。

6.2 制造业设施布置

6.2.1 制造业设施布置的影响因素

制造业的设施布置主要会受到企业类型，自身工艺特性，组织设计，专业化形式几方面的影响。

1）企业类型。制造业企业的类型不同，遵循的设施布置原则就不同，企业的设施布置就会有所差异。制造业企业的生产类型主要包括两种：备货型生产和订货型生产。其中，备货型生产采取产品专业化原则，订货型生产则采取工艺专业化原则。

2）自身工艺特性。企业需要通过产品实现目标，而产品会影响企业的经济活动单元构成。对于制造业企业而言，企业产品的种类不同，那么其所要配置的主要生产单元就会不同。而且产品的结构工艺特点决定产品和原材料的种类，进而也会影响生产单元。而这些都会导致企业生产方式的选择不同，即是选用加工装配生产方式还是流程式生产，从而最终影响企业的设施布置。

3）组织设计。组织设计就是对企业的内部部门进行划分。企业进行设施布置时要进行合理的组织设计，将生产部门、研发部门等进行合理配置，这有助于企业未来收益的提升。

4）专业化形式。由于采用产品专业化和工艺专业化对工艺阶段是否配备完整的要求不同，因此企业采用的专业化形式会导致企业的经济活动单元构成不同，进而会影响企业的设施布置。此外，如果产品的产量较少，设施布置人员可能更愿意采用工艺专业化的布置，这样不仅可以节省空间，也能提高设备的利用率。

除上述影响因素外，制造业设施布置还会受到企业战略、柔性、员工劳动生产效率等因素的影响。

6.2.2 制造业设施布置的原则与方法

1. 制造业设施布置的原则

制造业的设施布置要遵循两项原则，即产品专业化和工艺专业化。

（1）产品专业化布置　产品专业化布置是制造业设施布置的基本类型之一。它是指按照产品的工艺流程即加工的顺序来进行的生产，例如零售店玩具的生产线等。

1）产品专业化布置的特点。产品专业化布置的特点可具体包括四点。一是在制品数量较少；二是物流合理，连贯性较强，在缩短了运输距离的同时也节约了生产面积；三是按节拍组织生产，为管理提供了便利；四是产品专业化布置的适应能力较差，对产品的品种变换反应不敏感，因此仅适用于大量、连续生产的情况。

2）产品专业化布置的优缺点。产品专业化布置的优点是企业专注于某一种或一类产品的生产，有利于形成技术优势和竞争优势。其缺点则是若出现全新的技术与产品时，该领域有被代替的风险，且会导致产品的销售量大幅度下降。

（2）工艺专业化布置　工艺专业化布置是指按照生产工艺特征安排生产单位或设备。若企业采用工艺专业化布置的形式，那么相似的生产单位或设备就会被布置在一起，像医院部门、科室的划分就是应用了专业化布置。

工艺专业化布置的特点：一是在制品的库存数量较高；二是产品的物流较为错综复杂，生产过程的连续性较差；三是生产周期较长；四是适应性强，面对产品品种的变换，反应较为迅速，因此适用于多品种、小批量的生产。

工艺专业化布置的优点主要有三个：适应能力强，能快速适应产品品种的变化；工艺及设备便于管理；生产系统有较高的可靠性。其缺点主要有四个：在制品数量多，生产周期长；协调任务重且协作关系复杂；生产效率低；工件的运输次数多且运输路线长。

2. 制造业设施布置的方法

（1）活动关系图法　活动关系图法是由穆德提出的，它是通过图解的方式描述企业内各个部门之间的活动关系，然后根据关系的密切程度进行布置，最终得到较优的布置方案的一种方法。

使用活动关系图法，首先要根据企业内各个部门之间活动关系的密切程度，将其划分为A、E、I、O、U、X六个等级并给出相应的分值，见表6－1。其次，要列出表明关系密切程度不同的原因，见表6－2。需注意的是，在使用这种方法时，要先计算出企业内每个部门的积分，并对部门按照积分高低排序，遵循对重要等级高的部门进行相邻布置的原则，把积分数值大的部门布置在中心位置或比较容易到达的位置，从而得到最合理的布置方案。

表6-1　关系密切程度分类

代号	密切程度	分值	代号	密切程度	分值
A	绝对重要	6	O	一般	3
E	特别重要	5	U	不重要	2
I	重要	4	X	不予考虑	1

表6-2　关系密切程度的原因

代号	关系密切程度的原因	代号	关系密切程度的原因
1	使用共同的记录	6	工作流程的连续性
2	共用人员	7	做类似的工作
3	共用工作场所	8	使用共同的设备
4	人员接触	9	其他
5	文件接触		

（2）从一至表法　从一至表法（From-to）是一种常用的寻找最短的加权移动距离的设施布置方法。其目的是通过列出不同部门、机器或设施之间的相对位置，计算出各工作点之间的相对距离，并不断地进行试验和改进，最终找到使整个单位或生产单元物料总运量最小的方案。

从一至表法的基本前提假设：一是各相邻设施之间的距离是相同的；二是不考虑零件在重量和数量上的差异。

从一至表法适用于设施数量较少、多品种、小批量生产的情况。其基本步骤如图6-2所示，主要包括以下几个方面：

1）绘制典型的零件工艺路线图，并确定所用的机床设施。

2）制订设施布置的初始方案，编制初始零件从一至表，统计出设施之间的移动距离及零件在设施间的移动次数、单位运量成本。

3）分析并改进初始零件从一至表，确定总的移动量。注意，改进时应把移动次数多的设施靠近对角线的方格，从而使总的移动量减小。

4）比较不同的布置方案，确定最满意的布置方案。一般情况下，在逆向移动量没有大幅度增加时，总移动量越小的方案越好。

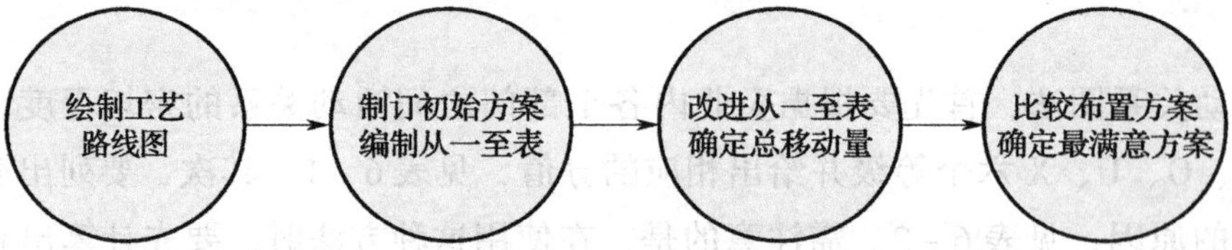

图6-2　从一至表法的基本步骤

6.2.3 制造业设施布置的策略

制造业的设施布置主要有三项策略：流水生产线、成组技术及 U 型布置。

1. 流水生产线

以下从其概念、基本特征及优点、设计及平衡方法、优化四个方面展开介绍。

（1）流水生产线的概念　流水生产线，又可称为装配线，是指按照企业产品或零件生产的工艺顺序布置工作站，使产品（零件）连续、协调、均衡地在各个工作站进行加工或装配，直到生产出成品的一种先进的生产组织形式。产品专业化布置的一种典型方式就是流水生产线，可以说，流水生产线的设计过程充分体现了产品专业化布置的形式。通常家用电器、汽车、服装等会采用流水生产线的方式进行生产。

此处的工作站，是指在工人对设备不进行重新调整的情况下，连续加工劳动对象的场所。而工作站的特征则主要体现在工人的站姿、坐姿、随装配线走动或移动方面。

（2）流水生产线的基本特征及优点

1）流水生产线的基本特征可概括为以下几点：

①流水生产线使得人力和设备得到充分的利用，在这种情况下，很大部分的设备费用可被抵消。

②工作站的专业化程度很高，按统一的节拍进行生产。此处的节拍不同于生产周期，它是指相邻两件产品的生产时间间隔。此外，流水生产线上只固定地生产一种或几种产品，且各个工作站的加工时间相等或成简单的倍数关系。

③工作站按工艺顺序进行排列，劳动对象在工作站之间做单向移动且移动速度较快，从而使在制品的数量最少。

2）流水生产线的基本特征决定了它有以下几个优点：

①产量高，单位费用低。很多专用设备费用由诸多对象进行分摊。

②工人和设备的利用率高，有利于充分发挥机器设备和人员的作用。

③工作站的专业化程度较高，便于采用专业的设备和工具进行生产，从而有利于提高劳动生产率并能最大限度地缩短生产周期。此外，劳动的专门化降低了培训费用，节省了培训时间，同时也加大了监督幅度。

④运输路线缩短，单位物料的运输费用降低。由于各加工对象都采用相同的加工顺序，会计、采购及库存控制的过程均较为程序化，物料运输得以简化。同时，工序间的在制品数量也很少。

⑤能满足企业组织生产过程的需求，大大改善了企业的技术经济指标。

（3）流水生产线的设计及平衡方法　作为一项重要的技术，众多大批量生产的产品，都可以在一定程度上使用流水生产线进行生产。为了充分理解流水生产线在管理上的需求，应对流水生产线进行设计及平衡处理。

流水生产线的平衡是指为尽可能地减少各个工作站的闲置时间，使各个工作站的工作时间在节拍的时间范围内，向各工作站合理分配企业所有的任务。需注意的是，工作站的总工作量与分配给该工作站的任务总量应当是相同的。采用流水生产线进行生产，要满足几个基本条件。一是生产工艺和产品的结构较为先进和稳定。若工艺落后且产品的结构不稳定，将会导致所组成的流水生产线被淘汰。二是产品的产量需求足够多，这样才能保证流水生产线的各个工作站有充分的负荷。三是产品加工过程能够进一步细化。为满足流水生产线各工作站的时间定额与流水生产线的节拍相等或成简单的倍数关系的要求，产品加工过程必须能够被细分成若干作业。

流水生产线的平衡步骤如图6-3所示。

图6-3　流水生产线的平衡步骤

①用优先关系图详细表明作业间的先后顺序。优先关系图由圆圈和箭头组成，其中圆圈表示单个任务，箭头则表示作业顺序。

②确定流水生产线节拍。计算公式为

$$CT = \frac{OT}{D}$$

式中，CT表示流水生产线的节拍；OT表示计划期内有效作业时间，即计划生产的时间，是指不包含必要的停歇时间的制度工作时间；D表示计划期内产量，包括计划产量和预计的废品量两部分。

③确定满足工作站节拍的最少工作站数。计算公式为

$$N_{\min} = \frac{\sum_{i=1}^{n} t_i}{CT}$$

式中，N表示最少工作站数；t_i表示第i项作业的加工时间；CT表示流水生产线的节拍。

需注意的是，计算结果需向上取整。

④把细分后的作业向各个工作站进行分配。分配时要遵循一定的原则，即所有的先行作业已经分配完毕；该作业的加工时间不能超过该工作站的剩余时间。此外，当不止一个作业满足分配条件即出现多个选择时，需要应用两种优先准则进行挑选：加工时间长的优先，后续作业数多的优先。

⑤评价流水生产线的平衡效率，也就是测评工作站时间的利用效率。计算公式为

$$平衡效率 = \frac{\sum_{i=1}^{n} t_i}{N_{\min} \times CT}$$

若上述计算出的平衡效率不能满足要求，则需采用其他决策标准再次进行平衡。注意，如果工作站的数量保持不变，那么效率是不可能提高的。

（4）流水生产线的优化 流水生产线的优化是指在流水生产线平衡的基础上，为提高流水生产线的效率，将作业进行优化组合。

流水生产线的优化途径主要有三种：一是减少实际工作站数，该项途径的前提条件是通过工艺改革来缩短作业时间。二是缩短流水线的节拍，该项途径的目的在于在不改变工艺方案的情况下提高效率。由于作业时间的限制，在满足工艺技术条件的情况下，通常采用重新组织工作站，细分作业的形式来减少节拍。需注意的是，这种做法在制药行业是不太适用的，因为它无法满足防止感染细菌的工艺条件。三是减少实际工作站数，同时缩短节拍。

此外，为确保作业能在工作站节拍内完成，也可采用作业分解或作业共享、使用平行工作站、重新设计产品减少作业时间、聘用多技能人员、设备升级等形式。

2. 成组技术

任何一个制造业企业的设施布置都不是单一的产品专业化，也不是单一的工艺专业化。多数情况下，是要在二者融合的基础上进行设施布置，即有的企业的设施布置是产品专业化基础上的工艺专业化，有的则是工艺专业化基础上的产品专业化。而成组技术，就是旨在将二者相互结合起来而产生的一项技术。

成组技术（Group Technology），就是指根据一定的标准，在结构和工艺相似性原理的基础上，科学地选择设备和工人并合理组织生产过程的方法。目前，成组技术的应用范围已不再局限于成组加工，它已经延伸到产品设计和制造工艺等整个生产系统。

成组技术的关键在于它是一种生产组织的管理技术，与尺寸、形状及功能等设计特征密切相关。它主要包括四个内容。一是将企业的所有零件按照工艺的相似性进行编码归类分组；二是将同类型的零件组建为成组生产单元、成组流水线，即确定工艺流程，同时还要按照工艺流程及加工内容配置设备和工艺装备；三是按成组零件组织生产，根据零件的分类编号，将其同标准化、通用化的工作相结合，为设计新产品选用类似零件；四是组建成批生产单元，成批生产单元是按照分类后的零件组进行布置的，具有对象专业化的特征，此外，它也兼具工艺专业化与产品专业化的特点。

实施成组技术，能简化设计流程，减少等待时间，降低运输费用；能合理利用高效设备，缩短生产周期，利于按期交货；能扩大生产批量，便于采用先进方法；能提高生产效率与劳动生产率，促使员工从事创造性的技术工作；能简化生产管理工作，对象专业化形式，有利于实现标准化等。此外，实施成组技术过程中成组生产线的建立和应用更是大幅度减少了所需的设备数量，节约了作业面积。同时，它也使内部物流更为合理，从而有效避免了逆向运输和交叉运输的问题，为采用先进的工艺方法、先进的生产组织形式创造了重要条件。

由于成组技术富有柔性，能适应多品种生产的要求。因此，该技术适用于单件、多品种、中小批量生产的企业。

3. U型布置

由于流水生产线的平衡问题时常会导致每个工作站的作业时间有所差异，因此我们应在传统的流水生产线即笔直的流水生产线的基础上，增强流水生产线空间布置的合理性，使流水生产线更具柔性。自此U型布置就成为解决生产线不平衡问题的常见方法。

U型布置具有以下几个优点：

1）U型布置富有柔性，可解决不平衡问题。目前，很多企业都采用U型布置的形式，如玩具厂等。

2）U型布置可减少操作人员，操作者更容易上手。由于多面手的存在，现场的操作人员数量得以缩减。

3）U型布置节约了作业面积，缩减了作业空间。采用U型布置，让空间布置更为紧凑。

4）U型布置可实现工作共享，增进操作人员间的沟通和协同作业。U型布置上的员工是在一起的，从而使操作者之间可以互相帮助，增强了工作指派的弹性。此外，操作员工可自主平衡不同的生产速度，在提高产量的同时也极大程度地增加了流水生产线的柔性。

目前，不仅仅在制造业企业，很多非制造业企业也都采用U型布置。通常，大型宴会的餐桌布置就应用此原理。当然，U型布置虽普遍使用，但也并非适用于所有的情形，如在医药行业，物料人口与产品出口通常是设在一起的。

章内阅读

什么才是满意的答卷：富士冰山的车间布局优化之道

大连富士冰山公司作为国内领先的自动售货机制造商，主要生产自动售货机产品，它可提供多种型号的自动售货机生产输出，同时为不同的客户提供定制化的服务。

富士冰山自动售货机一期生产车间的布置看似完善，但实际上却存在着种种问题。总体上看，体现在车间作业单元的位置规划不合理上。车间的物流活动大多集中在一侧，没有有效地均衡分配，也没有按照生产工艺流程的要求进行摆放，因此导致物流不顺畅，路线上存在着重复、迂回等问题，进而影响了车间正常的生产运作，造成了人力、物力、财力资源的巨大浪费。

具体来讲，一是在加工工艺过程中，存在十分严重的产品加工等待现象，延长了产品的生产周期。且车间零部件加工车间设施布局采取的是机群式布局，布局形式单一，造成物流交叉搬运现象严重。二是随着公司业务的发展和规模的扩大，产品研发型号愈发增多，当初的库存区已经不能满足正常的生产需求，所以很多的半成品被放置在过道上或区域门口，造成拥挤、堵塞的混乱现象。这样不仅使得搬运物料非常不方便，而且还存在安全问题，对生产效率产生极大的阻碍。三是库存区物料的放置也缺乏合理规划。不论是物料还是半成品，在放置时都没有进行有效的分类，也没有建立科学的管理办法，只是随意安放。这样，在影响地面整洁的同时，若对车间不熟悉，甚至还可能存在严重的安全隐患。

针对上述一期生产车间暴露出的一系列问题，在车间制造部部长的带领下，公司车间小组对一期车间进行了无数次的布置改进，如为解决一期生产车间布置不当的问题，采取 系统布置方案（Systematic Layout Planning，SLP），通过对车间生产组织进行分析，包括工艺流程、设备需求等分析，获得了系统布置方案的原始要素；为解决物料不合理放置的问题，相应的扩张各个区域的设施面积，大大降低了车间的不安全因素等。结果表明，改进后的布置规划是合理的，物流活动均衡分布，生产车间工作更有条不紊，各机械设备井然有序地运转，车间生产效率大幅度提升，公司实现了新一轮的经济效益增长。

资料来源：

李新然，王振，李长浩，等．什么才是满意的答卷：富士冰山的车间布局优化之道［EB/OL］．［2022－04－23］．http://www.cmcc-dlut.cn/Cases/Detail/3013．经编者改编。

6.3　服务业设施布置

6.3.1　服务业设施布置的影响因素

影响服务业设施布置的主要因素有以下几个：

1）行业类型。对于服务业企业而言，行业类型不同，其设施布置会有所不同。如旅游服务业，它会受自然资源和人文景观的约束，而交通运输业则受港口分布等因素的影响。因此，服务业设施布置会因行业类型而选择不同的布置方案。

2）企业运营战略。运营战略会影响服务业企业内部设施布置，如果服务业企业追求的是高效率、低成本，在设施布置时就要尽可能充分地利用内部空间，布局较为紧凑；如果服务业企业追求的是高质量，在设施布置时就要注重满足顾客隐私、舒适等要求，布局较为宽敞。

3）环境条件。环境条件是指背景特征，如噪音、音乐、照明、温度等，这些都会影响顾客对服务的满意程度、顾客的逗留时间以及顾客的消费，从而影响服务业企业的收益。

4）顾客参与程度。顾客参与程度可分为高度参与、中度参与和低度参与三个级别，不同的参与程度会影响服务业企业的设施布置。其中，高度参与是指服务是由顾客主导完成的，中度参与是指顾客需要投入一定的资源获得期望的服务，低度参与是指顾客只需要出现在消费场合，付费购买就能享受服务。目前，已有研究表明顾客参与程度过深（如高度参与）可能会导致顾客对商家服务质量的质疑，进而影响服务业企业的经营状况。

章内阅读

调整工位有何后果?

相关研究表明，调整工位会影响办公室布局，影响员工的个体创新和销售业绩，进而影响企业整体的收入水平。

一些企业管理者十分认可办公室调整布局这种做法的价值，他们认为，如果员工能在办公室中自由移动、随机遇到不同的同事，那么在沟通、协作和创意方面会表现得更好。比如乔布斯在设计皮克斯公司新总部时，就把主卫生间放在了大楼中庭，这样做的目的就在于创造机会让员工碰撞出创意。

除上述案例外，还有一个典型的例子也能表明办公室布局的改变能带来积极的效果。一家韩国大型电子商务公司正迁入新总部，搬到新办公室后，由于空间有限，其中九个小组坐在入口一侧的开放空间，其余三个小组坐在另一侧。这两个区域的装修、照明和设施完全相同，团队间、工位间距离相同，距管理者所在位置的远近相同，而且与老办公室的布置很相似。所有座位都是分配的，员工不能自主选择。经卡内基梅隆大学教授李顺基（音）研究发现，当对具体工作领域足够了解后，员工与不熟悉的同事坐在一起，更有利于促进有价值的知识和新信息的分享，更容易获得灵感和探索新思路，并进行“激进式”创新，进而提升销售额，创造更高的平均收入水平。

此外，也有相关研究表明办公室布局能影响团队协作。比如麻省理工学院教授托马斯·艾伦就曾提出“艾伦曲线”，表明沟通频率会随工位距离的增加而急剧下降。而凯希·伯克作为一家波士顿营销软件公司的首席人力官，也认为公司定期调整工位虽然耗费时间，但回报远超成本。调整工位不仅能消除权力不平衡的感觉，减少小团体主义，还能防止故步自封，从而促进团队更好地协作和学习。

总之，企业调整办公室布局越来越频繁，这样做就是为了鼓励来自不同背景的员工相互融合、交换想法，从而提升个人和团队的表现。

资料来源：

李顺基．适时调整工位，提升企业收入［J］．哈佛商业评论简体中文版，2018（3）：53－58．经编者改编。

6.3.2 顾客参与（前台）

顾客参与最早被定义为与服务的生产和传递相关的顾客行为。后来又有学者将其定义为服务业中顾客即最终消费者对服务过程的参与行为，也就是指服务的购买者在服务生产与消费的同时，参与服务的规格设计和服务的传递。

服务业产品的一个典型特点是生产与消费同步。正因此特点，顾客在购买服务业产品时需参与其中。通过相关学者研究，发现顾客在参与过程中扮演着三种角色。一是生产性资源，即作为一种生产性资源，顾客可以在一定程度上部分地替代员工。如在医院，患者就可被看作医疗服务过程的一部分。二是潜在的竞争者，顾客可以选择是让自己还是他人来满足自身全部或部分的服务需求，这无形中为相关服务企业增加了竞争者。三是价值的贡献者，如果顾客参与是有效的，那么其需求被满足的可能性及其所追求的利益被实现的可能性会相应地提高，从而最终导致服务业产品的质量提升。

顾客参与会对服务的质量、顾客的满意度及忠诚度、服务业企业的生产效率和服务的成功与否产生显著的影响。首先，顾客参与和服务质量。学者们认为顾客参与和服务质量之间存在着正向关联，顾客参与可增强顾客在心理上对结果的控制感，降低了风险，进而能提高企业的服务质量。其次，顾客参与和顾客满意度。众多学者的研究表明，在服务产品的生产与消费过程中，在顾客参与方式的调节作用下，顾客参与会对顾客满意产生较大影响，二者之间呈正相关的关系。再次，顾客参与和生产效率。研究表明激励顾客参与服务的生产与传递过程，将顾客视为企业的生产资源即内部员工，能够平滑需求，降低劳动成本，从而能提升企业的生产效率。此外，也有学者从顾客角色演变的视角出发，认为顾客已由被动的听从者转变为积极的合作者，顾客参与能提升生产率。最后，顾客参与和服务成败。相关学者的研究表明顾客参与显著影响服务的成败，主要体现在信息分享、合作行为、人际互动三个维度。三个维度对责任性、稳定性和控制性均有不同程度的影响。一个典型例子是在美发服务业中，顾客会对商家负向口碑的改变产生显著的正面影响。

总之，服务业企业离不开顾客，顾客参与会影响服务业企业的效益及未来的发展。因此，基于服务业产品的特点，考虑顾客参与的诸多影响，服务业企业在设施布置的过程中需重视顾客参与这一因素，根据顾客参与程度的不同，进行企业的设施布置，最终实现企业的长远发展。

6.3.3　顾客不参与（后台）

顾客参与并不意味着时刻都对服务业企业的生产经营产生显著的正面影响，有时它也会产生不利的负面影响。已有学者的研究表明顾客参与会给服务业的生产及服务过程带来不确定性，在这种情形下，难以规范顾客的行为与价值观，同时也难以对顾客采取适当的激励措施，从而增加了管理顾客的难度。因此，该种情况下应减少顾客参与或让顾客不参与，那么服务业企业的设施布置就要进行相应的调整。此外，顾客参与和顾客满意度二者之间的关系也并非时刻正相关，二者之间的关系可能并不显著，例如在旅游和电话银行两个服务行业，顾客参与和顾客满意度就呈负相关关系。而过多的顾客参与也可能会使顾客感觉绝大多数服务都由自己完成，向商家抱怨，满意度就会大打折扣。

因此，在以上的情形下，顾客不参与或许是服务业企业更好的选择，顾客不参与从一定程度上能提升企业的效率，避免一些冗杂的过程。

服务业设施布置的一个典型例子就是零售店的布置。零售服务业像百货商店、银行和饭店等布置的目的在于使店铺单位面积的净利润最大化。

在进行零售店布置时，必须考虑顾客这一重要因素。布置不同，对顾客的吸引力不同，顾客的态度就会有所差异，从而影响店铺的客流量和销售额。零售店的布置要精心设计，不同于干洗店、修鞋店和汽车服务中心这样的小型服务店铺，只需进行简单布置，零售店布置还需考虑零售店的空间布局、货物结构和顾客的行走路线等问题。

首先是零售店的空间布局。空间布局就是合理放置不同品类的商品，增加单位面积的销售额。如在大型商场或连锁超市，都是把首饰和化妆品一同布局在一层，服装布局在二层和三层，百货布局在四层，咖啡厅或电影播放厅则布局在顶层。这样做不仅仅是为了强化视觉效果，给顾客留下深刻的印象，更是为了增加随机销售机会和提升单位面积销售额。此外，零售店的空间布局还要考虑收款台、摄像头或监视器的放置位置等。

其次是货物结构。货物结构即商品的陈列方式，一般大型的零售连锁店，其货物的布局均采用标准布置。零售店应把货物放置在一些显见易取的地方，确保顾客抬头或低头就能看见。此外，货物的摆放应整齐有序，零售店应将相关货物集中放置在一起，使顾客更容易辨认所需货物，迅速买到称心如意的商品，节省购买时间。最重要的是零售店布局应尽可能提供给顾客更多的货物，从而增加销售和投资回报率。在货物布置过程中，需注意的是对于不同类型的零售店，如商场与超市、百货店与家具店等，货物的陈列有不同的要求。

最后是顾客的行走路线。零售店的布局要进行精细的顾客行走路线设计，以提升销售额。当顾客进入零售店后，就会找寻自己所需的货物或服务，设计一条顾客行走的路径，布置一些吸引顾客注意力的标记，使他们沿着该路径前进，能使他们看到更多的商品，增加偶然销售机会。例如沃尔玛等大型超市就是典型的设计了顾客行走路线的例子。

本章小结

在设施选址完成后，企业就要解决设施布置的问题。无论是设施选址还是设施布置，二者均影响着企业的运营效率，甚至会影响企业的竞争力以及企业未来的生存和发展。

本章从整个运作系统出发，首先介绍设施布置的重要性，设施布置的基本形式及设施布置的策略（流水生产线、成组技术及U型布置）。然后从产品专业化布置和工业专业化布置角度探讨制造业的设施布置，从顾客参与和顾客不参与的角度探讨服务业的设施布置。此外，在介绍工业专业化布置的过程中，还简要介绍了一些定量分析方法，如从一至表法、活动关系图法等。

案例分析

排队尾的真正代价

从逻辑上说，你在便利店等待结账时，并不会在意身后有没有人，因为等待时间完全由前面人员的结账速度决定。但有相关研究表明，人们对排在队尾有着超出常理的厌恶，这对要求顾客排队（无论是线上还是线下）的企业来说是个坏消息。

根据对某家杂货店284名顾客的分析，可知相比于其他位置的顾客，排在队尾的顾客更换队列的概率会高出三倍。而一项线上模拟实验也表明，在参与者需要排队完成调查时，排在队尾的参与者退出队列的概率是其他人的四倍。此外，大部分时间排在队尾的参与者对等待时间的满意度会比其他人低19%，即便他们的实际等待时间比部分没排在队尾的参与者还短得多。由此可见，企业在服务时应注重顾客排队时间及队尾顾客的心理活动这两大重要因素，避免销售收入受损。

综上，商家的排队管理是影响顾客满意度的一个重要因素。大多数管理者看重速度，致力于减少顾客的等待时间。但与此同时，也存在着另一种策略，即关注队尾。管理者可弱化队尾顾客对相对位置的意识，同时强化其余顾客对相对位置的意识，这将有助于顾客顺利地完成消费行为。

值得注意的是，在现实中，需要排队的场合通常有一些可观察的信号，如柜台员工的处理速度，能帮助顾客合理判断换队是否节省时间。有时，人们在没有这些信号时，原地不动或许是更好的选择。

资料来源：

布尔．排队尾的真正代价［J］．哈佛商业评论简体中文版，2018（5）：8．经编者改编。

【问题思考】

管理者在面对顾客对排在队尾的厌恶时，可采取哪些策略？

【案例讨论】

总的来说，管理者可采取三种策略应对队尾顾客：

1）加快服务速度，最大限度地减少顾客的等待时间，从而给顾客提供优质的购物体验，提升顾客的满意度。

2）弱化队尾顾客对相对位置的意识，使之不过分关注排队顺序和其他顾客的相对位置，同时提升服务质量，从而使顾客成功地完成消费行为。

3）给顾客提供一些可观察的信号，帮助排队尾的顾客进行更好的判断，是继续排在队尾还是更换队列，从而提升顾客的服务感受。

总之，无论管理者采取上述哪种策略，其最终的目的在于获取更多的消费者，从而尽可能多地获得可观的收益，促进企业的持续向前发展。

本章习题

一、单选题

1. 设施布置中加工对象位置固定不变，而人员、设备、工具等向其移动的布置方式是（　　）。
   A. 工艺对象专业化布置　　B. 产品对象专业化布置
   C. 混合式布置　　D. 固定布置
2. 在医院中，分别设置内科、外科、放射科、眼科等科室，并布置相应的医疗设备，这种布置属于（　　）。
   A. 工艺对象专业化布置　　B. 产品对象专业化布置
   C. 混合式布置　　D. 固定布置
3. 下列哪一项不是工艺专业化的特点（　　）。
   A. 配备一致工种的工人　　B. 集中了同类型的设备
   C. 加工的工件类似　　D. 加工工艺方法一致
4. 按工艺专业化原则建立生产单位，优点是（　　）。
   A. 生产系统可靠性高　　B. 可采用专用高效设备
   C. 缩短生产周期　　D. 简化管理工作
5. 产品有一定的批量，但不足以形成单一的生产线，系列产品常常有加工的类似性，又有可能使单件生产完全“无序”的设施布置在某种程度上“有序”的设施布置方式是（　　）。
   A. 工艺对象专业化布置　　B. 产品对象专业化布置
   C. 混合式布置　　D. 固定布置
6. （　　）布置方式下，设备是按照某一种或几种（但这几种产品的加工路线基本类似）产品的加工路线或加工顺序顺次排列的，所以常称为流水线。
   A. 工艺对象专业化布置　　B. 产品对象专业化布置
   C. 混合式布置　　D. 固定布置

7. 成组技术是按照产品或零件在某种特征上的（　　）把它们分组归类，然后在不同设备群上进行加工的一种方法。
   A. 特质性　　B. 相似性　　C. 层次性　　D. 关联性
8. 成组技术是（　　）的主要方法。
   A. 工艺对象专业化布置　　B. 产品对象专业化布置
   C. 混合式布置　　D. 固定布置
9. 从运营角度看，服务业企业设施布置设计的总体目标是（　　）。
   A. 收益最大化　　B. 成本最小化
   C. 确保服务质量　　D. 确保顾客与工作人员的流入和流出的便捷性
10. 在影响服务业企业设施布置的众多因素中，最重要的因素是（　　）。
   A. 行业类型　　B. 环境条件　　C. 顾客参与　　D. 当地政策

二、多选题

1. 设址生产单位的专业化原则有（　　）。
   A. 工艺专业化　　B. 产品专业化
   C. 产品类型　　D. 规模大小
2. 设施布置需要遵循的基本原则有（　　）。
   A. 物流的合理化　　B. 设施占用空间最小
   C. 设施布置的灵活性　　D. 设施布置的系统协调性
   E. 作业环境的和谐
3. 设施布置需考虑的因素有（　　）。
   A. 应该包括哪些经济活动单元　　B. 每个单元需要多大空间
   C. 每个单元的形状如何　　D. 每个单元在设施范围内的位置
4. 办公室布局主要考虑的因素有（　　）。
   A. 办公室人员的劳动生产率　　B. 信息传递与交流的迅速
   C. 物力成本低　　D. 节省空间
5. 服务业企业设施布置设计中必须考虑的特有因素有（　　）。
   A. 设施布置设计必须减少服务后台的运营面积
   B. 顾客在接受服务过程中的现场体验感
   C. 顾客流量
   D. 与竞争对手的相对位置

三、判断题

1. 固定位置布置适合标准产品的生产。（　　）
2. 按产品对象专业化原则布置，适于大量大批生产类型。（　　）
3. 按对工艺专业化原则布置，适于体积庞大、不能移动的加工对象。（　　）
4. 成组技术既有对象专业化的特点，又有工艺专业化的长处。（　　）
5. 汽车生产流水线是按工艺布置的例子。（　　）

6. 大型轮船一般采用产品专业化布置方式。（　）
7. 成组技术主要目的是减少产品切换时间，从而达到提高劳动效率的目的。（　）
8. 办公室很少涉及产品和原料的搬运，因此设施布局不重要。（　）
9. 制造业企业设施布置的基本目标是追求服务费用和对顾客的服务水平的平衡。（　）
10. 服务业企业在设施布置的过程中需重视顾客参与这一因素，根据顾客参与程度，进行企业的设施布置，最终实现企业的长远发展。（　）

四、简答题

1. 何谓产品专业化布置？其优缺点有哪些？
2. 何谓工艺专业化布置？其优缺点有哪些？
3. 流水生产线的基本特征有哪些？它是如何分类的以及如何优化？
4. 简述流水生产线平衡的步骤和方法。
5. U 型布置有哪些优点？
6. 研究服务业设施布置的主要特点，结合实例说明如何进行一家百货商场或连锁超市的布局。（空间布局、顾客行走路线的设计、商品的陈列、顾客参与程度）

第 7 章 生产与服务计划

学习目标

- 了解生产计划体系层级关系。
- 了解综合计划的概念、生产与服务计划的作用。
- 熟悉综合计划的制订步骤及方法。
- 掌握追逐策略和平稳策略。
- 掌握主生产计划的制订，包括过程、程序、输入及输出的处理逻辑。
- 掌握备货型和订货型生产企业生产计划的制订以及制造业企业处理非均匀需求的策略。
- 掌握服务需求的特点、服务业生产计划的制订及其处理非均匀需求的策略。

逻辑框架

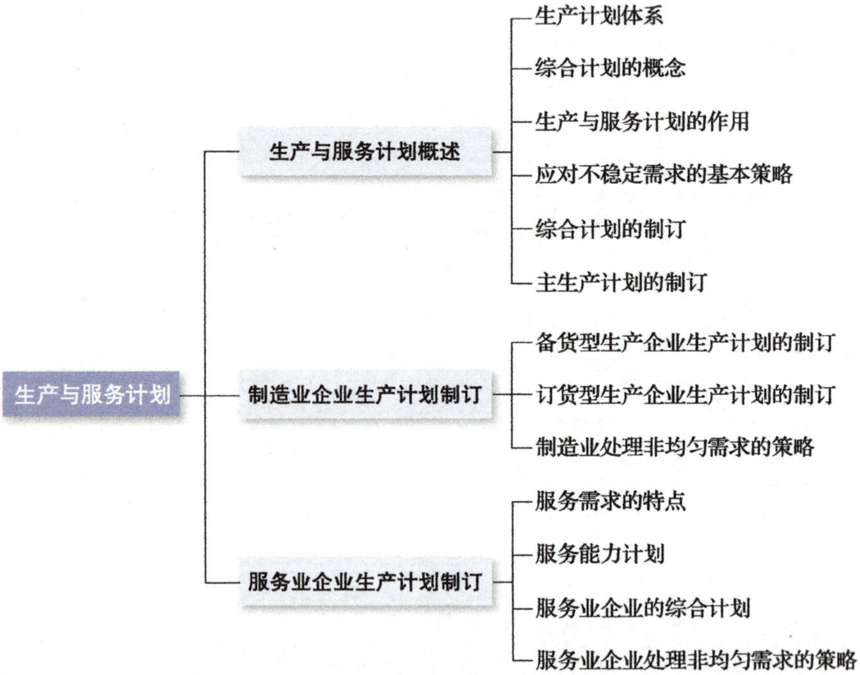

图 7－1 生产与服务计划逻辑框架

引导案例

比亚迪为什么率先宣布停止燃油汽车的生产?

2022 年 4 月 3 日，比亚迪宣布自 3 月起停止燃油汽车的整车生产。这标志着比亚迪成为全球第一家正式宣布停止生产燃油车的企业。

比亚迪为何进行此番动作？主要有以下几方面原因：

一是政策层面。目前，保护环境，致力于实现碳达峰、碳中和已是全球共识。沃尔沃、大众、奥迪等传统车企相继宣布停产燃油车计划，而比亚迪作为新能源的领头羊，在国家碳中和政策的支持下，围绕绿色低碳循环，以技术推动社会的可持续性发展，跟随大趋势调整公司战略也是必然的。

二是市场层面。比亚迪自 2013 年推出首款王朝系列车型“秦”以来，紧接着唐、宋、元陆续登场，开启了新能源的王朝时代。新能源车销量逐年攀升，2021 年比亚迪燃油车与新能源车总销量达到 73 万辆，且在该年其新能源车销量首次超过燃油车，达到了 59.4 万辆，同比增长 231.6%。而在 2022 年 3 月，比亚迪的新能源销量更是高达 104338 辆，今年同比增速保持在 300% 以上。这都说明市场上消费者对比亚迪新能源车的认可度越来越高。

三是技术层面。比亚迪坚持自研新能源技术，通过 DM 平台与 e 平台的垂直整合，将 DM-i超级混动、刀片电池、e 平台 3.0 等核心技术强势赋能于产品中。此外，比亚迪“Dragon Face”的设计语言充分表现了消费者追求的年轻、时尚、张扬的个性，这让比亚迪在产品质量不断提升的同时也获得了市场竞争力。

四是成本层面。外部环境的变化带动油价的持续上涨，从而使燃油车的成本不断上升。这也让消费者的消费观念发生了转变，在环保观念下，人们更多地考虑如何低成本绿色出行，而新能源汽车无疑是一个经济的出行代步工具。此外，长期依赖于化石能源必将影响国家的能源安全，大力发展新能源才是未来的方向。

资料来源：

佚名. 是什么原因让比亚迪一夜之间宣布停止生产燃油汽车？[EB/OL].[2022-04-06]. https://www.163.com/dy/article/H49P18KK0552ZCM1.html. 经编者改编。

7.1 生产与服务计划概述

7.1.1 生产计划体系

一个完整的企业生产计划体系具有一定的层级关系，它由运营能力规划、需求预测、综合计划、主生产计划、物料需求计划和作业计划等构成。其中，综合计划又可被称为生产计划大纲；主生产计划又可被称为产品生产计划，可视为一种战术层计划；作业计划则是用以布置企业内部生产活动的计划，可被视为一种执行层计划。

企业生产计划体系的基础是生产过程中的信息反馈。根据生产计划体系，可知企业生产与服务计划的制订流程大体上包括：①收集市场和科技信息，选择适当工艺并开发产品；

②需求预测和资源管理，编制综合计划和主生产计划；③进行库存管理，制订物料需求计划和作业计划。

7.1.2 综合计划的概念

综合计划即企业的生产计划，是对企业一年左右的中期总需求的预测，它是企业的中长期生产计划。如同制造厂根据其产品生产线的产能制订明年的综合计划一般，此处的综合指的是将企业的主要产品或服务视为一种产品。但需注意的是，综合计划所指的产品或服务在多数情况下是抽象的，在实际中并不存在。

综合计划在生产计划体系中起联结的作用。首先，需要规划运营能力，制订并落实规划方案；随后要制订更为全面的计划，包括主生产计划、物料需求计划和生产作业计划等，此项举措是为了满足各种资源的需求。然而，由于外部环境的不确定性，企业未来的需求水平和生产能力水平都可能发生变化，因此综合计划通常每个月就要更新一次。综合计划的更新要考虑到计划的执行情况和环境的变化等，因此通常采用滚动计划法来编制计划。

滚动计划法能够及时调整和修订企业未来的计划，实施的具体步骤如下：

1）将整个计划期划分为执行计划和预计计划的时间段。

2）按计划实施执行计划，且执行计划须具体，预计计划可较为粗略。

3）一段时间后，根据企业内外环境的变化和执行计划的完成程度，对原先的预计计划做出调整与修订。由于综合计划与预期需求的数量和时间有关，因此在计划的调整与修订过程中要考虑需求与供应两要素，应保证整个计划期的需求总量和生产能力相匹配。这里需注意，在调整与修订计划以后，原预计计划中第一个时间段的计划就转变为了执行计划。

7.1.3 生产与服务计划的作用

企业战略运营的意图最终是通过生产与服务计划来落实的。具体来讲，生产与服务计划有以下几点作用：

1）有助于协调生产与市场、生产与库存之间的关系，从而充分利用企业资源，实现企业具体的经营目标。

2）生产与服务计划在计划管理中起“龙头”作用，决定了后续所有的计划及制造行为的目标。

3）短期内，生产与服务计划是物料需求计划、零件生产计划等计划制订的依据。长期内，生产与服务计划则是评估该企业生产能力、仓储能力、技术人员、资金等资源需求的依据。

7.1.4 应对不稳定需求的基本策略

追逐策略与平准策略是两种编制综合计划的基本策略，也是企业应对不稳定需求即需求波动的基本策略。

（1）追逐策略　追逐策略是指在计划期内，管理者有能力和意愿通过灵活调整生产能力以适应需求的策略。在该种策略下，企业每期的产出与需求都应该相匹配。因此，当需求变化时，多数企业会采用雇用或解雇员工的形式。这一策略的关键在于是否有一批容易培训、可供雇用的工人来满足增加的需求。其优点是库存水平相对较低，有助于企业节约成本；缺点是雇用或解雇员工会极大程度地影响员工的生活和士气，且企业改变员工规模的成本昂贵，从而会影响企业运营的稳定性。

（2）平准策略　平准策略是指在计划期内，通过库存、加班、兼职工人、提前或延迟交货来保持稳定的生产能力，从而应对需求波动的策略。这一策略的优点是保证了企业人员的稳定。其缺点是通过库存应对需求波动，现金占用在库存上直接形成持有成本，会增加企业的成本；通过延迟交货应对需求波动，可能会导致销售额的下降和顾客服务水平的降低等。

7.1.5　综合计划的制订

综合计划不涉及具体产品的型号和规格等细节，它是以产品为计划对象，而对企业的中期生产能力进行全面决策的。综合计划的制订主要从制订过程和制订方法两方面进行介绍。

首先是综合计划的制订过程，它通常包括以下几个步骤：

1）确定各期的需求。

2）确定各期的生产能力，包括正常工作时间、加班时间和转包。

3）明确企业和部门在安全库存等方面的相关政策。

4）确定正常工作、加班工作、转包、维持库存、推迟交货、雇用和解雇员工等方面的单位成本。

5）提出可供选择的计划方案即备选计划方案，计算各计划方案的成本。

6）选择最满意的计划方案，否则返回上一步。

其次是综合计划的制订方法。

综合计划的编制可采用非正规方法和正规数学方法。非正规方法即反复试错法，多应用于实际生产。正规数学方法则是指线性规划法等。

反复试错法在管理实践中应用最广，由于管理对象的复杂性，人们很难找到一种最优的方法，因此凭借直觉和经验得出一种方法，并将这种方法用于管理实践，从中取得经验，发现问题并改进，然后再用于实践，如此反复进行最终得到一个可行且满意的结果。制订综合计划，就可采用反复试错法。

编制综合计划采用反复试错法，虽然不能得到最优的计划方案，但有助于计划人员对计划需求和现有生产能力进行直观的比较。比如在生产运作方面，处理非均匀需求有多种应对策略，具体采用哪种策略，一般要通过反复试错才能确定。

7.1.6　主生产计划的制订

1. 主生产计划的制订首先要明确从综合生产计划到主生产计划的过程

综合生产计划在大多情况下所指的产品或服务都是抽象的，在实际中并不存在。综合计划既不涉及具体产品，也不注重细节，更不能直接用于指挥生产活动。因此，必须将假定产品转换成具体产品，将综合计划分解为主生产计划。主生产计划的目的在于在满足需求的前提下，有效利用现有生产能力并以最低的成本生产出最终产品。主生产计划确定了计划期内必须完成的具体产品的生产数量和进度安排，它不仅具体到了每一规格或型号的产品，而且将时间细化到了每一月甚至每一周。

2. 主生产计划的制订其次要明确制订的程序

由从综合计划到主生产计划的制订过程可知，主生产计划的制订过程就是对综合计划分解的过程，同时这也是一个反复试错的过程。在一个方案制订后，需将其与企业所拥有的资源相比较，并经过反复试错和调整，修改原有方案、增加资源或者修改综合计划等，最终使资源条件满足计划要求，也就制订出了主生产计划。

主生产计划编制完成后，还需进行审批确认，进而形成粗生产能力计划（RCCP）。其中包括检查设施、劳动力等措施来确保主生产计划实施的可行性。接下来，将主生产计划作为制订短期计划的基础，进一步分解主生产计划，编制物料需求计划。这里需注意的是，主生产计划并不包含综合计划的所有，它只包括综合计划中的一部分。

3. 主生产计划的输入、计算逻辑和输出

（1）主生产计划的输入　主生产计划的输入主要包括期初库存，即从综合计划中分解出的产品产量，也就是来自上一期的实际持有库存量；计划期间内的各期预测；市场需求，即已经对顾客做出承诺的订单。此外，企业也需考虑自身的生产能力，市场生命周期（如季节性或过时）等因素。

（2）主生产计划的计算逻辑　主生产计划的计算涉及生产批量和生产时期两个重要指标。其中，生产批量可通过修正经济生产批量得到，而生产时期的确定则需引入预期库存这样一个中间变量，当预期库存为负时，就要启动主生产计划。预期库存的计算公式如下：

$$I_t = I_{t-1} + P_t - \max(F_t, Co_t)$$

式中，I_t 表示第 t 期的预期库存；I_{t-1} 表示第 $t-1$ 期的预期库存；P_t 表示第 t 期的主生产计划生产量；F_t 表示第 t 期市场需求的预测量；Co_t 表示在第 t 期要发货的订单数量。

（3）主生产计划的输出　主生产计划制订过程中的输出包括三种：①预期库存，它表明企业在何时需进行生产；②生产需求；③待分配库存，即最终未授权库存，它可使营销部门对顾客新订单做出现实的承诺。

7.2 制造业企业生产计划制订

制造业企业按生产计划类型可分为备货型生产企业和订货型生产企业。

7.2.1 备货型生产企业生产计划的制订

备货型生产企业一般都是大批量生产的企业，且无交货期问题，客户可直接从库房提货。备货型企业制订生产计划的关键是确定产值，而确定产值的前提是确定产品的品种和产量。

首先是确定产品的品种。由于备货型生产企业大多为大批量生产的企业，其所生产的产品一定是迎合市场需求的，且其产品的品种数应相对较少。由此可见，备货型生产企业一般没有品种选择问题。

其次是确定产品的产量。确定备货型生产企业的产品产量可采用线性规划法。采用线性规划法，有助于企业明确各种产品在资源约束下的产量，从而获得最大利润。需注意的是，企业通过线性规划法确定的产品产量，是在一定时期内的产品产量。

最后是产品生产计划的编制。企业在确定产品的产量之外，也需要明确每种产品的出产期。产品的出产期与需求的波动性有关，结合处理不稳定需求的基本策略，可得出企业应当制订的产品生产计划。由于制造业企业的类型不同，它们的特点也就不同，因此产品生产计划针对不同的制造业企业类型而言，也有其各自的差异性。备货型生产企业大多为大批量生产的企业，所以在此，主要从大批量生产的企业类型角度介绍产品生产计划的编制。

大批量生产的企业具有产量大、品种少、生产重复程度高及低成本、高质量、高效率的特点，同时这也是备货型生产企业的典型特征。该种生产类型的主要目的是补充成品库存，因而主要采用能改变企业库存水平的策略，也就是通过成品库将企业的生产与市场相分离，从而确保生产的稳定性。这种策略主要有三种方式。一是均匀分配方式，是指向各月均匀分配全年的计划产量，该方式适用于需求较为稳定且生产自动化程度较高的企业。二是均匀递增分配方式，是指每个月依据劳动生产率的月平均增长率的分配方式完成全年的计划产量，该方式适用于需求逐步增加且企业劳动生产率稳步提高的企业。三是抛物线递增分配方式，是指每个月任务的安排按照开始增长较快、以后逐渐减慢递增的全年产量分配方式进行。

7.2.2　订货型生产企业生产计划的制订

大批量生产是备货型生产企业的典型生产方式，而订货型生产企业的典型生产方式则是单件小批量生产。

单件小批量生产就是针对顾客订单的需求，生产规格、质量、价格、交货期不同的专用产品。这种生产方式使其产出的产品具有创新性与独特性，而也正是因为这些特点，订货型生产企业才具备市场竞争优势。更进一步来说，具备竞争优势的原因主要有三点：一是生产用的专用设备是通过单件小批量生产方式制造的；二是新产品的研究与试制阶段，需要对产品的结构、性能、规格等进行各种改进，而这离不开单件小批量生产方式的支撑；三是通过单件小批量生产方式得到的产品多为像流水线生产设备这样的生产资料，能为新的生产活动提供手段。

单件小批量生产除上述产品特征外，还具有顾客订单随机性、产品需求一次性的特点，因此它无法预先安排计划期内的生产任务。但尽管如此，订货型生产企业也仍需制订生产计划，从而达到指导企业的生产经营活动等目的。一般来说，订货型生产企业在制订生产计划的过程中，主要考虑两种因素：一是接受订货决策；二是确定品种、价格与交货期。

首先是接受订货决策。当面对顾客订单时，企业要做出是否接受订单的决策，它要根据企业自身的生产能力、现有的订单量、成本及交货期要求等诸多因素做出一个合理的决策。可以说，对于订货型生产企业来说，接受订货决策是十分重要的。一般情况下，顾客心里可能存在一个最高接受价格和一个最迟交货时间。最高接受价格顾名思义，就是指若企业提出的报价超过此限度，顾客将放弃在该生产企业的订单；而相对的，企业也会根据顾客订单产品的复杂程度、特殊要求及交货期等有一个正常价格和一个最低接受价格。显然，在满足品种和数量等各项条件的情况下，当企业的最低可接受价格高于顾客的最高可接受价格时，企业就会拒绝订货。需要注意的是，无论是较为宽松的交货期和较低的价格这种组合方式，还是较为紧缩的交货期和较高的价格这种组合方式，订单都有可能会成交。

其次是确定品种、价格与交货期。

（1）品种的确定　对于小批量生产的企业，可采用线性规划的方法确定生产的品种，而对于单件生产的企业，则可采用0－1型整数规划的方法确定生产的品种。0－1型整数规划即在一般情况下，该品种不生产取0，否则取1。此外，处理订单时可在订单积累一段时间后进行集中处理，这样有助于对订单进行优选，提高生产效率。

（2）价格的确定　确定价格主要有成本导向法和市场导向法两种方法。其中，成本导向法是在生产企业的视角进行定价的一种方法。它是在产品成本的基础上加上适当的利润及应纳税金，而确定产品价格的方法。该方法保障了产生的成本能得以弥补，适用于供求平衡的情况，如单件小批量生产的机械产品，一般采用此方法。市场导向法则是指根据市场上具有同样或类似功能产品的价格水平的市场行情，以及结合企业所生产产品的特点，确定顾客可接受的产品价格的方法。该方法能最大限度地降低成本，使成本始终处于一个可控的范围内。

（3）交货期的确定　交货期由两部分构成，一个是准备时间，另一个是生产周期。因此，企业在确定交货期时，既需要考虑产品的生产周期、原材料的供应等因素，同时也需要注意交货期的宽松或紧缩程度（准备时间），既要避免交货期过于宽松而导致顾客流失的现象，也要避免交货期过于紧缩导致企业延期交货，损害企业信誉的情况。确定交货期对单件小批量生产企业来说十分重要，它是保证企业按期交货的前提条件，交货速度快无疑能吸引更多的顾客。

交货期中生产周期的确定有一系列的方法，包括常数（CON）法，该法假设所有产品的准备时间和生产周期都是一致的；随机变量（RAN）法，该法认为交货期由顾客要求决定，因此具有随机性；总工作量（TWK）法，该法是在考虑多种产品的基础上计算出生产周期的；工序数（NOP）法，该法认为排队时间是主要的因素。实际上，不同行业的不同企业由于其工艺特性的差异，具体采用的计算方法是不一样的，但无论采用以上哪种方法，最终的目的都是为了估算生产周期，进而得到交货期，确保企业能够按时交货。

章内阅读

奔霓服饰的发布会

奔霓服饰是深圳一家服装企业，老板是刘晓燕。十年来，奔霓服饰的发展可以说离不开这位老板的努力。多年前，21岁的刘晓燕带着仅仅100元离开老家江西来到深圳，在每个月存下800元的基础上开始了她的创业之路。制作服装首先就要挑选布料，刚开始时，由于缺乏经验，刘晓燕做出来的布料会缩水，导致顾客订单屡屡被退回。但就在这样边学边干的过程中，1年后，刘晓燕竟赚下了百万资金，工厂的规模也越来越大。

在2002年年底，为获得更高的利润，刘晓燕决定创建自主服装品牌。为此，在几千万雄厚资产的支撑下，她招兵买马，组建自己的服装团队，拿着设计出来的产品直奔北京服装博览会。事实证明，刘晓燕的此项决策是成功的，由于她设计出来的产品款式新颖、价格低廉，因此吸引了众多的订货商，签下了大量的订单。3 个月后，刘晓燕又参加了深圳博览会，就这样，她的品牌越做越大，在短短的半年内就拥有了 41 家分销商，门店遍布全国。

但在 2003 年，她的事业发展受到了阻碍。在年底时，刘晓燕耗资 600 万举办了一场时尚女装发布会，这场发布会吸引了无数订货商的关注。刘晓燕本以为可以大赚一场，但结果却不尽如人意。在发布会结束后，订货商认为服装的风格定位偏离，纷纷解除了合同，600 多万元服装因此变成了一堆垃圾，发布会以失败收场。

从每月进账 3000 万元到一夜赔本 600 万元，这样的打击无疑是巨大的。当刘晓燕决定全部清仓，重新开始时，员工们已经失去了信心，品牌营销部的员工和设计师都选择了离开，队伍也就溃散了，一个品牌就此陨落。

由此案例可知，服装企业作为订货型的生产企业，其生产计划的制订是十分必要的，生产计划既要切合实际，又要符合企业定位和发展规律，才能为后期企业的长远发展打下坚实的基础，使企业获得更多的收益。

资料来源：

财富故事会. 风雨燕南飞 [EB/OL]. [2022-04-23]. https://xuexi.12371.cn/2015/04/26/VIDE1430028353375923.shtml?from=singlemessage&isappinstalled=0. 经编者改编。

7.2.3　制造业处理非均匀需求的策略

虽然采用滚动计划法，能使企业整个计划期的需求总量和生产能力基本相匹配，但仍然可能出现计划期间非均匀需求的问题。在这种情况下，就需要通过影响外部需求或调整内部生产能力来尽可能地使二者平衡，从而完成编制综合计划的目标。

（1）通过影响外部需求来达到平衡　影响需求主要有以下几项举措：

1）定价。产品价格会因产品需求的不同而有所差异，一般情况下，在产品需求的高峰期，其定价也高。因此，需求价格弹性系数大的产品采用此种举措效果会更好。

2）延迟交货。在一定时期，在客户对交货期要求不严、对等待产品的意愿程度较高的情况下，可采用延迟交货的手段将此时期的需求转移到其他时期。但需注意的是，延迟交货所造成的成本是难以计量的。

3）开发新需求。开发新需求主要是通过充分利用闲置的生产能力，创造出新需求。如一些需求季节性变化的制造业企业，可通过开发其产品的互补品的需求来更充分地利用人力和设施等。

（2）通过调整内部生产能力来达到平衡　调整方法如下：

1）聘用和解雇员工。企业聘用和解雇员工首先要考虑劳动力供应的情况，若企业的劳动力供应充足，则可以聘用新员工。其次，企业要考虑成本因素。聘用和解雇员工都会带来一定的成本，聘用成本就包括招聘、筛选和培训成本等，而解雇也会带来解雇损失。再次，企业要考虑作业的要求，某些作业要求企业保持一个最低员工规模，在此种情况下就不能再解雇员工。此外，若企业是劳动密集型企业，则聘用和解雇员工势必会改变企业的员工规模，进而对企业的运营能力产生不利的影响。

由于采用聘用和解雇员工的方式来调整内部生产能力会带来打击员工工作的积极性、造成企业损失等诸多不利的影响，很多企业已不再采用此方法，甚至已有企业明文规定禁止向下调整劳动力规模。

2）加班。加班即调整作业时间，该方法可应用于企业的全体员工也可以应用于部分员工。在产品的需求高峰期，当产品需求高于企业的生产能力时，就可使用加班的工作方法。加班方法有诸多的优点：一是执行速度较快，企业无须培训新员工，也无须解雇员工，从而有助于企业维持稳定且完整的员工规模；二是加班在让员工更熟悉企业业务的同时也能让员工获得额外的收入。目前很多企业均采用此种方法。

3）兼职或临时工人。在考虑到工作性质的情况下，若某项工作的技术含量不高，使用临时工也是一个可行的选择。使用临时工一般可降低企业的人员成本，且与正式工相比，他们更便于企业调整人员规模，从而使企业更具灵活性。目前，众多的餐馆、大型商场、旅行社等一些季节性工作较多的服务性场所都采用聘用临时工的形式。

4）库存。库存能让企业在某一时期生产的产品在另一时期出售。当产品需求低于企业生产能力时，保有一定量的库存，库存增加；当产品需求高于企业生产能力时，使用原有的库存，库存减少。然而，由于服务业企业的标准化特性，服务业企业一般不通过改变库存来改变其生产能力需求。但由于产品易储存的性质，制造业企业通常会采用此方法。

5）外包。虽然外包可能会带来高昂的成本和质量问题，但外包有助于企业获得临时的生产能力。尤其是制造业企业，自制还是外购是其考虑的重要问题，在企业的生产能力短缺而需求量过大的情况下，企业通常会选择外包。需注意的是，企业在外包时要注重考察对方的资质以及是否会泄露自身的商业机密。

章内阅读

博世动力总成有限公司的生产计划

博世动力总成有限公司是一家订货型生产公司，该公司的原生产计划体系中存在着四大核心问题，即客户订单选择、产品需求预测、粗能力计划不合理及装配线生产缺乏管理。为解决上述问题，该公司除采取建立接受订单决策法与 0－1 型整数规划的组合模型来充分管理客户订单选择问题；利用 OEE 和节拍时间对装配线生产能力重新核定等措施外，最后选择通过引入均衡生产计划，以此让生产计划更具科学性和效率性。

经过生产计划的调整后，公司得到了进一步的优化，这主要体现在以下几个方面。一是公司产品的平均需求预测精度由原先的 90% 提升至 97%；二是公司的生产计划达成率由原先的 94% 提升至 98%；三是公司的订单平均准时交付率由原先的 92.2% 提升至 95.4%。

由此可见，在市场竞争日益激烈、各种成本持续上涨、产品交付期逐渐缩短、公司面临严峻挑战的情况下，公司制订生产计划，不仅决定着客户订单最终能否准时交付，而且对公司的经济也将产生直接影响。因此，制造业企业制订合理的生产计划，一方面有助于帮助公司快速地响应客户需求，降低运营成本，提高运营效率；另一方面能不断提升客户的满意度，进而提升公司的核心竞争力，有助于公司的未来持续发展。

资料来源：

张永杰. 无锡博世公司生产计划优化研究 [D]. 天津：河北工业大学，2019. 经编者改编。

7.3 服务业企业生产计划制订

7.3.1 服务需求的特点

服务需求基于消费者的需要，有需求就会有服务，且服务会随着需求的变化进行相应的调整。总的来看，服务需求主要包括三个特点：

1）服务具有无形性和周期性。服务是由一系列活动所组成的过程，而不是实物，因此它具有无形性。同时，服务并不是时刻都有需求的，它有周期性，有淡季和旺季之分。

2）服务具有易逝性。服务的易逝性是指服务不能被储存、转售或者退回的特性。比如一个有 150 个座位的航班，如果在某天只有 100 个乘客，它不可能将剩余的 50 个座位储存起来留到下个航班销售。

3）生产和消费的同步性。大多数商品是先生产，然后存储、销售和消费，但大部分的服务却是先销售，然后同时进行生产和消费。

7.3.2 服务能力计划

尽管服务业的服务能力计划在大体上与制造业的生产能力计划相似，但二者间还是有一些重要的差异。主要体现在时间、选址和需求的波动性三方面：

1）时间。服务能力计划对时间有较大的依赖性，不同于产品，服务无法被储存。因此服务业的管理者必须视时间为供给，提供及时服务。

2）选址。服务业提供服务必须要靠近顾客，当顾客需要时，服务业企业要有能力出现在顾客周围。因此，在一般情况下，服务业企业离服务对象越近越好。

3）需求的波动性。服务能力很容易受到需求变动的影响，且其面对的需求波动性要高于制造业面对的需求波动性。服务业的需求波动性直接受到顾客行为的影响。正是由于这种波动性的存在，服务能力的计划周期甚至可以短至 10～30min。此外，对于一些关系到人民生命财产安全的重大服务，如救护车和消防车等，服务能力相对需求应该有较大的富余。

7.3.3 服务业企业的综合计划

服务业有其特殊性，导致服务业企业的综合计划的编制更为困难。不同于制造业企业，服务业企业大多为劳动密集型企业，因此服务业企业的综合计划是基于时间的服务员工需求计划。制订服务业企业的综合计划时不仅要考虑目标顾客的需求，还要考虑设施及劳动力的情况。服务业企业主要有以下几个特点：

1）服务需求难以预测。服务需求的波动程度较大，除受季节性影响外，有时需求发生的时间还是不确定的，如消防、医院急救等。在这种情况下，是需要提供及时服务的。此外，这种情况会导致难以合理利用运营能力，进而导致服务需求更加难以预计。

2）服务产能难以测量。服务业企业的一个显著特征是与顾客直接接触，即顾客参与，这种特征会对服务业企业的服务效率造成不同程度的影响。同时由于市场需求的变化，企业的服务类型增加，进一步加深了计划的难度，使服务业的测量标准更加难以制定。

3）服务业无法使用改变库存的策略。服务无法储存，如果不充分利用服务能力，不仅会造成服务能力的浪费，也会增加成本损失，如飞机上的空位等。因此，服务业企业在制订综合计划时应注重将服务能力与需求相匹配，避免造成服务能力的浪费。

4）服务业更具柔性。相比于制造业企业，服务业企业的劳动力更具柔性，能提供多种服务。

由上述服务业的特点可知，在制订服务业企业的综合计划时，既要注重调节服务能力与需求，也要在正式员工、临时员工和业务外包三者间寻求一个最佳组合。

7.3.4 服务业企业处理非均匀需求的策略

由于服务不可储存，因此服务业应对非均匀需求有一套自己的策略，总结起来主要有以下几点：

1）定价。和制造业一样，需求价格弹性系数大的服务采用此种举措效果会更好。很多企业都采用了此方法来影响需求，如航空公司向夜间乘坐的顾客提供低价服务；电影院的早上票价较低等。

2）促销。不同于定价举措，该种方法可能会面临市场条件恶化的风险，若在不恰当的时间通过促销手段来增加需求，将导致生产能力与需求间的更深层次的不平衡。因此，采用促销手段，重要的是要把握好时机，合适的时机能让企业更好地达到预期效果。通常采用的促销方式是广告和其他形式，如展销或馈赠礼品等。

3）开发新需求。开发新需求的目的在于更充分地利用闲置能力。如许多快餐店经营早餐业务，公共交通提供学校等非高峰期时的短途线路等都是服务业开发新需求的典型例子。

章内阅读

医院门诊服务能力规划

门诊是医院与病人的第一接触点，其诊疗业务流程的合理性与门诊医疗资源的利用效率，会影响门诊诊疗的业务效果，进而影响医院工作的总体成效和患者对医院的评价。

当前，医院门诊诊疗业务流程存在着诸多问题，包括病人挂号、候诊等待时间过长，而就诊时间短；就诊不方便，手续烦琐；诊疗环境不理想；门诊科室结构与布局不合理；各门诊科室间信息沟通不够等。这些问题会直接导致医院门诊服务的质量不高、效率低下、服务不到位，造成病人的不满意。因此，为解决这些问题，除采取加强行风建设和管理等措施外，为适应诊疗业务流程的需求，探讨门诊服务能力规划，对门诊诊疗业务进行重组，已成为医院提高服务能力的一个重要任务。

医院门诊进行服务能力规划，就是要满足门诊服务需求的窗口、人员、科室、设施等，并将其进行优化组合，从而可以更合理且充分地利用门诊服务的各类资源，提高服务效率。同时，进行服务能力规划也可以更明确门诊诊疗业务流程重组的重点对象，从而有效规避服务能力不足的情况发生。

资料来源：

李少冬，仲伟俊，刘乃丰. 医院门诊服务能力规划研究 [J]. 数学的实践与认识，2005（10）：54－58. 经编者改编。

本章小结

计划是管理的首要职能，它是确保企业活动顺利开展的基础。若一个企业没有计划，那它的生产运作活动就无法进行。现代企业大多为社会化程度很高的生产运作企业，企业间及企业内部的各部门间的联系较为密切，各项活动也互相关联。由此可见，企业的持续运营离不开生产与服务计划的支撑。

本章首先介绍了生产计划体系、综合计划的概念、应对不稳定需求的策略等，其次从订货型和备货型两种生产类型出发，介绍制造业企业的生产计划和处理非均匀需求的策略。最后介绍了服务业企业的生产计划。

案例分析

海底捞的“啄木鸟计划”

2019 年年末，在不可控因素的影响下，餐饮行业整体受到影响，海底捞进行了错误的判断，制定了快速扩张策略。在该策略下，海底捞过分注重扩张的速度而忽视了门店的质量，导致部分门店选址存在问题，出现了优秀门店经理数量短缺、企业文化建设不足等问题，进而出现了增收不增利的情况。

为此，在 2021 年 11 月 5 日，海底捞发布公告称，将在 2021 年 12 月 31 日之前逐步关停约 300 家客流量相对较低、经营业绩不如预期的门店。海底捞执行董事周兆呈表示这些被关闭的门店将暂时休整，择机重开，休整周期最长不超过两年。同时，海底捞称本次关停不会裁员，将在集团内妥善安顿相关门店的员工和管理层、共渡难关。此外，海底捞也宣布将启动“啄木鸟计划”改善经营。

“啄木鸟计划”由海底捞执行董事、副首席执行官杨利娟负责，她希望通过“啄木鸟计划”有效提升内部管理水平，并表明“啄木鸟计划”将在四个维度对企业进行调整。具体来讲，海底捞将持续关注经营业绩不佳的门店，包括海外门店，并果断采取相应措施进行整合。重建并强化部分职能部门，恢复大区管理体系。在科学考核各部门的前提下，持续推进双手改变命运的企业价值观落地。适时收缩集团扩张计划，平均翻台率未达到 4 次/天，原则上不会规模化开设新的分店。在食品安全方面，海底捞将在供应链生态体系、门店端建立三层食安防控机制，在监督检查、新技术应用等方面进行标准化把控。此外，在“啄木鸟计划”中，海底捞将重塑优质餐饮职业经理人机制，强化核心竞争力。

从海底捞调整扩张策略，而开始战略收缩，我们可发现国内火锅行业竞争激烈，门店数量已不是企业发展的唯一指标，而处于龙头的火锅企业更应制定长期的持续发展战略。为应对逐渐饱和的火锅市场，门店火锅企业的产品创新、服务显得尤为重要。对此，杨利娟表示，海底捞将持续推动产品的研发，以产品创新为例，海底捞将通过一体化整合采研销，改善产品品质，引入食品科学专家、顶级厨师等专业人才，强化产品研发推广与消费体验的链接，进一步提升客户满意度。

资料来源：

于桂桂. 海底捞减速瘦身，“啄木鸟计划”有何深意？[EB/OL]. [2022-04-23]. https://www.360kuai.com/pc/9088978114251c3a2?cota=3&kuai_so=1&sign=360_7bc3b157. 经编者改编。

【问题思考】

海底捞关闭部分门店，实施“啄木鸟计划”有何意义？

【案例讨论】

为了应对经营不达预期等问题，海底捞选择关闭300家客流量相对较低、经营业绩不如预期的门店。对于海底捞企业来说，这相当于停一下脚步，补充一下能量，以实现企业生存的新陈代谢。从企业长期发展来看，这是一种断臂止血的行为，在各种因素的影响下，企业未来会走得更加稳健；从企业战略管理来看，这种做法属于良性的发展规划；而对于企业高层来说，这也是一个试错案例，在今后的发展过程中，海底捞会更加谨慎。此外，在经济环境冲击消费需求的背景下，关闭一些门店，也有助于改善海底捞的净资产回报率、增强自由现金流，从而增加企业的收益。

而“啄木鸟计划”实施后，海底捞将集中资源提升现有门店的经营，包括提高顾客满意度、员工能力、店经理管理水平、产品种类等。“啄木鸟计划”的这一系列措施，将会改善海底捞的经营状况，促进企业更长远的发展。

本章习题

一、单选题

1. 下列计划中由生产职能部门负责制订的是（　　）。

   A. 长期能力规划　B. 综合计划　C. 主生产计划　D. 生产作业计划

2. 在综合计划确定后，一般来说，紧接着进行（　　）活动。

   A. 流程设计
   B. 编制产品出产计划（主生产计划）
   C. 制订战略性的能力
   D. 编制物料需求计划

3. 下列哪项方法将主生产计划中的具体产品的需求转化为构成产品的零部件和原材料的需求？（　　）

   A. 粗略能力计划　B. 物料需求计划　C. 能力需求计划　D. 库存计划

4. 制订综合计划时，实际生产中应用最多的方法是（　　）。

   A. 线性决策法则　B. 线性规划　C. 反复试错法　D. 模拟法

5. 制订综合计划时，下列哪种方法是正规的数学方法？（　　）

   A. 图表法　B. 线性规划　C. 反复试错法　D. 模拟法

6. 制订综合计划时，哪种方式是准时生产的思想？（　　）

   A. 改变生产率，使之与需求同步
   B. 推迟交货
   C. 改变库存水平
   D. 改变库存水平，并推迟交货

7. 企业生产计划制订过程中面临的最重要问题是（　　）。
   A. 销售和设计　　B. 产品研发和生产工艺
   C. 生产组织和物料供应　　D. 市场调研和人力资源管理
8. 备货型生产企业的生产更适合下列哪种加工类型？（　　）
   A. 装配线　　B. 单件小批生产
   C. 大批量生产　　D. 连续生产
9. 订货型生产企业的生产更适合下列哪种加工类型？（　　）
   A. 装配线　　B. 单件小批生产
   C. 大批量生产　　D. 连续生产
10. 服务业的服务能力计划与制造业的生产能力计划的差异体现在以下哪些方面？（　　）
   A. 时间　　B. 需求的波动性
   C. 选址　　D. 选址、时间、需求的波动性

二、多选题

1. 下列哪项是主生产计划的输入？（　　）
   A. 期初库存　　B. 计划期间内的各期预测
   C. 市场需求　　D. 企业的生产能力
2. 下列哪项是主生产计划的输出？（　　）
   A. 预期库存　　B. 生产需求
   C. 待分配库存　　D. 市场需求
3. 综合计划编制的方法有（　　）。
   A. 图示法　　B. 模拟法　　C. 反复试错法　　D. 线性规划法
4. 综合生产计划的制订过程通常包括以下哪些步骤？（　　）
   A. 确定各期的需求
   B. 确定各期的生产能力，包括正常工作时间、加班时间和转包
   C. 明确企业和部门在安全库存等方面的相关政策
   D. 确定正常工作、加班工作、转包、维持库存、推迟交货、雇用和解雇员工等方面的单位成本
5. 调节生产能力的方法有（　　）。
   A. 改变劳动力数量　　B. 忙时加班加点，闲时培训
   C. 利用库存调节　　D. 转包

三、判断题

1. 生产计划的内容包括：①品种。②质量。③产品数量（产品产量）。④产值。⑤产品生产进度考核及要求。⑥每台或部件的用户名称、生产令号、图号、零件清单图号、投产日期、预计产出日期等。⑦计划编制说明等。（　　）
2. 物料需求计划是按照时间段来确定各种相关需求的物料（原材料和零部件）的需求数量和需求时间，较好地解决了库存管理和生产控制中的难题，保证了能够按时按量地得到所需物料。（　　）

3. 在制品的管理使生产作业计划实现有了可靠基础；保证了生产过程的连续性，使生产各环节紧密相连，保证了生产成套性；可以减少以至消除因保管不善而造成的损失和浪费；缩短了生产循环期，减少资金占用，减少及避免物资积压。（　）
4. 生产计划必须体现：一是有利于实现生产成本最低化；二是有利于满足市场需求；三是有利于最大限度地减少生产资源的闲置与浪费。（　）
5. 综合计划由产品出产计划（主生产计划）汇总得来。（　）
6. 编制主生产计划时要确定具体的最终产品在每一具体的时间段内的生产数量。（　）
7. 滚动计划的连续性和应变性好，但严肃性差。（　）
8. 用改变库存水平的策略处理非均匀需求，对劳务性生产也适用。（　）
9. 制造业企业可通过影响外部需求和调整内部生产能力来达到平衡。（　）
10. 制订完善的生产计划，能最大限度地节约生产过程中的成本支出。（　）

四、简答题

1. 简述生产计划体系的层次关系。
2. 追逐策略和平准策略的优缺点分别有哪些？
3. 简述研究服务业企业和制造业企业各自的特点，并说明二者应如何应对不稳定需求。
4. 备货型生产企业和订货型生产企业如何制订生产计划？
5. 服务业企业的服务能力计划同制造业企业的生产能力计划有什么差别？
6. 简述服务业企业综合计划要解决的主要问题。

第 8 章 从 MRP 到 ERP

学习目标

- 了解 MRP 的产生及要解决的问题。
- 理解 MRP 在生产经营系统中的地位和作用。
- 熟悉 MRP 系统的处理逻辑，包括输入、处理过程和输出。
- 熟悉 MRP 系统在服务业的应用。
- 掌握 MRP Ⅱ 的形成及优缺点。
- 掌握 ERP 的概念、特点、功能、管理创新及未来的发展。

逻辑框架

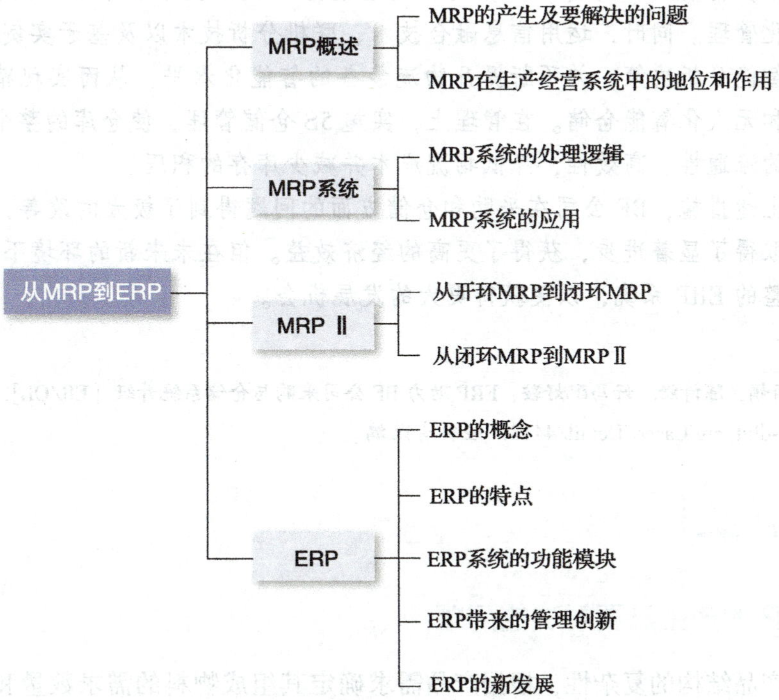

图 8－1 从 MRP 到 ERP 逻辑框架

引导案例

好马配好鞍：ERP助力BF公司采购与仓储系统升级

BF公司总部和研发基地都位于上海，仓库设在南京、北京、西安等城市。该公司主营军工业务，主要提供配套电子设备的开发与销售服务以及仓储配送服务，是一家涉足嵌入式计算机领域的技术型企业。

BF公司员工总数约500人，自公司成立以来，始终坚持创新的经营理念，除与国内A研究所达成合作意向，向其提供专用信息处理模块外，在高新技术配套信息处理类电子模块这个细分领域也发展迅猛，从而掌握了较大的市场定价权。

然而近几年，公司竞标项目频频失败，严重影响了公司的进一步发展。经过各部门讨论研究，发现公司在扩大规模和丰富产品线的过程中，忽视了公司内部的管理细节，面临开发产品成本高、呆滞库存高、开发交付周期长三个突出问题。追根溯源，是公司没有及时采取合适的组织管理与业务流程，没有让各部门权责一致，从而导致采购流程不清晰、仓储管理不规范。

为了解决上述问题，公司首先对原有事业部结构做出更改。具体措施为将四个产品部降至统一的产品部之下，且四个部门之间的采购、研发计划由产品部整合协调，这样既能提高仓储的地位，也方便直接管控。其次，是通过简化信息流来优化采购清单，删除了工程师、业务员、质量等级等冗余信息。再次，是通过信息流与物流的耦合来完善产品报价流程，增加了“新物料申购必要性与可行性审核”，在一定程度上实现了信息对物流的替代作用，避免了不必要的重复购买。最后，就是完善仓储系统。BF公司主要从技术角度和管理角度进行改善，在技术上，将射频识别（RFID）与信息智能分析决策技术相结合，实现基于RFID的仓储配送智能化管理。同时，运用信息融合技术、联机分析技术以及基于实例的CBR技术提供仓储配送的智能分析决策，并不断提升物流装备的智能化水平，从而实现精准、柔性、高效的物料配送和无人化智能仓储。在管理上，实施5S仓储管理，使仓库的整个作业流程规范化，保证仓库的流通性、高效性，降低物流成本并减少库存的积压。

通过采取上述措施，BF公司在采购和仓储方面的问题得到了极大的改善，公司在整体销售和研发方面取得了显著进步，获得了更高的经济效益。但在未来新的环境下，BF公司仍需进一步构建完整的ERP系统，以便获得更大的发展机会。

资料来源：

王洪伟，郑丽娟，陈诗泓．好马配好鞍：ERP助力BF公司采购与仓储系统升级［EB/OL］．［2022－04－23］．http://www.cmcc-dlut.cn/Cases/Detail/4413．经编者改编。

8.1 MRP概述

8.1.1 MRP的产生及要解决的问题

由于现代产品结构的复杂性，根据产品需求确定其组成物料的需求数量和需求时间也变得十分复杂。同时，由于外部环境的不断变化，实际情况如对产品的需求预测等必然会偏离计划的要求，原材料的供应是否及时、产品质量的好坏等都会导致产品的交货数量和交货时间发生改变。此外，相比于独立需求，相关需求更为普遍，它是由更高层次产品需求引起的，而经济订货批量模型无法解决相关需求问题，这时就要求出现一种新的方法。正是在这种背景下，物料需求计划（Material Requirements Planning，MRP）产生。

MRP 是约瑟夫·奥列基博士在 20 世纪 60 年代提出的，它是在划分独立需求和相关需求的基础上提出的一种新思路，是从物料计划和控制角度将各生产功能联系起来的思想的关键部分。MRP 系统是一种计算物料需求量和需求时间的系统，它是根据主生产计划、物料清单、库存信息和已下达但未完成订单的情况，计算出相关需求物料的需求信息。其中，相关需求物料泛指原材料、在制品、外购件以及产品。

MRP 是一个逻辑性强，易于理解的途径，适用范围较广，既适用于多品种中小批量生产，也适用于大量大批生产。其主要思想是根据产品的需求数量和需求时间将企业生产过程中所涉及的所有物料展开，并按时间段确定在不同时期各种物料的需求情况，实现物料在系统中的统一管理。MRP 要解决的关键问题可总结为三类，即需要什么、需要多少以及何时需要。

8.1.2　MRP 在生产经营系统中的地位和作用

企业的最高领导层确定企业的经营战略和目标，并确定企业的经营计划，全面安排本企业的生产经营活动。然后，在预测和工厂当前资源条件的基础上，确定企业的年度和季度生产计划。需要注意的是，企业在确定生产计划时，任务与能力要平衡，且这种平衡是以假定产品或代表产品为计划单位进行核算的。

将生产计划进一步细化为具体产品，阐明在特定时期内将要生产的产品数量与出产时间，进而得到产品出产预计划。然后，进行粗略能力平衡，使之成为产品出产计划。MRP 中的产品出产计划一般称为主生产计划（MPS），它是 MRP 系统的主要输入，且 MRP 系统的另外两项输入为物料清单文件和库存记录文件，三者共同将生产计划细化为整个生产期内的订单明细进度表。需注意的是，这里的 MRP 系统指的是仅涉及物料需求的基本 MRP 系统。

经过 MRP 程序的处理，产品出产计划转化为自制件投入出产计划和外购件需求计划。其中，自制件投入出产计划是一种生产计划，它规定了构成产品的每个零件的投入和出产的时间及数量，从而使各个生产阶段互相衔接。在自制件投入出产计划的基础上，可得到能力需求计划，并在任务与能力达到基本平衡后，各车间可按自制件投入出产计划编制车间生产计划。需要注意的是，车间生产计划与能力需求计划都是依据实际生产中得到的反馈信息进行调整的。外购件的需求计划则明确了每种外购零部件和原材料的需要时间及数量，有助于企业按时向供货单位提出订货，且将现有及已订购的产品数量的数据信息，一起输送到库存记录文件中。

8.2　MRP 系统

8.2.1　MRP 系统的处理逻辑

用处理独立需求的方法去解决相关需求问题显然是不合适的，MRP 系统的“输入—处理一输出”逻辑为此提供了一个可行的解决方案。

1. MRP 系统的输入

MRP 系统的输入包括三个部分，即主生产计划、物料清单和库存记录文件。

（1）主生产计划　主生产计划（MPS）是 MRP 系统运行的驱动力量，它阐明了企业最终要生产哪些产品，生产时间以及生产数量。主生产计划是根据需求预测或顾客订单确定的，具有独立需求的特征。

主生产计划中明确的生产数量既可以是总需要量，也可以是净需要量。其中，净需要量是扣除现有库存量后得到的需要生产的数量；总需要量则是在扣除现有库存量的基础上，针对下层元件开展计算的总需要量。一般情况下，主生产计划中的生产数量为净需要量。

主生产计划的计划期是指计划覆盖的时间范围。为保证零部件投入出产计划的可行性，计划期必须长于最长的产品生产周期。此外，从时间维度上，主生产计划可被划分为近期的确定性计划和远期的尝试性计划。

（2）物料清单　物料清单（BOM）又称产品结构文件，它不仅是生产每单位产成品所需的全部零件、组件与原材料等的清单，还包含了产品的组成及结构信息，反映了产品项目的结构层次以及制成最终产品的各个阶段的先后顺序。

在物料清单中，由于各种产品结构的复杂程度不同，产品的结构层次数也不同，而各个产品的组成部分又处于不同的层次中，每一层次表示制造最终产品的一个阶段。因此，为形象地说明物料清单，可将其用树形结构图进行表示，树形结构图也称产品结构树，这样更直观地反映了产品组成部分的层级关系。

物料清单中所包含的物料可划分为自制项目和采购项目两类。其中，自制项目的物料需求计划形成相应的生产计划；采购项目则包括所有的原材料、外购件和外协件，其物料需求计划形成相应的采购计划。此外，在物料清单层级关系的基础上，引入了低位码（LLC）的概念，即指出现在同一物料清单的不同层级或出现在不同物料清单的物料所处的最底层的位码。通常，一个物料有一个 MRP 低位码。引入低位码的目的在于识别物料在物料清单中的层次，避免重复计算。

物料清单还包含计划清单和虚拟清单两种特殊的形式。其中，计划清单也称成套零件或者套件，它是人为地在物料清单的一些产品的组成部分之上再设置一个父项，且其规定了具体的套件数量。虚拟清单则是用于不会储存且暂时存在的分总成零件。

为更形象地说明产品的物料清单，现列举如下案例。

章内阅读

MRP Ⅱ 中物料清单树型结构的分析与实现

某种型号的灯具的全部对象都以父件或子件的形式连同它们之间的所属关系一起出现。灯作为最终产品不能再做子件，而铁丝、管子、塑带、钢条、开关等作为原材料或单件也不能再做父件，其他组件则可以既做子件又做父件。该种型号灯具的产品结构树如图 8－2 所示。

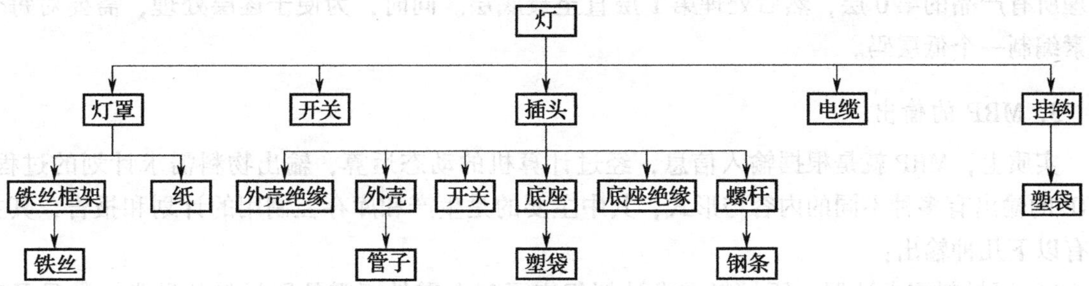

图 8－2 灯具的产品结构树

资料来源：

吉国力，龚达新，徐汉辉. MRPⅡ中物料清单树形结构的分析与实现 [J]. 厦门大学学报（自然科学版），2000（3）：304－310. 经编者改编。

（3）库存记录文件　库存记录文件是计算物料需求的主要依据之一。库存记录文件处于不断的变动中，它随着 MRP 的运行而发生着变化。供货商的信息，供应或生产提前期，订货批量，预期到货量，预期库存量，因入库、出库引起的库存变动，盘存记录（如报亏报盈）等重要信息都存储在库存记录文件中。此外，这些库存信息根据实际的需要，可进一步被细化，如预期到货量就可被细分成不同的来源。

2. MRP 的处理过程

计算物料需求时主要考虑五个因素的影响。第一，最终产品的需求和作为产品的中间配件的需求。第二，树形结构图的层次和比例关系。第三，现有库存，即在计算物料需求时，要先检查是否有可用的库存，若存在，那么物料的需求就会减少。第四，时序要求，计算的物料不仅要满足量的需要，还要满足时序上的要求，要倒推进度使产品在规定的时间内发货。时序要求是指根据其上一层物料的需求时间及提前期，确定各种物料的需求时间。第五，物料层次，需要注意同一种物料可能会出现在不同的层次上。

为更明确 MRP 的处理逻辑，需要知道库存记录文件中的数据信息具体涵盖着如下六种指标：

1）总需求量。总需求量是指在作为商品或直供给其他企业的物料的基础上，根据产成品的数量及物料需求比例关系计算出来的全部需求。

2）预期到货量。预期到货量是指已发订单，预计本期到货的数量。

3）预期库存量。预期库存量是指在预期到货量的基础上加上本期期初库存后得到的数量。

4）净需求。在制订物料需求计划时，首先就要计算各物料在各个时期的净需求，其计算公式：净需求＝总需求－预期库存＋安全库存。

5）计划订单入库量。计划订单入库量是指在规定时间内必须到货的物料数量。

6）计划发出订货量。计划发出订货量是指在规定的时间内必须发出的订单数量。

根据上述指标，就可借助一定的数据表来制订物料需求计划。

此外，可通过采用自上向下、逐层处理的方法来提高 MRP 的处理效率。该种方法就是先处理所有产品的第0层，然后处理第1层直至最底层。同时，为便于逐层处理，需要对每个元素编制一个低层码。

3. MRP 的输出

实质上，MRP 就是根据输入信息，经过计算机的动态运算，输出物料需求计划的过程。MRP 的输出有多种不同的内容与形式，其中主要的是生产和库存控制用的计划和报告，其主要有以下几种输出：

1）原材料需求计划。原材料需求计划规定了每个零件所需的原材料的种类、数量及时间，并按原材料的品种、型号、规格等进行汇总，以便供应部门组织供料。

2）互转零件计划。互转零件计划规定了互转零件的种类、数量、转入车间和转出车间、转入时间和转出时间。

3）库存记录。库存记录提供了各种零部件的完工情况、外购件及原材料库存情况的统计数据，以便随时能够查询数据信息。

4）设备需求计划。设备需求计划提供了每种零件不同工序所需的工艺装备和机器，以及设备的编号、种类、数量及需要时间等。

5）计划发出的订货。计划发出的订货即对已发出的订货进行调整，包括改变交货期，取消和暂停某些订货等。

6）对生产及库存费用进行预算的报告。

MRP 系统的处理逻辑如图 8 - 3 所示。

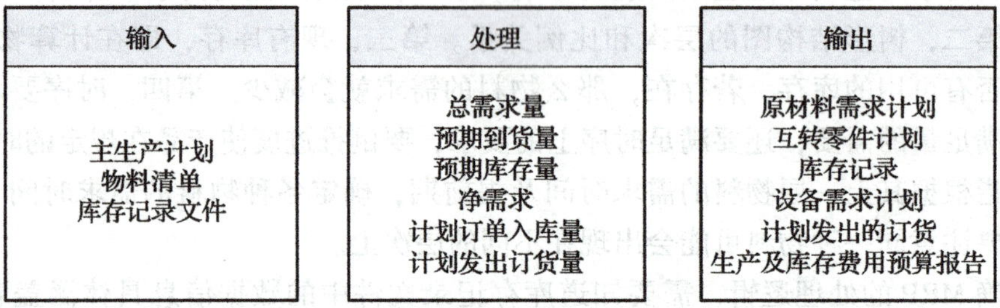

图 8 - 3　MRP 系统的处理逻辑

8.2.2　MRP 系统的应用

MRP 系统不仅适用于制造业企业，也适用于某些非制造业企业。比如，MRP 系统在服务业中有着重要的应用。当某种服务或服务用品直接与其他服务相关或从其他服务中派生出来时，这种服务需求就是相关需求，这时就可应用 MRP。如在餐饮业，在顾客人数众多的情况下，为估计订单的数量和成本，经理就需要确定菜单上每个菜的原料数量（即物料清单），这些原料与要准备的每个菜的数量结合起来就可以得到该订单的物料需求计划。此外，在大规模项目如酒店等，为进行成本预算和安排进度，许多重复的动作和相关原料必须考虑到成本中。

8.3 MRPⅡ

8.3.1 从开环MRP到闭环MRP

从开环MRP到闭环MRP的形成主要从两方面来介绍，即开环MRP的局限性和闭环MRP的形成。

（1）开环MRP及其局限性　开环MRP不考虑全部能力需求计划，也没有物料管理方案，它是指根据主生产计划、产品结构、库存信息、预期到货量、经济订货批量及提前期，确定物料的采购计划，制定出计划执行结果报告等。开环MRP的假设主要有四个：一是主生产计划已存在且可行；二是生产能力可行，生产计划可实现；三是物料采购计划可行；四是MRP不具备反馈调节功能，其运行结果需要人工介入进行判断。

实际上，开环MRP的这些假设完全成立是十分困难的。同时，虽然开环MRP可以将主生产计划转变为零部件投入出产计划和原材料的需求计划，但由于开环MRP仅局限于物料管理，只知道各种物料的需要量和需要时间，因此它不具备足够的生产能力，无法满足企业生产管理的要求。

（2）闭环MRP的形成　由上述开环MRP的局限性可知，若想满足企业生产管理的需要，进行更高效的管理，就必然要考虑到生产能力，而考虑生产能力单靠开环MRP是不足够的，因此企业需要引入闭环MRP。闭环MRP是一个集计划、执行、反馈于一体的综合系统，它就是指在开环MRP的基础上，考虑全部能力需求计划，同时设置对内外部变化响应机制的动态系统。

闭环MRP有双重含义。一方面，它不是仅仅考虑物料需求计划，还对生产中的人力、设备和材料等各项资源进行计划与控制，使整个问题形成闭环；另一方面，它在计划制订与实施之后，获得反馈信息，进而能修改计划与实行控制，这样又形成闭环。

8.3.2 从闭环MRP到MRPⅡ

企业单纯通过MRP获取信息显然是不足够的，MRP必须从车间等各部门得到反馈信息，才最终能够得到切实可行的物料需求计划。而切实可行的物料需求计划离不开费用、采购预算等数据的支撑，这时就需要闭环MRP继续向前发展，进一步把生产活动与财务活动联系到一起，从而使经营计划与生产计划保持一致。由此，制造资源计划（MRPⅡ）得以出现。

制造资源计划是在20世纪80年代出现的，由上述介绍可知，它并不是完全不同于MRP的一项新技术，而是在MRP的基础上发展起来的一种新的组织生产方式或新的生产管理思想。因此，MRPⅡ不仅涉及物料，也涉及生产能力和一切制造资源，更包含销售、生产、库存等在内的整个生产经营活动，它可以说是一种资源协调系统。

MRPⅡ的原理就是在闭环MRP的基础上，以MRP为中心建立一个生产活动的信息处理系统，并利用MRP的功能制订采购计划。同时，企业中的各部门职能也会发生相应的变化。其中，生产部门将销售计划与生产计划紧密配合来制订和修订主生产计划表，并将其进行不断的细化。设计部门则不再孤立地设计产品，而是将改良设计与生产活动信息相互联系。而MRP Ⅱ的作用就是最终将上述的这些活动与财务系统相结合。

进一步来讲，MRPⅡ可根据企业经营计划和生产中物料需求和生产能力需求的基础数据和主要财务信息进行更深入的研究。经营计划是 MRPⅡ的起始点，它根据市场需求和企业的现有条件，确定企业的产值与利润指标。企业生产经营活动的一个基本决策是必须按照市场需求决定生产什么和生产多少。而企业正是根据经营计划制订产品销售计划，物料、资金、人工等需求计划，进而制订出企业的具体生产计划，确定生产何种产品、生产数量和投产时间。

综上可知，相比于 MRP，MRP Ⅱ既有优点，又有缺点。

（1）MRP Ⅱ的优点

1）MRP Ⅱ的出现使系统的信息共享程度和业务范围远远超越了开环 MRP 的物料计划范畴和闭环 MRP 的生产管理范畴，实现了生产、销售、财务、采购和工程技术的紧密结合，组成了一个包括销售、制造和财务等功能的全面生产管理集成优化系统。

2）MRP Ⅱ涉及物料、生产能力和一切制造资源，更包含整个生产经营活动，它是一种资源协调系统。此外，MRP Ⅱ进一步将生产活动与财务活动相联系，使经营计划与生产计划保持一致。

3）MRP Ⅱ为后续 ERP 的产生奠定了基础。

（2）MRP Ⅱ的缺点

1）预先设定提前期、批量等基本参数，可能会导致实际情况与理论计划二者之间存在差异，从而可能导致原物料和在制品的库存大幅度增加。

2）MRP Ⅱ的每道工序都严格按照既定的计划进行生产，而各道工序间又无协调反馈机制，无法动态地保证每道工序间的关联，从而可能导致工序间产量的不平衡、在制品库存的增加以及需求与生产不一致等一系列问题。

3）MRP Ⅱ在制定生产计划时通过事后反馈进行生产控制，这样相对于生产实际肯定存在着无法避免的滞后，从而导致计划与实际相差甚远，生产计划与生产控制相分离。

4）产能约束考虑不足。虽然 MRPII 加入了粗能力平衡和细能力平衡，但是并不能改变其在产能平衡上的缺点，实际应用效果不大，从而往往造成生产计划无法完成、物料需求不切实际等情况。

章内阅读

汽车矛盾体

汽车是一个矛盾体。虽相比于 100 年前，现在汽车的基本组成并没有什么改变，然而在其他方面，不同类型的汽车呈现的差异还是较大的。

目前，有一种趋势更能决定市场竞争的胜负，即在发达经济体市场，汽车设计的复杂性迅速增加。现在构建一辆汽车需要 2000 个功能组件、3 万个零部件，以及 1000 万行程序代码，这就凸显了采购的重要性。而之所以如此复杂，是因为汽车是在公共场合运作的沉重物件，其安全性和环境影响是需要十分重视的。此外，汽车的价格、款式、动力、操控、可靠性和舒适性是消费者关注的重点，这也进一步导致了汽车复杂性的提升。

设计汽车需要进行大量的协调工作，从而保证多个方面一致进行。为了应对设计上的复杂性，目前汽车制造商都注重打造提前解决问题的能力，他们依赖制造组件的供应商对组件的深入了解，让供应商进行重要的设计和测试工作，以便降低自身设计和制造汽车的复杂性。但实际上，这种做法并没有降低汽车本身（至少是发达国家市场的汽车）的复杂性，随着汽车硬件、软件等越来越精密的设计，汽车仍会出现安全或其他重大问题，而汽车企业将会面临越来越严峻的考验。

例如，2010 年年初，丰田普锐斯由于刹车系统中三个元件的相互作用造成问题的召回事件，就足以说明整合多个零件、系统和流程带来的挑战是巨大的。当时，丰田为提升燃油效率，将控制刹车系统的软件调整为注重再生制动。这样操作其实不存在安全风险问题，但消费者驾驶时的不安足以促使丰田召回产品。后来，丰田的加速踏板召回事件，影响的数量庞大，起因却只是一个简单零件的设计瑕疵。由此可见，在无法预测的地方出现的瑕疵会导致汽车的复杂性大大提升。

总之，汽车的种种召回事件表明，汽车的复杂组成难以应对日益严苛的监管要求，也难以满足消费者以及制造商对完美的要求，而这两方面的要求又会随着复杂性的提升继续提升，这无疑加重了汽车企业由于复杂性而带来的负担。但与此同时，在几十年之内，只要大型汽车公司能够克服复杂性，在采购、制造等方面严加控制，使需求与生产相一致，就足以击败该行业中新出现的挑战者，从而成功占据市场。

资料来源：

麦克杜气，藤本隆宏. 难以撼动的汽车业“恐龙”[J]. 哈佛商业评论简体中文版，2018 (6)：41-49. 经编者改编。

8.4　ERP

8.4.1　ERP 的概念

20 世纪 90 年代初，美国的加特纳公司提出了企业资源计划（ERP）的概念。ERP 是在 MRPⅡ的基础上发展而来的，它是在其基础上进一步增添了设备管理、质量管理、分销管理、固定资产管理、工资管理和人力资源管理等功能，它通过数据库技术、网络通信等信息技术，对企业的物流、人流、资金流、信息流进行高效且统一的管理。这样，不仅管理信息的集成度更高，也让企业流程更加紧密地集成到一起，有助于实现企业经济效益的最大化。

实际上，ERP 已将单个企业的系统扩展到了整个供应链，它已经超出了对企业内部制造资源的管理，而成为企业和供应链管理的有效工具。

8.4.2　ERP 的特点

ERP 的特点可归纳为以下几点：

1）企业管理职能的集合体。ERP 系统可把企业内部的各项专业管理职能集中于一体。

2）适用范围广泛。从生产类型角度来说，ERP 系统既适用于多品种小批量生产，也适用于项目类型和大批量流水生产。从生产模式角度来说，ERP 系统适用于按库存生产模式、按订单制造模式、按订单装配模式和按订单设计模式。

3）面向供应链。ERP 系统可对处于供应链上的供应商、制造商、分销商、客户等所有环节实施有效管理。

4）功能多样化且模块化。ERP 系统有多种功能，在企业日常业务的各个方面均发挥着重要作用，它能追踪财务情况、原材料采购和销售情况、生产和人员流动情况等。此外，ERP 系统的各个模块各自关注不同的某一类业务，共同构成了一个庞大的系统。

5）对市场反应迅速。ERP 系统的管理思路是利用最先进的信息技术，面向市场和销售，对市场做出快速响应。同时，ERP 系统能够为基本的计划和控制活动提供便利。它通过删除冗余流程，提高效率，并通过提高企业对客户需求响应的灵敏度来提升企业绩效。

8.4.3 ERP 系统的功能模块

ERP 系统的功能模块不仅涵盖传统的 MRP 功能模块，还包括财务、人力资源、供应链、客户关系、营销、生产计划、产品研发、采购、车间、库存等管理功能模块。这些功能模块可根据不同企业的需要进行组合和搭配，为企业提供多种解决方案。可以说，ERP 就是企业各项管理职能的集成。

其中，供应链管理（SCM）功能模块可以及时与供应商进行沟通，从而有效地使 MRP 和采购、物料管理、供应商紧密联系。客户关系管理（CRM）功能模块则是协助进行销售分析，找寻目标顾客群体，有针对性地提供服务。这里需要注意的是，企业类型不同会导致各项管理职能的重要性也不同，进而 ERP 要实现的功能就会有所差异，但只要厘清企业的业务或职能之间的逻辑关系，就能实现企业的高效经营。

章内阅读

福特北美公司财务部应付账款中心的信息化变革

福特汽车公司是美国三大汽车巨头之一。在 20 世纪 80 年代初，面对日本竞争对手的挑战，福特公司开始想方设法地削减公司的管理费用和各种行政开支。为此，福特公司做出了将财务部应付账款的整个业务流程进行重组再造的决策。

福特公司认真考虑应付账款业务流程的启示来源于日本的马自达汽车公司，福特公司持有该公司 22% 的股份，且该公司内共有 5 位职员负责应付账款的相关工作。尽管两个公司在规模上存在一定的差距，但按公司规模进行数据调整后，福特公司仍多雇用了 5 倍的员工。

在应付账款业务流程再造之前，福特公司财务部有 500 多名员工，他们负责审核并签发供应商供货账单的应付款项。而之所以财会部的员工数量较多，是因为福特公司 2/3 的汽车部件都是从外部供应商处购进的，应付账款管理工作的业务量较大。正因如此，福特公司财务部进行应付账款业务流程再造的主要目的就在于实现裁员 20% 的目标，将员工裁减到不超过 400 人，以降低管理费用。

福特公司原应付账款的业务流程包括三个步骤，一是采购部门向供应商发出订单，并将订单的副本送往应付账款部门；二是供应商发货，验收部门进行收检并将验收报告送到财务部；三是供应商将产品发票送至财务部。重组后，福特公司应付账款的业务流程被缩减到了两个步骤：一是采购部门发出订单，同时将订单内容输入联机数据库；二是供应商发货，验收部门核查来货是否与数据库中的内容相符合，若符合就收货，并在终端上按键通知数据库，计算机会自动生成付款单据。经过业务流程重组，财务部无须再花费大量时间核对三张单据上 14 项数据是否相符，而只需核实零件部名称、数量和供应商代码，很大程度地减少了工作量和不必要的人力资源。同时，这样做也简化了物料管理工作，提高了准确性。

总而言之，福特北美公司财务部应收账款中心的信息化变革不仅是业务流程重组的典型案例，它也充分体现了 ERP 系统的财务功能模块。

资料来源：

顾云昌. 北美福特汽车公司财务部的付款业务流程重组 [EB/OL]. [2022－04－23]. http://www.huishi365.com/iarticle_detail/13048.html. 经编者改编。

8.4.4　ERP 带来的管理创新

实施 ERP，能带来管理层面的创新，这主要体现在以下几个方面：

（1）资源方面　实施 ERP 后，实现了供应链上下游企业资源的集成。因此，资源从集成企业内部资源转换为集成供应链资源。此外，ERP 使人力资源管理、设施布置、组织的配置从面向职能转换为面向流程。其中，在组织配置方面更是进一步优化，实现了组织扁平化，从而更加高效，有利于保证整体利益的实现。

（2）中心导向方面　实施 ERP，就要坚持以客户为中心的管理理念，放弃原来以产品为中心的管理理念。以客户为中心，就是要时刻以获取顾客订单作为整个企业运营的起点，把完成顾客订单作为整个企业运营的终点。

（3）战略规划方面　ERP 是战略规划的有力工具。一方面，它面向供应链，能使企业、顾客和供应商紧密联系，快速适应不断变化的顾客需求。另一方面，它可跟踪企业的信息流和物料流，能收集环境成本的相关信息，提供了过程改进的机会。

8.4.5　ERP 的新发展

如今，随着互联网技术的高速发展和公司运营的国际化，ERP 的功能得到进一步扩展。具体如下：

（1）纳入产品数据管理（PDM）功能　纳入产品数据管理是指为减少 MRP Ⅱ 庞大的数据管理和数据准备工作量，增加对设计数据、设计文档的应用和管理，实现产品结构信息、工艺方案等的共享，将企业产品实现全过程中的各种数据和文档进行集中统一管理。

（2）增加了工作流功能　ERP 的使用导致出现了电子计划文件、电子订单或电子工程更换文件等在要求的时间内按规定的路线传递给指定人员的问题，这就需要采取工作流技术进行控制。此外，新的管理模式也要求将重构后的业务流程用计算机软件控制起来，工作流技术使 ERP 的功能扩展到了办公自动化和业务流程的控制之中。

（3）增加了数据仓库和联机分析处理（OLAP）功能　其中，数据仓库是指为企业所有级别的决策提供相应类型数据支持的战略集合。联机分析处理则是指按照管理人员的要求，快速、灵活地进行大量数据的查询与处理。这两项功能为企业高层做出正确决策提供了所需的数据。

本章小结

物料需求计划（MRP）的适用范围较广，它既适用于多品种的中小批量生产，也适用于大量大批生产；不仅适用于制造业企业，而且适用于某些非制造业企业。MRP的发展是从开环到闭环再到MRPⅡ的，是从没有信息反馈到取得信息反馈再到实现了生产、营销等职能的集成。此外，从MRPⅡ到ERP的发展更是进一步实现了订单、采购、库存等的有效管理。MRP的这些发展历程都使处理的问题变得更加具体，也更加理性，从而有利于让能力规划与综合计划达到战略层面的平衡，便于企业的运营管理。

因此，本章主要介绍了MRP的产生及要解决的问题，MRP的地位和作用，MRP系统的处理逻辑及应用，MRPⅡ相关内容，ERP的概念、特点、功能、管理创新及未来的发展等。

案例分析

界无止境：全柴集团业财融合之路

安徽全柴集团有限公司（简称全柴集团）成立于1949年，是国有企业。在全柴几十年的发展中，它逐步成为我国内燃机行业中小功率品牌的排头兵。在2020年，国内外宏观环境复杂多变的背景下，全柴集团营业收入达到44.56亿元，较上年同比增长10.18%，仍稳居行业前列。

在发展过程中，全柴集团管理紧跟大数据环境的变化，如今已初步实现了信息化布局。一方面，它通过建立ERP系统实现了集团生产环节信息的实时共享，有效提高了信息的准确性，确保集团各部门都能及时了解生产动态。另一方面，它建立了智能物流系统，电子设备能自动采集数据，信息自动进入ERP系统并计入库存，仓库可随时通过移动终端PDA进行清资盘点，实现了对库存及资金的合理配置。

尽管全柴集团已初步实现了信息化布局，但它在财务管理方面仍存在一些问题，这主要体现在三个方面：一是以部门为界，层级复杂。全柴集团的财务管理模式是分散型，这种组织架构不仅导致财务机构与其他业务机构之间、各职能部门之间无法及时进行财务信息共享，也会影响集团决策的准确性，同时造成管理费用的不断增加。二是职能缺失，信息失衡。当前全柴集团的各分公司、子公司基本都是核算会计，而管理会计集中在集团层面，这导致各分公司、子公司与总部之间存在较为严重的信息不对称问题，不利于分公司、子公司顺利开展业务。同时，职能转变的困难和职能部门的缺失，会导致公司内部运营管理存在重大隐患。三是业务烦琐，效率低下。由于全柴集团规模大、业务多，从而导致需要审批的单据量极大，审批流程十分烦琐，既耗时又耗力。

为有效解决上述问题，全柴集团做出了无边界业财融合的战略规划。公司决定首先要结合全柴集团独特的业务属性，以现有的 ERP 信息化系统为基础，构建集中型财务共享中心，打破横向边界。在该模式下，业务部门发生的所有业务第一时间在财务共享中心体现，财务部门承担审核责任，实现了业财融合，有利于实现企业价值最大化。其次，在财务共享中心下设结算组、往来组、资产组、总账组和综合组，并将这五个业务团队根据业务流程性质进行划分，这充分体现了业财融合的本质，实现了共享化、网络化、平台化的无边界管理，从而有利于实现集团业务与价值的最大化融合。最后，全柴集团以原有 ERP 系统为基础，并根据各业务的标准化操作细则，完成对业务和财务内容的处理，实现对财务共享中心的支撑。

资料来源：

唐勇军，祁秋雨，胡洁．“界”无止境：全柴集团业财融合之路［EB/OL］．［2022－04－23］http://www.cmcc-dlut.cn/Cases/Detail/5937．经编者改编。

【问题思考】

1．全柴集团是如何通过业财融合实现无边界管理的？

2．未来，全柴集团应当如何进一步深化无边界管理与业财融合的结合？

【案例讨论】

1．全柴集团在财务共享中心下设结算组、往来组、资产组、总账组和综合组，并将这五个业务团队根据业务流程性质进行划分，这充分体现了业财融合的本质，在实现了集团业务与价值的最大化融合的同时，也实现了共享化、网络化、平台化的无边界管理。

2．未来，为走在时代的前沿，全柴集团将进一步深化无边界管理与业财融合的结合。

一是业财融合。全柴集团将基于已有的 ERP 系统建立财务共享中心，从而让集团实现企业业务链与价值链的全面融合，进而提高集团整体信息化水平，有效减少生产及运营成本。同时，集团将从垂直和水平两个方向打破传统边界，实现集团价值最大化。

二是深化无边界管理与业财融合的结合。这具体包括三个阶段：第一阶段，全柴集团在财务共享中心的建设实施上，将遵循“三步走”战略，优化硬件、试点运行。第二阶段，对全柴集团的试点分公司、子公司的信息化建设进行完善，并且与财务共享中心进行集成，实现应用推广、产销协同。第三阶段，全柴集团将整合系统，根据实际应用情况进行系统优化，实现集团上下无边界业财融合的全面布阵。

本章习题

一、单选题

1．以下哪种行业最适合应用 MRP？（　　）

A．机床厂　　B．医院　　C．造纸厂　　D．炼油厂

2．以下哪项不是 MRP 的输入？（　　）

A．综合计划　　B．产品出产计划　　C．产品结构文件　　D．库存状态文件

3. MRP 的主要目的之一是（　　）。

A. 平衡生产能力　　B. 降低劳动力需求

C. 培训员工　　D. 协调各生产阶段的活动

4. MRP 系统最主要的目标是确定（　　），为进行生产库存提供必要的信息。

A. 物料需求量　　B. 每项物料在每个时区的需求量

C. 生产计划量　　D. 物料在不同时间的需求量

5. 时段 MRP 是在（　　）学说的基础上形成的。

A. 物料需求　　B. 物料独立需求和相关需求

C. 物料独立需求　　D. 物料相关需求

6. 关于开环 MRP，下列说法正确的是（　　）。

A. 涉及企业与市场的界面　　B. 一个完整的生产计划与控制系统

C. 涉及公司与工厂的界面　　D. 考虑了市场需求与生产能力的平衡

7.（　　）是一个以企业综合经营计划的生产大纲为依据，以生产计划系统为核心的，包括营销、生产和财务三大职能，集成度相当高的管理信息系统。

A. 开环 MRP　　B. 闭环 MRP　　C. MRPⅡ　　D. ERP

8. 是否考虑生产活动与财务活动的联系是（　　）的主要区别。

A. 开环 MRP 和闭环 MRP　　B. 闭环 MRP 和 MRPⅡ

C. MRPⅡ和 ERP　　D. 敏捷制造和传统制造模式

9.（　　）在 MRPⅡ基础上将管理的范围扩大了，它把顾客需求及供应商的制造资源和企业的生产经营活动整合在一起，管理的范围向企业外部两头扩展。

A. 开环 MRP　　B. 闭环 MRP　　C. MRPⅡ　　D. ERP

10. 下列选项中不属于 ERP 系统基本组成部分的是（　　）。

A. 工作流　　B. 财务管理　　C. 生产计划　　D. 物流管理

二、多选题

1. 物料清单中所包含的物料的分类为（　　）。

A. 自制项目　　B. 采购项目　　C. 计划清单　　D. 虚拟清单

2. 为更明确 MRP 的处理逻辑，需要知道库存记录文件中的数据信息具体涵盖着（　　）。

A. 总需求量　　B. 预期到货量和预期库存

C. 净需求　　D. 计划订单入库量

E. 计划发出订货量

3. MRP 的发展经历的阶段是（　　）。

A. 开环 MRP　　B. 闭环 MRP　　C. MRPⅡ　　D. ERP

4. ERP 是指（　　）。

A. 一种应用管理软件　　B. 一种先进的管理工具

C. 一种科学的管理思想　　D. 一种集成的管理方法

5. ERP 的特点可归纳为（　　）。
   A. 企业管理职能的集合体
   B. 适用范围广泛
   C. 面向供应链
   D. 功能多样化且模块化
   E. 对市场反应迅速

三、判断题

1. MRP 处理的是相关需求，因此不需要安全库存。（　　）
2. MRP 也适用单件小批量生产。（　　）
3. MRP 对产品结构树进行自下而上的分析，按产品结构层次向上累计需求。（　　）
4. MRP 的三项主要输入是产品出产计划、库存记录文件和物料清单。（　　）
5. 物料清单包含提前期的信息。（　　）
6. MRP Ⅱ 与 MRP 是完全不相关的系统。（　　）
7. 主生产计划是 MRP 计算的依据，又是 MRP 的目标。（　　）
8. 实施 ERP 通常要求企业变革运行方式。（　　）
9. ERP 中 MRP 为企业指出生产的目标，MPS 则告诉企业为实现目标具体该做些什么。（　　）
10. ERP 系统的功能模块不仅涵盖传统的 MRP 功能模块，还包括财务、人力资源、供应链、营销、生产计划、产品研发等管理功能模块。这些功能模块可根据不同企业的需要进行组合和搭配，为企业提供多种解决方案。可以说，ERP 是企业各项管理职能的集成。（　　）

四、简答题

1. MRP 要解决什么样的问题？
2. 计算物料需求需要考虑哪些因素？
3. 简述 MRP 的逻辑关系及其输入、输出。
4. 简述闭环 MRP 与开环 MRP 的区别。
5. 简述 ERP 的内涵及特点。
6. 简述 ERP 的管理创新。

第 9 章 作业计划

学习目标

- 了解作业计划的概念。
- 了解单一作业中心的排序和两个作业中心的排序。
- 熟悉作业排序的目标及任务、准则、分类、假设和数学表示。
- 掌握制造业企业作业计划的类型，包括任务指派等。
- 掌握制造业企业作业计划的影响因素、制订条件。
- 掌握服务业企业作业计划的特点、影响因素和制订方法。

逻辑框架

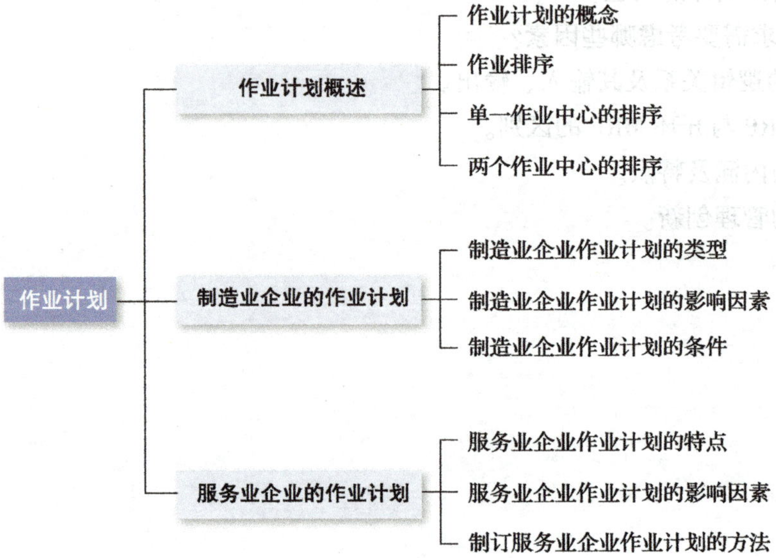

图 9 – 1　作业计划逻辑框架

引导案例

大学排课系统原来并不简单

随着高校招生数量的不断增加，各高校专业数量增加、师资队伍建设加快、招生数量迅速增加，同时课程也在扩增，但是高校的实验室、实训室、教学设备等硬件设施越来越紧张。在此背景下，一个能协调好教师、学生、时间等关系的高效排课系统就变得非常关键。

排课系统既是一个解决各种资源冲突的过程，也是一个提高教学效率的过程。具体而言，一个好的排课首先要考虑硬性约束条件，例如每个系的每一教学计划中涉及的课程都应该开课，不能出现开课遗漏等教学事故；一个教师能教授多门课程，但是该教师所教授的不同课程不能在同一时间里；不能将学生数量多的班级安排在座椅少的教室里，特别是合班上课的情况，要考虑几个班的学生数量要小于座椅的数量。其次，还要考虑软性约束条件，例如，重要的专业课要排在较好的时间段里；每一个班级的课程要相对均匀地分布在周一至周五的工作学习日中；出于人性化，要让教师和学生尽量少在不同的教学环境下上课，避免出现过多的时间浪费。总体而言，一个排课系统主要包括以下几个流程，如图9－2所示。排课需要大量限制条件，而排课最为重要的依据就是每个专业的教学计划。所以排课前首先要把教学计划制订好，之后可以根据具体的教学安排和每个专业的总的人数来确定所开的课程及课时。

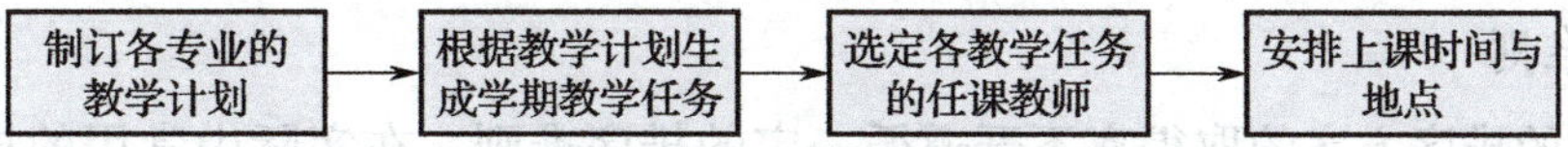

图9－2　排课流程示意

目前，有模拟手工排课法、遗传算法、拉格朗日法、图论法、贪心法、回溯法、二次分配型法、模拟退火算法等方法来解决编排课表的问题。但是，编排课表问题是多个约束条件的交叉合集，因而整个问题非常复杂。如果期望通过仅使用纯数学的方法来解决它，其结果可能使得整个算法的时间耗费和规模会呈现几何数级的增长，所以使用单纯数学方法来解决编排课表问题是非常困难的。因此，使用软件技术设计开发一个合理的排课系统，不仅可以解放大量的人力资源，还能充分利用教学资源提高教学效果。

资料来源：

[1] 郎云海．大学排课系统的分析与设计 [J]．通讯世界，2019，26 (6)：267－268．
[2] 张义广．高等院校排课系统的设计与实现 [D]．南昌：南昌大学，2019．经编者改编。

9.1 作业计划概述

9.1.1 作业计划的概念

作业计划是指把企业的作业任务进一步细化分解到短期，规定每个环节和每个单位时间的具体任务，并组织计划的实施。作业计划的实质就是将资源分配给不同的任务，按照既定的优化目标，确定何时利用何种资源的问题。作业计划的目标是安排并完成作业任务，同时使每个作业环节达到均衡，进而全面完成各项技术经济指标。

这里需要注意的是，由于生产类型的不同，作业计划要解决的问题的侧重点也不同。此外，在制订作业计划过程中，任务的分配很可能带来加工顺序问题。

9.1.2 作业排序

作业排序就是确定各个作业在作业中心的处理顺序。例如，大学里的排课就是作业排序问题的典型例子，它需要把班级、课程、教师、教室和时段全部确定下来。

在作业排序方面，主要从以下五个方面来介绍：

1. 排序的目标及任务

排序追求的目标：一是满足顾客的交货期要求或满足下一道工序的交货期要求；二是准备时间最短，总成本最低，如在服务业中，减少顾客在系统中的平均数量和缩短顾客的平均等待时间等；三是流程时间最短，即各项作业在加工过程中所消耗的时间最少，这可通过提高设施的利用率来实现；四是在制品的库存数最少。这里需注意的是，排序的这些目标在通常情况下不能同时实现。

排序的任务：一是决定作业执行的顺序；二是分配作业、机器、人员到作业中心或者其他特定地点。

2. 排序准则

切实可行的排序方案的取得离不开遵循一定的排序准则，在实际中常用的排序准则有以下几种：

1）先到先服务（FCFS）准则。即作业按照到达工作中心的先后顺序进行加工处理。

2）最短作业时间（SPT）优先准则。即作业顺序取决于它在工作中心的加工时间，作业时间最短的优先处理。

3）交货期最早（EDD）优先准则。即根据预定的交货日期，交货期最早的作业优先处理。

4）最短松弛时间（SST）优先准则。即根据平均松弛时间，松弛时间最短的作业优先处理。平均松弛时间是指当前时点距离交货期的剩余时间与零件剩余加工时间之差。

5）最小临界比（SCR）优先准则。即选取临界比最小的作业优先处理。临界比是指作业允许停留时间和剩余的作业时间之比。

6）最长剩余作业时间（MWKR）优先准则和最短剩余作业时间（LWKR）优先准则。即优先选择余下作业时间最长或最短的作业。

7）最多剩余作业数（MOPNR）优先准则。即优先选择余下作业数最多的作业。

这些排序准则各具特色，且这几种准则在后面还会进行详细的介绍。

3. 排序问题的分类

排序问题有多种分类方法，可以按机器的种类和数量、零件到达车间的情况、目标函数的性质和情况、参数的性质等进行分类。

（1）按机器的种类和数量分类　按机器的种类和数量的不同，排序问题可划分为单台机器的排序问题和多台机器的排序问题。其中，多台机器的排序问题又可按零件加工路线的特征，进一步划分为零件加工路线不同的单件作业排序问题，以及所有零件加工路线完全相同的流水作业排序问题。

（2）按零件到达车间的情况分类　按零件到达车间的情况不同，可以将排序问题划分为静态的排序问题和动态的排序问题。其中，静态的排序问题是指当进行排序时，在所有零件都已到达的情况下，一次对它们进行排序。动态的排序问题则是指在零件陆续到达时，要随时安排它们的加工顺序。

（3）按目标函数的性质和情况分类　按目标函数的性质不同，可将排序问题划分为多种类型。如对于单台机器的排序而言，目标是使平均流程时间最短或使误期完工零件数最少，实质上属于两种不同的排序类型。此外，按目标函数的情况，排序问题可分为单目标排序问题与多目标排序问题。现在研究的多为多目标排序问题。

（4）按参数的性质分类　按参数的性质，排序问题分为确定型排序问题与随机型排序问题。其中，确定型排序问题中的加工时间和其他有关参数是已知确定的量，随机型排序问题则与之相反，加工时间和有关参数为随机变量。需注意的是，两种排序的解法并不相同。

4. 排序问题的基本假设

为便于研究，构建数学模型，需要对排序问题提出一些基本的假设条件。

1）一项作业不能同时在几个作业中心加工。

2）作业在加工过程中采取平行移动的方式，即当上一个作业中心加工完成后，立即送到下一个作业中心加工。

3）不允许中断。一项作业一旦开始加工，必须一直进行到完工，不得中途停止。

4）每个作业过程只在一个作业中心完成。

5）作业数、作业中心数和加工时间已知，作业时间与加工顺序无关。

6）每个作业中心同时只能加工一项作业。

5. 排序问题的数学表示

1967 年，康维等人首先提出对于排序问题的表示方法，即四参数表示法，本章中就将采用此方法来表示大多数不同的排序问题。

四参数表示法的形式：$n/m/A/B$。

式中，n 为作业数；m 为作业中心数；A 为车间类型；B 为目标函数，通常情况下是使其值最小。

需注意，在 A 的位置若标以“F”，则表示流水作业排序问题；若标以“P”，则表示流水作业排列排序问题；若标以“G”，则表示一般单件作业排序问题。当 $m=1$ 时，则 A 处为空白。原因在于单台机器的排序问题无所谓加工路线问题，进而也就谈不上是流水作业还是单件作业的问题。

有了这四个参数，就可以简明地表示不同的排序问题。例如，$n/5/P/C_{max}$ 就表示：n 项作业经五个作业中心的流水作业排列排序问题，目标函数是使最长完工时间 C_{max} 最短。

9.1.3 单一作业中心的排序

单一作业中心就意味着多个作业在一个作业中心加工，在这种情况下，作业中心的资源占用都是一样的。如果考虑全部作业的平均流程时间、作业的延迟时间等指标，就产生了作业排序问题。下面介绍三种常用的单一作业中心的排序准则：

1. 先到先服务准则（FCFS 准则）

FCFS 准则在服务业和制造业中均有应用，它是指按照作业到达作业中心的先后顺序进行加工。在服务业内，在同一优先级中，一般按照该准则进行排队服务，如为保证老年人得到较快的服务，可以设置老年公民的专门队列等。

FCFS 准则的优点是能简化企业内部的物流组织，缺点是当一项作业时间过长时，会延迟其他作业的完成。

2. 最短作业时间优先准则（SPT 优先准则）

SPT 优先准则就是把加工时间短的作业排在前面，最终实现作业的平均流程时间最短。

SPT 优先准则从制造业角度来看，其优点是使在制品库存最少，同时它也能使作业平均流程时间最短。其缺点是当持续不断的有新的加工时间短的作业到达作业中心时，会使加工时间长的作业一直处于等待的状态。从服务业角度来看，该准则的优点是使具有最短服务时间的顾客获得优先服务，从而使所有顾客的平均等待时间最少且相应的服务设施最少。但是，它的缺点是若一直使用该准则，往往会造成需要较长服务时间的顾客过多的等待。

3. 交货期最早优先准则（EDD 优先准则）

EDD 优先准则是指把交货期最紧迫的作业安排在最前面。

EDD 优先准则从制造业角度来看，其优点是使平均延迟时间最短，缺点是它并未考虑作业加服务的管理思路；从服务业的角度来看，其优点是使那些随后有较紧急事情待办的顾客优先得到服务，缺点是可能导致不公平和造假现象的出现。

9.1.4 两个作业中心的排序

两个作业中心的排序是指 n 项作业在两个作业中心排序的情况，即作业序列中有些待确定加工顺序的作业，这些作业要顺次经过两个作业中心。一般情况下，都是先在第一个作业中心加工，然后再移动到第二个作业中心加工。

解决该类排序问题的准则是于 1954 年提出的约翰森和贝尔曼准则，常称 Johnson 准则。这种准则的算法步骤如下：

1）在全部作业中找出加工时间最短的作业。需注意，当存在作业加工时间相同的情况时，任意选取其中的一项。

2）若最短的加工时间发生在第一个作业中心，则把相应的作业尽可能往前排；若最短加工时间发生在第二个作业中心，则把相应的作业尽可能往后排。需注意，若最短加工时间有多个，则任意挑选其中一个。

3）从作业序列中划掉已确定的作业，然后重复 1）和 2），直至确定全部作业的加工顺序。

此外，按照 Johnson 准则进行求解，最终确定的排序方案可能不止一个，但能保证所确定的排序方案对应的加工周期都相等且最短。

章内阅读

电子排班，促护理岗位管理优化

目前，医学模式不断优化，医改不断深入，医院的信息化建设呈现突飞猛进态势，医院信息系统（HIS）在护理管理应用领域中实现逐渐普及，临床护理工作及护理质量在信息化平台的发展中不断得到提升。

2017 年，东南大学附属中大医院成立了护理信息小组，在 HIS 的基础上，将原有的排班系统进一步优化，用电子排班系统代替传统手工排班，形成了新的一体化电子排班模块。

新的一体化电子排班系统更加安全、稳定、实用，符合临床护理管理的需求。此外，新的排班系统是进行系统管理的，系统对排班过程中的用户权限、部分功能进行统一的管理。该系统不仅可根据排班内容自动生成相应排班表，内容包括日期、人员、职能等级、班次、责任组长、护士负责的病人数、每日上班的人数等，还可进行工作量的统计。例如排班统计包括护理工作量、出勤天数、班次、夜班数、夜班费、各班次人数、节假日病区护理人员在岗数及各种休息汇总等信息。还可以让各病区护士查看自己的夜班总数、工时数等。

事实证明，通过电子排班，医院能实现人力资源的有效管理，信息化护理管理赋予了其新的发展主题和内涵。同时，合理排班能提高职工的满意度，降低人力资源运营成本及护士的离职率。

9.2　制造业企业的作业计划

9.2.1　制造业企业作业计划的类型

制造业同服务业一样，也要合理利用资源，提高生产率并改进服务质量。制造业企业主要是通过员工的劳动制作产品，进而为顾客提供服务的，它通过事先展示自己的产品来了解顾客的需要。

制造业企业的作业计划可划分为以下三种类型：

1. 大量生产系统作业计划

大量生产系统采用标准化的设备，实行高度专业化的劳动分工，采用流水生产线的生产方式。其生产的产品从制造业角度，包括汽车、家用电器、玩具、制药、器械等产品；从服务业角度，则是自助餐厅、新闻广播、大规模接种疫苗等。该生产系统的核心是生产线平衡，即主要是指为各工作区分配其所需任务，使得它们既符合技术限制，又使各岗位工作时间相平衡。高度平衡的系统使设备、人员的利用效率达到最大，同时也使产出率达到最高。

大量生产系统的目标是使物品或顾客以平稳的速度经过整个系统，且随着顾客或产品经过整个系统，它们将被实施相同的或高度近似的作业。大量生产系统往往是一种流系统，在这类系统中工作流的顺序是相同的，其作业计划可被称为流程车间排程。

大量生产系统在实际生产中存在着多种问题，包括进度安排问题、质量问题、工人缺勤、设备故障等。因此，为保证生产线连续流畅地进行，均衡地生产规格型号各异的产品，应将设备的调整时间和在制品库存最小化处理，同时也要做好以下几项工作：

1）最优化产品组合。利用线性规划等技术确定最佳产出组合，从而使转换时间最短，并能以最低的制造成本获得期望产出。这在肥料、动物饲料、减肥食品制造业尤为突出。

2）采取预防性维护。把设备始终维持在最佳的运行状态，能够使作业流中断次数降到最少。

3）授权。尽可能多地把权力下放到一线工人，以快速消除故障。此外，需注意的是，授权时必须考虑工人对工作任务的态度，避免出现疲倦、旷工和其他问题，进而影响作业流的稳定性以及工作效率的高低。

4）把质量问题降到最低。质量问题的破坏性极大，往往需要停产直到问题解决。而且，生产线上一旦出现质量问题，不仅会导致产品不合格或必须降级处理（产出损失），还浪费了劳动力、材料、工时、动力等资源。

5）资源供应的精益化与时间安排。缺乏供给是明显的中断源，必须要避免。但如果用囤积供给物的方法解决，又会引起很高的持有成本。因此，对不同的资源采取不同的供应策略是一种有效的方式，如缩短供应提前期、制定可靠的供应进度安排、需求计划等。

6）多面手的培养与使用。多面手的培养与使用有助于减少工人数量，并能使之更灵活地应对需求波动。同时，它与专业化的劳动分工并不矛盾。

2. 成批生产系统作业计划

成批生产系统和大量生产系统既有联系，又有区别。从产量水平上看，成批生产系统的产量要低于大量生产系统，高于单件小批生产系统。由于成批生产系统作业计划的核心是工作中心定期地从一项作业转换到另一项作业，因此在产品无须持续生产的情况下，该种系统的生产相对更为经济。但成批生产系统的产出与大量生产系统一样，都是标准的。

成批生产系统生产的产品有罐头食品、印刷品、日化产品等，它涉及三个基本问题，即作业运作规模、作业时间选择和作业排序。

对于作业运作规模而言，它主要是为了确定每一种产品的生产批量，因此有时应用经济生产批量模型就能有效解决问题。但需注意的是，此时应重点考虑转换成本这一因素，且主要应考虑以下几个方面：第一，转换成本取决于作业加工的顺序，考虑作业排序就有可能减少转换成本和时间，如相似的作业在转换时所需准备活动的变化会相对小一些；第二，减少转换时间的同时，要缩短设备转换时的停工期，如模块化设计与制造、离线备料、柔性设备等都是成批生产系统作业计划与生产控制的有效手段；第三，生产多种产品，这样做的原因在于并不是所有生产作业计划都能按最佳运作时间来安排。

3. 单件小批生产系统作业计划

不同于大量、成批生产系统，单件小批生产系统的产品按订单生产，其生产的数量完全取决于订单需求，如定制化的服装等。而订单又因加工时间、加工顺序、所需材料等的不同而存在很大的差异，因此通常情况下，该系统的作业计划非常复杂，产品的品种数量和交货时间都不稳定，且其产量较少。

单件小批生产系统作业计划主要解决两个基本问题，即任务指派和作业排序，具体说就是如何分配各工作中心的工作量及使用哪种作业处理顺序。实际上，任务指派一般先于作业排序进行解决。

任务指派涉及载荷的概念，载荷指的是把特定的工作分配到各工作中心，进而分配给中心的各机器。任务指派可分为有限能力载荷和无限能力载荷。其中，有限能力载荷是指分配给作业中心的任务不能超过该作业中心能力的限制；无限能力载荷则是指分配给作业中心任务时不考虑作业中心的能力限制。

此外，任务指派还有一种直观的图示方法，即甘特图，甘特图能够用于与载荷相关的各种目的或企业的进度安排。使用甘特图的目的，是在某个时间框架中直观地显示资源的实际或预期使用情况。大多数情况下，横轴表示时间，纵轴表示被安排的资源，资源时间的使用和空闲则反映在表体中。使用甘特图的优点在于简单便捷，一般人员无须经过培训就可使用。而且甘特图的形式多样，计划人员可根据这种直观的图形，把作业任务分配到各个作业中心。

【例9－1】

某制造车间8月计划制造某机器配件5000个，本月上旬的计划和实际制造量见表9－1。全月24个工作日，试预测8月计划完成情况。

表9－1 制造车间机器配件日制造量资料 （单位：个）

工作天数	1	2	3	4	5	6	7	8	9
计划日制造量	230	250	350	270	360	350	450	480	300
实际日制造量	200	270	390	290	360	330	440	500	300

【解】

1）从上表可计算得到8月上旬累计计划制造量为3040个，累计实际制造量为3080个。二者进行对比，可以看出，为达到准时生产，应把目前的生产率降下来，避免机器配件的积压，以及库存费用的增加。

2）整体计划完成情况分析。时间正好过了1/3，但累计计划制造量占全月计划制造量的比率为3040/5000×100%＝60.8%，超过了1/2，累计实际完成制造量占全月计划制造量的比率为3080/5000×100%＝61.6%，也超过了1/2。所以在中下旬，不但不能升高生产率，而且应当适当降低生产率。

3）计划进度。实际（上旬）平均日制造量为3080个/9天＝342个/天，到本月月末还应完成的制造量为5000个－3080个＝1920个。所以，8月中、下旬的平均日制造量应为1920个/15＝128个，对比实际完成制造量和计划完成制造量可知，在中、下旬的制造过程中，应在目前的生产率的基础上降低62.6%［（342－128）/342×100%］。否则，会造成机器配件积压。

从以上计算可以看出，差额推算法简明实用，一般工人就可掌握，而且可根据时间进程随时更新，以最大限度地保证准时制造生产。

9.2.2 制造业企业作业计划的影响因素

制造业企业的作业计划受多种因素的影响，这些因素有来自市场和环境的，也有来自企业内部的，对这些因素要加以关注，才能确保作业计划能如期保质保量地完成。制造业企业作业计划的影响因素归纳起来主要有以下几点：

1. 企业外部的影响因素

企业外部的影响因素主要来自市场。市场导向决定企业的生产计划是否可行，产品质量是否可以得到认可。不同生产类型的企业，其外部影响因素是不同的。

（1）订货型生产企业　订货型生产企业生产的依据是订单量。因此，销售部能否拿回订单和订单数量都会给企业生产投入带来极大影响。当订单数量较少时，企业可能会停产；当企业订单比较多时，企业员工可能会安排较多的加班，还可能出现交期延误等现象。

（2）备货型生产企业　备货型生产企业生产的依据是对于需求的预测。因此，消费者需求的变化和下游企业的存货量都会影响该类企业的作业计划。当预测某产品的需求即将增加时，企业应该提前组织生产。此外，该类型企业也应考虑企业人员增减、工作量大小的合理设置等问题。

2. 企业内部的影响因素

企业内部各种资源的限制，都会在一定程度上影响制造业企业作业计划的实施。其主要包括以下几种资源的影响：

1）作业到达模式。作业到达模式有静态和动态两种。其中，静态模式包括成批量到达，动态模式则是指订单到达时立刻安排生产加工。

2）设备的数量和种类。设备的种类和数量会明显地影响企业生产作业计划的编制。

3）员工和机器的比例。设备的数量越多，企业的生产作业计划就越复杂。同样，员工数量的多少将直接决定企业劳动力的大小和产量，进而会影响制造业企业作业计划的实施。

4）作业的流动模式。作业的流动模式有流程式和随机式等多种类型，这些类型均会对制造业企业作业计划的实施产生影响。

5）分配作业的优先规则。

6）生产空档和工艺路线安排的影响。因为订单大小和紧急程度不同，如果不能够利用生产的空档期来安排小批量订单生产或者加急订单的生产，就很可能会导致交期延误。因此，生产空档期时间的长短，会直接影响企业生产的顺利与否。此外，工艺路线是否顺畅，会影响产品的生产周期和成本。在编制生产计划时，也要考虑企业固有工艺路线上的产品生产时间所造成的影响。

分析制造业企业作业计划影响因素的根本目的是要做到因势利导，变劣势为优势，通过科学导向，为企业赢得市场，赢得机遇。

9.2.3 制造业企业作业计划的条件

制造业企业的作业计划离不开生产控制，因此实施生产控制的条件也可以说是制造业企业作业计划的条件。而实施生产控制的条件有以下几点：

1）存在一个标准。标准能衡量实际情况发生偏离的程度。此处的标准是指生产计划和生产作业计划。如 MRP 系统生成的零部件投入出产计划等都是实行生产控制的标准。

2）掌握实际生产进度与计划偏离的信息。实施生产控制要有实际生产进度与计划偏离的信息作为支撑，只有取得偏离计划的信息，才知道两者发生了不一致。这可通过计算机辅助生产管理信息系统来实现。

3）采取纠正偏差的行动。实施生产控制必然要纠正偏差，而这主要是通过调度来实行的。

9.3　服务业企业的作业计划

9.3.1 服务业企业作业计划的特点

服务业除了要合理利用资源，不断提高生产率和改进服务质量的特点之外，也有其自身的特点：①服务不能存储；②顾客服务时间具有随机性；③服务运作通过服务台进行；④服务企业很难将营销与运营分离；⑤服务能力与顾客流匹配是服务业企业作业计划的主要问题。而正是因为服务业的这些特点，才导致服务业企业的作业计划中提出了一些制造业服务业企业不常遇到的问题。这主要通过以下两方面来展现。

1. 服务交付系统

服务业有服务交付系统，而制定适当的服务交付系统，就必须确定在何处提供何种服务以及向谁提供服务。因此，首先要明确目标市场。需要注意的是，在确定目标市场战略决策的过程中，必须要确定服务交付系统的设计及其运行方式。其次要确定的就是服务包，服务包是由一组能够给顾客带来特定感受的服务和相应的物理环境构成的，它包括服务所需的支持设施（医院、旅店等），服务中需购买和消费的辅助物品（医疗设备、旅店里的家具等），顾客感受到的显性服务（住宿舒适等），顾客感受到的非实质特性的隐性服务（服务态度等）。

2. 服务特征矩阵

服务特征矩阵可用来说明不同的服务交付系统的特点和需求，可按服务的复杂程度和顾客化程度划分为四组（见表 9－2）。其中，服务的复杂程度表示某种服务所需要的知识和技能的复杂性，这种服务的复杂程度是相对顾客而言的。当顾客缺乏相关知识技能和设备时，难以从事矩阵左半部的活动，而顾客只需花费一定的时间和精力，就能完成矩阵右半部的活动。此外，矩阵上半部的活动顾客化程度高，能够满足顾客特定的需要；而矩阵下半部的活动标准化程度高，能够满足顾客共同的需要。

表 9－2　服务特征矩阵

		服务的复杂程度	
顾客化程度		高	低
	高	Ⅰ	Ⅱ
	低	Ⅲ	Ⅳ

由于服务业与顾客的关系十分密切，它是通过员工的劳动直接为顾客提供服务的。因此，对于主要提供劳务的服务，该服务既可由服务组织（如酒店）提供，也可以由非营利组织（如政府）提供。此外，由于服务业需要与顾客直接接触，因此服务业的员工必须对顾客热情且有礼貌，同时还要具备良好的人际交往技能。

针对服务业的服务特征矩阵的不同特点，可采取不同的策略。如在服务的复杂程度和顾客化程度都低的企业，可以开发一种标准的工作程序，使每个员工都能始终一致地工作，进而保证服务质量。而在需要有较广泛技能的企业，员工要能对顾客的指示做出灵活的响应。因此，员工需要具备很强的悟性和诊断能力。

9.3.2 服务业企业作业计划的影响因素

由于服务业企业有其自身的特殊性，即服务难以储存且服务时间随机，因此服务业企业的作业计划不同于制造业企业的作业计划。影响服务业企业作业计划的主要因素有两种，即服务的易逝性和顾客参与。

1. 服务的易逝性

服务的易逝性对服务业企业的作业计划有计划内容和人员规模两方面的影响。第一，计划内容。不同于制造业企业，服务业企业的作业计划要规定服务交易的时间或地点。第二，人员规模。顾客的到达及服务时间具有随机性，因此难以确定服务的输出与劳动力的最佳规模二者之间的关系，进而也就对服务业企业作业计划的制订产生了影响。

2. 顾客参与

服务本身的性质决定了顾客参与的程度，顾客参与服务的过程对服务业的作业计划既有正面影响，也有负面影响。其中，正面影响主要是发挥顾客在服务运作中的作用，不断提高服务能力和改进服务质量，与顾客共同创造价值。其负面影响则包括服务系统难以实现标准化，影响了服务组织的工作效率；控制服务时间的难度增加；服务评价是一种主观判断，顾客的信息反馈会影响员工的工作积极性甚至服务质量等。

9.3.3 制订服务业企业作业计划的方法

制定服务业企业作业计划需要考虑三方面，即服务运营策略、服务作业计划和员工任务指派。

1. 服务运营策略

企业通常采用两种策略来降低因素的影响：将服务的易逝性最小化，以及将顾客参与服务过程的影响最小化。想要采取这两种策略，就应该：第一，在顾客需求调查的基础上，提供模块化的服务产品，如饭店的菜单或快餐店的食品等；第二，将部分作业与顾客分离，做到互不干扰，如饭店总是设置前台和后台等。

2. 服务作业计划

企业的类型不同，制订作业计划的方法也就不同。通常采用以下两种基本方法来制订服务业企业的作业计划。

（1）安排顾客需求　安排顾客需求就是根据不同时间可利用的服务能力来对顾客排序，将顾客需求分配到服务能力的不同时段内，以提供准时服务和充分利用能力。一般情况下，安排顾客需求采用预约、预订和排队等候的形式。

1）预约。预约能给予顾客特定的服务时间，医生就是使用预约系统提供服务的典型例子。预约的目的在于控制顾客到达的时间，在使顾客等候时间最短的同时使服务能力利用率最大化。因此，该种方法的优点就是能为顾客提供及时的服务，并能提高服务系统和服务人员的效率。该种方法的缺点则是若预约时间设计不当，可能导致顾客等待时间过长，招致顾客的不满。此外，若顾客迟到或取消预约，企业也应有相应的预案，如采用固定时间间隔的预约模式等。

2）预订。预订通常应用于顾客接受服务时需占据或使用相关服务设施的情况，如酒店、旅馆、飞机、餐馆等经常使用预订系统。该种方法的优点是服务管理者有一定的提前期来做出服务计划，以充分利用服务设施。同时，一般情况下，顾客预订时要支付一定数额的抵押金，这样有效减少了放弃预订的现象发生。此外，预订最重要的优势在于其可使需求与服务能力互相匹配，能够使服务系统对特定期间的系统需求做出比较精确的估计，从而使顾客由于长时间等待、得不到服务等而产生的失望感降至最低。

3）排队等候。这里需注意的是，顾客到达时间和服务时间都有随机性的特点，即使服务能力再充分的系统也可能出现排队的现象。

（2）安排服务人员　安排服务人员就是通过适当安排服务人员来调整服务能力，将服务人员安排到顾客需求的不同时间段内，以满足不同时间段内的不同服务要求。这种方式通常适用于需要快速响应顾客需求，且需求总量可以预测的情况。如护士、商场营业人员的工作日以及休息日安排均是采用这种方式的典型例子。

3. 员工任务指派

在实际工作中，经常会遇到这样的问题：如何在每个工程小组完成不同工程项目时成本或效率不同的情况下，把工程项目分配给不同的工程小组。这类问题所涉及的就是员工任务指派。员工任务指派就是在满足基本需要的前提下，估算所需员工的最小数量，把不同的任务分配给最合适的员工。

标准的员工任务指派问题中的任务项数与员工人数应相等，其目标是使任务与资源得到最佳的匹配。但由于任务数或员工数很大，很难找到一个向员工合理分配任务且总成本最低的方案。因此，对于此类问题，可利用匈牙利算法快速找到最优的分配方案。

匈牙利算法适用于一对一这种极小型的配对组合，它要求每项任务都必须只分配给一位员工，且每位员工都有能力完成任一任务，各分配方案的成本已知，且固定不变。

匈牙利算法的步骤如下：

1）从加工时间（费用）矩阵的每一行中找到最小的数值，用每行的数减去该最小数，得到一个新矩阵。

2）在新矩阵的每一列中找到最小的数值，用每列的数减去该最小数，得到一个新矩阵。

3）在实施2）得到的矩阵中，用总数最少的横线或竖线覆盖其中所有的0。如果横线与竖线的数量之和等于矩阵的行数，则已找到最优矩阵，转向6），否则转向4）。

4）把矩阵中所有未被覆盖的数减去其中的最小数，并将这个最小数加到横线与竖线交叉点上的数上，被覆盖的其他非交叉点上的数不变，得到一个新矩阵。

5）重复3）和4），直到获得最优矩阵，即覆盖其中所有0的横线与竖线之和等于矩阵的行数。

6）从仅有2个0的行或列开始，找出0对应的分配方案，每行和每列仅能确定一个数，最后使每行和每列都有一个0。0所对应的就是最优分配方案。

本章小结

MRP确定了各车间的物料需求计划，将生产计划转变为了各车间的生产任务并规定了每个基本生产单位在每个时段的作业任务。但若想完成既定的生产任务，必须将物料需求计划转化为作业计划，真正的让生产计划落实。车间生产作业计划的完成，保证了全厂生产计划的完成。但是，仅根据作业计划并不能保证生产任务的按期完成，为此，还必须实行作业控制。作业控制的适用范围较广，它是指根据生产实际，不断地分析实际与计划之间的差距，并采取措施减少这种差距的方法。由此可见，作业控制十分重要。

本章主要讨论了作业计划要解决的问题、作业排序、单一作业中心及两个作业中心的排序，更是进一步重点介绍了制造业企业作业计划和服务业企业作业计划的特点、影响因素、制订方法、条件等问题。

案例分析

一种基于历史客流大数据的公交智能排班方法及装置与流程

传统的公交运营计划排班方法主要是基于从业人员的经验以及历史的运营情况得到排班结果。随着公共交通的快速发展和出行人口的增加，公交出行的需求也日新月异，进而出现了典型的运力运量不匹配的情况。在这种情况下，乘客高峰期的乘坐体验受到了影响，大量的资源也在平峰期被浪费。

目前，为克服现有技术的不足，出现了一种基于历史客流大数据的新的公交智能排班方法，该方法更加贴近客流规律，切合市民的出行需求。

该方法的主要操作步骤如下：

步骤1：获取公交公司基础数据集。该基础数据集包括某线路运营时间、司机配备数量、车辆配备数量，以及线路的站点位置信息。

步骤2：获取数天的历史客流大数据。通过车载客流采集装置采集历史客流数据，包括某线路的公交开关门时间、上车客流数、下车客流数、公交开关门时的GPS位置信息、车辆唯一编号等。步骤1和步骤2没有先后顺序关系。

步骤3：对步骤2中的所述历史客流大数据集进行处理，去除错误数据，并填充空白数据。

步骤3-1：去除错误数据。具体操作如下：

1）若某条客流数据中所述GPS位置信息的数据丢失，则舍弃此条客流数据。

2）通过所述GPS位置信息匹配站点位置信息，若所述GPS位置与匹配的站点位置的距离大于5~15m，则舍弃此条客流数据，否则用站点位置信息替换对应的GPS位置信息。

3）若所述历史客流数据集中出现了两条或者多条完全相同的客流数据，则保留其中的一条客流数据，其他的删除。

步骤3-2：填充空白数据。为避免舍弃的客流数据影响所述客流数据集，造成以偏概全的缺陷，使用之前日期中相同时间点或最接近时间点、相同站点位置的有效记录来填充舍弃了客流数据的空白。

步骤4：统计数天内各个时间段的平均客流量q，得到客流的时间分布特征。

步骤5：根据公交公司的所述车辆配备数量、线路运营时间和历史客流大数据，及所述客流的时间分布特征，获取行车时间表。

步骤6：对行车时间表配车智能生成排班。

步骤7：将自动生成的排班输出至公交管理系统。

该公交智能排班方法及装置与流程充分体现了作业计划的重要性，拥有一套好的作业计划不仅能提高公司的效率，还能为公司带来更多的收益。

资料来源：

南京行者易智能交通科技有限公司. 一种基于历史客流大数据的公交智能排班方法及装置与流程［EB/OL］.［2022-04-23］. https://www.xjishu.com/zhuanli/57/201811419978.html. 经编者改编。

【问题思考】

公交智能排班方法体现了排序追求的哪些目标？

【案例讨论】

公交智能排班方法主要体现了两个排序追求的目标：一是满足顾客的客流量需求，出行人口的增加，公交出行的需求也日新月异，该方法更能满足日益增长的顾客需要，增强顾客的满意度；二是它是基于历史客流大数据而产生的一种方法，更符合客观规律，能尽可能地减少公交运营过程中资源的浪费，提高利用效率。

本章习题

一、单选题

1. 下列哪项可将生产计划任务最终落实到操作工人身上？（　　）

A. 流程设计　　B. 能力计划

C. 生产大纲　　D. 排序和车间生产作业计划

2. 根据各项工作开展后反馈的信息，对运转状况加以评价，并做出反应和具体指令，调整有关工作，达到计划目标实现的是（　　）。

A. 生产计划　　B. 生产控制

C. 生产作业计划　　D. 作业计划

3. 作业顺序取决于它在工作中心的加工时间，作业时间最短的优先处理的排序准则是(　　)。

A. 先到先服务（FCFS）准则　　B. 最短作业时间（SPT）优先准则

C. 交货期最早（EDD）优先准则　　D. 最短松弛时间（SST）优先准则

4. 排序问题提出了一些基本的假设条件，以下哪项是其中之一？（　　）
   A. 允许中断　　B. 一项作业不能同时在几个作业中心加工
   C. 每个作业过程在多个作业中心完成　　D. 作业时间与加工顺序有关
5. 单件小批生产系统作业计划的特征为（　　）。
   A. 生产的是通用产品　　B. 重复生产
   C. 按订单生产　　D. 品种较多
6. 大量生产系统在实际生产中存在着多种问题，包括进度安排问题、质量问题、工人缺勤、设备故障等。因此，为保证生产线连续流畅地进行，要做好以下哪几项工作？（　　）
   ①最优化产品组合　②采取预防性维护　③授权　④把质量问题降到最低
   ⑤资源供应的精益化与时间安排　⑥多面手的培养与使用
   A. ①②③④⑤⑥　　B. ②③④⑤
   C. ①②⑤⑥　　D. ③④⑤⑥
7. 服务业中，排队问题的存在是因为（　　）。
   A. 系统中的到达率与服务率是随机的　　B. 排队是系统中应该存在的自然现象
   C. 系统中要求服务的对象太多　　D. 需要利用排队维持秩序
8. （　　）是服务业降低顾客接触程度，提高前台服务效率的方法。
   A. 银行叫号服务系统　　B. 银行大堂经理的设置
   C. 证券交易所投资理财顾问服务　　D. 医院的导医问询服务
9. 在服务业的作业计划中，与顾客接触程度越高（　　）。
   A. 服务的标准化程度越高　　B. 工作的复杂性、例外性越强
   C. 对员工的素质要求越低　　D. 流程的效率越高
10. 影响服务业作业计划的主要因素有（　　）。
   A. 服务的易逝性及顾客参与　　B. 作业到达模式
   C. 对于需求的预测　　D. 企业人员增减、工作量大小

二、多选题

1. 按照与顾客的接触程度，可以将服务业划分为（　　）。
   A. 纯服务作业　　B. 准服务作业
   C. 混合型服务作业　　D. 高接触服务作业
2. 制订服务业企业的作业计划时，减少顾客参与影响的方法包括（　　）。
   A. 增加服务品种　　B. 通过自动化减少同顾客的接触
   C. 将部分操作与顾客分离　　D. 设定一定量库存
3. 制造业企业的作业计划的类型包括（　　）。
   A. 大量生产系统作业计划　　B. 成批生产系统作业计划
   C. 单件小批生产系统作业计划　　D. 主生产计划
4. 任务指派还有一种直观的图示方法，即甘特图，使用甘特图的优点在于（　　）。
   A. 简单便捷，一般人员无须经过培训就可使用
   B. 形式多样

C. 计划人员可通过甘特图把作业任务分配到各个作业中心
D. 图形直观

5. 企业内部各种资源的限制，都会在一定程度上影响制造业企业作业计划的实施，主要受（ ）的影响。
A. 作业到达模式
B. 设备的数量和种类
C. 员工和机器的比例
D. 作业的流动模式
E. 分配作业的优先规则及生产空档和工艺路线安排的影响

三、判断题

1. 作业计划的实质就是将资源分配给不同的任务，按照既定的优化目标，确定何时利用何种资源的问题。（ ）
2. 制造业企业中，排序是指安排工件在机器上的加工顺序。（ ）
3. 确定加工路线是排序要解决的主要问题。（ ）
4. 按机器的种类和数量的不同，排序问题可划分为单台机器的排序问题和多台机器的排序问题。其中，多台机器的排序问题又可按零件加工路线的特征，进一步划分为单件作业排序问题及流水作业排序问题。（ ）
5. 按照 Johnson 准则求解两个作业中心的排序问题，最终确定的排序方案可能不止一个。（ ）
6. EDD 优先准则是优先选择加工时间最短的工件。（ ）
7. 任务指派涉及载荷的概念，载荷指的是把特定的工作分配到各工作中心，进而分配给中心的各机器。（ ）
8. 实施生产控制必然要纠正偏差，而这主要是通过调度来实行的。（ ）
9. 服务特征矩阵可按服务的复杂程度和顾客化程度划分为 4 组。其中，服务的复杂程度表示某种服务所需要的知识和技能的复杂性，这种服务的复杂程度与顾客无关。（ ）
10. 顾客参与服务的过程对服务业企业作业计划的影响均为正面的。（ ）

四、简答题

1. 作业排序的目标和任务分别是什么？
2. 简述排序问题的分类。
3. 比较分析 FCFS、SPT 优先和 EDD 优先三种排序准则的优缺点。
4. 简述制造业企业作业计划的类型及特点。
5. 制造业企业作业计划的影响因素有哪些？
6. 服务业企业作业计划的影响因素有哪些？
7. 结合实例说明制订服务业企业作业计划的方法。

第 10 章 库存管理

学习目标

- 理解库存的概念及其分类。
- 掌握库存的作用。
- 掌握库存管理水平的衡量方法和 ABC 分类法。
- 理解库存管理的基本模型。
- 了解库存管理系统。
- 了解库存管理的新趋势。

逻辑框架

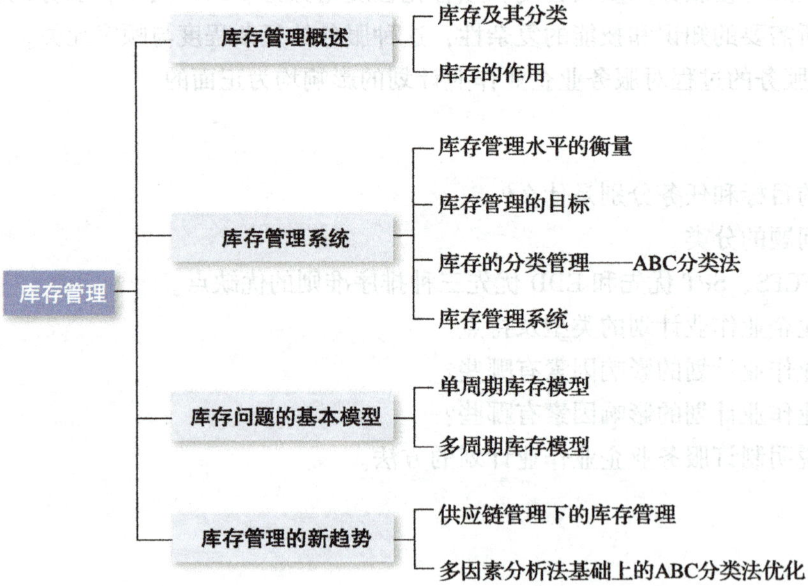

图 10－1 库存管理逻辑框架

引导案例

DX 汽车零部件公司的库存管理困境

江苏省 DX 汽车零部件公司（以下简称 DX 公司）成立于 2008 年，主要生产汽车内部照明及控制模块，其客户包括通用汽车公司、福特汽车公司、上海延锋汽车零部件有限公司等一系列国内外知名企业。随着 DX 公司的快速发展，公司的库存指标不断恶化，库存金额的增速明显高于销售金额的增速，库存周转率由 2011 年的 10.5 降至 2018 年的 5.5，库存周转天数由 2011 年的 34 天增加到 2018 年的 66 天。可见，DX 公司面临着巨大的库存风险和压力。从公司外部与客户的合作模式来看，尽管客户采用的是供应商管理库存（Vendor Managed Inventory，VMI）的方法，让 DX 公司来管理库存，但是客户却不愿意和 DX 公司实时共享销售、库存等信息，导致 DX 公司未能及时调整生产和采购计划，也不能准确地编制出需求计划。因此，DX 公司为了防止生产过程的不确定性，只能多备存货，造成了严重了库存积压。从企业内部制订计划的方式来看，DX 公司的生产部和采购部，为了实现规模经济，达到自己部门提高生产效率、降低采购成本的指标，经常私自调整生产和采购计划，合并工单，进行批量生产和批量采购。最终的结果就是生产出来的产品不是客户立即需要的，买来的原材料也无法立即使用，这些全部形成了库存。还有销售部，在知道客户给的需求预测有水分的情况下，为了不得罪客户，在制订内部需求计划时，不仅不进行合理更正，还放大预测值。此外，各个部门在做预测计划时会考虑各种不确定因素，但是各个部门在制订计划时完全没有沟通，导致不确定性因素被重复考虑，每个环节的计划都被认为放大，结果库存越来越多。

资料来源：

韩昭君，汪玥琦．DX 汽车零部件公司的库存管理困境［EB/OL］．［2022-04-23］．http://www.cmcc-dlut.cn/Cases/Detail/4807．经编者改编。

10.1　库存管理概述

10.1.1　库存及其分类

1．库存的概念

库存是指企业为满足未来需要而储存起来的闲置资源，目的是用于更有价值的生产和销售活动。存货作为企业的一类资产，它具有资产所共有的特征。除以之外，相对于资产的共同特征，它还具有其本身的特征。首先，它作为一定的物质实体存在，是一项有形的资产。其次，它具有较大的流动性，是流动资产的一类。另外，企业储存存货的作用还包括在正常营业状态下予以出售。

2．库存的分类

（1）按库存物资的存在状态分类　按此种方法可将库存划分为原材料库存、在制品库存和产成品库存。原材料库存包括原材料、外购半成品、修理用备件、包装材料等。在制品库存包括处在产品生产不同阶段的半成品。产成品库存包括企业生产的并经质量检验合格的、已办理入库手续但尚未销售出去的库存。

（2）按照库存的功能分类　按此种方法可将库存划分为安全库存、周转库存和调节库存。安全库存是为了应对不确定性而产生的库存，这种不确定性包括企业在采购、生产和销售中的不确定性情形，例如市场需求和市场供给的不确定性。周转库存是由周期性的采购所形成的库存。调节库存是为了调节企业生产中的各种不均衡而设置的，例如需求与供应之间、生产速度与供应速度之间、各个生产阶段的投入与产出之间等的不平衡。

3. 库存问题的分类

（1）单周期库存与多周期库存　单周期库存也被称作一次性订货问题，即某物品在一定时间内只订货一次，消耗完也不再补充订货。例如，圣诞树问题和报童问题是典型的单周期库存问题。多周期库存问题又称重复性订货问题，即在足够长的时间内对某种物品重复、连续的需求，其库存需要不断地补充。例如，超市卖出的商品、制造企业所需的原材料、加油站油品库存等。

单周期库存问题一般出现在以下两种情况中：偶尔发生的对某种物品的需求，例如圣诞树、季节性贺卡等；时效性很强或者易变质的商品的需求，例如报纸、期刊、新鲜的农产品等。

（2）独立需求库存与相关需求库存　根据库存的需求特性，可将库存问题分为独立需求库存和相关需求库存。独立需求是指由市场和企业外部环境决定的、企业不可控的需求。例如，手机的出售量由市场竞争状况、居民的消费偏好等因素来决定，是随机的，企业不能控制，这种需求就是独立需求。相关需求是指由其他产品或项目的需求决定的需求，这种需求是企业可以预知和控制的。例如，对于订单式生产的汽车制造企业，一旦汽车的生产数量确定了，与汽车生产相关的轮胎、玻璃、灯镜等零配件的需求数量和需求时间相应的也可以计算出来，那么这些零配件对企业而言就是相关需求。因此，独立需求库存是指库存管理对象为具有独立需求属性的物品，相关需求库存是指库存管理对象为具有相关需求属性的物品。

独立需求库存问题是本章讨论的重点。独立需求和相关需求都属于多周期需求。

10.1.2　库存的作用

1. 应对不确定性因素

企业在采购、生产和销售环节中存在着众多不确定性因素，例如企业为了预防原材料和市场需求的不确定性，需要储备产成品；为了应对市场供给的不确定，需要储备原材料。当市场需求增大时，企业如不能及时增加生产产量以应对这个变化，可以直接利用库存来满足客户的需求，提高顾客服务水平。在原材料供给紧缺、关键设备有故障的情况下，企业可以利用原材料库存和在制品库存维持企业生产的平稳进行。

2. 平滑对生产能力的要求

持有库存可以平衡需求与供给的波动。很多企业原材料的供应以及产品市场需求常常有季节性，对于季节性的供应和需求，企业必须持有库存。例如，巧克力需求在圣诞节、元旦、春节等节假日会明显增加，为了满足高峰期的市场需求，企业不可能临时购买设备来扩大巧克力产能的生产，淡季时设备闲置也会产生成本。

在一年中的不同时期，产品需求相对比较稳定，但是原材料只有某些时期才能采购到。例如，生产罐装水果的制造商，除非能够从具有不同生长季节的地方采购到原料，否则对于制造商来说，有必要在原材料上市季节大量采购原材料，生产超出当前订单需求的成品，保证库存量。

3. 降低单位订购费用或生产准备费用

为使采购和库存成本最小，公司往往需要一次性地购买超过当前需求的数量，进而降低分摊到单位产品上的采购成本。同样的，在企业的生产过程中，企业生产超过当前需求数量的产品，有利于降低单位产品的生产准备费用，充分发挥设备的生产能力。

4. 避免价格上涨

当企业预期某种原材料或者产品的价格将要上涨时，为避免采购成本增加而以超过平时正常水平的数量进行采购，这种库存也叫作投机性库存。

5. 利用数量折扣

供应商为了鼓励顾客增加购买量或提前购买，会对大量购买产品的顾客给予减价优惠，一般购买量越大，折扣也越大。当数量折扣带来的好处大于增加的管理费用时，企业就会利用这种价格折扣。

10.2 库存管理系统

10.2.1 库存管理水平的衡量

库存管理水平一般由库存周转率和库存周转天数来衡量。库存周转率，又称库存周转次数，反映了企业销售效率和存货使用效率，可以测定企业一定时间内库存的周转速度，是企业营运能力分析的重要指标之一。用时间表示的存货周转率就是存货周转天数。具体的计算公式为

$$库存周转率=\frac{销售成本}{平均库存水平}$$

$$库存周转天数=\frac{计算天数}{库存周转率}$$

一般来讲，库存周转速度越快（即库存周转率越大、存货周转天数越短），存货占用水平越低，流动性越强，存货转化为现金或应收账款的速度就越快，营运资金占用在存货上的金额也会越少，这样会增强企业的短期偿债能力及获利能力，说明了企业的库存管理水平较高。但是，存货周转天数不是越低越好。例如，减少存货量，可以缩短周转天数，但可能会

对企业正常的经营活动带来不利影响。

在用库存周转率衡量某个企业的库存管理水平时需要注意行业可比性。因为不同行业、不同类商品的供应链结构、生产模式、商业模式、商品属性、利润率等特征是不相同的，因此它们相对应的库存管理方法和库存周转率也是不相同的，不具有可比性，所以不同行业间的库存周转率分析比较是没有意义的。部分行业 2021 年存货周转次数情况见表 10－1。

表 10－1　部分行业 2021 年存货周转次数　（单位：次/年）

行业	优秀值	良好值	平均值	较低值	较差值
食品工业	16.6	10.7	6.0	2.6	1.5
房地产开发业	0.7	0.6	0.5	0.4	0.3
电子工业	11.2	7.4	4.3	2.1	1.6
批发和零售贸易业	18.4	15.2	11.9	4.4	2.2
医药工业	6.5	5.0	2.7	1.7	1.2
烟草工业	17.5	15.9	14.6	14.6	13.8
纺织工业	9.6	7.7	4.7	1.7	0.9

资料来源：国务院国资委考核分配局. 企业绩效评价标准值［M］. 北京：经济科学出版社，2021.

10.2.2　库存管理的目标

为了保证企业的正常生产经营活动，库存是必需的。库存不足会影响企业的连续生产、降低市场占有率、损害顾客满意度等，但是库存过剩又会占用企业的流动资金，影响企业在其他方面的投资，增加企业经营风险。因而，如何在保证企业生产经营活动正常进行的同时，又使得流动资金的占用最小，成了管理人员关注的问题。

库存管理的目标是防止超储和缺货，在合理的成本范围内达到满意的服务水平，尽可能地提高企业的库存周转率。在企业库存管理的过程中，对库存的需求量和订货提前期不可控因素，企业无法控制，因而企业库存管理的重点应该放在可控因素上，即对订货量和订货点的管理。

10.2.3　库存的分类管理——ABC 分类法

1. ABC 分类法的基本原理

ABC 分类法就是将库存物品按品种和占用资金的多少分为特别重要的库存（A 类）、一般重要的库存（B 类）和不重要的库存（C 类）三个等级，然后针对不同等级分别进行管理和控制的方法。ABC 分类法按照所控制对象价值的不同或重要程度的不同将其分 A、B、C 三类，通常根据年耗用金额（存货价值或数量 × 成本）将物品分为三类。ABC 分类法示意如图 10－2所示。

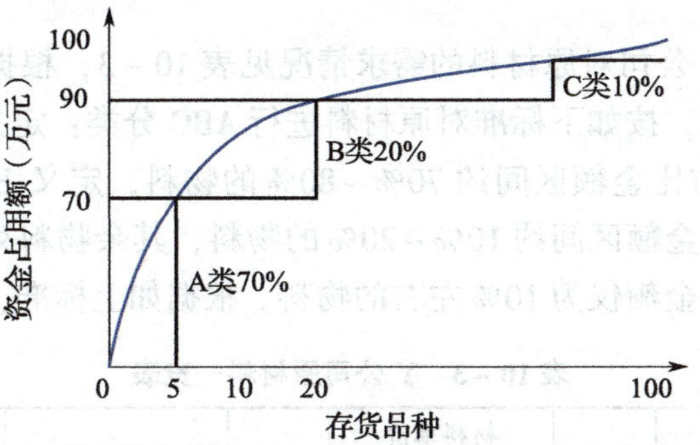

图 10－2　ABC 分类法示意

ABC 分类法采用的指导思想是帕累托法则（20/80 法则），即 20% 左右的因素提供了 80% 的成果，通过对物料的分类，找出占用大量资金的少数物料加以重点管理和控制。

在三种细分类别中，A 类物资是指品种少、占用资金多的重要物资。A 类物资的品种占 10%～20%，却占用了全部库存金额的 70%～80%。C 类物资是指品种多、占用资金少、采购较容易的次要物资。C 类物资的品种占 40%～50%，但只占用全部库存金额的 5%～10%。B 类物资是指介于 A 类和 C 类之间的物资。B 类物资的品种占 30%～40%，占用了全部库存金额的 15%～20%。ABC 分类法各类物资数量与金额占比情况见表 10－2。

表 10－2　ABC 分类法各类物资数量与金额占比情况

分类	数量占比	库存金额占比
A 类	10%～20%	70%～80%
B 类	30%～40%	15%～20%
C 类	40%～50%	5%～10%

2. ABC 分类法的应用

对于 A 类物品，由于 A 类物品对库存金额影响巨大，属于非常重要的物料，必须重点管理。对于这类物料的管理重点：经常盘点，持续监控库存水平；做好销售预测，确保需求的准确度；投入主要人力资源，计算其经济订货点和订货批量且每个月持续检查改进，在确保生产服务满意度的情况下尽量使库存处于较低水平、甚至做到零库存，以达到节约存储成本的目的。要实施连续性盘点政策，做到精准库存管理。

对于 B 类物品，其对库存金额影响一般，这类物品较 A 类零件可做次要管理。因此，要将库存水平控制在一定高度，库存太多会占用大量库存成本，库存太少则无法应对复杂多变的市场需求的增长，很容易出现缺货现象；应计算出库存的合理范围，持续监控库存，根据库存数量进行相应补货，每次订货数量为最大储备量与检查时现有储备量的差，保持持续供给，动态调整。这类物料，通常在进行管理时可采用月度盘点法和常规管理法。

对于 C 类物品，其对库存金额影响较小，可做一般管控，不用投入太多人力资源来管理，尽可能简单地控制。可以实施经济订货批量，设置合理的持有库存量，加大相邻两次检查和订货的时间间隔。

【例 10－1】

一家医疗器械企业 Y 公司对原材料的需求情况见表 10－3，根据 Y 公司原材料的特性和年采购总金额的占比情况，按如下标准对原材料进行 ABC 分类：定义 A 类原材料为数量占比约 10% 而累计库存成本占比金额区间约 70% ~ 80% 的物料，定义 B 类原材料为数量占比约 20% 而累计库存成本占比金额区间约 10% ~ 20% 的物料，其余物料列为 C 类，为数量占比约 70% 而累计库存成本占比金额仅为 10% 左右的物料。根据如上标准，试对其进行 ABC 分类。

表 10－3　Y 公司原材料一览表

产品类别	原材料类别	种类	材料单价（元/单位）	单位	年使用量	年采购总额（元）	采购周期（天）
无菌耗材类	亲肤无纺布（内层）	1	13000	t	6.0	7.80	10
	熔喷布（中间层）	1	28000	t	5.0	14.00	15
	sss 无纺布（外层）	1	14500	t	5.0	7.30	10
	鼻梁条	2	17000	t	1.5	2.60	5
	耳带绳	4	32000	t	2.2	7.00	5
	PVC 料粒	2	12500	t	246.0	307.50	45
	PP 料粒	5	10000	t	55.0	55.00	30
医用配件类	纸塑袋	2	1650	万枚	800.0	132.00	45
	PVC 料粒 2	1	14900	t	211.0	314.40	45
	PE 料粒	1	7950	t	12.0	9.50	20
	TPE 料粒	1	31000	t	9.6	29.80	7
	TPU 料粒	1	65	kg	300.0	2.00	7
	色母粒	4	60	kg	200.0	1.20	30
医疗设备类	主机电机类	2	5.2	万个	45.0	234.00	45
	电源线	4	1.1	万个	45.0	49.50	30
	振荡器线路板	1	2.0	万个	45.0	90.00	15
	定时器	1	1.5	万个	45.0	67.50	15
	电源板	2	0.8	万个	45.0	36.00	45
	保险管座	2	0.9	万个	45.0	40.50	15
	药杯	7	1.0	万个	45.0	45.00	5
	咬嘴	2	0.4	万个	45.0	18.00	5
	布制收纳袋	2	2.2	万个	45.0	99.00	30
	防震泡沫垫	8	0.3	万个	45.0	13.50	15
其他	标签纸	20	500	万枚	10.0	0.50	3
	PP 胶带	2	5	卷	900.0	0.45	3
	捆包带	2	11	卷	60.0	0.07	3
	瓦楞纸箱	15	9.5	万个	3.0	28.50	25
合计		96	—	—	—	1612.62	—

数据来源：汤沈娜. Y 公司原材料库存管理方案研究［D］. 大连：大连理工大学，2021.

【解】

通过对物资进行 ABC 分类，得到的结果见表 10－4。

表 10－4 Y 公司原材料 ABC 分类

原材料种类	种类	种类占比％	年采购总额（万元）	年采购总额占比	原材料分类
PVC 料粒	3	3.13%	621.90	38.57%	A
主机电机类	2	2.08%	234.00	14.51%	A
纸塑袋	2	2.08%	132.00	8.19%	A
布制收纳袋	2	2.08%	99.00	6.14%	A
振荡器线路板	1	1.04%	90.00	5.58%	A
定时器	1	1.04%	67.50	4.19%	A
小计	**11**	**11.46%**	**1244.40**	**77.17%**	**6**
PP 料粒	5	5.21%	55.00	3.41%	B
电源线	4	4.17%	49.50	3.07%	B
药杯	7	7.29%	45.00	2.79%	B
保险管座	2	2.08%	40.50	2.51%	B
电源板	2	2.08%	36.00	2.23%	B
小计	**20**	**20.83%**	**226.00**	**14.02%**	**5**
TPE 料粒	1	1.04%	29.80	1.85%	C
瓦楞纸箱	15	15.63%	28.50	1.77%	C
咬嘴	2	2.08%	18.00	1.12%	C
熔喷布（中间层）	1	1.04%	14.00	0.87%	C
防震泡沫垫	8	8.33%	13.50	0.84%	C
PE 料粒	1	1.04%	9.50	0.59%	C
无纺布	2	2.08%	15.10	0.93%	C
耳带绳	4	4.17%	7.00	0.44%	C
鼻梁条	2	2.08%	2.60	0.16%	C
TPU 料粒	1	1.04%	2.00	0.12%	C
色母粒	4	4.17%	1.20	0.07%	C
标签纸	20	20.83%	0.50	0.03%	C
PP 胶带	2	2.08%	0.45	0.03%	C
捆包带	2	2.08%	0.07	0.00%	C
小计	**65**	**67.71%**	**142.22**	**8.81%**	**14**
合计	**96**	**100%**	**1612.62**	**100%**	**25**

数据来源：汤沈娜．Y 公司原材料库存管理方案研究［D］．大连：大连理工大学，2021.

根据表 10－4 的 ABC 分类结果，A 类物料种类仅占 11.46%，而年采购总额占比高达 77.17%，为重点中的重点监控对象；B 类物料种类占比 20.83%，年采购总额占比 14.02%，需进行较优先管控；C 类物料种类占比 67.71%，年采购总额占比 8.81%，宜选取简单易管控的策略。

10.2.4 库存管理系统

1. 定量订货管理系统

定量订货管理系统又叫固定量系统，就是订货点和订货量都为固定量的库存管理系统。其基本思想是以经济订货批量（Economic Order Quantity，EOQ）模型和订货点的原理为基础，企业固定一个订货点 R，对企业的库存量进行持续监控，当库存量降低到预订的最低库存量（订货点 R）或以下时，向供应商发出固定数量（一般是经济订货批量）的订单进行补充订货，经过一段时间后，订货到达，库存量增加 Q。这段时间叫作订货提前期（Lead Time，LT）。定量订货管理系统库存水平如图 10－3 所示。

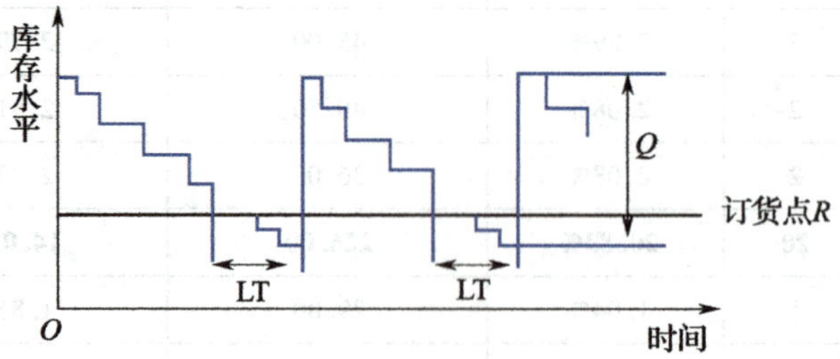

图 10－3 定量订货管理系统库存水平

该系统的优点是通过持续检查库存，能够及时了解和掌握库存的动态，减少缺货风险；每次订货数量是固定的，是预先预订好的经济订货批量，方法简便。缺点是该系统需要对所有存货的实物数量不断地加以核查和盘点，进而增加了库存保管的持有成本；该系统对各项存货的管理是分别进行的，在对每个品种单独进行订货的情况下，即如果不考虑产品联合订货，也会增加订货成本和运输成本。

定量订货管理系统适用于品种数目少、缺货费用高、占用资金较大的产品。

定量订货管理系统可以采用双堆法或双仓法进行控制，即用两个容器存放库存。取用库存时先从第一个容器领用，当第一个容器用完时，就进行订货。在订货提前期内，使用第二个容器内的存货。待订货到达后，先把第二个容器内的库存补充足，再把剩余的存货放到第一个容器内，然后继续开始使用第一个容器内的库存，按此规律循环往复进行。该方法的缺点是占用的仓库面积较大，适合于廉价、用途较为单一、前置时间短的物品。

2. 定期订货管理系统

定期订货管理系统又称固定间隔期系统，其基本思想是固定一个间隔期，每隔一定时期检查一次库存，并发出一次订货，将现有库存补充到最大库存水平 S。在两次订货的间隔期内，库存按照需求不断减少。如果检查时库存量为 L_1，则订货量为 $S-L_1$。定期订货管理系统库存水平如图 10－4 所示。

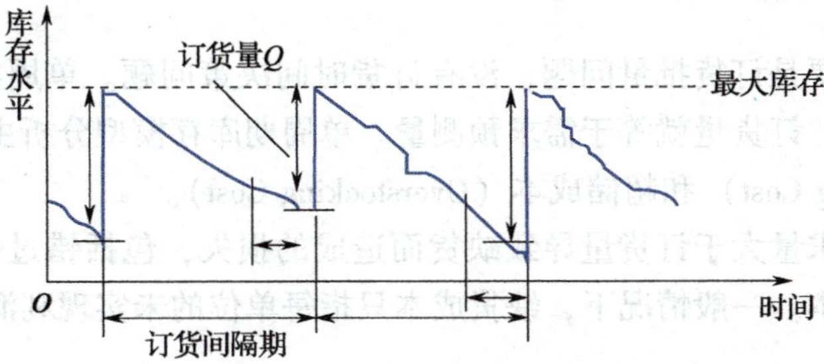

图 10－4　定期订货管理系统库存水平

定期订货管理系统的优点是只需要到了固定间隔期再检查库存量，大大减少了库存管理人员的工作量，进而降低了库存管理费用；由于订货间隔期间固定，多种货物可以同时采购，可以降低订单处理成本、运输成本和获得价格折扣。缺点是无法及时掌握企业库存的实际情况，有时库存量变化很少时，也需要订货。

该系统适用于稳定、可预测的需求且价值低、小批量的物品。

3. 最大最小库存管理系统

最大最小库存管理系统是利用定量订货库存管理系统和定期订货库存管理系统的组合而得到的库存管理系统。该库存管理系统要求企业确定库存量的最大水平、再订货点和固定的盘存周期。企业的库存水平按照固定的时间间隔进行检查，若在检查日库存余额高于预定的再订货点，便不订货；若在检查日库存余额等于或低于再订货点时，便进行订货。订货量等于最高库存水平减去盘存时的库存水平。最大最小库存管理系统库存水平如图 10－5 所示。

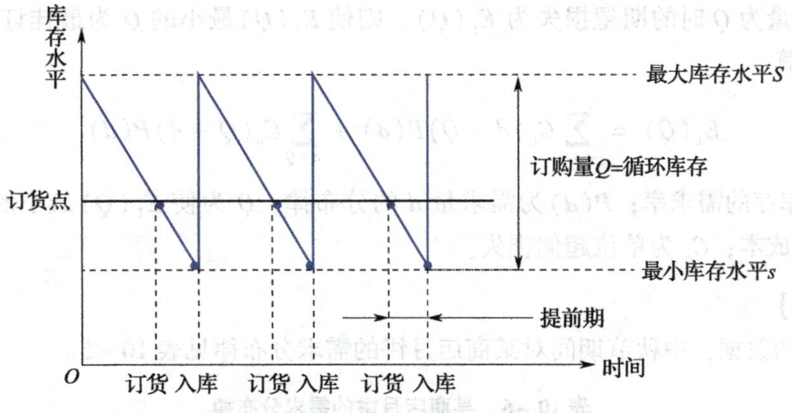

图 10－5　最大最小库存管理系统库存水平

10.3　库存问题的基本模型

库存问题的基本模型包括单周期库存基本模型和多周期库存基本模型。多周期库存基本模型包括经济订货批量模型、经济生产批量模型和价格折扣模型。

10.3.1 单周期库存模型

单周期库存问题主要是订货批量问题，没有订货时间决策问题。单周期库存控制的关键是确定或者估计需求量，订货量就等于需求预测量。单周期库存模型分析主要涉及两种成本：缺货成本（Understocking Cost）和超储成本（Overstocking Cost）。

缺货成本指的是需求量大于订货量导致缺货而造成的损失，包括错过销售的直接成本与损耗顾客信誉的间接成本。一般情况下，缺货成本只指每单位的未实现利润。即

$$缺货成本\ C_u = 单位销售价格 - 单位成本$$

超储成本指的是需求量小于订货量导致超储而造成的损失。一般情况下，超储成本是购买成本与残值之差。即

$$超储成本\ C_o = 单位原始成本 - 单位残值$$

在单周期库存模型下，订购费用和库存费用均是沉没成本，使缺货成本和超储成本之和最小的订货量，就是单周期库存模型下的最优订货水平。单周期库存模型下，确定最佳订货量可采用期望损失最小法、期望利润最大法或边际分析法。

1. 期望损失最小法

期望损失最小法就是通过比较不同订货量下的期望损失，取期望损失最小的订货量作为最佳订货量。

已知库存物品的单位成本为 C，单位售价为 P，若在预订的时间内卖不出去，则单价只能降为 $S(S<C)$ 卖出，则单位超储损失为 $C_o = C - S$；若需求超过存货，则单位缺货成本 $C_u = P - C$。设订货量为 Q 时的期望损失为 $E_L(Q)$，则使 $E_L(Q)$ 最小的 Q 为最佳订货量。$E_L(Q)$ 可通过下式计算

$$E_L(Q) = \sum_{d>Q} C_u(d-Q)P(d) + \sum_{d<Q} C_o(Q-d)P(d)$$

式中，d 为对库存的需求率；$P(d)$ 为需求量 d 的分布律；Q 为使 $E_L(Q)$ 最小的最佳订货量；C_u 为单位缺货成本；C_o 为单位超储损失。

【例 10－2】

按照之前的数据，中秋节期间对某商店月饼的需求分布律见表 10－5。

表 10－5 某商店月饼的需求分布律

需求 d（盒）	0	100	200	300	400	500
分布律 $P(d)$	0.05	0.15	0.20	0.25	0.20	0.15

已知，每盒月饼的进价为 $C=40$ 元，售价 80 元。若在一个月内卖不出去，则每盒月饼只能按 $S=20$ 元卖出。求该商店应该购进多少盒月饼合适。

【解】

设该商店应该买进 Q 盒月饼。

当实际需求 $d<Q$ 时，将有一部分月饼卖不出，每盒超储损失 $C_o=C-S=40$ 元 -20 元 $=20$ 元；当实际需求 $d>Q$ 时，将会产生机会成本，每盒缺货成本 $C_u=P-C=80$ 元 -40 元 $=40$ 元。

若 $Q=300$ 盒，则

$E_L(Q)=[40\times(400-300)\times0.20+40\times(500-300)\times0.15]$ 元 $+[20\times(300-0)\times0.05+20\times(300-100)\times0.15+20\times(300-200)\times0.20]$ 元 $=3300$ 元

类似的，当 Q 取其他值时，也可以计算出 $E_L(Q)$，期望损失计算结果见表 10－6。

表 10－6　期望损失计算结果

订货量 Q（盒）	实际需求 d（盒）						期望损失 $E_L(Q)$（元）
	0	100	200	300	400	500	
	$P(D=d)$						
	0.05	0.15	0.20	0.25	0.20	0.15	
0	0	4000	8000	12000	16000	20000	11400
100	2000	0	4000	8000	12000	16000	7700
200	4000	2000	0	4000	8000	12000	4900
300	6000	4000	2000	0	4000	8000	3300
400	8000	6000	4000	2000	0	4000	3200
500	10000	8000	6000	4000	2000	0	4300

由表 10－6 可以看出，该商店月饼的最佳订货量为 400 盒。

2. 期望利润最大法

期望利润最大法就是通过比较不同订货量下的期望利润，取期望利润最大的订货量作为最佳订货量。设订货量为 Q 时的期望利润为 $E_p(Q)$，其计算公式为

$$E_p(Q)=\sum_{d<Q}[C_u(d)-C_o(Q-d)]P(d)+\sum_{d>Q}C_uQP(d)$$

式中，d 为对库存的需求率；$P(d)$ 为需求量 d 的分布律；Q 为使 $E_p(Q)$ 最小的最佳订货量；C_u 为单位缺货成本；C_o 为单位超储损失。

【例 10－3】

【解】

根据上例，若 $Q=300$ 盒，则

$E_p(Q)=[40\times0-20\times(300-0)]\times0.05+[40\times100-20\times(300-100)]$ 元 $\times0.05+[40\times200-20\times(300-200)]$ 元 $\times0.20+(40\times300\times0.25)$ 元 $+(40\times300\times0.20)$ 元 $+(40\times300\times0.15)$ 元 $=8100$ 元

类似的，当 Q 取其他值时，也可以计算出 $E_p(Q)$，期望利润计算结果见表 10－7。

表 10－7　期望利润计算结果

订货量 Q（盒）	实际需求 d（盒）						期望利润 $E_p(Q)$（元）
	0	100	200	300	400	500	
	$P(D=d)$						
	0.05	0.15	0.20	0.25	0.20	0.15	
0	0	0	0	0	0	0	0
100	－2000	4000	4000	4000	4000	4000	3700
200	－4000	2000	8000	8000	8000	8000	6500
300	－6000	0	6000	12000	12000	12000	8100
400	－8000	－2000	4000	10000	16000	16000	8200
500	－10000	－4000	2000	8000	14000	20000	7100

由表 10－7 可以看出，该商店月饼的最佳订货量为 400 盒，与期望损失最小法得出的结论相同。

3. 边际分析法

边际分析法的原理：如果增加一个产品订货能使期望收益大于期望成本，那么就应该在原订货量的基础上追加一个产品的订货。即增加到第 D 个产品时，下式依然成立

$$P(D)\cdot C_u > [1-P(D)]C_o$$

式中，D 为订货量，$P(D)$ 为需求量大于等于 D 的概率。

随着订货量的继续增加，$P(D)$ 便随之下降。在某一点上，$P(D)$ 可以使上式左右两边的期望值相等，将此时的 $P(D)$ 记为 $P^*(D)$，并称之为临界概率，其计算公式为

$$P^*(D)C_u = [1-P^*(D)]C_o$$

$$P^*(D) = \frac{C_u}{C_o + C_u}$$

式中，C_u 为单位缺货成本；C_o 为单位超储损失；$P^*(D)$ 为最佳订货量。

【例 10－4】

某区域内顾客对报纸的周需求为 200～500 份之间，均匀分布。已知报纸的进价为 1 元/份，售价为 2 元/份。如果一周之内卖不出去，只能降价处理，单位处理费用为 0.5 元/份。报纸的最佳订货量是多少？

【解】

（1）计算超储成本和缺货成本

$$C_o = 1\text{ 元/份} - 0.5\text{ 元/份} = 0.5\text{ 元/份}$$

$$C_u = 2\text{ 元/份} - 1\text{ 元/份} = 1\text{ 元/份}$$

（2）计算最佳订购量对应的概率

$$P^*(D) = \frac{C_u}{C_o + C_u} = \frac{1}{0.5+1} = \frac{2}{3}$$

(3) 确定最佳订购量

因为顾客对报纸的需求服从均匀分布，D^* 的值是从 200 到 500 的 2/3 处，即 $D^* = 200$ 份 + (500 − 200) × 2/3 份 = 400 份报纸。因此，该区域报纸的最佳订购量是 400 份。

这一求解过程如图 10－6 所示。

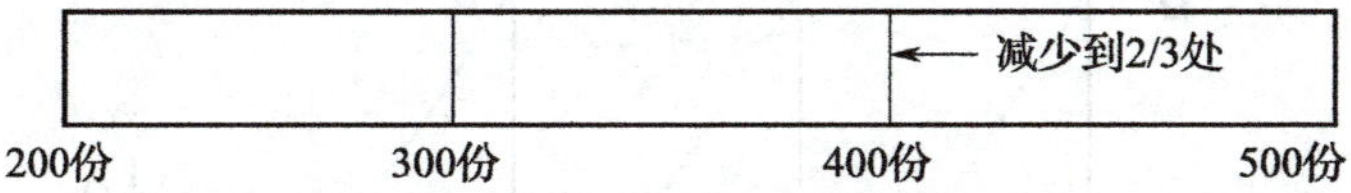

图 10－6　报纸最佳订货量求解过程

10.3.2　多周期库存模型

1. 库存成本的构成

与库存相关的四种基本成本分别为订货成本、持有成本、购置成本和缺货成本。

1）订货成本（Ordering Costs，CO）是指与发出订单和收到订货有关的成本，例如商务洽谈费、运输费、检验费等各项费用。订货成本只与订货次数有关，一般与一次订货量多少无关。

2）持有成本（Holding Costs，CH）是指与企业为保有和管理库存而承担的费用开支，包括固定成本和变动成本。固定成本，例如仓库折旧、保管员固定工资；变动成本，例如物品资金占有的资金利息、水电费等。这部分成本与物品价值与平均库存量有关。

3）购置成本（Purchasing Costs，CP）是指购买或生产物资所消耗的费用，通常包括货物的买价、运杂费、装卸费、保险费、相关水费等。这部分成本主要与订货数量和单位购置成本有关。

4）缺货成本（Shortage Loss Costs，CS）是需求量大于现有的库存量而造成的经济损失，包括未实现销售的机会成本、因延期交货而支付的罚金以及商誉上的损失等。缺货成本取决于保险储备量，保险储备量越高，缺货的可能性越小，缺货成本越低；反之，缺货的可能性越大，缺货成本越高。

2. 确定型库存订货模型

在确定型库存订货模型中，库存问题的参数是确定的，即假定需求率和订货提前期都是确定的。

(1) 基本经济订货批量模型　经济订货批量（EOQ），即按照库存总费用最小的原则确定订货批量，这种确定订货批量的模型就称为经济订货批量模型。

基本经济订货批量模型是在以下基本假设下进行分析讨论的：

1）能及时补充存货，即存货可瞬时补充。

2）能集中到货，即不是陆续入库。

3）不允许缺货，即无缺货成本。

4）需求率均匀，且为常数。

5）订货提前期已知，且为常数。

6）存货单价不变。

7）企业现金充足，不会因现金短缺而影响进货。

8）所需存货市场供应充足，可以随时买到。

在以上假设条件下，库存量的变化如图 10－7 所示。

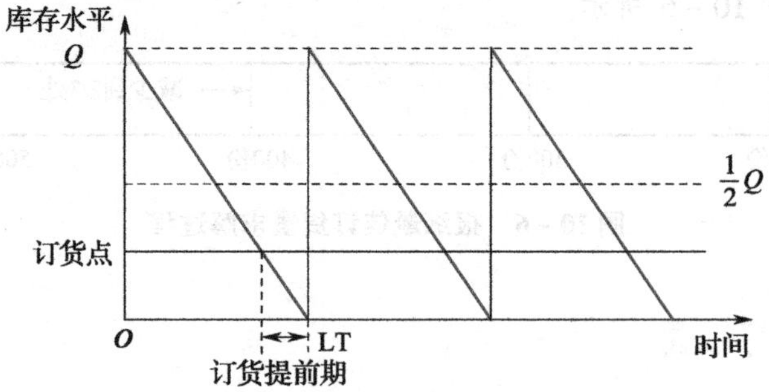

图 10－7　经济订货批量模型库存水平

（2）其他拓展库存模型

1）经济生产批量模型。在 EOQ 模型中，假设存货的补充是瞬时交货的，这一点往往不符合企业生产实际。在实际中，库存是边补充边消耗的，也就是说当生产率大于需求率时，库存是逐渐增加的。当库存达到一定量时，就停止生产。当库存减少为 0 时，又继续开始生产。由于生产准备费用和生产准备时间的存在，在补充成品库存的生产中就出现了一次生产多少最经济的问题，这就是经济生产批量（Economic Production Quantity，EPQ）问题，其假设条件除了与 EOQ 模型的第一条不一样之外，其他均相同。

经济生产批量是指使持有费用和生产准备费用之和最小的生产批量。

2）数量折扣模型。数量折扣是供应商为了扩大销售，当顾客的购买量达到一定的标准时，在一定的订货批量范围内，对每批订货的所有商品提供的折扣减让。该模型的假设条件仅有一条与 EOQ 模型假设条件不一样，即允许有价格折扣。

在数量折扣模型中，订货批量的目标是选择总成本最小的订货量，也就是说使持有成本、订货成本和购置成本之和最小的订货量，就是最佳订货量。

3）随机型库存订货模型

在随机型库存订货模型中，库存问题的参数是随机变量，即假定需求率和订货提前期都是随机的，这样更符合企业的实际情况。

随机型库存订货模型是在以下基本假设下进行分析讨论的：

①年平均需求量（D）已知。

②对库存的需求率（d）和订货提前期（LT）为已知分布的随机变量。

③补充率无限大，全部订货一次同时交付。

④允许缺货，但是一旦到货，所欠货必须补上。

⑤无数量折扣。

在随机型库存订货模型中，使得订货成本、持有成本和缺货成本之和最小的订货量即为最佳订货批量，但是该公式十分复杂，难以在实际中应用。在企业实际中，一般利用服务水平和安全库存来确定订货点。

10.4 库存管理的新趋势

10.4.1 供应链管理下的库存管理

在当前的竞争环境下，企业的库存管理已不仅仅是企业内部的库存管理，更多的是基于供应链环境中的库存管理。这要求企业不断提高自身的竞争优势，积极加入上下游企业的供应链环节中，同上下游的企业加强协作，只有这样，库存管理目标才能真正实现。供应链管理下的库存管理方法主要有供应商管理库存、联合库存管理、协同规划、预测与补给等。

10.4.2 多因素分析法基础上的 ABC 分类法优化

传统的 ABC 分类法在企业的库存管理过程中方便实用，但是它也存在一些弊端，例如，在对库存物资进行 ABC 分类时一般是利用物资的资金占用情况进行分类，考虑因素单一。因为在现实管理中，部分物料库存量较少，金额占比较低，但是这类物料具有特殊性，订货周期较长，一旦缺货将给企业的正常生产带来较大影响，因此就需要特别关注。所以在库存管理中也需要充分分析各类影响库存的因素，如物料供应、交货周期、物料订购频率等方面。目前，在 ABC 分类法的基础上所发展起来的方法有二次 ABC 分类法、考虑多因素的 ABC 分类法。

1. 二次 ABC 分类法

二次 ABC 分类法是基于商品对销售的贡献度而对 ABC 分类法的一种改进，为配送中心根据商品周转状况，加强对畅销商品和特殊商品的库存管控，同时淘汰滞销商品等方法提供了思路和做法，有利于提高配送中心管理效率及效益。目前二次 ABC 分类法主要应用于超市配送中心的商品管理。

（1）二次 ABC 分类法的核心思想

1）利用配送中心商品出库数据进行详细分析，对商品按单品对销售的贡献进行比较排序，淘汰掉滞销品后，剩余商品在企业原先 ABC 分类的基础上，在每类商品中第二次进行 ABC 分类，按第二次分类结果调整第一次 ABC 分类单品的服务水平，在总体服务水平保持不变和避免畅销品缺货的情况下，降低所需存货。

2）通过商品出库数据分析，找出特殊类商品，如季节热销商品、适合越库配送的商品、对缺货率影响较大的商品、拆零性强商品等，把它们划入特殊类商品，实施不同的管理策略。

3）通过定期的商品深度分析，发现商品销售的变化率，从而改善分类和库存管理。

（2）二次 ABC 分类法的实施步骤

1）细化企业按照商品库存年度货币占用量进行的 ABC 分类（第一次 ABC 分类），将商品品种细化到单品，制订库存保有单位（Stock Keeping Unit，SKU）计划。

2）企业根据商品的 SKU 计划和信息系统中的出库数据，汇总“配送中心商品出库数据统计表”，细化到单品。

3）利用计算机对“配送中心商品出库数据统计表”进行数据排序及分析，得出每月单品销量排名和总销量排名，依次对商品进行二次 ABC 分类，在原有商品 ABC 分类表上进行标识。

4）滞销品列入淘汰名录，在商品一次 ABC 分类中标识。

5）找出特殊类商品，纳入 A 类商品管理。例如季节性热销商品，用“Tt”标记；12 月热销商品，标记 Tt12，在商品库存管理中会依据其变化率调整其库存水平；出货量占比非常大，品种占比非常低的商品，适宜采用越库配送管理的商品，用“Ty”标记等。

6）其余在 AB 两类商品按照单品销量，再次进行第二次 ABC 细分，比如分成 AA、AB、AC、BA、BB 五类商品；目的在于为 SKU 管理的调整提供依据，即根据单品（ABC 分类一般不能细分到单品层）对销售的贡献度、周转率等进行库存量及服务水平的调整。

2. 考虑多因素的 ABC 分类法

考虑多因素的 ABC 分类法，即多指标的 ABC 分类法，是指选用多个指标作为评判库存重要性的依据，之后运用加权聚类方法对传统 ABC 的分类方法进行改进的方法。具体执行步骤为，在对库存进行分类时，首先进行分类指标的选择，再将分类指标代入分类方法，最后形成分类结果。

以某公司零部件库存管理为例，年消耗额、订货交期、预测准确度和对晶圆产量影响都是影响该公司库存管理的重要因素。因此，该公司在深度咨询公司高层领导的基础上，整理并分配了以上四个指标在衡量零件分类中的考虑权重。其中，大家一致认为公司作为半导体生产企业，对产能要求极高，因此生产影响程度（对晶圆产量影响）应为重点考虑的因素，权重占 40%。其次，经济性指标（年消耗额）作为库存成本降低的主要方法，应作为第二重要考虑的方向，权重占 30%。因为零件消耗量的预测（预测准确度）对于库存管理有重要指导作用，是库存水平设置的重要考虑因素，因此稳定性作为第三重要的分类因素，权重占 20%。而供应风险（订货交期）虽然也是库存水平的重要考虑因素，但是该公司的供应商生产供应相对健康且稳定，因此风险性被列为第四重要的分类因素，权重占 10%。某公司分类指标考虑权重见表 10－8。

表 10－8　某公司分类指标考虑权重

分类考虑因素	分类指标	指标数据获取	重要性	分类权重
经济性	年消耗额	历史订货数据与财年预算	2	30%
供应风险	订货交期	历史交货记录和供应商合同规定	4	10%
需求稳定性	预测准确度	历史消耗量与历史预测量	3	20%
生产影响程度	对晶圆产量影响	工程师计算	1	40%

进而，对每一分类指标根据实际情况设定标准制定分数，见表 10－9。

表 10－9　某公司分类指标打分

指标	内容	分数
年消耗额	占年总消耗额的前 80%	5
	占年总消耗额的前 15%	3
	占年总消耗额的后 5%	1
订货交期	从下单日到入库日 >6 周	5
	从下单日到入库日 =2 周—6 周	3
	从下单日到入库日 <2 周	1
预测准确度	－50% < （实际消耗量－预期消耗量）/预期消耗量 <50%	5
	－30% < （实际消耗量－预期消耗量）/预期消耗量 <30%	3
	－15% < （实际消耗量－预期消耗量）/预期消耗量 <15%	1
产量影响程度	缺货三天对产量的影响 >1000 片	5
	1000 片 > 缺货三天对产量的影响 >500 片	3
	缺货三天对产量的影响 <500 片	1

然后，根据每一分类标准分数及权重设定 A、B、C 类的零件分类标准，见表 10－10。

表 10－10　某公司零件分类标准

加权得分	分类
3.6～5	A
2.3～3.6	B
1～2.3	C

最后，对基础数据进行整理处理，进行计算并按照最终得分进行分类，见表 10－11。

表 10－11　某公司抽样零件分类结果

零件料号	零件描述	经济性分数	成本比重系数	关键性分数	影响比重系数	稳定性分数	稳定比重系数	风险性得分	风险性系数	加权得分	A、B、C 分类
XXX001	研磨头	5	0.3	5	0.4	1	0.2	1	0.1	3.8	A
XXX002	研磨垫	5	0.3	5	0.4	1	0.2	1	0.1	3.8	A
XXX003	控制面板	3	0.3	3	0.4	3	0.2	3	0.1	3	B
XXX004	靶材	3	0.3	5	0.4	3	0.2	1	0.1	3.6	A
XXX005	垫圈	3	0.3	3	0.4	3	0.2	3	0.1	3	B
XXX006	O 形圈	3	0.3	3	0.4	1	0.2	1	0.1	2.4	B
XXX007	过滤器	1	0.3	3	0.4	1	0.2	1	0.1	1.8	C
XXX008	过滤膜	1	0.3	3	0.4	1	0.2	1	0.1	1.8	C
XXX009	泵	1	0.3	1	0.4	5	0.2	3	0.1	2	C
XXX010	加热器	1	0.3	1	0.4	5	0.2	5	0.1	2.2	C
XXX011	炉管	1	0.3	1	0.4	5	0.2	5	0.1	2.2	C
XXX012	射频发射器	1	0.3	1	0.4	5	0.2	3	0.1	2	C

本章小结

本章系统地对库存问题、库存管理系统和库存问题的基本模型等进行了阐述。首先介绍了库存的概念、分类和作用。其次阐述了库存管理系统的基本内容，主要包括库存管理水平的衡量（库存周转率和库存周转天数）、库存管理的目的、库存的 ABC 分类管理方法和库存管理系统，即定量订货管理系统、定期订货管理系统和最大最小库存管理系统。再次讨论了库存管理的基本模型，包括单周期库存模型下的期望损失最小法、期望利润最大法和边际分析法，以及多周期库存模型下的基本经济订货批量模型、经济生产批量模型、数量折扣模型和随机型库存订货模型。最后介绍了当前库存管理的新趋势，主要有供应链管理下的库存管理和多因素分析法基础上的 ABC 分类法优化，其中多因素分析法基础上的 ABC 分类法包括了二次 ABC 分类法和考虑多因素的 ABC 分类法。

案例分析

数字化赋能——太平鸟破解库存控制难题

太平鸟，由张江平于 1995 年创立。在早期时，太平鸟专注于做男装，2001 年，太平鸟女装品牌注册完成，迅速投产并取得初步成功，成为我国最早注重女装的品牌企业之一。经过 5 年多的发展，太平鸟积累了一定的女装经验，也具备了一定的资本和 200 多家实体精品门店。张江平意识到按照目前的发展模式，想要把太平鸟做大做强还需要很长的路要走，于是他开始学习国际品牌 ZARA、H&M、GAP 的经营模式。2007 年张江平开始接触“快时尚”模式，他认为“快时尚”的目标对象是专门的消费群体，所以市场细分是实施“快时尚”的大前提。其次，“快时尚”模式要想被消费者认同，需要在效率和质量上满足消费者的需求，实现快速供货、快速售后、快速回款。最终，太平鸟选择“快时尚”模式的同时，又深化了其内涵，形成了以“快、狠、准”为主要特征的新模式，带动着年轻服饰的时尚潮流。“快”指的是时尚服饰“随季逐流”，新品到店的速度奇快，秉承着速度快、超高频率的特点，追随着时尚的潮流。“狠”指的是品牌间竞争激烈，多个相似的品牌互相竞争。“准”指的是眼光准，设计师以敏锐的嗅觉，预知近段时间的潮流趋势，短时间内设计出各类新潮服饰。

自 2008 年实施“快时尚”以来，太平鸟以每年平均新开 400 家门店的速度扩张，实体店铺遍布全国，超 4600 家，并于 2017 年成功上市。2010 年以来，太平鸟敢于在消费者密集的街区、消费场馆、购物中心开千平大店、集中开店多家。但是，大店模式不仅带来租金和人力成本的上升，更带来巨大的库存压力，大店的存货铺货量是普通店铺的五倍甚至更多，集中在同一街区或者购物中心的大店相互之间又形成相互竞争，存货的周转能力也受到较大影响。为了保证信息传递和供销控制的效率，太平鸟采用的是直营模式。大店模式、快速上新再叠加直营模式，太平鸟库存的增长是可怕的，随着店铺数量的扩大，对整合供应链的能力要求呈指数级增长，能力不足就会带来库存激增的问题，给企业带来巨大的资金压力和运营风险，导致存货库存失控。

在这一系列扩张后，张江平觉察到，起步阶段店铺的数量没有这么多，大家最关心的就是销售端龙头的带动作用，重点抓设计、营销，对于流通和库存管理的重视不够。随着店铺规模的急剧扩张，库存的积累量越来越大，流通的效率又严重地影响了库存水平、订货和生产批量的管理。因此，太平鸟利用数字化，采取了一系列库存管理措施。

在早期，太平鸟的市场需求预测都来自于经验和直觉，凭直觉进行市场需求判断会放大甚至脱离实际，而且采购商的市场和终端客户会有大量的重复。太平鸟有近 5000 家门店，关于库存的小误差累计就会形成大的问题。因此，2017 年 9 月，太平鸟与天猫合作，借助阿里的资源和服务，太平鸟开启了数字化转型。利用智能导购屏、虚拟试衣镜和智能就近发货等方法增强客户消费体验，同时通过近 5000 家门店终端源源不断地获取客户动态信息；在依托阿里沉淀下来的海量用户行为数据的基础上，进行消费需求测试和产品推送，深度把握客户需求趋势。借助智能化、数字化算法，形成客户消费取向和趋势画布，并通过大数据技术进行精准识别，避免重复的客户计数，实现了数字化对产品需求预测的深度赋能。

在云仓的帮助下，太平鸟坚持多样少量的生产策略，对于热销款式才会追单，组织大规模生产，并且部分生产外包，降低自身存货风险。除此之外，太平鸟创新运用 ABC 分类法，将三类存货通过系统分区域进行量化智能管理；通过精益化库存管理，整合条码技术建立了智能库存管理系统，并借助单周期库存模型，确定最优库存和补货的数量和频率。

对于太平鸟能否持续优化公司库存，达成服务和成本之间的均衡，还有很长的路要走。2020 年，太平鸟双十一线上销售额突破 10 亿元，用数据证明了太平鸟通过数字化进行库存管理是有成效的。

【问题思考】

1. 太平鸟的“快时尚”为什么会导致库存失控？

2. 太平鸟早期库存管理方法在哪些方面存在不足？

【案例讨论】

1. 太平鸟库存失控的主要原因在于“快时尚”模式下的战略扩张，更多地强调了库存对于服务效果的满足，忽视了库存成本和风险的管控。首先是“快时尚”战略下上新速度的问题；其次是“快时尚”的大店模式，为了满足客户的各种时尚需要，陈列大量的商品，进而形成巨大的存货量，并且这种存货数量与店铺数量的增长成正比，扩张店铺数量越多，存货压力就越大；再次是直营模式，直营模式叠加大店模式和快速上新，不断地形成库存积压，共同导致了库存失控风险。

2. 太平鸟早期注重“快时尚”战略实施和市场扩张，对库存的管理目标倾向于服务响应速度和服务质量、防止缺货，而对库存风险的关注不够，比如存货成本占用、存货跌价风险、超储库存成本等，导致了“快时尚”战略扩张下的库存快速增长和存货跌价风险。从有效库存控制的角度，首先是需求的预测出现问题，太平鸟早期的市场需求预测主要依赖时尚引领和主观判断，由于市场信息在向太平鸟传导的过程中存在牛鞭效应，导致了太平鸟早期对市场需求的预测超过终端消费的需求；其次是库存较为分散，存货的动态监控和跨区调拨均较为低效，难以盘活分布广泛的库存；最后是缺货风险和超储成本没有进行权衡。

资料来源：

马春光. 数字化赋能：太平鸟破解库存控制难题［EB/OL］.［2022－04－23］. http://www.cmcc-dlut.cn/Cases/Detail/5851. 经编者改编。

本章习题

一、单选题

1. 随机的、企业自身不能控制的而是由市场所决定的需求属于（　　）。
   A. 相关需求　B. 不稳定需求　C. 独立需求　D. 季节型需求
2. 下列属于单周期库存商品的是（　　）。
   A. 期刊　B. 汽车零部件　C. 超市的商品　D. 钢铁企业所用的铁矿石
3. 在 ABC 分类中，存货的品种占总品种种类的 10% 左右，但是价值占存货总价值的 70% 左右的物品是（　　）。
   A. ABC 类存货　B. A 类存货　C. B 类存货　D. C 类存货
4. 当库存量降低至订货点或订货点以下即发出订货单的系统，属于（　　）。
   A. 定期订货管理系统　B. 最大最小库存管理系统
   C. 连续检查管理系统　D. 定量订货管理系统
5. 适用于稳定、可预测的需求且价值低、小批量的物品的库存管理系统是（　　）。
   A. 定量订货管理系统　B. 定期订货管理系统
   C. 最大最小库存管理系统　D. 连续检查管理系统
6. 单周期库存问题决策的重点是（　　）。
   A. 订货批量　B. 订货时间　C. 订货成本　D. 持有成本
7. 经济订货批量模型和数量折扣模型在假设条件上的不同是（　　）。
   A. 存货单价是否不变　B. 能否集中到货
   C. 是否允许缺货　D. 是否允许有价格折扣
8. 目前二次 ABC 分类法主要应用于（　　）的商品管理。
   A. 银行　B. 超市配送中心
   C. 制造业　D. 餐饮业
9. 企业为了应对原材料的季节性波动，必须持有库存，这体现了库存的（　　）作用。
   A. 应对不确定性因素　B. 避免价格上涨
   C. 利用数量折扣　D. 平滑对生产能力的要求
10. 下列商品中属于多周期库存的是（　　）。
    A. 报纸　B. 圣诞树
    C. 制造企业所需原材料　D. 期刊

二、多选题

1. 库存按照其功能，可分为（　　）。
   A. 安全库存　　B. 周转库存　　C. 在制品库存　　D. 调节库存
2. 下列选项属于库存作用的有（　　）。
   A. 避免价格上涨　　B. 平滑对生产能力的要求
   C. 利用数量折扣　　D. 应对不确定性因素
3. 库存成本的内容包括（　　）。
   A. 订货成本　　B. 持有成本　　C. 购置成本　　D. 缺货成本
4. 基本经济订货批量模型的基本假设是（　　）。
   A. 存货可瞬时补充　　B. 允许缺货
   C. 需求率均匀，且为常数　　D. 存货是陆续到库，不是集中到货
5. 供应链管理下的库存管理方法有（　　）。
   A. 供应商管理库存　　B. ABC 分类法
   C. 协同规划、预测与补给　　D. 联合库存管理

三、判断题

1. 在库存管理中，ABC 分类法一般是以库存品种为基础。（　　）
2. 由其他产品或项目的需求决定的、企业可控的需求是相关需求。（　　）
3. 对企业来说，库存周转天数越低越好。（　　）
4. 库存按功能分类，可分为原材料库存、在制品库存和产成品库存。（　　）
5. 企业持有库存，可以应对在采购、生产和销售环节中的不确定性。（　　）
6. 在衡量企业的库存管理水平时，库存周转率可以在不同行业的不同企业间相比较，不需要考虑行业特性。（　　）
7. 在 ABC 分类法中，B 类物资的品种占 40%~50%，但只占用全部库存资金的 5%~10%。（　　）
8. 定量订货管理系统适合于廉价、用途较为单一、前置时间短的物品。（　　）
9. 在单周期库存模型下，不需要考虑订购费用和库存费用。（　　）
10. 订货成本只与订货次数有关，一般与一次订货量多少无关。（　　）

四、简答题

1. 简述库存问题的分类。
2. 简述库存的作用。
3. 库存管理水平的衡量指标有哪些？在应用这些指标时，应该注意哪些问题？
4. 库存管理的目标是什么？
5. 什么是库存 ABC 分类管理方法？简述库存 ABC 分类管理的步骤。
6. 简述定量订货管理系统和定期订货管理系统的不同。
7. 经济订货批量模型的假设条件有哪些？
8. 多因素分析法基础上的 ABC 分类法具体包括哪些方法？

第 11 章 供应链管理

学习目标

- 了解供应链管理思想的产生背景。
- 了解供应链系统设计的内容、基本思想、策略和原则。
- 了解供应链绩效评价的作用、原则、运营参考模型与激励模式。
- 理解供应链管理的概念和实施供应链管理的意义。
- 掌握供应链管理下的采购管理、库存管理和物流管理方法。

逻辑框架

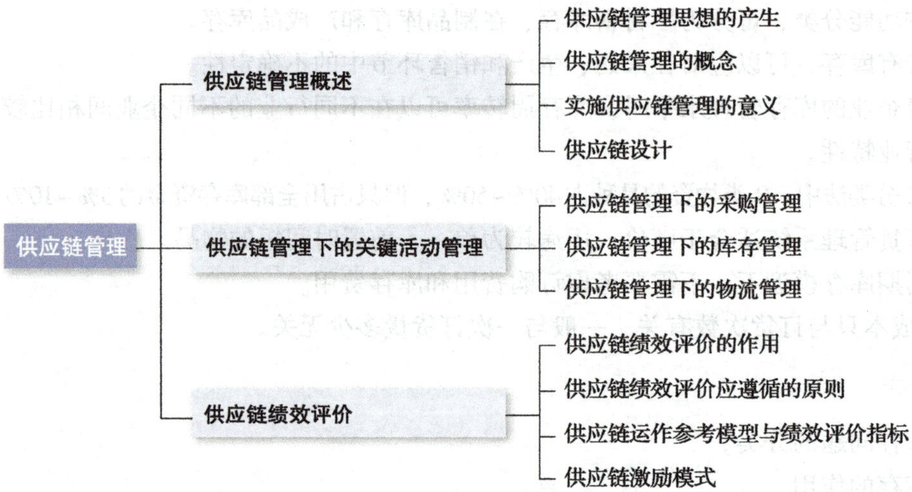

图 11-1 供应链管理逻辑框架

引导案例

美的的供应商管理库存

美的公司的前身是创办于1968年的一家乡镇企业，1980年正式进入家电业，1981年开始使用美的的名称。在作为非生活必需品的家电贸易产业中，由于经济波动、市场的季节性变化及市场竞争等因素，销售量起伏很大，存货的管理与流转具有一定的风险，企业常会在销售旺季存货不足，而在销售淡季存货过剩，造成资金运转困难、产品滞销。因此，美的公司着手进行存货改革。

美的的改革始终围绕着成本与效率，在供应链上运用供应商管理库存和管理经销商库存，形成整合竞争优势。首先，2002 年时，美的通过供应商管理库存来控制供应链前端。美的作为供应链里的“链主”，即核心企业，居于产业链上游且较为稳定的供应商共有 300 多家。其中 60% 的供应商位于美的总部顺德周围，还有部分供应商位于距美的三天以内车程可到达的地方，只有 15% 的供应商距离较远。在现有供应链之上，美的实现 VMI 的难度并不大。对于剩下 15% 的远程供应商，美的在顺德总部建立了很多仓库，然后把仓库分成很多片。外地供应商可以在仓库里租赁一个片区，并把零配件放到片区里面储备。美的需要用到这些零配件的时候，就会通知供应商，然后进行资金划拨、取货等工作，此时零配件的产权才由供应商转移到美的手上。而在此之前，所有的库存成本都由供应商承担。也就是说，在零配件的交易之前，美的一直把库存成本转嫁给供应商。其次，美的通过管理经销商库存来理顺供应链后端。即在经销商环节上，美的公开与经销商的部分电子化往来，由以前半年一次手工性的繁杂对账，改为业务往来的实时对账和审核。运用这些信息，通过合理预测制订其生产计划和安排配送计划，以便补货。也就是说，美的作为经销商的供应商，为经销商管理库存。理想的模式是经销商基本不用备货，缺货时，美的立刻自动送过去，而不需经销商提醒。这种存货管理的前移，可以有效削减和精准控制销售渠道上昂贵的存货，而不是任其堵塞在渠道中，让其占用经销商的大量资金。

VMI 实施后，美的在库存管理方面成效显著。2002 年，美的零部件库存周转率上升到 70～80 次左右，零部件库存也由原来平均的 5～7 天存货水平，大幅降低至 3 天左右，使美的能在激烈的市场竞争下保持相当的利润水平。

资料来源：

美的的供应商管理库存［EB/OL］.［2022-04-23］. https://www.sohu.com/a/474981634_121123735. 经编者改编。

11.1　供应链管理概述

11.1.1　供应链管理思想的产生

1. 供应链管理产生的原因

传统上企业采购存在一定的弊端。首先，企业一般基于订货点法进行库存采购，根据物料的需求情况来确定订货点和订货批量，这类方法主要适用于需求比较稳定的商品。在实际生产中，由于外部环境的变化，顾客的需求往往是不确定、不均匀的，企业不得不保持一个较大数量的安全库存来应对不确定需求，这样不仅会造成库存积压，对于下游客户而言也会形成“块状需求”。块状需求的形成原理是：在产品的需求率为均匀的条件下，由于采用订货点方法，会造成对零件和原材料的需求率不均匀，呈“块状”。块状需求与锯齿状需求相比，平均库存水平几乎提高一倍，会占用更多的资金。块状需求示意如图 11 –2 所示。

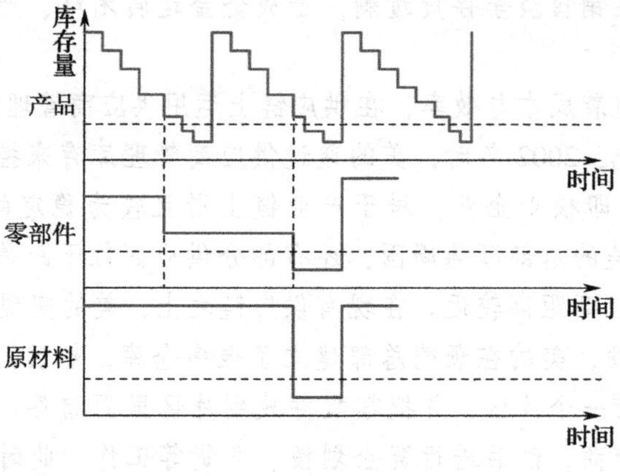

图 11 –2　块状需求示意

其次，由于牛鞭效应的存在，导致整个供应链上拥有庞大的库存，从而导致了整个供应链上各个节点企业的损失。牛鞭效应是指订货量的波动在从零售商到批发商、批发商到制造商，直至制造商又到零部件供应商的过程中，不断增大。牛鞭效应示意如图 11 –3 所示。

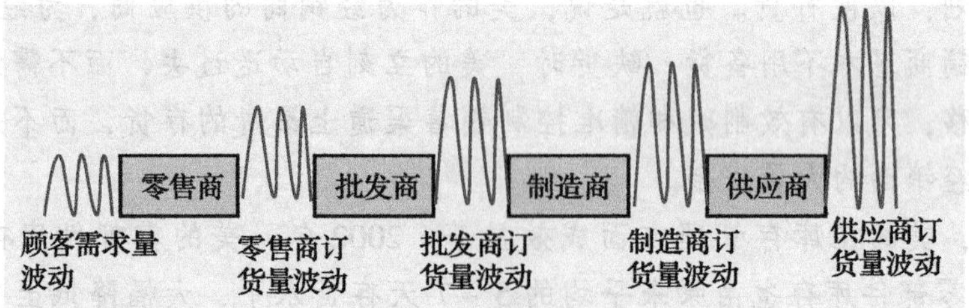

图 11 –3　牛鞭效应示意

在块状需求和牛鞭效应的影响下，再加上 20 世纪 90 年代之前，外部市场环境相对稳定，企业为了加强对原材料供应、产品制造、分销和全过程的掌握，积极采用纵向一体化战略，通过对上下游企业进行投资或者控股来取得一定的所有权。这种纵向一体化的管理模式对于处于快速变化的外部市场环境的企业而言，确实是利大于弊的。纵向一体化管理模式的特征及优缺点见表 11 –1。

表 11 –1　纵向一体化管理模式的特征与优缺点

特征	优点	缺点
在决策背景上，根据规模化需求和区域性的卖方市场进行决策	确保供给和需求，减少上下游交易的不确定性	容易形成块状需求，增加企业库存成本和运营成本
在生产方式上，小品种、大批量生产，采用刚性、专用流水线	规模化生产，降低产品的单位成本，取得价格优势	缺乏柔性，生产准备调整时间长，难以应对市场需求的快速变化
在组织结构上，管理层级较多，幅度较小	工作效率高	减弱员工降低成本、改进技术的积极性
在运作模式上，高度自制	控制关键资源和销售渠道，进入门槛较高	竞争对手多，行业风险和投资风险较大

20 世纪后半叶以来，企业所面临的竞争环境发生了重大变化，主要表现为以 3C 特征为主的变化。具体而言，顾客（Customer）需求的变化越来越快，在产品和服务方面追求个性化和多样化；经济全球化环境下，企业可以在全球范围内采购原材料并组织生产，产品和服务面向全球市场，在此背景下，企业间的竞争（Competition）更加激烈，企业获取优质资源的难度增加；外部市场环境的变化（Change）推动企业加快技术变革和内部变革。

面对快速变化的外部环境，企业原来的纵向一体化管理模式的弊端逐渐显露出来，已无法适应新的竞争形势。因而企业在内部采用了一些先进制造技术和管理办法来减少企业在制造系统中的浪费和库存，如精细生产、全面质量管理、制造资源计划等。这些方法可以弥补一些企业一体化管理模式的不足，但是无法从根源上解决企业在应对外部环境的变化和竞争时反应缓慢的问题。人们开始意识到企业传统生产模式的不足，由此产生了新的管理思想与组织模式。

2. 供应链管理产生的可行性

总的来说，信息技术与互联网的发展、经济一体化与全球化的形成、物流技术和物流管理的发展、企业内部管理观念的转变，以及 ERP、JIT 等支撑技术的发展为供应链管理的产生提供了基础。

从客观上看，20 世纪 60 年代，计算机的普及应用及计算机与现代通信技术的有机结合标志着第五次信息技术革命的开始，为企业间的信息共享提供了可能；经济全球化促进了全球企业在生产、销售等方面的行业标准的统一，使得供应链各个环节的接口标准化，保证了供应链的顺利运作；20 世纪 60 年代到 20 世纪 90 年代，物流技术和物流管理的发展促进了物流产业的形成与壮大，开启了多品种、小批量的配送模式，为供应链上各个节点企业间的物流运动提供了保障；ERP、JIT、MRPII 等旨在促进供应链局部优化的管理技术已经出现，促进了供应链整体最优技术的实现。从主观上看，企业内部人员管理思想的转变也为供应链管理的产生提供了可行性。

因此，从 20 世纪 80 年代中后期开始，在企业管理中形成了一种横向一体化的管理热潮。很多企业将原有的非核心业务外包出去，自己集中资源发展核心能力，通过共同的市场利益和业务结成战略联盟占据竞争中的主动地位。供应链管理就是横向一体化管理思想的代表。

11.1.2 供应链管理的概念

1. 供应链的概念

供应链是指从生产零件、制成中间产品及最终产品，最后送到消费者手中的整个过程中，所涉及的供应商、制造商、分销商、消费者通过上下游成员的连接组成的网链结构。

2. 供应链管理的概念

供应链管理（Supply Chain Management，SCM）是指供应链中的各个企业借助信息技术和管理技术进行紧密合作，有效率地对商品从最初的原材料采购到最终的消费的整个过程中的产品与服务流、信息流、资金流进行管理。目的是在提高顾客满意度的同时，尽可能地降低整个供应链的成本，提高各企业的利润。

3. 供应链管理的特点

1）复杂性。因为供应链节点企业组成的跨度不同，供应链往往由多个、多类型甚至多国企业构成，所以供应链结构模式比一般单个企业的结构模式更为复杂。

2）动态性。供应链管理因企业战略和适应市场需求变化的需要，其中节点企业需要动态地更新，这就使得供应链具有明显的动态性。

3）面向用户需求。供应链的形成、存在、重构，都是基于一定的市场需求而发生的，并且在供应链的运作过程中，用户的需求拉动是供应链中信息流、产品与服务流、资金流运作的驱动源。

4）交叉性。节点企业可以是这个供应链的成员，同时又是另一个供应链的成员，众多的供应链形成交叉结构，增加了协调管理的难度。

11.1.3 实施供应链管理的意义

供应链管理模式是顺应市场形势的必然结果，供应链管理能充分利用企业外部资源快速响应市场需求，同时又能避免自己投资带来的建设周期长、风险高等问题，赢得产品在成本、质量、市场响应、经营效率等各方面的优势，增强企业的竞争力。实施供应链管理主要有以下意义：

（1）供应链管理能提高企业间的合作效率　现代社会，大部分产品需要各种企业的分工协作才能完成。譬如，波音 747 飞机的制造需要 400 万个零部件，可这些零部件的绝大部分并不是由波音公司内部生产的，而是由 65 个国家的 1500 个大企业和 15000 个中小企业提供的。在合作生产的过程中，众多的供应商、生产商、分销商、零售商构成了供应链冗长、复杂的流通渠道，企业间的合作效率极低。供应链管理的实质是跨越分隔顾客、厂家、供应商的有形或无形的屏障，把它们整合为一个紧密的整体，并对合作伙伴进行协调、优化管理，使企业之间形成良好的合作关系。

（2）导致企业机构和供应链的重构　供应链的管理不仅是技术和管理方法，还涉及企业组织和产业组织的重构这样深层次的问题。要真正实施供应链的管理，在企业内部要进行业务流程的重构，企业组织机构的重构。在重构中，要冲破“大而全”“小而全”的传统生产和流通方式，以核心竞争力的思想为指导。在企业外部要进行供应链的重构，选择好自己的战略联盟伙伴。规范联系的程序和技术，并合理承担风险和利益。

（3）为企业提供新的利润源泉　供应链管理思想与方法目前已在许多企业中得到了应用，并取得了很大的成就。调查表明，通过实施供应链管理，企业可以降低供应链管理的总成本，提高准时交货率，缩短订单满足提前期，提高生产率和资产运营效率，最终提高企业的经济效益。

11.1.4 供应链设计

供应链设计就是要建立以一个重要的企业为核心，联盟上游企业和下游企业的协调系统。

要想提高供应链管理的运作绩效，除了要有一个高效的运行机制外，建立一个优化的供应链系统也是极为重要的一环。

1. 供应链设计的内容

战略层面的供应链设计的主要内容包括：供应链的成员及合作伙伴选择，设计网络结构以及设计供应链基本规则。

（1）供应链成员及合作伙伴选择　一个供应链是由多个供应链成员组成的，供应链成员包括为满足客户需求从原产地到消费地，供应商或客户直接或间接的相互作用的所有企业和组织。

（2）网络结构设计　供应链的结构模型有直链模式和网链模式两种，供应链运作模型中不仅包括了各个节点企业，也包括了信息流、物流和资金流，因此，整个供应链网络结构是非常复杂的，有必要从整体出发进行网络结构的设计。

（3）供应链运行基本规则设计　供应链上节点企业之间的合作是以信任为基础的。信任关系的建立和维系除了各个节点企业的真诚和行为之外，必须有一个共同平台，即供应链运行的基本规则，其主要内容包括：协调机制、信息开放与交互方式、生产物流的计划与控制体系、库存的总体布局、资金结算方式、争议解决机制等。

2. 供应链设计的基本思想

供应链设计的基本思想如下：

1）根据不同群体的需求划分客户，以使供应链适应市场面需求并保证利润。

2）按市场面进行物流网络的客户化改造，满足不同客户群的需求及确保盈利。

3）根据市场动态使整个供应链需求计划成为一体，保证资源的最优配置。

4）产品差异化尽量靠近客户，并通过供应链实现快速响应。对供应资源实施战略管理，减少物流与服务的成本。

5）实施整个供应链系统的技术开发战略，以支持多层决策，清楚掌握供应链的产品流、服务流、信息流。

6）采取供应链绩效测量方法，度量满足最终客户需求的效率与效益。

3. 供应链设计的策略

（1）基于产品的供应链设计策略　基于产品的供应链是要求企业根据产品的特性来设计相应功能和特点的供应链。企业在设计供应链时，首先要明白客户对企业产品的需求是什么，产品寿命周期、需求预测、产品多样性、提前期和服务的市场标准等都是影响供应链设计的重要问题。产品有不同的特点，供应链有不同的功能，只有两者相匹配，才能最大限度地发挥供应链的功能，让相关企业受益。

（2）基于成本的供应链设计策略　该策略的核心是在给定的时间周期内，计算所有节点组合的供应链总成本，从中选择最低成本的节点企业组合，构建供应链。其中能够使总成本最低的节点企业组合就是最优节点组合，由这些企业组成的供应链可以达到成本最小化的目的。

4. 供应链设计的原则

在进行供应链设计时主要有以下原则：

（1）自顶向下和自底向上相结合的设计原则　在供应链设计过程中有两种设计方法，分别是自顶向下和自底向上的方法。自顶向下的方法是从全局走向局部的方法，要注重分解与协调；自底向上的方法是从局部走向全局的方法，要注意集成优化。在设计一个供应链系统时，一般是主管高层根据市场需求和企业发展规划制定战略规划与决策，然后由下层部门实施决策，基层部门要及时向高层反馈战略规划与决策的实施情况。因此，供应链设计是自顶向下和自底向上的结合。

（2）简洁性原则　供应链系统的目的是快速响应市场，因此供应链的每个节点都应是简洁、有活力的，并能实现业务流程的快速组合。供应商的选择应该少而精，与少数的供应商建立战略伙伴关系。生产系统的设计也是以精益思想为指导，实行精益生产，努力构建精益供应链。

（3）集优原则　供应链上各个节点企业的选择应遵循强强联合的原则，达到资源外用的目的，每个企业只集中精力致力于各自核心的业务过程。

（4）协调性原则　供应链作用发挥的好坏会受到各个节点企业间关系是否和谐的影响，因此为了让供应链发挥最佳效能，供应链上的节点企业之间要建立战略伙伴关系，资源、利益、信息共享，减少各企业谋私利的机会。

（5）动态性原则　动态性原则，又称不确定性原则，企业在运营过程中不可避免地会受到内外部环境中不确定性因素的影响。因此，在供应链中应该有透明、高效的信息管理系统来实现企业间必要信息的共享，增加企业间信息透明度，最大限度地减少牛鞭效应的影响。

（6）创新性原则　创新设计是系统设计的重要原则，在供应链的设计过程中，要用新的角度、新的视野审视原有的管理模式和体系，进行大胆创新设计。但是要注意几点：一是创新必须在企业总体目标和战略的指导下进行，并与战略目标保持一致；二是要从市场需求的角度出发，综合运用企业的能力和优势；三是发挥企业各类人员的创造性，集思广益，并与其他企业共同协作，发挥供应链整体优势；四是建立科学的供应链和项目评价体系及组织管理系统，进行技术经济分析和可行性论证。

（7）战略性原则　在设计供应链时应充分考虑，着眼于供应链系统的长远发展，供应链设计应在企业的战略指导下进行，且与企业未来的发展规划保持一致。

5. 供应链设计步骤

供应链设计步骤如图 11－4 所示。

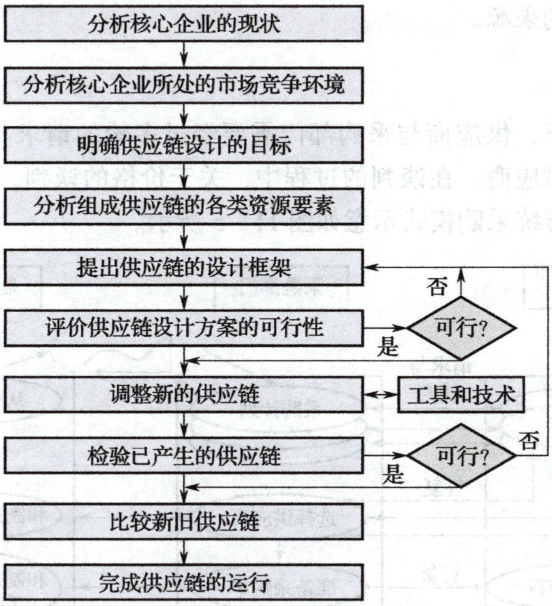

图 11－4　供应链设计步骤

章内阅读

宝洁公司的供应商管理库存

1987 年，宝洁为了寻求更好的手段保证沃尔玛商场里的婴儿尿布存量，与沃尔玛开展了合作，而双方合作采取的办法就是供应商管理库存，即由宝洁负责沃尔玛商场里的婴儿尿布的存货管理。其中，宝洁以一个持续补货系统为基础，自动监控沃尔玛商场里的存货情况，自动向商店的仓库运送宝洁的商品，无须商店的经理再下订单。而宝洁与沃尔玛合作的前提在于双方构建了一种彼此信任的商业关系。信任的含义是与贸易伙伴确立了固定的工作关系，确信供应商不会向其他对手泄露零售商与其分享的信息。在这种相互信任的合作状态下，双方都明白彼此是对方最大的贸易伙伴，双方都有个共识，即找到一个更好、更有效的方法来做事，双方都致力于关注顾客所想，以及如何一起增加价值，而不会将关注的重点放在价格上。通过供应商管理库存的方式，沃尔玛和宝洁的信息共享不仅为双方带来了共同利益，还更好地满足了顾客需求，进而为双方创造了利润，促进了双方的成功。

资料来源：

宝洁与沃尔玛的供应链管理［EB/OL］.［2022－10－23］. https://www.renrendoc.com/paper/214668086.html. 经编者改编。

11.2　供应链管理下的关键活动管理

11.2.1　供应链管理下的采购管理

供应链管理下的采购管理工作要做到五个恰当，即恰当的数量、恰当的时间、恰当的价格、恰当的地点和恰当的来源。

1. 传统的采购模式

在传统的采购模式下，供应商与采购部门需要经过多轮的请求与谈判，最终签订合同，把订单交给报价最低的供应商。在谈判的过程中，关于价格的谈判，即报价、询价、议价是整个采购管理的重心。传统采购模式示意如图 11－5 所示。

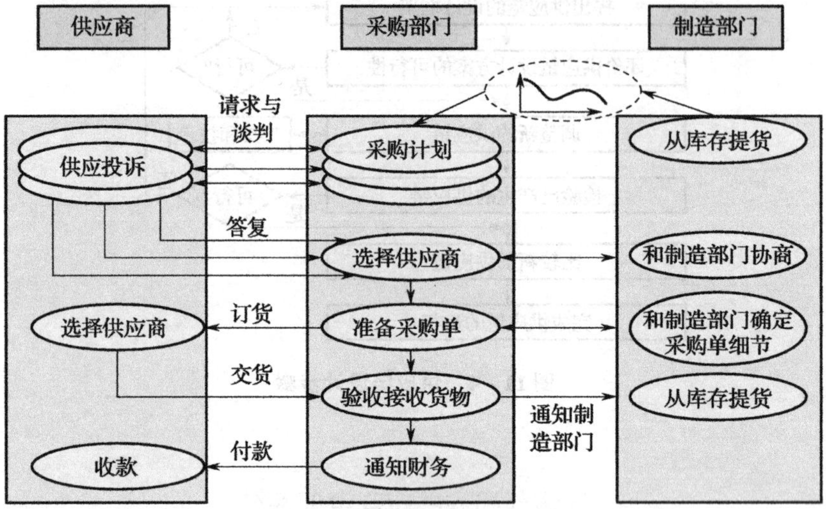

图 11－5　传统采购模式示意

传统的采购模式主要有以下特点：

（1）传统的采购模式是一个信息不对称的博弈过程　在采购过程中，采购部门大多通过比价、比质、招标等方法来选择供应商。因此，采购部门为了在谈判的过程中处于有利地位，往往会隐瞒自己的私有信息。供应商为了在竞争中获胜，也会隐瞒自己的信息。由于供需双方均不进行有效的信息沟通，供应链上的各级企业都不共享需求和库存信息，各级节点企业都独立地采用订货点技术来进行库存决策，不可避免地会产生需求信息的扭曲现象。

（2）供需双方缺乏质量控制的合作，注重事后控制　在传统的采购模式下，需求方很难参与供应商的生产组织过程和有关质量控制活动，也没有办法为供应商提供技术支持和进行质量监督，双方的工作是不透明的。对质量和交货期的要求只能在合同条款中约定，在过程控制方面缺乏具体的方法和措施。因而，合同到期时面对供应商延迟交货、商品质量不合格的现象，需求方只能采取事后控制措施，被动解决，导致双方产生经济纠纷，进而造成双方损失。

（3）供需双方是一种简单的买卖关系，缺乏深度合作　在传统的采购模式下，供需关系是基于合同的临时或短期合作的关系，供需双方需要消耗更多的时间在讨价还价及解决日常问题的过程中，没有把重点放在深度合作与协调中，这种利益关系增加了企业在生产运作过程中的不确定性。

（4）缺乏柔性，无法及时应对顾客的需求变化　传统采购过程中，供需双方基于订单进行合作，在交货期供应商需要交付订单所规定数量的商品。另外供应商也无法及时了解到需求方企业的库存状况和生产需求等信息，双方的信息不透明，缺乏应有的沟通和反馈。因而一旦外部的市场需求发生变化，采购部门也不能改变供应商已有的订货合同。当市场需求大于供给时，企业造成缺货损失；当市场需求小于供给时，企业将出现库存积压的现象。

2. 供应链管理环境下的采购管理

为了实现供应链管理工作的五个恰当，需要对传统的采购管理模式进行扬弃式的调整和改变。供应链管理模式下的采购管理主要有以下几个特点。

（1）由库存驱动转为订单驱动　在传统采购模式下，采购部门基于订货点法向供应商发出订单，没有深入了解企业的生产流程与市场需求，一般是由库存需求驱动订单需求。在供应链管理下，制造部门根据外部市场需求向采购部门驱动订单，然后采购部门又驱动供应商。

（2）由采购管理转为外部资源管理　供应链管理下的外部资源管理，是指把供应商的生产制造过程看作是采购企业的一个延伸部分，采购企业可以“直接”参与供应商的生产和制造流程，从而确保采购商品质量的一种做法。值得注意的是，外部资源管理并不是由采购方单方面努力就可以实现的，还需要供应商的配合与支持。外部资源管理使得需求方对产品质量的事后控制转为事前控制和事中控制，有利于降低双方的合作成本，及时响应外部顾客需求的变化。

（3）由一般的买卖关系转为战略合作伙伴关系　在传统采购模式下，供需双方是一种简单的基于利益的买卖关系，无法解决涉及全局性和战略性的供应链问题。在供应链管理思维下，供需双方是一种战略合作伙伴关系，供需双方共享库存数据，合作重点放在共同协商战略性的采购供应计划，既能减少双方的合作风险与成本，还能达到双赢的效果。

3. 供应商管理

（1）两种供应关系模式　供需双方之间存在着两种典型的关系模式：竞争关系和双赢关系。

1）传统的竞争关系模式。竞争关系模式是价格驱动的，这种关系的采购策略表现如下：

第一，需求方同时向若干供应商购货，通过供应商之间的竞争获得价格好处，同时也保证了价格的连续性。

第二，需求方通过在供应商之间分配采购数量对供应商加以控制。

第三，双方是短期合同关系。

2）双赢关系模式。双赢关系模式是基于供需双方互享信息、互相信任，这种关系的采购策略表现如下：

第一，需求方对供应商给予协助，帮助供应商降低成本、改进质量等。

第二，通过建立相互信任的关系提高效率，降低交易成本和管理成本。

第三，长期的信任合作。

第四，比较多的信息交流。

（2）双赢关系对企业运营管理的积极意义

第一，对供应商而言，双赢关系增加了其对整个供应链业务活动的共同责任感和利益的分享；增加了对未来需求的可预见性和可控能力；成功的客户有助于供应商获得成功；高质量的产品增强了供应商的竞争力。

第二，对需求方而言，双赢关系增加了其对采购业务的控制能力；通过长期的、有信任保证的订货合同满足采购的要求；减少和消除了不必要的产品购进的检查活动。

（3）双赢供应关系管理

1）信息交流与共享机制。

第一，在供应商与需求方之间经常进行有关成本、作业计划、质量控制信息的交流与沟通，保持信息的一致性和准确性。

第二，实施并行工程。

第三，建立联合的任务小组解决共同关心的问题。

第四，供应商和需求方工厂互访。

第五，使用EDI和网络技术进行快速的数据传输。

2）供应商的激励机制。通常，需求方可以通过给予供应商价格折让合同和柔性合同，以及赠送股权等方法，与供应商共享成功。

3）合理的供应商评价方法和手段。

可以从技术水平、产品质量、供应能力、价格、地理位置、可靠性、售后服务、提前期、交货准确率和快速响应等方面来评估供应商。

11.2.2 供应链管理下的库存管理

1. 供应商管理库存

（1）VMI的含义　供应商管理库存（Vender Managed Inventory，VMI）是在已达成一致的目标框架下，由上游组织（供应商）管理库存，对下游组织（客户）的库存策略、订货策略进行计划和管理，并持续改进库存管理。在VMI管理策略下，客户不再拥有库存，只需制定服务水平；供应商完全控制库存，有存货管理的主动权。

VMI的战略对于供需方企业来说有重大意义。对于供应商而言，通过VMI管理系统，供应链能够实时获得上游企业在销售端点的数据和库存数据，及时补充存货，并按市场需求安排生产计划和财务计划，有利于提高库存预测的准确性，缓解牛鞭效应，提高客户满意度。对于需求方而言，通过VMI管理系统，可以将计划和订货工作转移给供应商，降低库存管理和供应商管理的成本，也降低了存货率和积压率。总的来说，实施VMI有利于减少整个供应链的库存水平和成本，更好地响应客户需求，提高服务水平。

（2）实施VMI的基本原则　实施VMI应遵循以下原则：

1）合作精神（合作性原则）。在实施该策略的过程中，供应商和客户需要共享信息，由供应商监控库存变化，因而双方的相互信任和合作是非常重要的。

2）使双方成本最小（互赢互惠原则）。VMI要解决的不是在供需方之间分配成本的问题，而是减少双方的成本，进而降低整个供应链成本的问题。

3）目标一致性原则。供应商和客户明白各自的责任，在观念上目标一致，例如双方明确库存摆放位置、支付时间、管理费数额等问题，并且这些问题要体现在框架协议中。

4）持续改进原则。供需双方地位平等，共同解决供应链上的库存问题，持续地改进库存管理办法，逐步消除浪费。

（3）实施 VMI 的方法　实施 VMI 策略，需要改变原有的业务流程，由原来的手工订单转为电子订单，充分利用电子信息系统共享信息。具体而言，实施 VMI 策略，主要有以下几种方法：

1）建立托付订单处理模式。先改变原有的订单处理方式，利用电子数据交换系统（EDI）、自动销售点系统（POS）、条码技术等将商品物流活动信息化，为生成实施 VMI 策略所需要的信息奠定基础。

2）建立客户情报信息系统。供应商为了有效管理客户库存，必须了解客户的需求信息。通过建立客户情报信息库，将客户的需求信息传送到供应商的系统中，方便供应商及时掌握客户需求的变化，进行市场需求预测与分析。

3）建立物流网络管理系统。供应商应该建立物流网络管理系统，保证客户需求信息和物流信息的畅通，尽可能地提高服务水平。

4）建立供应商与分销商的合作框架协议。供需双方通过协商一致，应该就订单处理的业务流程、库存控制参数（订货点、最低库存水平）、库存信息传递方式等达成一致意见。

5）组织结构的变革。因为供应商管理库存是对原有企业管理策略的一种否定，双方企业在工作和职能方面也应该有所调整。为了保证 VMI 的正常运行，有必要设立一个供应商管理库存协调与评估部门，对 VMI 的实施过程进行监控和评估。

（4）实施 VMI 的条件　企业在实施 VMI 前，应该对自己所处的环境和自身的条件加以分析与比较。主要考虑以下因素：

1）企业在供应链中的地位，即是否为“核心企业”或者是否为供应链中至关重要的企业。它要求实施企业必须具备管理水平较高的人才和专门的客户管理职能部门，用以处理供应商与客户之间的订货业务、供应商对客户的库存控制等业务；必须有强大的实力推动 VMI，使供应链中的企业都按照它的要求来实行补货、配送、共享信息等目标框架协议。

2）企业在供应链中的位置。VMI 一般适合零售业与制造业，其中有一个主要原因就是 VMI 可以消除牛鞭效应的影响。最典型的例子就是沃尔玛和戴尔集团，它们有一个共同的特点，就是在供应链中所处的位置都很接近最终消费者，即处在供应链的末端。

3）信誉良好的合作伙伴。VMI 在实施过程中要求零售商（在制造业为生产商）提供销售数据，而供应商要按时准确地将货物送到客户指定的地方，这一点生产商的要求尤其高。

2. 联合库存管理

（1）联合库存管理的起源与基本思想　联合库存管理（Jointly Managed Inventory，JMI），是一种在 VMI 的基础上发展起来的上游企业和下游企业权利责任平衡和风险共担的库存管理模式。联合库存管理强调供应链中各个节点同时参与，共同制订库存计划，使供应链过程中的每个库存管理者都从相互之间的协调性考虑，使供应链各个节点之间的库存管理者对需求的预期保持一致，从而消除需求变异放大现象。

（2）联合库存管理的优点　实行联合库存管理对企业来说，主要有以下优点：

1）为实现供应链的同步化运作提供了条件和保证。

2）减少了供应链中的需求扭曲现象，降低库存的不确定性，提高了供应链的稳定性。

3）库存作为供需双方信息交流和协调的纽带，可以暴露供应链管理中的缺陷，为改进供应链管理水平提供依据。

4）为实现零库存管理、准时采购以及精细供应链管理创造了条件。

5）进一步体现了供应链管理的资源共享和风险分担的原则。

章内阅读

汽车4S店的联合库存管理

备件不同于一般的产品，具有独有的特征。而汽车备件相对于其他类型的备件，也有着自己的特性。具体来说，汽车4S店的服务备件具有供应来源复杂、需求规律难以掌握、备件种类繁多、需求与汽车需求量紧密联系等特点。汽车4S店的库存控制目标一般是控制库存成本、提高服务水平、减少资金占用。以惠通4S店为例，来谈一谈其与供应商（厂家）是如何实行联合库存管理的。首先，建立共同的合作愿景。共同的目标就是要建立联合库存管理模式，使惠通4S店的备件管理和上下游供应商的总成本降低、总库存成本减小、总周期缩短以及物流质量优化。其次，建立联合库存管理的协调控制方案。建立联合库存管理中心，需要确定优化库存的方法，包括如何在本4S店的维修部门仓库与上级供应商和下级零售维修点之间调节与分配库存；按照时间优先、效率优先、上级优先、重要配件优先和大修优先的顺序，合理调节与分配汽车维修配件。再次，建立监督和激励机制。建立一种公平的利益分配制度，对上游供应商，采取合理的利润分配方案，对参加协调库存管理中心的各个企业进行有效激励。最后，建立高效的信息共享平台。平台的建设可将现代信息技术融合进去，如EDI技术、条码技术、扫描技术、ERP技术、PDM技术及MRPII技术。

资料来源：

赵艳丰．漫谈4S店的备件库存管理［J］．汽车与驾驶维修（维修版），2019（8）：13－16．经编者改编。

3．第三方物流

在国家标准《物流术语》中，将第三方物流（Third Party Logistics，TPL）定义为由供方与需方以外的物流企业提供物流服务的业务模式。近年来，信息技术的快速发展为第三方物流的发展奠定了基础，供应链中的企业可以更方便地使用信息技术与物流企业进行交流与协助，企业间的协调可以在短时间内快速完成。

从企业的实际情况来看，企业将物流业务外包有以下好处：

（1）有利于企业集中精力发展核心业务　企业的资源是有限的，通过将运输、仓储等物流业务外包，企业可以将主要人力资源和财务资源投放到核心业务上，优化企业资源配置，发展企业的核心竞争力，在激烈的竞争中占据有利地位。

（2）有利于企业减少固定资产投资　如果企业自建物流体系，则需要投入大量的资金用于购买物流设备、建设仓库、支付物流人员工资，这对于缺乏资金的企业，特别是中小企业而言是个沉重的负担。通过利用第三方物流，企业可以减少设施投资，加速资本周转。

（3）有利于提供灵活多样的顾客服务　对于供应商和销售商而言，面对分布在多地的供应链下游的企业，通过与第三方物流的合作，企业不用在多地建设仓库，可以直接利用第三方物流企业的仓库，不仅能及时满足下游企业的需要，还可以为下游企业提供多样化的产品和服务，为顾客创造更多的价值。

4. 第四方物流

第四方物流（Fourth Party Logistics，4PL）是美国埃森哲咨询公司于 1998 年率先提出的，诞生于第三方物流的不足，是指专门为第一方物流、第二方物流和第三方物流提供物流规划、咨询、物流信息系统、供应链管理等活动。

第四方物流与第三方物流的区别在于，TPL 侧重于实际的物流运作，进而满足供应链上各供需方的需求，4PL 侧重于从宏观上对供应链进行优化管理，是在 TPL 的基础上对管理和技术等物流资源进一步整合。二者也是紧密联系，相互依存的。4PL 通过或整合第三方物流才能实施真正的供应链管理方案，而 TPL 在 4PL 的供应链解决方案下才能使物流达到资源整合状态，效率最大化。例如，菜鸟网络作为我国最大的第四方物流公司，是阿里巴巴集团联合三通一达，以及相关金融机构共同合作建设的一套开放的社会化仓储设施网络，通过利用先进的互联网技术，建立开放、透明、共享的数据应用平台，为电子商务企业、物流公司、仓储企业、第三方物流服务商、供应链服务商等各类企业提供优质服务，支持物流行业向高附加值领域发展和升级。最终促使建立社会化资源高效协同机制，提升我国社会化物流服务品质。

5. 多级库存的优化与控制

多级库存的优化与控制是一种对供应链资源全局优化的库存管理模式。实施多级库存优化的首要任务是明确控制目标，使供应链库存成本最小，即在存储成本、订货成本、缺货成本、丢单损失成本、运输成本之和达到最小的基础上，协调供应链上各节点的库存。在激烈的市场竞争环境下，供应链库存管理更强调敏捷制造和基于时间的竞争。

多级库存控制的方法有两种：一种是非中心化（分布式）策略，另一种是中心化（集中式）策略。非中心化策略是各库存点独立地采取各自的库存策略，这种策略在管理上比较简单，但是并不能保证产生整体的供应链优化，如果信息的共享度低，多数情况产生的是次优的结果，因此非中心化策略需要更多的信息共享。采用中心化策略，所有库存点的控制参数是同时决定的，考虑了各个库存点的相互关系，通过协调的办法获得库存的优化。但是中心化策略在管理上协调的难度大，特别是供应链的层次比较多，即在供应链的长度增加时，更增加了协调控制的难度。

6. 协同规划、预测与补给

协同规划、预测与补给（Collaborative Planning，Forecasting&Replenishment，CPFR）是一种协同式的供应链库存管理技术，要求销售商和制造商在产品规划、需求预测和补货时力求协作，共享销售、库存、生产能力等信息。其中，产品规划阶段，即决定让什么产品、品牌上架，什么时候上架，在什么地方上架；需求预测，即根据最终客户的需求预测，指导销售商和制造商安排生产、进货；补货，即结合实际销售与预测安排补货。这个概念源自零售业，在20世纪90年代初由宝洁与沃尔玛率先应用。CPFR能同时降低销售商的库存量，增加供应商的销售量。供应商管理库存（VMI）就是CPFR中比较极端的一种，即由供应商来全面负责预测与补货。

CPFR是从VMI和JMI发展而来的，它保留了VMI和JMI中一些先进的技术和管理思想。CPFR最大的优势是能及时准确地预测由各项促销措施或异常变化带来的销售高峰和波动，从而使销售商和供应商都能做好充分的准备，赢得主动。

11.2.3 供应链管理下的物流管理

1. 物流及物流管理的含义

物流一词最早出现在美国。1915年，阿奇·萧在《市场流通中的若干问题》一书中用的是Physical Distribution。第二次世界大战后，物流得到了长足的发展。物流一词也逐渐由Physical Distribution演化为Logistics。

根据国家标准《物流术语》GB/T 18354—2021中的定义：物流是指根据实际需要，将运输、储存、装卸、搬运、包装、流通加工、配送、信息处理等基本功能实施有机结合，使物品从供应地向接收地进行实体流动的过程；物流管理，即为达到既定的目标，对相关物流活动所进行的计划、组织、协调与控制。

2. 供应链中的物流管理

（1）物流在供应链管理中的作用　供应链管理离不开对物流、信息流、资金流的管理，其中物流的状态从很大程度上反映了供应链管理状态的优劣。对于物流、信息流和资金流三种流而言，信息流和资金流贯穿于供应链中，不用发生地理位置的位移即可实现在不同企业间的流动和共享。但是，物流必须要实现一定距离的地理位移，其功能才能实现。而一旦发生地理空间的转移，就需要消耗时间。如果供应链各个节点上的企业在物流的时间和地点上协调不一致，既影响供应链上节点企业生产和销售，又无法及时满足客户的需求，最终影响到整个供应链运作效率的实现。

（2）供应链中物流的表现形式　供应链管理下的物流管理有三种表现形式：即物流的物质表现形式、价值表现形式和信息表现形式。物流的物质表现是指企业间的物质资源在时间、空间和形态上的转移；物流的价值表现是指物流过程是一个价值增值过程，在原材料向产成品的转化过程中，产品和服务业实现了增值；物流的信息表现是指物流过程也伴随着信息的传递、加工和处理，随着物流的运动会产生信息，通过对物流信息的加工和处理，能够为整个供应链的优化提供数据和决策参考。

（3）供应链中物流管理的目标　在供应链管理下的物流管理与单独的物流管理的目标是不一样的。从研究重点看，物流管理主要研究各种旨在改善物流效率的物流管理技术和方法。而供应链管理下的物流管理不仅局限于技术方法的研究，更加注重合作、双赢等管理理念的研究。

供应链中物流管理的目标是“7R”，即把恰当的产品或服务（Right Product or Service），按恰当的数量（Right Quantity）和恰当的条件（Right Condition），在恰当的时间（Right

Time)，按恰当的成本（Right Cost）送到恰当客户（Right Custom）的恰当地方（Right Place）。此处恰当的成本应该放在整个供应链的视角下来看，应努力达到整个供应链的成本最小化，而不是局部成本最小化。

（4）供应链中物流管理的特点

1）快捷性。通过快捷的交通运输以及科学的物流事前管理和事中管理来实现快捷的物流。在供应链管理中，快捷的物流是供应链的基本要求，是保证高效供应链的基础。

2）信息共享。和传统的纵向一体化物流模型相比，供应链一体化的物流信息的流量大大增加。需求信息和反馈信息传递不是逐级传递，而是网络式的，企业通过因特网可以很快掌握供应链上不同环节的供求信息和市场信息，达到信息共享和协调一致。共享信息的增加和先进技术的应用，使供应链上任何节点的企业都能及时地掌握市场的需求信息和整个供应链上的运行情况，每个环节的物流信息都能透明地与其他环节进行交流与共享，从而避免了需求信息失真的现象。同时，通过消除不增加价值的过程和时间，进一步降低供应链的物流系统成本，为实现供应链的敏捷性、精细化运作提供了基础性保障。

3）多样性。在供应链管理中，物流的多样性体现在物流形式的多样性和物流物品的多样性。物流形式的多样性主要是指物流运输方式、托盘等的多样性。

4）人性化。物流是根据客户的要求，以多样化产品、可靠的质量来实现对客户的亲和式服务。在供应链管理中，物流既需要科学的方法进行管理，同时又要实时适应客户需求变化，体现人性化需求的特点。

11.3　供应链绩效评价

11.3.1　供应链绩效评价的作用

供应链绩效评价是围绕供应链的目标，对供应链整体、各环节（尤其是核心企业）运营状况以及各环节之间的营运关系等所进行的事前、事中、事后分析评价，目的在于发现供应链各个环节的问题，并持续改进，提高整个供应链的效率。供应链绩效评价主要有以下几个方面的作用：

1）掌握整个供应链的运行状态，发现问题，采取措施，不断改进。

2）及时发现供应链上的优质企业和劣质企业，剔除劣质企业，优化整个供应链。

3）公布每个节点企业的表现与服务质量，提高企业间的合作质量。

11.3.2　供应链绩效评价应遵循的原则

随着供应链管理理论的不断发展和供应链实践的不断深入，为了科学、客观地反映供应链的运营情况，应该考虑建立与之相适应的供应链绩效评价方法，并确定相应的绩效评价指标体系。在实际操作上，为了建立能有效评价供应链绩效的指标体系，应遵循如下原则：

1）应突出重点，要对关键绩效指标进行重点分析。

2）应采用能反映供应链业务流程的绩效指标体系。

3）评价指标要能反映整个供应链的运营情况，而不是仅仅反映单个节点企业的运营情况。

4）应尽可能采用实时分析与评价的方法，把绩效度量范围扩大到能反映供应链实时运营的信息上去，因为这要比仅做事后分析有价值得多。

5）在衡量供应链绩效时，要采用能反映供应商、制造商及客户之间关系的绩效评价指标，把评价的对象扩大到供应链上的相关企业。

11.3.3 供应链运作参考模型与绩效评价指标

1. SCOR

供应链运作参考模型（Supply-Chain Operations Reference-Model，SCOR）是由国际供应链协会开发支持的适合于不同行业、领域的标准供应链运作参考模型和供应链诊断工具。该模型提供了一种准确而全面优化各种复杂程度和规模的供应链的方法，使企业间能对供应链存在的问题进行有效沟通，测评其性能和改进性能目标，并实现企业从职能管理到流程管理的转变，帮助企业实施更加有效的供应链。

该模型将著名的标杆管理、流程评测和业务流程再造等功能，整合在一个多功能的框架体系之中。该体系的大框架由五个基本的管理流程组成，分别是计划（Plan）、采购（Source）、制造（Make）、配送（Deliver）和退货（Return）。按流程定义，SCOR 又可以分为三个层次，而且每一层给出的性能指标都可用于分析企业供应链的运作和评价供应链的绩效。第一层是模型的核心部分，拥有相应的供应链性能指标以及执行特点，而这层的性能指标主要让企业能从总体角度来评价和管理供应链的绩效。而第二层和第三层则分别包括了关于各流程种类和要素的更具体和详细的指标。

2. SCOR 的绩效评价指标

SCOR 的绩效衡量指标分为供应链的供应可靠性、供应链的反应能力、供应链的柔性、供应链的总成本以及供应链资产利用率五个特征方面，每一个方面都表明了供应链的一个典型特征。SCOR 绩效特征范畴相对应的第一层次的衡量指标共有 13 项，见表 11－2。企业可以通过计算对供应链管理绩效指标进行衡量，通过对指标的实时分析与评价，反映供应链的实时运行状态。

表 11－2　SCOR 的部分指标

性能特征	性能特征定义	衡量指标
供应可靠性	供应链交付的性能特征：正确的产品、正确的包装、正确的产品技术文件、合格的质量在正确的时间、正确的地点交付给指定的客户	配送性能
		完成率
		完好订单的履行
反应能力	供应链交付产品的速度	订单完成提前期
柔性	供应链面对市场的变化获得或维持竞争优势的灵活性	供应链响应时间
		生产的柔性

（续）

性能特征	性能特征定义	衡量指标
总成本	供应链运营所耗的成本	产品销售成本
		供应链管理总成本
		增值生产力
		产品保证成本/退货处理成本
资产利用率	一个组织为满足需求、利用资本的有效性，包括各种资本的利用：固定资产和运营资本	现金周转时间
		供应库存总天数
		净资产周转次数

资料来源：饶淑雯. SCOR 模型在供应链绩效评价中的应用 [J]. 物流工程与管理，2014，36（7）：174－176. 经编者改编。

11.3.4 供应链激励模式

供应链管理模式下的激励手段多种多样。从激励理论的角度来看，激励模式可分为正激励和负激励两大类。供应链管理中常用的激励模式主要有以下几种：

（1）价格激励　在供应链管理环境下，价格激励包括局部的供需企业之间的价格激励和供应链整体的价格激励。对于局部的供需企业，价格激励通常是需求方要求供应商给予价格激励，在这种情况下，供应商有可能会在降低产品质量和服务质量的基础上给予价格折让。因此，价格激励必须在满足综合质量要求的条件下才能实施。此外，对于供应链整体而言，价格激励造成的额外收益或损失由供应链上的个别企业来承担，有失公允。总的来说，供应链管理环境下的价格激励在实际操作上难度较高。

（2）订单激励　在供应链管理环境下，存在多个供应商竞争同一个制造商的现象，由此形成供应链中的内部竞争。对供应商而言，能获得更多的订单是一种极大的激励。但是，在对供应商实施订单激励之前，必须对其设备状态、产能等信息做好充分的调查和沟通，否则可能会影响供应商生产的均衡性、导致供应商盲目扩大产能。

（3）商誉激励　商誉是一个企业的无形资产，对企业极其重要。商誉来自于供应链内合作伙伴的评价和公众声誉。在供应链系统内，有必要建立供应链内部的商誉激励机制，对注重信守合同、赢得合作伙伴赞誉的企业进行公开宣传，进而为表现优秀的企业赢得社会更多的尊敬和市场机会。

（4）信息激励　在传统管理模式下，企业之间不共享信息或者共享的信息不充分，进而形成信息不对称现象。由于缺乏及时、有效的信息，企业未能及时把握机会，不利于自身竞争能力的提高。此外，信息不对称也容易造成企业库存过高、企业之间合作不协调等问题，这些都不利于企业降低经营成本、提高运营效率。在供应链管理环境下，上下游企业信息共享充分，信息传递及时，企业能够拥有更多的机会和更多的资源，有利于企业提高自身产品和服务的竞争力，最终提高整个供应链的竞争力。

（5）淘汰激励　淘汰激励是负激励的一种。淘汰激励是在供应链系统内形成一种危机激励机制，让供应链中的所有企业对其承担的产品或服务合同，从成本、质量、交货期等方面负有全方位的责任，同时有危机感的存在。淘汰激励的方式主要有警告、处罚和清除出供应链等。

本章小结

本章首先从块状需求、牛鞭效应、纵向一体化模式存在的弊端等方面阐述了供应链管理的产生是时代的需要，进而介绍了供应链管理的概念、意义和供应链系统设计的相关内容，以期读者能够理解到任何一种先进的生产方式或者管理方式的产生，都有其特定的时代背景和相关基础。其次，介绍了供应链管理下的采购管理、库存管理和物流管理的相关内容，期望读者能够带着更加系统的思维来看待采购管理、库存管理和物流管理。最后，讨论了供应链绩效评价的作用、应遵循的原则、供应链运营参考模型与绩效评价指标、供应链激励模式（价格激励、订单激励、商誉激励、信息激励和淘汰激励），帮助读者掌握供应链管理下的关键活动的管理方法，了解如何对当前的供应链系统进行评价并不断改进。

案例分析

华孚时尚——一根纱线穿起的供应链管理创新

自2012年以来，纺织业企业面临着成本高、订单少、库存积压等多个难题。尤其是2019年以来，市场需求大幅减少，很多企业库存资金大量积压。华孚时尚有限公司（以下简称华孚时尚）作为老牌纺织企业，面临巨大的环境压力，直面困难，步步为营。华孚时尚的成功离不开它用一根纱线穿起的供应链创新。

推动华孚时尚进行供应链管理创新的根源是纺织行业内的大量库存。纺织行业的各类成本中，棉花的成本占比最大。华孚的棉花原料成本更是占总成本60%以上，棉花原料价格的波动影响着企业的成本和订单。棉价的长期不稳定，导致纺织行业内的上下游企业形成大量库存。华孚时尚业务主要集中在棉花原料、纺纱及坯纱、坯布环节，相对于服装产业来说属于上游产业。传统上，服装产业采用期货订货制，华孚时尚根据订单制订生产计划，不会产生过多的库存。现在"快时尚"成为时尚潮流，消费者越来越追求个性化，服装企业越来越需要小批量、个性化的服务。下游服装企业为了减少库存积压而减少需求。这就导致供应链上下游的库存都较高。从供应链所处的位置来看，华孚时尚处于上游原料产业端，受到牛鞭效应的影响，订货信息从华孚时尚终端客户向上游供应商传递时，常常因信息不能完全共享而导致需求量被逐级放大，当需求信息到达华孚时尚所在的原料供应端时，所得到的需求信息已经有了很大的波动。同时为了满足下游服装企业的需求，上游的供应商往往也会维持着比下游需求更高的库存。在这样的双重因素之下，就会导致华孚时尚所在的上游产业的库存大量放大。如果华孚时尚的运营模式始终是基于传统采购型纺织服装供应链，那么库存问题会始终存在。

在这种情况下，华孚时尚于2016年启动网链战略，着力构建基于产业互联网的柔性供应链。华孚时尚的柔性供应链战略不只是快速反应，而是从制造柔性、组织柔性和数字柔性三个阶段去实现。在前端产业链的建设上，华孚时尚在新疆原有的棉田、轧花厂、纱线产业的基础上，建立物流体系和棉花纱布交易市场。棉花纱布交易市场在进行花纱布交易的同时，还可以为棉花供应商提供金融服务、信息服务及物流服务。棉农和加工棉花的厂家都可以通过交易市场了解最新行情，避免了因为信息不畅通而落后于市场，可以在较大程度上避免由于上游产能过剩，而积压成库存的情况发生。在后端产业链的建设上，后端网链的布局是由绿尚小镇、时尚总部及供应链公司三个核心部分组成。绿尚小镇负责垂直整合供应链，将纺织服装全产业链中的纱线、印染、面料、家纺、服装等产业相互贯通，提供全产业链的共享服务，以产业互联来构建出华孚时尚特有的柔性供应链，提高对市场的反应速度。时尚总部的核心业态由样品设计、产品供应和电商交易三个部分构成。其中，供应中心负责把设计中心的样品做成最终的产品，再通过电商产业推出商品，最终到达消费客户端。这样就从样品设计到产品制造再到商品交易，形成了一条完整的产业生态链。因此，时尚总部利用订单赋能，与各地绿尚小镇形成产业联动，将新型纱线、面料、服饰，以及服装设计师和电商交易平台集聚到一起，形成垂直的服装平台，从而解决纺服产业链后端生产的市场痛点。

面对传统供应链的弊端和客户更加个性化、多样化、碎片化的消费需求，华孚时尚作为纺织业的龙头，率先通过产业互联实现柔性工业，全方位打造柔性化供应链，应对消费者的行为变化，继续谱写华孚时尚的辉煌篇章。

资料来源：

蒋丽，李倩. 华孚时尚：一根纱线穿起的供应链管理创新［EB/OL］.［2022-04-23］. http://www.cmcc-dlut.cn/Cases/Detail/4754. 经编者改编。

【问题思考】

华孚时尚为什么要进行供应链管理创新？它是如何进行柔性供应链建设的？

【案例讨论】

原材料价格变动、市场环境变化、供应链牛鞭效应的影响、传统纺织服装供应链上下游企业之间缺乏有效的协调与合作等因素，要求华孚时尚必须要进行供应链管理创新。不管是供应链上的牛鞭效应，还是上游棉花原材料价格波动、下游服装企业的影响，本质上都是供应链的问题。华孚时尚的柔性供应链分别从前端棉花原料网链、后端布料、服装网链进行建设。

本章习题

一、单选题

1.（　　）是由供应商、制造商、分销商和消费者通过上下游成员的连接组成的网链结构。

A. 供应链管理　　B. 合作伙伴　　C. 供应链　　D. 缔盟组织

2. 企业要想真正实施供应链管理，必须要在企业内部进行业务流程重构。企业在重构中，要冲破“（　　）”和“小而全”的传统生产和流通方式。

A. 全面　　B. 大而全　　C. 管理幅度大　　D. 管理层级大

3. 在设计供应链时，基于（　　）的供应链设计策略要求企业根据产品的特性来设计相应功能和特点的供应链。

A. 产品　　B. 成本

C. 质量　　D. 时间

4. 在两种供应商关系模式中，（　　）是基于供需双方互享信息、互相信任。

A. 竞争关系模式　　B. 伙伴关系模式

C. 双赢关系模式　　D. 买卖关系模式

5. （　　）是一种在 VMI 的基础上发展起来的上游企业和下游企业权利责任平衡和风险共担的库存管理模式。

A. 第三方物流　　B. 多级库存的优化与控制

C. 联合库存管理　　D. 第四方物流

6. 在物流、信息流和资金流三种流中，（　　）必须要实现一定距离的地理位移，其功能才能实现。

A. 物流　　B. 信息流

C. 资金流　　D. 价值流

7. 评价供应链的反应速度的指标是（　　）。

A. 订单完成提前期　　B. 产品销售成本

C. 供应链响应时间　　D. 净资产周转次数

8. （　　）是在供应链系统内形成一种危机激励机制，让所有合作企业都有一种危机感。

A. 价格激励　　B. 淘汰激励

C. 订单激励　　D. 商誉激励

9. 在供应链管理的模式下，采购活动是以（　　）方式进行的。

A. 制造订单　　B. 订单驱动

C. 生产驱动　　D. 计划驱动

10. 在供应链管理下，对于长远合作需求而言，合作伙伴应选择（　　）。

A. 有影响力的合作伙伴　　B. 一般合作伙伴

C. 战略性合作伙伴　　D. 竞争性合作伙伴

二、多选题

1. 传统的企业管理模式的弊端有（　　）。

A. 库存太大　　B. 反应太慢

C. 设备短缺　　D. 缺乏柔性

2. 供应链中的“三流”包括（　　）。

A. 物流　　B. 价值流

C. 资金流　　D. 信息流

3. 从战略层面上看，供应链系统设计的主要内容包括（　　）。

A. 供应链成员及合作伙伴选择　　B. 设计网络结构

C. 供应链基本规则　　D. 供应链产品设计

4. 供应链管理环境下的采购管理主要有（　　）特点。
A. 订单驱动　　B. 外部资源管理
C. 战略合作伙伴关系　　D. 库存驱动
5. 供应商管理库存的方法一般适用于（　　）。
A. 零售业　　B. 服务业　　C. 旅游业　　D. 制造业
6. 实施 VMI 的基本原则包括（　　）。
A. 合作精神　　B. 互赢互惠原则
C. 目标一致性原则　　D. 持续改进原则

三、判断题

1. 在供应链的运作过程中，不需要关注客户需求。（　　）
2. 供应链管理有利于把供应商、生产商、分销商和零售商整合成一个高效的合作整体，进而提高整个供应链上企业间的合作效率。（　　）
3. 企业在设计供应链时，要坚持自顶向下的原则，不需要坚持自底向上的原则。（　　）
4. 在传统的采购模式下，供需双方在合作过程中更注重事中控制。（　　）
5. 企业在实施供应商管理库存的方法时，即便该企业不是供应链中的核心企业或者重要企业，也可以采用供应商管理库存的方法。（　　）
6. 供应链管理下的物流管理的目标是研究各种旨在改善物流效率的物流管理技术和方法。（　　）
7. 供应链绩效评价的目的是发现供应链各个环节的问题，并持续改进，提高整个供应链的效率。（　　）
8. 供应链的绩效评价指标仅仅可以反映单个节点企业的运营情况就可以。（　　）
9. 供应链的柔性指的是供应链面对市场变化时获得和维持竞争优势的灵活性。（　　）
10. 在供应链管理模式下的激励手段中，价格激励就是价格越低越好。（　　）
11. 多级库存优化与控制是对供应链的局部性优化。（　　）

四、简答题

1. 简述供应链产生的原因。
2. 简述供应链管理的特点。
3. 供应链管理下的采购管理有什么特点？
4. 简述供应商管理库存的含义和实施原则。
5. 供应链管理下的物流管理有什么特点？
6. 简述供应链的设计原则。

第 12 章 质量管理

学习目标

- 了解现代质量管理大师的基本观点。
- 了解质量管理的发展过程。
- 了解质量体系 ISO 9000、ISO 14000 和质量认证的含义及内容。
- 理解质量的概念与过程、质量管理的基本概念。
- 理解全面质量管理的概念、内涵及特点。
- 掌握 PDCA 循环的工作原理、基本步骤和特点。
- 掌握质量管理的常用方法。
- 掌握服务质量差距模型和 SERVQUAL 量表模型的内容。

逻辑框架

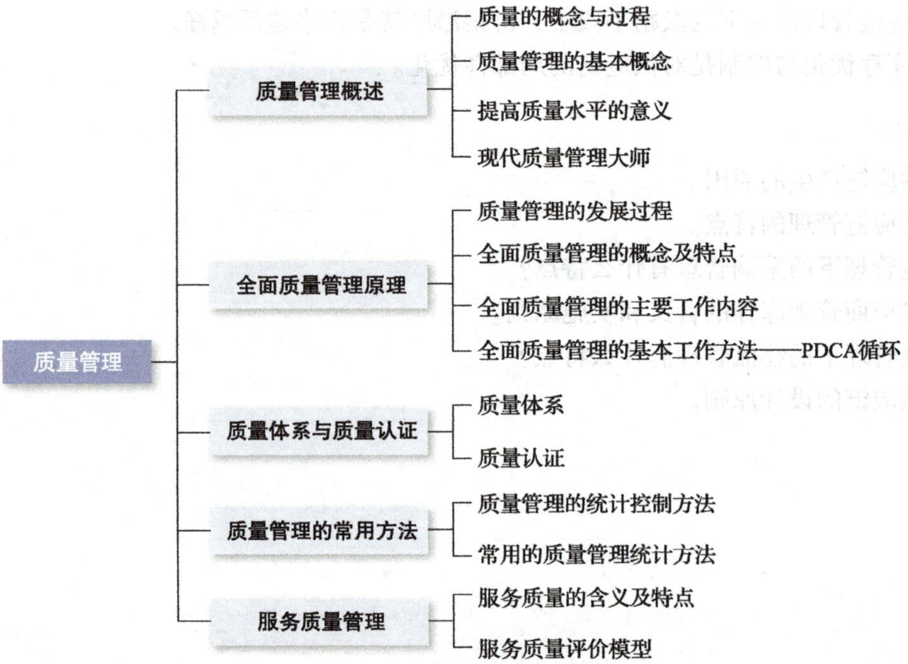

图 12－1 质量管理逻辑框架

引导案例

海尔张瑞敏砸冰箱

如今的海尔早已位列《财富》世界500强，而在36年前，海尔的前身只是一家破旧的青岛电冰箱总厂。1984年12月26日，张瑞敏带领新的领导班子来到小白干路上的青岛电冰箱总厂。当时的冰箱厂亏损147万元，产品滞销，人心涣散。张瑞敏是到农村大队借钱，才使全厂工人过了一个年。1985年，张瑞敏分析了当时电冰箱市场品种繁多，竞争激烈的形势，提出了“起步晚、起点高”的原则，制定了海尔发展的“名牌战略”。知易行难，品质意识、品牌理念在当时还没有真正在每一个海尔中心中扎根。1985年，张瑞敏从消费者的来信中发现了产品存在的质量缺陷。自查之下，76台海尔生产的“瑞雪”牌冰箱不合格。当时人们的生活水平还不高，商场里允许有“残次品”出售，而且，76台冰箱对于企业也是很大一笔财产。厂里职工对这些冰箱的去留看法不同，有人主张低价卖给职工，有人主张修好后重新投入市场。但新任厂长张瑞敏力排众议，果断举起大锤当众砸毁了这些不合格冰箱。正是这一砸，砸醒了职工的质量意识；也正是这一砸，砸出了海尔的信誉，为海尔砸出了一个光明美好的未来。随后海尔进入了发展快车道，先后兼并多家企业，激活“休克鱼”，使自己的实力进一步扩大。海尔也进行多元化经营，从单一生产冰箱到生产各类家电。由于实力大幅度增加，海尔的知名度迅速提升。“砸冰箱”事件成为海尔历史上强化质量观念的警钟，开启了中国制造的高质量时代，也带领中国家电业成为全球引领者。

资料来源：

李光斗. 用锤子砸出来的品牌[EB/OL]. [2022-10-23]. https://www.163.com/dy/article/HFH72T1F05198HMQ.html. 经编者改编。

12.1　质量管理概述

12.1.1　质量的概念与过程

1. 质量的概念

质量是质量管理的对象，明确质量的含义和内容对于做好质量管理至关重要。质量就是一种产品或服务满足顾客和其他相关方面要求的能力，即适用性。

其中，要求是指明示的、通常隐含的或必须履行的需求或期望，包括明确性需要和隐含性需要。明确性需要是指在合同、标准、规范、图纸、技术要求和其他文件中已做出规定的需要；隐含性需要是指顾客或社会对实体的期望，或指那些虽未通过任何形式明确规定，但为人们普遍认同、无须申明的需要。

从质量的形成过程来看，质量可分为产品质量和服务质量，二者关于质量的具体内涵是不相同的。

（1）产品质量　美国质量管理专家戴维教授将适用性的概念具体分为八个方面的含义，本书在此基础上结合当代质量管理理论的发展现状将产品质量适用性的含义概括成以下九个方面。产品质量属性见表 12－1。

表 12－1　产品质量属性

属性	含义
性能	产品的技术特性和规定的功能。例如手机的芯片型号、水杯的防摔性能
附加特性	为使顾客更加方便、舒适等所增加的功能。
美学性	外观、感觉、嗅觉、味觉。
一致性（符合性）	产品符合产品说明书的程度，即与质量指标是一致的。
可靠性	产品所具备功能的稳定性。
耐用性	产品正常发挥功能的持续时间
维护性	产品是否容易修理和维护
感觉性	对产品质量的间接评价，例如声誉、使人产生的联想。
售后服务	顾客对产品或服务的抱怨是否得到及时解决

（2）服务质量　20 世纪 80 年代初产生了服务质量的概念，这个概念出自市场营销学，是在有形产品质量概念的基础上发展而来的。然而服务和产品之间是有区别的，例如服务是无形的，由一系列活动所组成，产品是有形的；服务是用来体验的，产品是用于消费的；工作质量可以决定产品质量，但决定不了服务质量。因此从本质上看，服务质量和有形产品质量之间存在很大的差异。服务质量是由人来控制的，具有差异性，会因人、因时、因地而异，而产品质量有统一的质量标准。因此，有必要在产品质量的基础上，结合服务的特点进一步补充质量的内涵。

在产品质量属性的基础上，我们通常采用以下属性来说明服务质量水平，见表 12－2。

表 12－2　服务质量属性

属性	含义
价值	是否最大限度地满足了顾客的期望
响应速度	提供服务的快捷性
一致性	符合服务规定的程度，即与质量指标是一致的
人性	对顾客的态度、尊重、理解、信任与有效的沟通
资格	是否具备提供服务所需要的知识、技能、证书等
可靠性	准确地、可信任地执行服务的能力

需要注意的是，以上的产品和质量服务属性只是给出了一个评估质量的大概框架，随着社会和时代的发展，顾客的需求也在不断变化，以上内容还有待补充。其次，在评价产品或者服务的质量属性时，也应该因顾客而异，具体问题具体分析。

2. 质量过程

质量过程是指产品或服务满足规定需要或潜在需要的特征和特性总和的过程。产品质量和服务质量的特性要由过程来保证，即过程中各项活动的质量就决定了产品和服务的特性，进而决定了产品质量和服务质量。因此，产品质量和服务质量从形成过程来说，可以分为设计过程质量、制造过程质量、使用过程质量和服务过程质量。

1）设计过程质量是指从市场调研开始，根据市场需求，计划赋予产品质量水平的高低，从产品构思到完成产品设计为止的质量。它最终以产品规格和使用说明来表示。

2）制造过程质量是指根据设计要求，利用生产工序制造所形成的产品符合设计过程质量要求的程度，是生产过程中人工、原材料、设备、制造方法、环境、检测等因素的综合产物。

3）使用过程质量是指产品在实际使用过程中所表现的质量，取决于使用环境与使用条件的合理性、使用的规范性、使用者的操作能力及日常的维修保养情况。

4）服务过程质量是指产品进入使用过程后，生产企业对顾客服务要求的满足程度。提高服务过程质量有利于充分发挥产品的使用过程质量，提高企业的信誉。

章内阅读

产品中的环保理念

近年来，丰田推出的普锐斯汽车，是全球首款批量生产的混合动力车；波音公司的新产品 787 梦想客机，油耗比现有同尺寸机型减少了 20%。这些产品无不包含了消费者对产品质量的内在需求与消费理念，消费者也更愿意为积极承担社会责任的企业买单。当前企业社会责任的重要性正在提升。一项研究发现了企业社会责任项目能够让其更具创新力。研究者在 2001—2004 年期间调查了 128 家企业，结果表明，社会责任活动排名前三的企业在一年中平均推出了 47 款新产品，而排名倒数的 3 家企业平均每年仅推出 12 款新产品。他们认为，企业社会责任加强了企业与顾客、供应商、非营利机构和政府等外部利益相关方之间的关系，让企业得以获取更多信息。这样一来，无论市场偏好如何变化，新技术如何层出不穷，企业都能始终处于领先地位，实现“创意飞跃”。

资料来源：

哈佛商业评论. 经编者改编。

12.1.2　质量管理的基本概念

根据 ISO 8402《质量管理与质量保证——术语》标准中，质量管理是指确定质量方针、目标和职责，并通过质量体系中的质量策划、质量控制、质量保证和质量改进来使其实现所有管理职能的全部活动。其中，质量管理是各级领导者的职责，但必须由最高领导者来推动，实施中涉及单位的全体成员。因此，质量管理的内容可以从两个方面来理解，从横向来看，包括质量策划、质量控制、质量保证和质量改进；从纵向来看，包括确定质量方针、目标和职责、质量体系等一系列过程。

（1）质量策划　根据国际标准 ISO 9001 族标准提出的定义，质量策划就是首先制定质量方针，根据质量方针设定质量目标，根据质量目标确定工作内容、职责和权限，然后确定程序和要求，最后付诸实践的一系列过程。具体而言，质量策划的范围一般包括质量目标、质量管理体系、质量过程、质量及改进的策划。从内容上看，质量策划的内容包括设定质量目标、确定达到目标的途径、确定相关的职责和权限、确定所需的其他资源、确定实现目标的方法和工具、确定其他的策划需求。质量策划的结果是质量计划文件。

（2）质量控制　根据ISO 8402—1994，质量控制是指为达到质量要求、获取经济效益而采取的作业技术和活动。质量控制贯穿于质量形成全过程的各个环节，以消除质量形成环节的所有阶段引起产品不合格或不满意效果的因素。质量控制主要涉及技术措施和管理措施两方面的控制活动。

（3）质量保证　根据ISO 8402—1994，质量保证是指为使顾客确信某实体能满足质量要求，在质量体系内所实施的并根据需要进行证实的有计划、有系统的活动。质量保证一般适用于有合同的场合，其主要目的是使顾客确信产品或服务能满足规定的质量要求。

质量保证可分为外部质量保证和内部质量保证。前者是在合同环境中，供方取信于需方（客户和第三方）的信任；后者是在企业管理的一种手段，目的是使组织的管理者确信组织内各职能部门和人员对质量控制的有效性。

质量保证和质量控制的关系：质量保证是以质量控制为基础的，没有质量控制，就谈不上质量保证。质量控制和质量保证有时也是相关的，质量保证体系应建立在质量管理体系的基础上。

（4）质量改进　根据ISO 9000—2000，质量改进是致力于满足质量要求的能力，目的在于消除系统性的问题，对现有的质量水平在控制的基础上加以提高，使质量达到一个新水平、新高度。质量改进的对象是产品或服务的质量及工作质量，步骤是一个PDCA循环。

12.1.3　提高质量水平的意义

提高产品和服务的质量水平，是推动我国高质量发展、加快供给侧改革的必要举措，是大势所趋、利国利民的举措。提高质量有利于减少无效和低端供给，扩大有效供给、满足消费需求，提高出口竞争力、全要素生产率和经济发展效益，意义重大。

对于企业而言，不仅面对着国内市场的挑战，还面临着国际市场的考验。在当代，质量已成为决定顾客购买的首要因素。因此，提高质量水平有利于企业取得市场竞争优势，提高市场占有率，促进企业的长远发展。

章内阅读

我国拥有相当庞大的波音737－800机队，也是世界民航史上安全飞行记录的保持者。2022年3月21日，东航一架波音737客机的坠机事故，令我国飞机持续安全运行的4227天记录归零，更重要的是波音737－800式飞机的质量安全也引起了大众的担忧，其安全性备受质疑。在此事件后，东方航空宣布停飞旗下所有波音737－800飞机。经过半个月的全面系统检查之后，严格按照民航局的规章制度和要求，东方航空旗下的波音737－800飞机于2022年4月17日逐步恢复运营。从小的范围上讲，产品的质量首先是满足顾客的基本需求；从大的范围上讲，产品的质量也事关人民群众的身心健康和生命安全，重要性不可言喻。因此，提高产品的质量非常重要。

12.1.4　现代质量管理大师

1. 休哈特

休哈特是现代质量管理的奠基人之一，他成功地将统计学、工程学和经济学结合在一起，开创了统计质量控制的新领域，被人们尊称为“统计质量控制之父”。他认为产品质量不是检验出来的，而是生产出来的，质量控制的重点应放在制造阶段，从而将质量管理从事后把关提前到事前控制。休哈特最重要的贡献之一是于 1924 年 5 月提出了世界上第一张控制图，此后控制图就成为质量管理方面的一个重要工具。此外，休哈特提出的“计划—执行—检查—行动”循环被戴明和其他学者广泛应用，最终发展成了著名的 PDCA 循环。

2. 戴明

戴明是世界著名的质量管理专家，其针对企业管理过程中的问题而提出的十四条质量管理原则（Deming's 14 Points）是全面质量管理（TQM）的重要理论基础。14 条质量管理原则如下：

1）建立改进产品和服务的长期目标。
2）采用新观念。
3）不再依赖大量检验来达到质量标准。
4）废除以最低价竞标的制度。
5）持续不断地改善现有产品和服务，改善现有流程。
6）采用现代方法开展培训。
7）发挥领导的指导和帮助作用。
8）排除员工的恐惧感。
9）破除部门之间的藩篱。
10）取消面向一般员工的口号、标语和数字目标。
11）废除员工的定额标准，废除目标管理及管理人员的数值目标。
12）消除妨碍员工工作畅顺的因素。
13）开展强有力的教育和自我提高活动。
14）使组织中的每个人都行动起来去实现转变。

此外，PDCA 循环由戴明采纳、宣传而获得了普及，故又称“戴明环”。PDCA 循环，即计划（Plan）→执行（Do）→检查（Check）→行动（Act）的连续循环。

3. 朱兰

朱兰，世界著名的质量管理专家。他最著名的名言：“质量是一种合用性，即产品在使用期间能满足使用者的要求。”朱兰在 82 岁高龄时发表了一篇著名论文《质量三部曲》，其副标题为“一种普遍适用的质量管理方法”，这就是被世界各国广为推崇的“朱兰三部曲”，即质量策划、质量控制和质量改进。

（1）质量策划　质量策划明确了质量管理的目标和实现目标的途径，是质量管理的前提和基础。与传统计划相比，传统计划工作通常是由某个特定领域的专家完成的，企业计划人员参与较少；而质量策划强调企业多个部门同时进行、共同参与。

（2）质量控制　质量控制强调运用一定的操作方法对过程进行控制，保证质量目标的实现。具体而言，质量控制包括七个步骤：选定对象，即控制什么；配置测量设备；确定测量方法；建立性能标准；测量实际性能；分析性能标准与实际性能的差距；对差距采取行动。

（3）质量改进　质量改进是指通过打破旧的平稳状态而达到新的更高的质量水平。具体而言，质量改进的目的是超出计划水平，达成前所未有的质量性能水平，最终以更好的质量管理方式进行经营活动。

4. 费根堡姆

费根堡姆是全面质量管理的创始人，他主张用系统或者全面的方法管理质量，在质量过程中要求所有职能部门参与，而不仅局限于生产部门。同时，费根堡姆认为解决质量问题不能仅局限于制造过程，因为80%的质量问题是制造过程之外的其他过程造成的，解决质量问题的任务必须由工程师、一线员工和办公室职员共同参与解决。此外，解决问题的方法也应该是多种多样的，不仅局限于统计方法。

5. 克劳斯比

克劳斯比，被称为“零缺陷之父”。1984 年，他正式提出零缺陷概念，并将零缺陷概念概括为一个中心、两个基本点、三个需要和四个基本原则。“一个中心”就是第一次把正确的事情做对。“两个基本点”指的是有用的和可信赖的。“三个需要”分别指的是顾客、员工和供应商的需要。“四个基本原则”指的是质量符合要求，而不是好；产生质量的系统是预防，不是检验；工作标准必须是零缺陷，而不是差不多就好；质量是用不符合要求的代价来衡量的，而不是用指数。零缺陷的理念对质量管理的应用产生了深远影响。

6. 石川馨

石川馨，日本著名质量管理专家，因果分析图的发明者，QC 小组的奠基人之一。他认为质量不仅是产品质量，从广义上说，还包括工作质量、部门质量、人的质量、体系质量、公司质量、方针质量等。他认为，全面质量管理（TQM）就是全公司范围内的质量管理，要对各部门人员进行教育，要全员参加和全过程进行管理。

7. 大野耐一和新乡重夫

大野耐一和新乡重夫所提出的“精益生产”方式中的“持续改进”推动了质量管理的发展，持续改进是成功质量管理的特征之一。

12.2 全面质量管理原理

12.2.1 质量管理的发展过程

质量管理的发展，大致经历了以下三个阶段：

1. 产品质量检验阶段（20 世纪 20 年代—20 世纪 30 年代）

20 世纪初，美国出现了以泰勒为代表的"科学管理运动"，泰勒主张计划职能与执行职能相分离，这促使产品的质量检验从加工制造中分离出来，因此质量管理的职能由操作者转移给工长，即"工长的质量管理"。后来，随着企业生产规模的扩大和产品复杂程度的提高，产品有了技术标准，各种检验工具和检验技术也得到了发展，大多数企业开始设置检验部门，质量检验这一职能又由工长转移到专职检验人员，由专职检验部门实施质量检验，即"检验员的质量管理"。

这一时期质量检验的特点：事后检验，所使用的手段是各种的检测设备和仪表，方式是严格把关，进行百分之百的检验。这种事后检验的优点是在当时的社会历史情境下，促进了产品质量管理理论的发展，但是这种方式只能起到事后控制的作用，无法在生产中起到预防的作用，造成的损失无法补救。尤其是在大批量生产的情况下，检验成本太高。

这个时期，一些著名统计学家和质量管理专家就注意到质量检验的问题，尝试运用数理统计学的原理来解决，使质量检验既经济又准确。例如，1924 年，美国的休哈特提出了控制和预防缺陷的概念，并成功地创造了"控制图"，把数理统计方法引入质量管理，使质量管理推进到新阶段。1929 年道奇和罗米克发表了《挑选型抽样检查法》论文，提出了"抽样检验表"。还有，瓦尔德提出了序贯抽检法。但是在 20 世纪 30 年代，资本主义国家发生了严重的经济危机，生产力发展水平较低，因此大众对产品质量的要求也不高。因此，在质量管理的过程中推行数理统计方法并未被企业普遍接受。

2. 统计质量管理阶段（20 世纪 40 年代—20 世纪 50 年代）

第二次世界大战开始以后，由于战争需要，美国军工厂商急剧大规模生产，尽管增加了大量检验人员，但是产品积压待检的情况日趋严重，再加上有时检验缺乏科学依据，导致废品量惊人，在战场上经常发生武器弹药的质量事故。在这种情况下，休哈特、道奇和罗米克等的数理统计检验方法被重新重视起来。美国军政部门随即组织一批专家和工程技术人员，于 1941—1942 年先后制定并公布了 Z1.1《质量管理指南》、Z1.2《数据分析用控制图》、Z1.3《生产过程中质量管理控制图法》，强制生产武器弹药的厂商推行，并收到了显著效果，从此，统计质量管理的方法才得到很多厂商的应用，统计质量管理的效果也得到了广泛的承认。

这一阶段的特征是数理统计方法与质量管理的结合。这标志着质量管理由事后控制转到了事前控制与事中控制，由全数检验变成了抽样检验，推动了质量管理工作的开展。但是，统计质量管理也存在着缺陷，首先，它过分强调质量控制的统计方法，对质量的控制和管理只局限于制造和检验部门，忽视了其他部门的工作对质量的影响，不能充分发挥各个部门和广大员工的积极性，制约了质量管理的推广和运用。其次，偏重于工序管理，没有对质量形成的整个过程进行控制。

3. 全面质量管理阶段（20 世纪 60 年代至今）

20 世纪 50 年代以来，生产力迅速发展，科学技术日新月异，出现了很多新情况。主要有以下几个方面：第一，科学技术和工业生产的发展，对质量要求越来越高。20 世纪 50 年代以来，火箭、宇宙飞船、人造卫星等大型、精密、复杂的产品出现，对产品的安全性、可靠性、经济性等要求越来越高，质量问题就更为突出。第二，20 世纪 60 年代在管理理论上出现了“行为科学论”，主张改善人际关系，调动人的积极性，突出“重视人的因素”，注意人在管理中的作用。第三，随着国际市场竞争的加剧，“保护消费者利益”运动的发生和发展，要求各国企业重视“产品责任”和“质量保证”问题，加强内部质量管理，确保生产的产品使用安全、可靠。

由于上述情况的出现，仅仅依靠质量检验和运用统计方法已难以保证和提高产品质量，这促使“全面质量管理”的理论逐步形成。1961 年，美国通用电气公司的质量经理阿曼德·费根堡姆发表了一本著作《全面质量管理》，该书强调执行质量职能是企业全体人员的责任；解决质量问题不能仅限于产品制造过程，应当在产品质量形成的全过程都要质量管理；解决质量问题的方法应该是多种多样的，不能仅局限于检验和数理统计方法。由于全面质量管理符合社会生产发展和质量管理发展的客观要求，费根堡姆的全面质量管理概念逐渐被世界各国所接受和推行。

12.2.2 全面质量管理的概念及特点

1. 全面质量管理的概念

全面质量管理（Total Quality Management，TQM）是指在全社会的推动下，企业中所有组织、所有部门、所有人员都以产品质量为核心，把专业技术、管理技术、数理统计技术结合起来，建立起一套科学、严密、高效的质量保证体系，控制生产全过程中影响质量的因素，以优质的工作、最经济的办法提供满足客户需要的产品的全部活动。简而言之，就是全社会推动下的、企业全体人员参加的、用全面质量去保证生产全过程的质量的活动。

2. 全面质量管理的内涵

（1）明确顾客的需求　全面质量管理是一种由顾客的需要和期望驱动的管理哲学，尤其注重顾客价值。全面质量管理要求必须把以顾客为中心的思想贯穿到企业业务流程的管理中，即从市场调查、产品设计、研究试验、原料采购、生产、检验、仓储、销售到售后服务的各个环节都应该牢固树立“顾客第一”的思想，为顾客提供优质的产品和服务。因此，要采取顾客调查、特殊顾客群体调查访问等方法获取顾客需要，并将顾客需求积极引入企业的决策过程中。要注意一定要做到将内部用户（下道工序）与外部用户（顾客）同等对待。

（2）持续改进　持续改进就是谋求在投入产出转换过程中所有因素持续不断地改善，并持续改善组织中每项工作的质量。转换过程中的因素包括人员（Man）、机器设备（Machine）、原材料（Material）、方法（Method）、测量（Measurement）和环境（Environment），即 5M1E。

（3）向员工授权　全面质量管理也将一线员工纳入持续改进的过程中，让一线员工承担一定的质量改进责任，并赋予其为完成改进任务采取必要行动的权利，以激发员工在质量管理上的积极性。

（4）强调“源头质量”概念　“源头质量”是指让每一位工人对他的工作负责，负责制造出满足质量标准的产品或服务，及时发现并纠正偏差。全面质量管理理论认为，每个工人都是自己工作的质量检验员。当工人所生产的产品传递到下一道工序或者提供给最终顾客时，工人应当对产品的质量标准负责。

（5）标杆法（树立榜样）　标杆法是指将某一方面做得最好的企业或者组织作为本企业学习的榜样，并掌握该企业的方法，将其引入自己企业生产经营中。

（6）将这些概念拓展到供应商和经销商　供应商和经销商是企业在整个生产和销售过程中的合作伙伴，应该将全面质量管理的概念拓展到供应商和经销商，或者选择实行了质量管理的企业，确保供应商提供的产品也是符合质量标准的。

3. 全面质量管理的特点

全面质量管理是一种预先控制和全面控制的制度，主要特点就在于“全”字，它包含以下三个含义：

（1）TQM 是全面的质量管理　全面的质量管理是用全面的方法管理全面的质量。这里指的是从横向上来看，质量的含义是全面的，不仅包括产品和服务的质量，还包括产品质量赖以形成的工作质量。全面的方法包括科学的管理方法、数理统计的方法和现代电子技术等。

（2）TQM 是全过程质量的管理　传统的质量管理主要是对制造过程的管理，目的是生产出符合标准的产品，而全过程是要求把质量管理过程贯穿于产品质量产生、形成和实现的全过程。即全过程的质量管理必须贯穿于市场调查、产品设计、研究试验、原料采购、生产、检验、仓储、销售和售后服务等各个环节。其中，产品的设计过程是全面质量管理的起点，原料采购、生产、检验过程是实现产品质量的重要过程。

（3）TQM 是全员参加的管理　传统的质量管理是质量检验部门人员的职责，忽略了设计部门人员和制造部门人员也是影响产品质量的关键因素，而其他部门的人员素质、质量管理意识也会影响到产品的质量。全员参加的质量管理即要求全体员工，无论是高层管理者，还是普通办公职员、一线工人都要参与质量改进活动。

12.2.3　全面质量管理的主要工作内容

1. 市场调查

质量管理的目标之一就是使得组织的产品或服务符合顾客需求，因此，市场调查的重点是要了解顾客对产品或服务的需求情况和反馈情况，对下一步的产品设计决策提供依据。

2. 产品设计

产品设计是指从确定产品设计任务书起到确定产品结构为止的一系列技术工作的准备和管理，是产品开发的重要环节，是产品生产过程的开始。由于产品设计阶段就要确定整个产品的结构、规格、技术标准，进而确定整个生产系统的布局，意义重大。因此企业要充分利用好现代化技术，在市场调查的基础上，做好产品设计决策。

3. 采购

由于供应商所提供原材料的品质、价格、交货期和服务等因素都会影响到企业产品的生产质量，因此，企业在采购环节应结合供应商所提供原材料的质量管理、服务水平、业绩等因素综合进行选择。

4. 制造

制造过程是产品实体的形成过程，因此做好制造过程的质量管理意义重大。制造过程的质量管理一般从人员、机器设备、原材料、操作方法、操作环境和测量方法等方面来进行控制。

5. 检验

检验是指用工具、仪器或其他分析方法检查各种原材料、半成品、成品是否符合特定的技术标准、规格的工作过程。企业应该做好质量管理工作，重点做好检验环节的是事先控制、事中控制。

6. 销售

销售是实现产品质量的重要环节，也是实现企业生产成果的活动。因此企业在销售过程中要运用适当的营销方法，实事求是地向顾客介绍产品的性能、功能等，在实现销售的同时，为企业赢得良好的信誉。

7. 服务

当前企业间的竞争不仅是产品的竞争，更是服务的竞争。因此，企业要积极做好服务工作，如提供技术指导、定期维修、定期保养、代为消费者安装和调试商品等。

12.2.4 全面质量管理的基本工作方法——PDCA 循环

企业进行全面质量管理的基本方法是 PDCA 循环，计划—执行—检查—行动是全面质量管理反复经过的四个阶段。

1. PDCA 循环的工作原理

PDCA 循环的过程，就是企业在认识问题和解决问题中使质量和质量管理水平不断呈阶梯状上升的过程。

2. PDCA 的四个阶段

PDCA 循环有四个基本步骤，具体可分为八个步骤，如下：

（1）P（计划）阶段 P（计划）阶段包括以下四个步骤：

1）分析现状，找出所存在的质量问题。

2）分析产生质量问题的影响因素或原因。

3）从各种影响因素中，找出对质量影响最大的因素，即主要原因。

4）针对主要原因，制订措施计划。在制订措施计划的时候，需要将计划步骤具体化，要明确回答措施计划中的5W1H，即采取该措施的原因（Why）、该措施预期达到的目标（What）、在哪里执行（Where）、由谁来负责执行（Who）、什么时候开始执行和完成（When）、如何执行（How）。

（2）D（执行）阶段 D（执行）阶段有一个步骤：执行措施计划。具体而言，是根据制订的措施计划，根据内外部环境，设计具体的行动方法，再进行具体操作，努力实现预期目标。

（3）C（检查）阶段 C（检查）阶段有一个步骤：对照计划，检查执行的情况和效果，及时发现计划实施过程中的经验和问题。

（4）A（行动）阶段 A（处理）阶段包括以下两个步骤：

1）巩固提高，即总结计划执行成功的经验，对已被证明的有成效的措施，要进行标准化，制定成工作标准，巩固取得的成绩。

2）把本次工作循环中未解决的问题或新出现的问题，转入下一个PDCA循环中继续解决。

3. PDCA循环的特点

1）PDCA循环工作的四个阶段，按顺序进行，组成一个大环，不停地转。PDCA循环如图12－2所示。

2）大环套小环，一环扣一环，小环保大环，推动大循环，互相促进。PDCA循环不仅适用于整个工程项目，也适应于整个企业和企业内的各个部门及个人。对于企业而言，整个企业的工作是一个大的PDCA循环，各级部门根据企业的方针目标，也有自己的PDCA循环，层层循环，形成大环套小环，小环里面又套更小的环。各级部门的小环都围绕着企业的总目标朝着同一方向转动。通过循环把企业上下或工程项目的各项工作有机地联系起来，彼此协同，互相促进。大环套小环示意如图12－3所示。

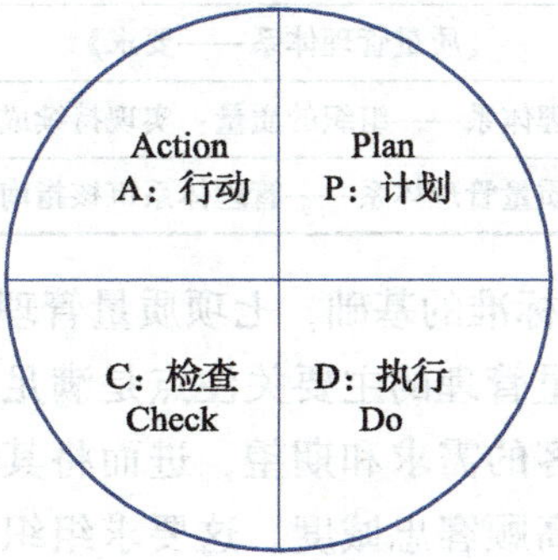

图12－2 PDCA循环

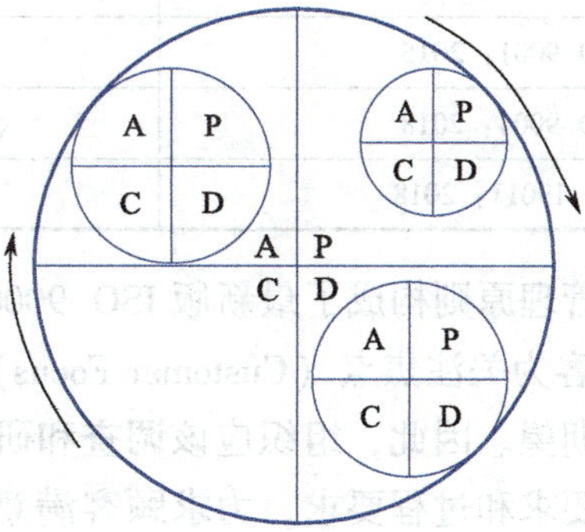

图12－3 大环套小环示意

3）循环上升。PDCA循环不是在同一水平上循环，而是爬楼梯上升式的循环，每循环一次，就解决一部分问题，取得一部分成果，工作就前进一步，水平就提高一步。到了下一次循环，又有了新的目标和内容，更上一层楼。PDCA循环上升如图12－4所示。

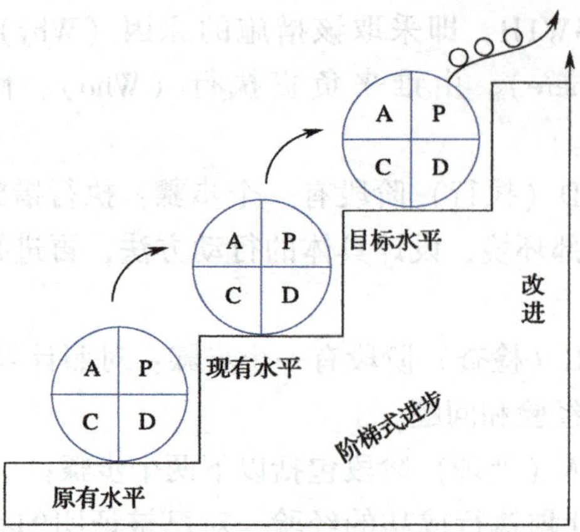

图 12－4 PDCA 循环上升

12.3 质量体系与质量认证

12.3.1 质量体系

1. ISO 9000 系列标准简介

ISO 9000 系列标准是国际标准化组织（International Organization for Standardization，ISO）于 1987 年制定，后经不断修改完善而成的系列标准。目前最新的是 2018 年修订的 ISO 9000 系列标准。ISO 9000 系列标准的核心标准由四项密切相关的质量管理体系标准所构成，见表12－3。

表 12－3 ISO 9000 系列核心标准的构成

编号	名称
ISO 9000：2015	《质量管理体系——基础和术语》
ISO 9001：2015	《质量管理体系——要求》
ISO 9004：2018	《质量管理体系——组织的质量：实现持续成功指南》
ISO 19011：2018	《质量管理体系——管理体系审核指南》

七项质量管理原则构成了最新版 ISO 9000 系列标准的基础，七项质量管理原则如下：

（1）以顾客为关注焦点（Customer Focus） 质量管理的主要关注点是满足顾客需求并努力超越顾客的期望。因此，组织应该调查和研究顾客的需求和期望，进而将其转化成组织内部的质量体系要求和过程要求，力求顾客满意，提高顾客忠诚度。这要求组织内各级领导及全体员工都要了解顾客需求的内容及变化，并参与其中。

（2）领导作用（Leadership） 各层领导者应该建立统一的目标和方向，为员工致力于达成组织的质量目标创造良好的企业内部环境。具体而言，领导者应该建立组织的质量方针和质量目标，并建立、实施和保持一个有效的质量管理体系为实现这些目标提供保障，其次，为员工提供相关资源，来支持员工实现质量管理的目标。

（3）全员参与（Engagement of People） 组织的各级人员是组织的基础，只有全体员工的积极参与，才能使他们的才干为组织带来最大的收益。组织应该充分尊重员工并采取适当的激励措施，提高员工的满意度，充分激发员工的内在潜力来实现组织质量管理的目标。

（4）过程方法（Process Approach） 将活动和相关的资源作为过程进行管理，可以更高效地达到期望的结果。此处可以利用 ISO 9000 族标准建立的过程模式，即把资源管理、管理职责、测量、分析及改进、产品实现作为质量体系的四大主要过程，如图 12－5 所示。

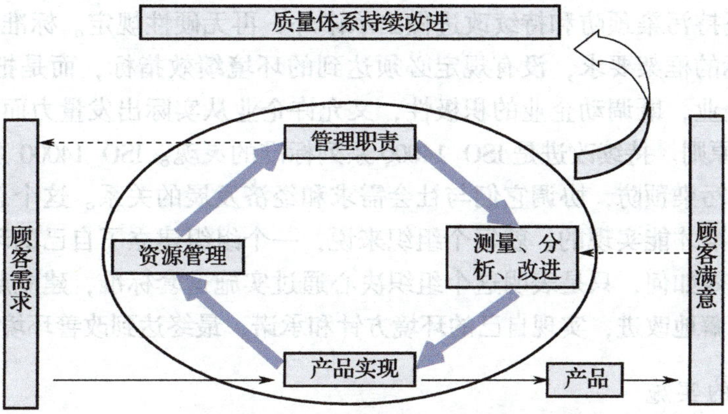

图 12－5 质量体系的过程模式

（5）改进（Improvement） 成功的组织会持续关注改进。这里的改进是指产品质量、过程及体系有效性和效率的提高。PDCA 循环就是改进的一个方法。

（6）循证决策（Factual Approach to Decision Making） 有效的决策建立在对数据和信息的分析基础上，这样的决策更客观、有效。在对数据和信息进行分析时，可以借助统计工具。

（7）关系管理（Relationships Management） 相关方会影响组织的绩效，尤其是与供应商的关系会影响组织最终产品的质量。因此，组织要管理好与各个相关方的关系，最大限度地发挥对组织绩效的促进作用。

2. ISO 14000 系列标准介绍

（1）ISO 14000 系列标准 ISO 14000 系列标准是国家标准化组织为了规范企业和社会团体等所有组织的环境行为，以达到节省资源，减少环境污染，改善环境质量，促进经济持续、健康发展的目的而制定的一套国际系列标准。它包括了环境管理体系、环境审核、环境标志、环境行为评估、生命周期评估等一系列内容。其中，ISO 14001 是环境管理体系标准的主干标准，它是企业建立和实施环境管理体系并通过认证的依据。

（2）ISO 14000 系列标准的特点

1）自愿性。ISO 14000 系列标准的应用是基于自愿原则，这是保证标准有效实施的重要原则，不带任何强制性。企业建立环境管理体系，申请完全是自愿的，是企业自身出于商业竞争、企业形象、市场份额的需要。

2）标准的广泛适用性。ISO 14000 系列标准，在许多方面借鉴了 ISO 9000 系列标准的成功经验。ISO 14001 标准适用于任何类型与规模的组织，并适用于各种地理、文化和社会条件，既可用于内部审核或对外的认证、注册，也可用于自我管理。ISO 14000 系列标准应用领域广泛，涵盖了企业的各个管理层次，例如生命周期评价方法可用于产品及包装的设计开发；环境标志有利于企业改善公共关系，树立企业环境形象，促进市场开发。

3）强调污染预防。ISO 14000 系列标准体现了国际环境保护领域由“末端控制”到“污染预防”的发展趋势，它要求企业实施全面管理，尽可能把污染消除在产品设计、生产过程之中，预防环境污染的发生，体现了生命周期思想的应用。

4）灵活性。标准的灵活性或合理性是其实用性的基础。ISO 14001 标准除了要求组织对遵守环境法规、坚持污染预防和持续改进做出承诺外，再无硬性规定。标准仅提出建立体系，以实现方针、目标的框架要求，没有规定必须达到的环境绩效指标，而是把建立绩效目标和指标的工作留给企业，既调动企业的积极性，又允许企业从实际出发量力而行。

5）持续改进原则。持续改进是 ISO 14000 系列标准的灵魂。ISO 14000 系列标准总的目的是支持环境保护和污染预防，协调它们与社会需求和经济发展的关系。这个总目的是要通过各个组织实施这套标准才能实现的。就每个组织来说，一个组织建立了自己的环境管理体系，并不能表明其环境绩效如何，只是表明这个组织决心通过实施这套标准，建立起能够不断改进的机制，通过坚持不懈地改进，实现自己的环境方针和承诺，最终达到改善环境绩效的目的。

3. 质量体系的实施

质量体系的实施过程具体可以分为五个阶段：组织策划阶段、总体设计阶段、建立阶段、文件编制阶段和运行阶段。质量体系的实施过程如图 12－6 所示。

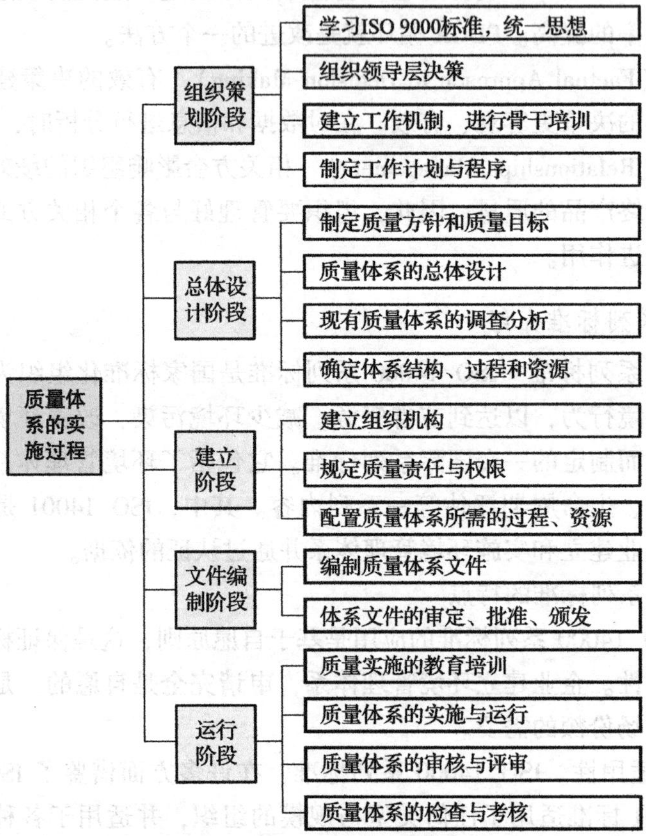

图 12－6　质量体系的实施过程

12.3.2　质量认证

质量认证包括产品质量认证和质量体系认证，是指由一个公证机构（第三方）对产品或质量体系做出合格评定。因此，通过质量认证可以提高供方的质量信誉，促进企业完善质量体系，减少社会重复评定费用，有利于保护消费者的利益。

（1）产品质量认证　产品质量认证是指依据产品标准和相应技术要求，经认证机构确认并通过颁发认证证书和认证标志来证明某一产品符合相应标准和相应技术要求的活动，可分为合格认证和安全认证。产品质量认证的特点包括：认证对象是产品；产品标准是认证的依据；鉴定的方法包括对产品质量的抽样检验和对企业质量体系的审核评定；认证的证明方式有认证证书和认证标志；认证是第三方从事的活动。

（2）质量体系认证　质量体系认证是指经质量体系认证机构确认，并颁发质量体系认证证书证明企业的质量体系符合质量保证标准要求的活动。质量体系认证的特点是认证的对象是质量体系；认证的依据是有关质量体系的国家标准；鉴定质量体系是否符合标准要求的方法是质量体系审核；证明取得质量体系认证资格的方式是颁发认证证书；认证是第三方从事的活动。

12.4　质量管理的常用方法

12.4.1　质量管理的统计控制方法

统计控制方法以 1924 年美国的休哈特提出的控制图为起点，近百年来有了很大发展，现在包括很多种方法。

（1）常用的质量管理统计方法　常用的质量管理统计方法，又称为初级统计管理方法。它主要包括直方图、分层法、检查表、帕累托图、因果分析图、散布图和控制图，即“QC 七种工具”。这些工具要求企业全体员工都要灵活掌握，因为质量管理是全员的管理。员工可以通过收集生产过程或管理过程中的各种数据，运用这些工具对数据进行统计分析，发现质量管理中的问题，实现对质量的控制。

（2）QC 小组　QC 小组，又称质量控制小组，是由相同、相近或互补工作场所的员工自发组成数人一圈的小圈团体，全体合作、集思广益，按照一定的活动程序来解决工作现场、管理、文化等方面所发生的问题。QC 小组解决问题所涉及的管理技术主要有遵循 PDCA 循环、应用统计方法、以事实为依据用数据说话三个方面。

一般 QC 小组的主要工作步骤或内容如下：

1）采用质量管理工具及时发现质量问题或质量改进机会。

2）采用“头脑风暴法”，充分听取来自 QC 小组外部的意见，寻求改进方法。

3）以表单形式列出可能的问题及相应的解决方案。根据拟解决质量问题及相应解决方案的必要性及可行性对其进行排序。一定时期内着重解决一个或少数几个问题。

4）对选定项目进行质量改进的策划、组织、协调和监督。

5）负责向组织申报质量改进成果。

（3）标杆管理　美国生产力与质量中心将标杆管理定义为一个系统的、持续性的评估过程，通过不断地将企业流程与世界上居领先地位的其他企业相比较，以获得帮助企业改善经营绩效的信息。在质量管理上，标杆管理指的是企业将自己的产品或服务质量与行业内或行业外的优秀企业做比较，找到差距，并持续改善的过程。具体而言，标杆管理的步骤包括：明确对什么进行标杆管理，组建标杆团队，确定标杆对象，选择和分析标杆信息，为了达到或超过这个标杆而采取行动。

（4）六西格玛　六西格玛（Six Sigma，6σ）是一个以数据为基础，追求几乎完美的质量管理方法，是时任摩托罗拉工程师的比尔·史密斯于1986年提出来的。西格玛是一个希腊字母σ的中文译音，统计学用来表示标准偏差，即数据的分散程度。从狭义上看，六西格玛可解释为每一百万个机会中有3.4个出错的机会，即百万分之3.4的缺陷率。从广义上看，企业的目标或者需要解决的问题大多都可以定为六西格玛的改善目标，例如提高顾客满意度、降低次品率等。该方法的重点是将所有的工作看作一种流程，采用量化的方法分析流程中影响质量的因素，找出最关键的因素加以改进，从而达到更高的客户满意度。

12.4.2　常用的质量管理统计方法

常用的质量管理统计方法主要包括“QC七种工具”，即直方图、分层法、检查表、帕累托图、因果分析图、散布图和控制图。七种方法简介如下：

1. 直方图

直方图，又叫质量分布图，它是描述数据变化情况的一种主要工具，直方图示例如图12－7所示。根据从生产过程中收集来的质量数据分布情况，可以画成以组距为底边、以频数为高度的一系列连接起来的直方型矩形图。通过观察直方图的形状，可以判断生产过程是否稳定和总体质量分布情况，该图的分析主要侧重于其分布是否对称、数值的变化范围是什么以及有无异常的数值。

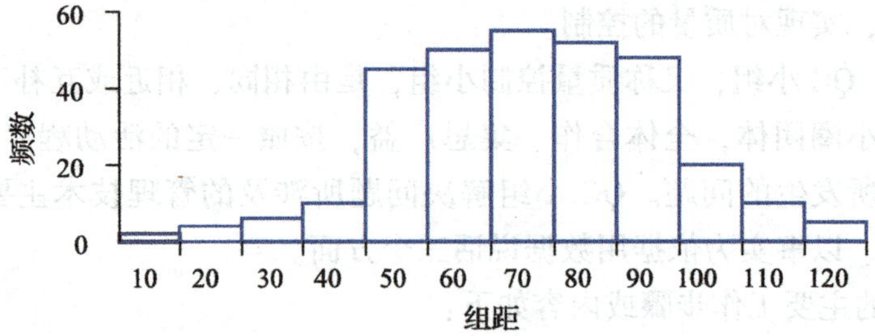

图12－7　直方图示例

直方图的形状可分为正常型和异常型两类。正常型的直方图应该是左右对称，中心处最高，距中心处越远，数值越低。图12－7就是正常型的直方图，说明其生产过程中没有异常原因。对于异常型的直方图，它表示生产过程中有异常原因，致使质量特性的波动不符合随机波动的规律。对于这种情况，应该找出导致生产过程表现异常的原因，采取合理措施，消除异常波动，使生产趋于稳定状态。

2. 分层法

分层法是指把性质相同的、在同一条件下收集的数据归纳在一起，以便进行比较分析。因为在实际生产中，影响质量变动的因素很多，如果不把这些因素区分开，难以得出变化的规律。分层法可以帮助企业更好地分清影响质量的原因所在，进而明确采取措施的方向。

在对数据进行分层时，可以按照时间、原材料、操作方法、使用设备和测量工具等原则分层。需要注意的是，在收集数据前就应使用层次法；其次，层次法可单独使用，也可与其他 QC 工具结合使用。

3. 检查表

检查表，又称统计分析表、调查表，是人们根据自己容易理解的方式制成图形或表格，记上检查记号，并加以统计整理形成，以备进一步分析使用。检查表示例见表 12-4。检查表的使用目的是检查某种事件发生的频率。需要注意的是，检查表是使用者根据自己想要解决的问题来设计的，因而其使用简单、方便，所以在使用过程中需要保持检查表的简单性，里面的检查条目不宜太多，否则会浪费时间，达不到检查表应有的效果。

表 12-4　检查表示例

产品编号	规格	产量	不合格品率	尺寸精度		噪声	旋转精度					灵活性	磁性	游隙	精度	其他
				外径	内径		内端面摆	内沟侧摆	内径向摆	外径向摆	外沟侧摆					

4. 帕累托图

帕累托图，又称排列图，是根据帕累托法则设计的，即 80% 的问题是由 20% 的原因所造成的。帕累托图认为绝大多数的问题是数量较少的原因所造成的，因此，帕累托图在质量管理中主要是用来找出影响产品质量的关键原因，进而解决大多数问题。

帕累托图示例如图 12-8 所示，帕累托图用双直角坐标系表示，左边纵坐标表示频数，右边纵坐标表示频率，折线表示累计频率。横坐标表示影响产品质量的各项因素，并按照影响程度的大小（出现频数的多少）从左到右排列。以图 12-8 为例，“态度差”和“种类少”是导致顾客投诉的主要原因，因此，根据帕累托图的思想，企业要集中精力先解决“态度差”的问题。等“态度差”的问题解决完成后，需要重新收集数据，制作新的帕累托图。如果此时“种类少”变成了首先问题，“态度差”问题已经不存在了或变成了次要问题，则说明“态度差”的问题已经消失或基本得到解决。

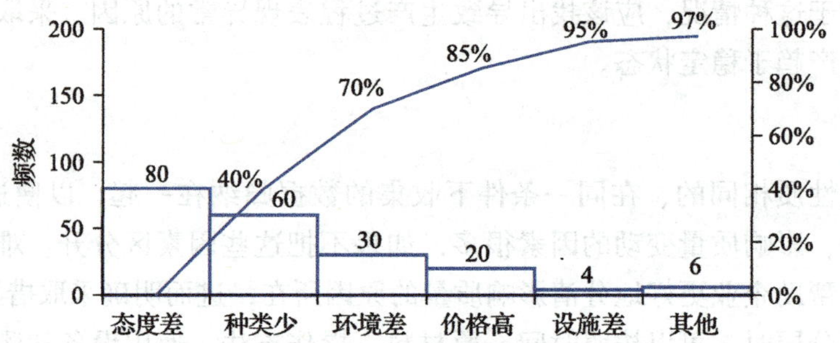

图 12－8　帕累托图示例

5. 因果分析图

因果分析图，又称鱼刺图或石川图，是日本管理大师石川馨所发明出来的。因果分析图是整理和分析影响质量的各因素的系统方法，它有助于说明影响质量的各个因素之间是如何相互影响的，也能表现出各个可能的原因是如何随时间而依次出现的。

因果分析图的应用步骤如下：

第一步，将某个质量问题作为最终结果，在它的左侧画一个自左向右的粗箭头。

第二步，针对质量问题，选择相对应的层次方法，进而确定大原因，并将大原因填到鱼刺图中相对应的位置。例如，对于现场作业问题，一般从人员、机器设备、原材料、方法、测量和环境（即人机料法测环，5M1E）等方面分析；对于管理类问题一般从人员、事件、时间、地方、物品（即人事时地物）等方面来分析。

第三步，结合头脑风暴法，让员工根据大原因找出尽可能多而全的所有可能原因，逐层细分，然后将所有原因按从属关系进行分析、整理，最后将整理好的原因填到因果分析图中的中原因和小原因位置。

第四步，检查各原因的描述方法，确保表达准确、明了。

第五步，应用帕累托图找出关键原因，并制定相应措施对策。

第六步，实施相应措施，并检查实施效果。

因果分析图示例如图 12－9 所示。

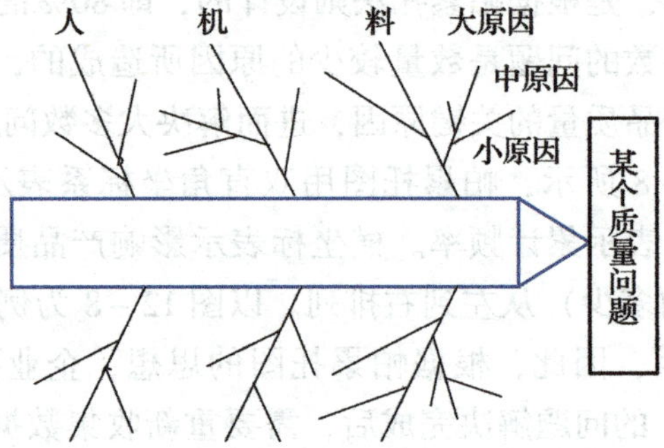

图 12－9　因果分析图示例

6. 散布图

散布图，又称相关图，是用来分析两个非确定性变量之间相关关系的方法，散布图示例如图 12－10 所示。该方法通过将两个可能相关的数据资料画到直角坐标系中，根据图点的分布状态来判断两个因素间的相关关系。图中所分析的两种数据间的相关关系，一般可以是结果与原因、结果与结果、原因与原因的关系。例如身高与体重的关系，产品形成过程中的质量与人员的关系等。

在散布图中，如果两个变量间有很强的相关关系（正相关或负相关），图中的点就越趋于集中在一条直线附近。相反，如果两个变量之间没有或很少相关性，那么图中的点就会呈现散布状态或其他状态。

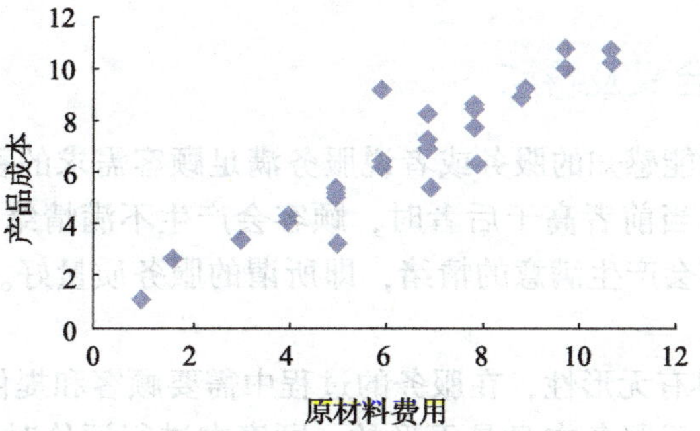

图 12－10　散布图示例

7. 控制图

控制图是一种有控制界限的图，用来区分引起的原因是偶然的还是系统的，可以提供系统原因存在的信息，从而判断生产过程受控状态。控制图按其用途可分为两类，一类是供分析用的控制图，用来控制生产过程中有关质量特性值的变化情况，看工序是否处于稳定受控状态；另一类是供管理用的控制图，主要用于发现生产过程是否出现了异常情况，以预防产生不合格品。控制图还能用来确定某一问题发生的时间并揭示引起问题的原因。

控制图示例如图 12－11 所示，图中有三条平行于横轴的线，分别是中心线（Center Line，CL）、上控制限（Upper Control Limit，UCL）和下控制限（Lower Control Limit，LCL）。

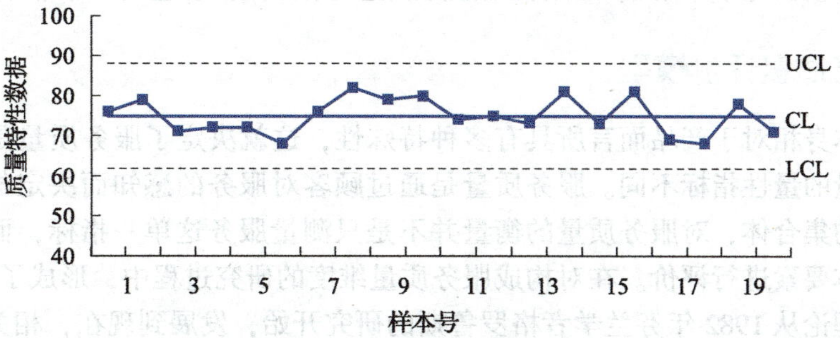

图 12－11　控制图的基本形式

控制图由中心线、上控制限和下控制限组成，上控制限和下控制限通常设定在 ±3 标准差的位置，中心线是所控制的统计量的平均值。点分布于上下限之间说明未出现异常，在控制范围内。

以上是进行质量管理的七种统计方法。此外，20 世纪 70 年代，日本形成和发展起来了质量管理的新七种方法，即关联图法、KJ 法、系统图法、矩阵图法、数据矩阵分析法、PDPC 法和箭条图法，它们是质量管理的思考性方法，是从系统工程、运筹学和价值工程等管理科学中选取、提炼而成的。但是，新七种方法不是对老七种方法的替代，而是对它们的补充和丰富。

12.5 服务质量管理

12.5.1 服务质量的含义及特点

服务质量就是顾客所能感知的服务或者说服务满足顾客需求的程度，包括预期的服务质量以及感知的服务质量。当前者高于后者时，顾客会产生不满情绪，即所谓的服务质量差；当后者高于前者时，顾客会产生满意的情绪，即所谓的服务质量好。服务质量主要有以下几个特点：

（1）主观性　服务具有无形性，在服务的过程中需要顾客和提供服务方相互配合，最终顾客具有评价的权力。由于服务本身是无形的，顾客在进行评价时便不存在相对的比较物，所以在评价标准上不具备客观性。所以不论是顾客自身的情绪状况、对服务的期望值还是客观的环境条件，都会对评价产生直接的影响作用，从而使得服务质量的主观性较强。

（2）全面性　因为服务质量具有较强的主观性，所以即使是相同的服务，对不同的顾客而言都会产生差异性的期望。因此，提供服务者需要同时满足顾客的一般化与个性化需求。如果顾客的需求无法得到满足，则会影响到服务质量的评价结果。因此服务提供方必须要尽量扩大服务的范围、增加服务的内容，这就意味着服务质量也存在着全面性的特征。

（3）异质性　由于服务质量具有主观性和全面性，对于同样的服务，会得出多种不同的质量评价结果，也就是服务质量存在异质性。

（4）互动性　服务质量是在服务提供者与服务接受者的互动过程中形成的。与有形产品不同，在绝大多数情况下，服务的生产和消费是无法分割的，服务质量就是在服务生产和服务消费的互动过程之中形成的。因此。互动性是服务质量与有形产品质量的一个非常重要的区别。

12.5.2 服务质量评价模型

由于服务本身相对于产品而言所具有多种特殊性，这就决定了服务质量是一个抽象的概念，与产品质量的量性指标不同。服务质量是通过顾客对服务的感知而决定的，因此服务质量是一个复杂的集合体，对服务质量的衡量并不是只测量服务这单一指标，而是对构成服务质量的多个具体要素进行评价。在对构成服务质量维度的研究过程中，形成了大量研究成果。服务质量相关理论从 1982 年芬兰学者格罗鲁斯的研究开始，发展到现在，相关理论内容已经得到了很大的丰富。目前，国内外关于服务质量的相关研究有很多，目前处于百花齐放的阶段，尚未形成统一的理论。

格罗鲁斯提出服务质量是由技术质量和功能质量构成的，在此基础上，罗斯特和奥利弗提出了服务质量三因素模型，即技术质量、功能质量和环境质量。在学者们对服务质量构成要素研究的基础上，帕拉休拉曼、赞瑟姆和贝利基于顾客的角度提出了服务质量特性，在此基础上又提出了服务质量差距模型和 SERVQUAL 量表模型。这三位学者为服务质量的测量评价和研究奠定了坚实的基础，后续学者对服务质量的研究基本都是在其基础上进行的延伸和扩展。

目前在各行业广泛应用的服务质量评价模型主要是服务质量差距模型和 SERVQUAL 量表模型。

1. 服务质量差距模型

1985 年，服务质量差距模型由美国营销学家帕拉休拉曼、赞瑟姆和贝利提出来，是专门用来分析质量问题根源的。服务质量差距模型如图 12－12 所示。

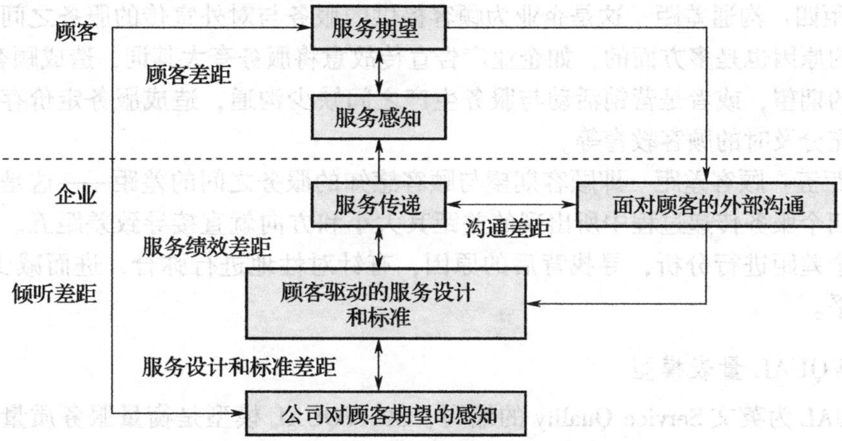

图 12－12　服务质量差距模型

服务质量差距模型的核心是指出提升顾客服务质量的关键在于减少顾客期望服务质量与实际感受到的服务质量之间的差距，这一差距被称为顾客差距。顾客期望服务质量来源于多方面，包括经验积累、口碑传播、宣传影响等。最佳状态是顾客期望的刚好就是企业所提供的，其实际感知的服务与期望的保持一致。但实际情况下，两者一般都或多或少存在差距。想要减少顾客差距，就需要对其他几个差距进行弥合，这些便是供应商差距。供应商差距是由供应商向顾客提供服务的过程中所产生的各种问题导致的，分别包括以下五种差距：

（1）差距一：倾听差距　这是指企业认知到的顾客期望与顾客实际期望之间的差距。造成该差距的原因很多，例如企业市场调研不足，或是调研缺乏针对性，缺乏对顾客期望的了解；内部缺乏畅通的沟通机制，上下层级太多管理者无法获得一线信息或获得的信息较少；对顾客关系关注不足，缺乏市场细分，未进行有效的顾客关系管理；服务补救措施不当，或是缺乏有效应对服务失败的机制。由此，最终导致管理者未能真正了解顾客需求，在制定决策时出现失误或偏离。

（2）差距二：服务设计与标准差距　这是指企业实际制定的服务流程标准与管理者对顾客期望服务质量的认知之间的差距。那就是说，即便是在充分了解顾客服务期望信息的基础上所建立的服务流程及标准也不一定能完全契合顾客需求。造成这一差距的原因很多，可能是制定服务标准的管理者自身主观因素造成的，如管理人员认为某些顾客期望不可实现、不合理等，在制定标准时就直接忽略此类需求。同时有形化服务场景与顾客需求不匹配也是造成这一差距的原因，缩小标准差距非常关键。

（3）差距三：服务绩效差距　这是指企业员工在实际服务过程中所提供的服务与服务标准要求之间的差距，就是说即便有一套符合顾客需求的服务标准要求，但顾客也不一定能得到高标准的服务。这一差距的产生主要有以下几方面原因：一方面由于标准本身太严苛或太复杂，员工难以执行，或是对标准不认同，不愿执行；另一个很重要的方面则取决于企业员工，即进行服务传递的角色，他们在实际落实标准时的情况，人力资源管理方面的缺失就会导致这一差距的加大，如没有适当的激励机制激励员工，没有完善的监督机制督促员工，没有良好的内部服务质量支撑员工，这些都会影响员工对外服务质量；还有一方面原因来自顾客，顾客作为参与服务生产的角色，其参与、配合情况也直接影响服务绩效；最后，服务的生产与销售存在同步化特性，就会有供需不平衡的情况，这也是影响这一差距的原因。

（4）差距四：沟通差距　这是企业为顾客提供的服务与对外宣传的服务之间的差别。造成这一差距的原因也是多方面的，如企业广告宣传故意将服务夸大其词，造成顾客认知偏差，提高了顾客的期望，或者是营销活动与服务生产之间缺少沟通，造成服务定价存在偏差，抑或是未进行充分及时的顾客教育等。

（5）差距五：顾客差距　即顾客期望与顾客感知的服务之间的差距——这是差距模型的核心。以上四个服务传递过程中所出现的差距其大小和方向就直接导致差距五。企业可以通过进行对四个差距进行分析，寻找背后的原因，有针对性地进行弥合，进而减少顾客差距，提升服务水平。

2. SERVQUAL 量表模型

SERVQUAL 为英文 Service Quality 的缩写，SERVQUAL 模型是衡量服务质量的工具。20 世纪 80 年代，美国市场营销学家帕拉休拉曼、赞瑟姆和贝利将服务质量特性归纳为五种，即有形、可靠、响应、保证和移情。但这五种特性之间的界限并非清晰和明确，往往存在交叉和重叠，比如服务的相关设施，既体现了服务的有形，同时也体现了服务的移情。由此会导致服务质量测量评价具有一定的模糊性特征。

服务特性是服务质量测量和评价的基础。在五个服务特性的基础上，三位学者提出了服务质量模型，这是适用于服务行业的一种新的服务质量评价体系，其理论核心是“服务质量差距模型”。SERVQUAL 模型包含的五个评价指标，对应的就是其提出的服务的五种特性。以下对五个指标进行具体的介绍：

（1）有形性　有形性，即与服务有关的可以被感知的内容，如为了提供服务所要提供的相关设施等，这属于直接可见的内容。服务本质是一种行为的过程，没有具体实物形态，因而无法被顾客直接感知。但与服务有关的有形内容，如服务设施，却可以被顾客直接感知，顾客正是通过对这些有形内容的感知间接形成服务质量的感知。因此，这些有形的内容是服务质量的线索，同时直接影响顾客的服务感知。

（2）可靠性　可靠性，即准确无误地完成所承诺的有关服务。可靠性要求服务的提供者要避免在服务提供过程中的失误，准确把握服务过程，这可以理解为过程可靠性；同时，应按照所承诺的时限、结果、目标等准确地完成所承诺的服务，这可以理解为承诺可靠性。如果服务提供者无法提供可靠的服务，不但会给企业带来损失，同时也会影响企业的形象，造成现有顾客和潜在顾客的流失。因此，可靠性是服务质量的重要方面，许多优质服务企业往往也会通过可靠性来打造自己的品牌声誉。

（3）响应性 响应性主要是指反应能力，即随时准备为顾客提供快捷、有效的服务。对顾客的各项要求能否及时予以满足，表明了企业的服务导向，即是否把顾客利益放在第一位。服务传递的效率是企业服务质量的一个重要反映，顾客往往非常重视等候服务时间的长短，并将其作为衡量服务质量好坏的一个重要标准。因此，企业尽可能缩短让顾客等待的时间，提高服务传递的效率。

（4）保证性 保证性反映了顾客对服务提供者的服务质量信心以及安全感。顾客在有需要时，需要服务提供者能够及时提供服务和满足顾客的需要，使顾客的需求能够及时得到满足。如果服务人员能力不足、服务态度不好，往往会使顾客缺乏安全感，即顾客预期在需要服务时，服务提供者往往无法提供满意的服务。如果顾客对服务提供者的服务具有安全感，会感到心理放松和心情愉悦，往往也会给予服务提供者良好的服务质量评价。

（5）移情性 移情性是指服务提供者能设身处地为顾客着想，努力满足顾客的要求。这要求服务提供者有一种投入精神，想顾客之所想，知顾客之所需，了解顾客的实际需要以及特殊需要，千方百计予以满足，给予顾客充分的关心和体贴，使服务过程充满人情味，这便是移情性的体现。

SERVQUAL 量表模型的每个维度又分为若干个问题或评价选项，共计 22 个指标，通过对顾客进行问卷调查，回收数据并分析数据，最后对服务质量进行评价。SERVQUAL 量表指标见表 12－5。

表 12－5 SERVQUAL 量表指标

维度	量表指标
有形性	企业有现代化的服务设施
	服务设施具有吸引力
	员工形象
	企业的设施与其所提供的服务相匹配
可靠性	及时完成对消费者的承诺
	企业对遇到困难的消费者表达出的关切程度
	企业是可靠的
	企业提供服务的准确性
	企业能够正确记录相关顾客信息
响应性	企业能够清楚地告知顾客提供服务的时间
	企业能够提供及时的服务
	企业员工愿意帮助顾客
	企业员工能够及时提供服务
保证性	顾客信赖员工
	顾客在享受服务时感到放心
	员工的态度是礼貌的
	企业能够为员工提供充分的支持以便其更好地服务顾客
移情性	企业针对顾客提供个性化服务
	员工给予顾客特别的关心
	员工清楚的了解顾客的需求
	企业优先考虑顾客的利益
	企业提供服务的时间能够满足顾客的要求

本章小结

本章节系统地阐述了质量管理的相关内容。12.1 节在介绍质量的概念与过程的基础上，介绍了质量管理的基本概念和相关学者提出的质量管理理论，以帮助读者掌握当代质量管理相关理论的发展现状。12.2 节先介绍了质量管理的发展过程（产品质量检验阶段、统计质量管理阶段和全面质量管理阶段），在此基础上重点阐述了全面质量管理的概念、特点和主要工作内容，以及全面质量管理的基本工作方法，即 PDCA 循环，这也是本章最重要的质量管理方法，读者需要掌握。12.3 节描述了质量管理体系中的两个重要质量体系，即 ISO 9000 质量体系和 ISO 14000 质量体系，以及质量认证的基本内容（产品质量认证和质量体系认证）。12.4 节介绍了质量管理的常用方法，其中的"QC 七种工具"（直方图、分层法、检查表、帕累托图、因果分析图、散布图和控制图）是非常重要的。12.5 节在介绍服务质量含义和特点的基础上，重点介绍了服务质量评价模型，即服务质量差距模型和 SERVQUAL 量表模型。

案例分析

一片冰心在玉瓶——小仙炖的全面质量管理之路

2020 年双十一期间，鲜炖燕窝品牌小仙炖实现近 3 倍的同比增长，达到 4.65 亿的总销售额，持续保持行业绝对领先。这不仅是消费者对小仙炖品质的认可，更得益于小仙炖实施的全面质量管理。小仙炖创立于 2014 年，其创始人林小仙通过对线下滋补店铺同仁堂的调研和学习，发现消费者吃燕窝存在四个痛点：一是燕窝市场鱼龙混杂，不知道如何鉴别原料；二是炖燕窝工序复杂，不知道怎么做；三是由于工序复杂，没时间做；四是不知道怎么吃，有哪些禁忌事项。通过捕捉消费者的潜在需求和对市场的调查及数据分析，林小仙发现鲜炖燕窝领域存在巨大的市场机会，于是开始创业。

要想生产出来高品质的燕窝，需要一台好的生产设备。林小仙通过市场调研发现，在原料处理上，单纯靠机器操作无法实现燕窝杂质的彻底清除，需要机器和人工协同，而且目前没有成熟设备可以购买。在加工方式上，传统的罐头燕窝为了延长燕窝存放期，采用高温杀菌，使得燕窝营养价值大打折扣。林小仙通过不断尝试，发现采用 95℃ 的类巴氏杀菌，在杀菌的同时还能实现低温炖煮，充分释放燕窝的营养成分，而这种炖煮和杀菌结合的设备需要根据实际需求进行研发生产。在产销排程上，鲜炖燕窝的保质期比较短，合理安排生产与销售的衔接，不仅可以降低库存成本，也可以确保产品的新鲜品质。而这个过程必须将生产计划系统与销售系统进行对接，这也需要定制化的开发相关生产管理系统。以上原因要求林小仙必须自研机器和技术，从源头保证燕窝的质量。

在生产过程中，由于缺乏相关经验，小仙炖遇到了效率低、产线混乱、资源分配不合理等初创企业常见的问题。为了解决这些问题，小仙炖一方面邀请了日本专家来传授精益生产经验，另一方面引入了君智战略咨询进行管理咨询。通过学习，小仙炖决定专精于冰糖燕窝，在生产流程持续改进，最终形成了挑毛、瓶身清洗、灌装、无菌封盖、高温炖煮、人工复检、冷藏包装、低温保存这一系列科学的生产流程。

在产品的外观设计上，早期小仙炖容器使用的是外包生产的标准件，瓶身太廉价，产品外观与产品本身的质量不符合，于是计划组织企业内部专家与生产厂家开展合作研究。小仙炖与厂家共同成立了一个研发小组，由厂家对各种可以做成瓶盖的金属材质进行样品加工和性能测试，并且及时将样品和测试数据反馈给小仙炖的相关部门，企业领导层参与分析和意见反馈。经过多次实验，终于找到一种不生锈的铁，却发现其特别厚、特别硬，做瓶盖存在较大加工难度。在选定材质后，又组织厂家进行技术攻关，最终生产出厚度适合且不会生锈的瓶盖。通过此次瓶盖的升级，鲜炖燕窝密封性大大提升，保质期从 7 天延长至 15 天，同时，金属瓶盖加上高档玻璃瓶身也提高了产品的质感。

【问题思考】

小仙炖为什么选择自己研发生产设备和生产工艺？这对于保证产品质量有什么作用？小仙炖是如何实现质量的持续改进的？

【案例讨论】

设计质量是全面质量管理的起点，设计质量决定产品的最终质量，并传递、影响到产品制造与使用的全过程，这是小仙炖选择自己研发生产设备和工艺的根本原因。小仙炖是通过 PDCA 循环实现质量的持续改进的。

资料来源：

金镭，曾筠，李梓彬，等. 一片冰心在玉瓶：小仙炖的全面质量管理之路 [EB/OL]. [2022－04－23]. http://www.cmcc-dlut.cn/Cases/Detail/5852. 经编者改编。

本章习题

一、单选题

1. 服务质量特性中，（　　）指的是对顾客的态度、尊重、理解、信任与有效的沟通。

   A. 价值　　B. 响应速度　　C. 人性　　D. 可靠性

2. （　　）一般适用于用合同的场合，其主要目的是使用户确信产品或服务能满足规定的质量要求。

   A. 质量策划　　B. 质量控制　　C. 质量保证　　D. 质量改进

3. （　　）提出了世界上第一张控制图。

   A. 费根堡姆　　B. 戴明　　C. 朱兰　　D. 休哈特

4. 企业进行全面质量管理的基本方法是（　　）。

   A. 控制图法　　B. 头脑风暴法　　C. PDCA 循环　　D. 标杆法

5. 主要通过各种检测设备和仪表在事后检验产品质量的做法属于质量管理发展中的哪个阶段？（　）
A. 产品质量检验阶段　B. 产品质量控制阶段
C. 统计质量管理阶段　D. 全面质量管理阶段
6. 全面质量管理阶段的管理方法是（　）。
A. 运用数理统计方法　B. 运用多种管理方法
C. 运用各种检验设备　D. 数理统计方法与质量管理相结合
7. 为了显示产品质量波动分布状态，可以采用（　）。
A. 流程图　B. 排列图　C. 因果图　D. 直方图
8. 帕累托图是质量改进中常用的办法，下述（　）是帕累托图的主要用途。
A. 数据采集　B. 数据分析　C. 原因分析　D. 提出改进措施
9.（　）是整理和分析影响质量的各因素的一个系统方法，它有助于说明影响质量的各个因素之间如何相互影响的，也能表现出各个可能的原因是如何随时间而依次出现的。
A. 因果分析图　B. 直方图　C. 帕累托图　D. 检查表
10. 服务质量差距模型的核心是（　）。
A. 沟通差距　B. 顾客差距　C. 服务绩效差距　D. 竞争性合作伙伴
11. SERVQUAL 模型包含的五种服务特性中，（　）是指企业和客服人员能设身处地为客户着想，努力满足客户的要求。
A. 移情性　B. 有形性　C. 可靠性　D. 响应性

二、多选题

1. 产品和服务质量从形成过程来说，具体包括（　）。
A. 设计过程质量　B. 制造过程质量
C. 使用过程质量　D. 服务过程质量
2. 质量管理的发展过程中所经历的三个阶段分别是（　）。
A. 产品质量检验阶段　B. 统计质量管理阶段
C. 产品质量控制阶段　D. 全面质量管理阶段
3. 全面质量管理的特点包括（　）。
A. 全面的方法　B. 全员参加　C. 全过程质量　D. 全面的质量
4. 质量特性的波动原因按影响大小与作用性质分为（　）。
A. 偶然因素　B. 系统因素　C. 设备　D. 原材料
5. 影响产品质量的因素，从现场作业来看，包括（　）。
A. 人员　B. 机器设备　C. 操作环境　D. 原材料
6. 服务质量的特点包括（　）。
A. 主观性　B. 全面性　C. 异质性　D. 互动性

三、判断题

1. 产品的可靠性指的是产品的技术特性和规定的功能。（　）

2. 质量管理仅仅是一线工人的责任。（　　）
3. 从质量和企业关系方面看，提高质量是企业生存和发展的保证。（　　）
4. PDCA 循环仅适用于整个工程项目，不适应于整个企业和企业内的各个部门。（　　）
5. 检验是实现产品质量的重要环节，也是实现企业生产成果的活动。（　　）
6. 直方图的纵坐标表示质量特性值，横坐标表示频数。（　　）
7. ISO 14000 系列标准的制定目的是节省资源、减少环境污染、改善环境质量、促进经济持续和健康发展。（　　）
8. 产品质量认证和质量体系认证都是第三方从事的活动。（　　）
9. 美国市场营销学家帕拉休拉曼、赞瑟姆和贝利提出的五种服务质量特性之间的界限是非常明确的。（　　）
10. 服务质量差距模型的核心是指出提升客户服务质量的关键在于减少顾客期望服务质量与实际感受到的服务质量之间的差距。（　　）

四、简答题

1. 简述全面质量管理的内涵和特点。
2. 简述 PDCA 循环的四个阶段和特点。
3. 全面质量管理使用的七种工具是什么？
4. SERVQUAL 模型包含的五个评价指标是什么？
5. 全面质量管理使用的七种工具是什么？
6. 简述服务质量差距模型的内容。

第 13 章 精细管理

学习目标

- 了解精益服务的内涵、基本要素和实现路径。
- 理解浪费的含义和消除浪费的必要性。
- 理解看板的含义、分类和主要工作规则。
- 掌握推进式系统和拉动式系统的含义和特点。
- 掌握实现精细生产的条件。

逻辑框架

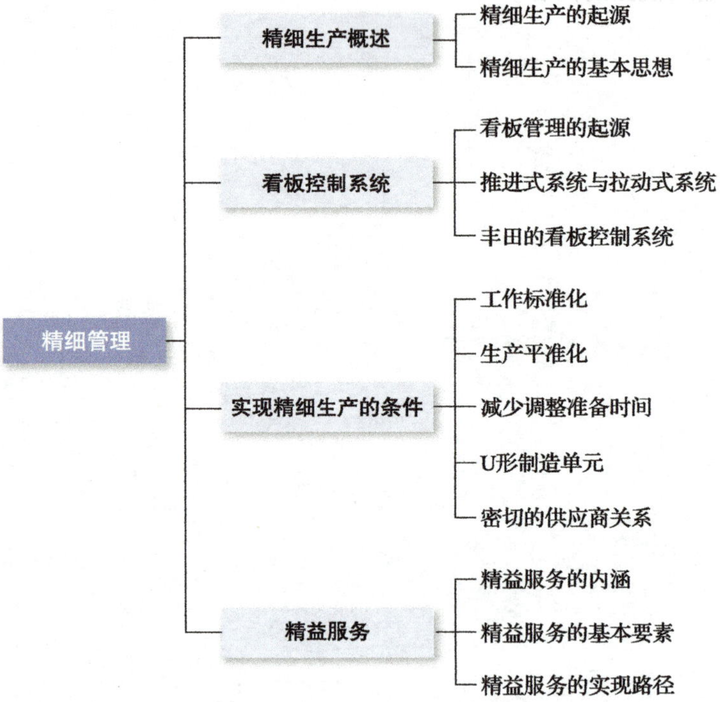

图 13－1　精细管理逻辑框架

引导案例

勠力同心　臻于至善——巨邦的精益之路

2021 年，是巨邦实行精细生产的第 3 个年头。截至 2020 年年底，巨邦集团在各部门的协同合作下销售业绩创 4.8 亿新高。这次成功是巨邦实行精细生产的结果。

面对着长期积累下来的管理及生产成本过高、不能及时交货等难题，2018 年巨邦开始了精细生产改革。面对着脏乱差的工厂，巨邦首先做的就是现场管理，对车间需要的物料进行归类达到物料可视化的目的；整改现场的卫生问题，例如清理油污、不清洁的设备和卫生死角；对生产车间的人、机、料管理标准做出相关规定，作为大家实践的准则。通过现场管理，形成整理、整顿、有序、能赢得客户信赖的漂亮工厂，让员工工作得舒心。进而，巨邦开始着力解决提高品质和效率的问题。在生产过程中，巨邦面临的主要问题有：对市场需求预测不准确，无法快速响应市场多样化、小批量的需求；由于加工流程不标准、搬运和动作浪费较多，导致生产周期长；产品品质的定义缺乏标准。面对以上难题，巨邦将生产线柔性化，设置 U 型可升降的操作平台使不同的产品在不一样的生产线生产；作业人员柔性化，培训员工参与精细生产来实现全员参与改善；改变原有的绩效考核及奖惩方案，提高员工参与的积极性。通过改造，精细生产线不仅解决了浪费问题，还极大提高了产品质量和生产效率。

通过精细生产，巨邦企业每位员工的人均小时收入增长了近 30%，在制品库存降低了 47% 以上，随着生产效率和品质管理的提升，客户投诉率较之前也下降了 45%；并且产品远销欧美、中东、东南亚、南非等国家和地区。

资料来源：

赵京芳，支豪正，陈哲宇，等．勠力同心　臻于至善：巨邦的精益之路 [EB/OL]．[2022-04-23]．http://www.cmcc-dlut.cn/Cases/Detail/5646．经编者改编。

13.1　精细生产概述

13.1.1　精细生产的起源

精细生产（Lean Production）方式源于日本丰田汽车公司所创造的丰田生产方式，是继福特大批量生产方式之后诞生的一种全新生产方式。二战以后，日本汽车工业开始起步，但此时统治世界的生产模式是以美国福特制为代表的大量生产方式。这种生产方式以流水线形式生产大批量、少品种的产品，以规模效应带动成本降低，并由此带来价格上的竞争力。

在当时，大量生产方式即代表了先进的管理思想与方法。为了与美国汽车工业的大规模、大批量生产相抗衡，丰田汽车公司的丰田喜一郎、大野耐一等人去美国福特公司进行考察并总结了实际生产管理中的成功和失败的经验。回国后结合日本经济环境的特点经过多年的反复探索，将丰田生产方式逐步完善，经过三十多年不懈的改进，使丰田生产方式愈加完善，最终超越了美国的汽车工业。

美国麻省理工学院学者对日本丰田准时生产（Just In Time，JIT）在理论上加以概括和总结，命名为 Lean Production，中文翻译为精细生产或精益生产。精，即少而精，不投入多余的生产要素，只是在适当的时间生产必要数量的市场急需产品（或下道工序急需的产品）；益，即所有经营活动都要有益有效，具有经济效益。

13.1.2 精细生产的基本思想

1. 基本含义

精细生产，又称丰田生产方式或准时生产，是指以顾客需求为拉动，以消除浪费和持续改进为核心，在整个生产活动中精打细算地利用一切资源，准时地向顾客提供其所需要的商品的生产活动。此处的资源包括土地、厂房、人员、资金、时间、设备和物料。丰田汽车公司为了推行看板管理，对其原有的生产方式进行了一系列创新改革，例如工作标准化、生产平准化和单件流等，最终形成了丰田生产方式。

2. 消除浪费

（1）浪费的含义　按照丰田生产方式的理念，凡是超过生产产品所绝对必要的最少量的设备、材料、零件和工作时间的部分，都是浪费。但是丰田汽车公司并未明确“绝对必要”的具体含义和标准是什么。美国一位管理学家对这个定义做出了修正。他提出，凡是超出增加产品价值所必需的绝对最少的物料、机器和人力资源的部分，都是浪费。这里有两层意思。一是不增加价值的活动，是浪费，因为它增加了成本；二是尽管是增加价值的活动，所用的资源超过了“绝对最少”的界限，也是浪费。此处的价值，是从顾客的角度来衡量的。顾客决定产品价值，如果生产活动在顾客看来没有增加价值，那么就是浪费。对于顾客不想购买的商品，那么投入的资源也是浪费。

（2）浪费的分类　大野耐一从丰田生产系统总结出了七种浪费，包括过量生产的浪费、等待浪费、移动浪费、库存浪费、动作浪费、产品缺陷的浪费、加工的浪费。

1）过量生产的浪费。对于外部市场的顾客而言，生产超过顾客的需求或者早于顾客的需求都是浪费，此处的生产不仅包括数量，还包括质量。对于企业生产内部而言，过量生产库存占用了原材料、人工、机器、动力、运输、仓储空间等各种资源，增加了机会成本，造成了资源浪费和库存周转率的降低。造成过量生产的原因可能是上下游工序不均衡、人岗不匹配、不了解顾客（包括下道工序）需求、生产计划不合理等。

2）等待浪费。等待浪费指的是在生产过程中零件等待加工、机器等待加工，在服务过程中顾客等待服务、服务台等待顾客而造成的浪费。在生产或服务过程中由于机器设备发生故障、处于维修状态或者调整准备时期、人员安排不合理、生产任务安排不恰当、领导决策不合理、不了解顾客需求等问题，都会造成等待浪费。

3）移动浪费。移动浪费是指不为顾客增加价值的移动造成的浪费，包括运输和搬运。丰田生产方式认为，在工厂之间、加工中心之间反复移动物料的次数超过一次就是浪费。移动物料的次数过多，会造成产品和物料的磨损，也需要增加物流设备。造成移动浪费的原因可能是设备布置不合理、过程缺乏协调、搬运路线设置不合理等。

4）库存浪费。库存浪费包括原材料、在制品、产成品的库存以及各种资源闲置造成的浪费。库存会造成企业的库存管理成本，例如占用企业流动资金、增加企业投资的机会成本、占用存储空间、支出仓库管理人员费用等。在企业生产过程中，由于生产任务安排不合理、物料流不平衡、顾客需求预测不准确、调整准备时间长等因素会造成库存浪费。

5）动作浪费。动作浪费指的是作业过程中不产生附加价值的人员的动作或者设备的动作造成的浪费。造成动作浪费的原因可能是零件摆放位置不合理、动作不合理、员工素质不合格、零件规格不标准等。

6）产品缺陷的浪费。产品缺陷的浪费指的是由于顾客不满意而引起的产品退回和质量索赔、返工和报废造成的浪费。企业由于产品、工艺和设备的设计、员工的非标准操作、机器设备的维修、激励惩罚制度等原因会造成产品缺陷的浪费。

7）加工的浪费。加工的浪费指的是在产品生产过程中不能再增加价值的加工处理，例如加工质量或精度超过了下道工序需求或客户需求所造成的浪费。造成加工浪费的原因可能是生产工序设计不合理（分工过细）、不恰当的产品设计、过分检验等。

（3）消除浪费的必要性　在精细生产理念下，库存费用不仅包括维持库存所需要的费用，还包括由库存所掩盖的问题造成的费用。因此，消除浪费有利于降低产品的单位成本，提高企业的利润空间，为企业在市场竞争中奠定优势。除此之外，消费浪费的根本意义在于发现、改善企业在生产及管理中的一系列问题。例如，上游工序上的机器设备发生故障，所加工产品的数量不能及时满足下游工序的需要，如果此时上游有足够的在制品库存，那么整个系统就不会中断。上游工序为了预防生产过程中的不确定性，就会不断增加在制品库存。对企业而言，查找机器设备出故障的原因并及时改进才是最好的处理办法。而供应商问题、生产任务安排问题等也会被过高的库存所掩盖。所以，库存浪费不仅需要耗费库存费用，还会掩盖企业的各种问题。

精细生产的这一理念可以用一种比喻来说明。一条船行驶在暗藏礁石的湖中，湖中的水面代表库存水平，礁石代表生产系统中的各种问题，如图 13－2 所示。当水面过高的时候，礁石被藏在水面下，各种问题也会被藏起来。当水面慢慢降低时，最上面的礁石先显露出来，即一些问题会优先被识别出来，此时先集中精力解决这些问题。待这些问题解决后，再从湖里放走恰当的水，露出下一层石头，继续解决相对应的问题。因此，消费浪费的途径是“降低库存—暴露问题—解决问题—降低库存”这样一个不断循环、持续改进的过程，直至实现“零库存”为止。

3．持续改进

持续改进，就是永远不满足于现状，不断地发现问题、寻找原因，提出改进措施，改变工作方法，使工作质量不断提高。精细生产方式下的改进应按照作业改善、设备改善和工程改善的顺序进行，但是这三者也是相互联系的。

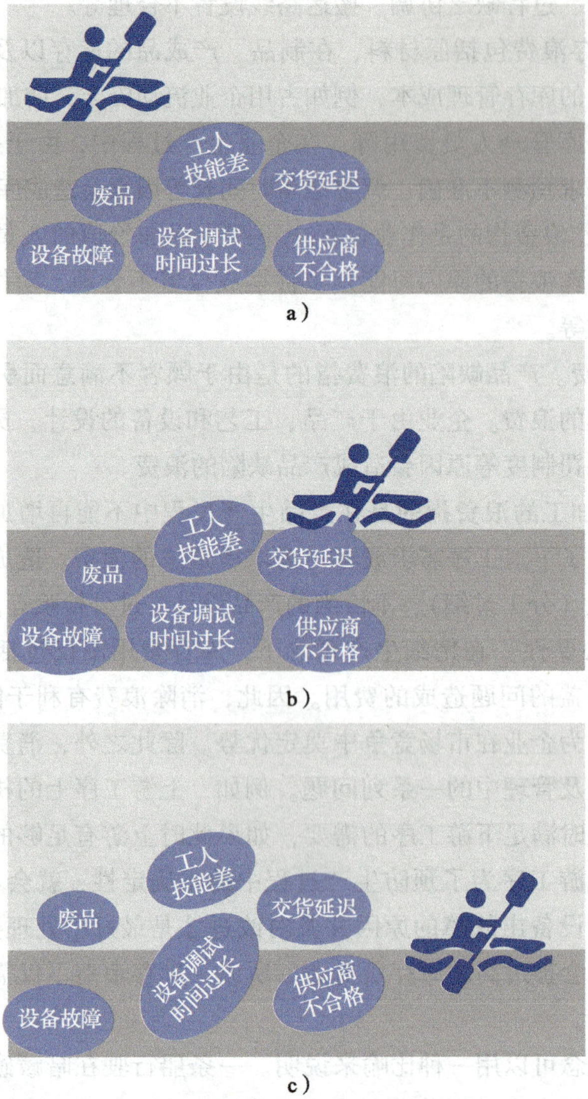

图 13－2　库存隐藏问题

章内阅读

制造业生产管理到底怎么管？

众所周知，长江和黄河是我国两条最大的河流，在它们中间还有一条淮河。其中，黄河在孕育华夏文明的同时，经常出现淤积堵塞、溃坝、泛滥、改道等问题，给中下游地区带来沉重的压力。明末著名的治河专家潘季驯经过实地调查，认为造成黄河泛滥的主要原因是泥沙淤积，由此提出了治理黄河的根本在于治沙的理念。潘季驯在治理黄河时没有蛮力清淤，也没有一味地加高、加宽河堤。他反其道而行，收窄河堤——在大堤（称为遥堤）内再修筑一道更窄的堤（称为缕堤），“遥堤用以防溃，缕堤用以束水”。河堤收窄了，水流的速度就会加快，并将沉积的泥沙带走，这就是所谓的“束水攻沙”。我们把故事迁移到制造业，“束水攻沙”与生产计划的制订与执行有什么关系呢？“束水”加快了水的流速，并带走了泥沙。对应的，精细生产中消除各种浪费，也是为了加快流速——缩短需求从开始到完成的交付周期，并及时发现和处理交付过程中的问题。

资料来源：

佚名．束水攻沙，持续加快产品交付速度［EB/OL］．［2022-04-23］．https://zhuanlan.zhihu.com/p/84228084．经编者改编。

13.2　看板控制系统

看板控制系统最早是丰田汽车公司进行精细生产的工具，为丰田汽车公司在缩减工时、减少库存、消灭次品、防止再次发生故障等方面发挥了巨大作用。需要注意，丰田生产方式是一种生产方法，而看板方式是一种管理方法，二者是不一样的。

13.2.1　看板管理的起源

看板是实现精细生产体系的工具。丰田汽车公司实施的看板方式是从美国的超级市场得来的启示。20 世纪 50 年代初，丰田汽车厂的大野耐一听到美国超级市场的情况后，充分发挥想象力，他认为超级市场和准时化是有联系的，超级市场可以看作生产线上的前一道工序，顾客可以看作是生产线上的后一道工序，当顾客从超级市场购买走所需要的商品时，供应商会立即补充顾客拿走的那一部分。类似的，前一道工序也要在必要的时间内立刻补充后一道工序所需要的商品。到 20 世纪 50 年代后期，日本也出现了美国式的超级市场，这对于丰田汽车公司而言，看板管理的研究对象就在身边，研究资料也更多了。

1953 年，丰田汽车公司先在总公司的机械工厂试行了看板管理。此后，丰田汽车公司通过在实践中摸索，清楚地理解了看板管理的目的和作业，并整理出了看板的使用规则。大野耐一认为，看板是实现准时化的工具，流水线式的生产组织是推行看板的基础条件，生产平准化和作业标准化也是重要的前提条件。早在 1950 年，丰田汽车公司的总工厂就完成了流水生产线，再加上后来通过看板管理的拉动式生产的试行，为全公司采用看板管理奠定了基础。终于在 1962 年，在全公司范围内推行了看板管理。

13.2.2　推进式系统与拉动式系统

1．推进式系统

推进式系统是计划部门根据某个时期的市场需求预测和在制品库存，首先对最终产品的生产进行分解。然后根据各工序的标准材料，确定生产的提前期。最后，将相应的生产任务和提前期传达给各个生产部门，进而细化为每个零部件的投入产出计划和相应的订购计划。对于每个部门而言，需要按照计划组织生产，生产结束后将实际情况汇报给计划部门，同时将物料送往工序上的下一个生产部门。因而，推进式系统是一种上游工序完成后将物料推到下游工序的过程。推进式系统如图 13-3 所示。

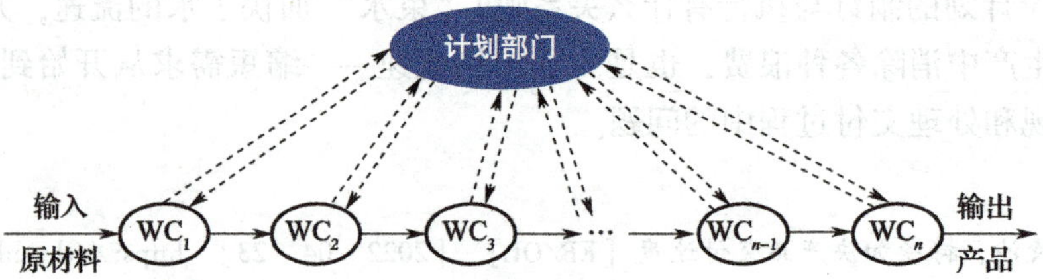

图 13－3　推进式系统

推进式系统主要有以下特点：

1）上游工序完成后将物料推到下游工序时，不考虑下游工序是否需要或者有足够资源来进行生产。如果下游工序不需要或者没有足够的资源来生产，就会造成下游工序的库存积压情况。

2）为了保证所有工序上的物料都能够准时交货，需要耗费大量的人力和物力对每个工序上物料的交货期和生产时间、设备更换模具的时间等进行准确的计算。这所有的步骤都是基于对顾客需求的预测，一旦顾客需求出现变化或者某道工序出现异常状况，则需要对整个生产计划重新进行规划调整，例如迫使工人加班、零件大量堆积。

3）由于推进式系统的复杂性和各种不确定的存在，各级工序为了准时交货，必须保有相当水平的安全库存。

4）推进式系统中的物料流和信息流是分离的，即物料单独流动，各道工序间的需求信息均是不共享的。

2．拉动式系统

拉动式系统则是从市场需求出发，拉动每个工序上的物料只要需要时才生产的系统。即每一道工序的生产都是由下道工序的需要拉动的，生产什么、生产多少、什么时候生产都以正好满足下道工序的需要为前提。拉动的概念不仅存在于生产流程中，也存在于和供应商的关系中。如图 13－4 所示。

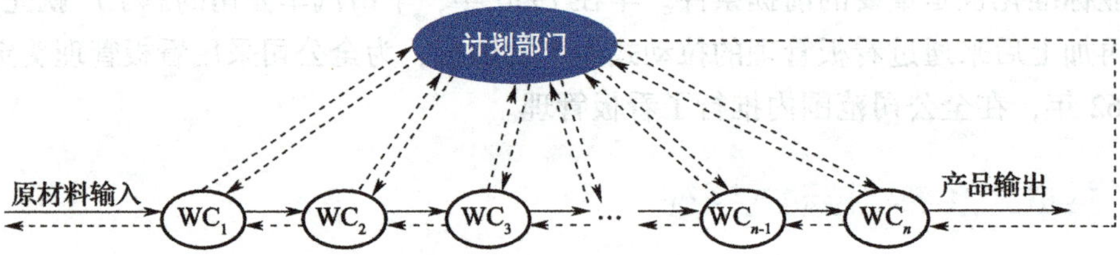

图 13－4　拉动式系统

拉动式系统有以下特点：

1）坚持一切以后道工序需求出发，即使中断生产，也不超前超量生产，拉动式生产的核心就是准时化，即在需要时生产需要的产品和需要的数量。

2）生产指令不仅仅是生产作业计划，而且利用看板进行调节。看板是在各道工序之间传递需求信息、运营拉动式系统的工具。

3）拉动式系统中的物料流和信息流的流动是一致的，物料流随着信息流而流动。

4）在拉动式系统的实际运作过程中，由于作业计划不可能完全准确，再加上不确定性因素的存在，生产过程中的每道工序不可能完全按时完成任务，对于这种情况，企业在采取措施追赶任务进度的同时，也要及时分析实际生产情况与生产计划之间偏差的原因，解决问题，不断改进。

13.2.3　丰田的看板控制系统

1. 看板的含义及分类

看板就是表示出某工序什么时间需要多少数量的某种物料的卡片，又称为传票卡，是传递信号的工具。如果这一方式的各种各样的前提条件不能完全满足（即流水式的生产工序、工序设备布局设计上的筹划、作业标准化、生产平准化），即使引用了看板方式，也难以实现准时生产。

看板主要有两种类型，即领取看板和生产指示看板。领取看板指示后工序应该领取的物品的种类和数量；生产指示看板指示前工序应该生产的物品的种类和数量。

领取看板用于指挥零件在前后两道工序之间移动。当放置零件的容器从上道工序的出口存放处运到下道工序的入口存放处时，领取看板就附在容器上。当下道工序开始使用其入口存放处容器中的零件时，领取看板就被取下，放在看板盒中。当下道工序需要补充零件时，领取看板就被送到上道工序的出口存放处相应的容器上，同时将该容器上的生产看板取下，放在生产看板盒中。领取看板通常包括以下信息：零件号、容器容量、看板号、供应方工作地号码及其出口存放处编号、需求方工作地号码及其入口存放处编号。典型的领取看板如图 13－5 所示。

供应方工作地号码： 38#油漆	零件号：A435 油箱座 容器：2型（黄色） 每一容器容量：20件 看板号： 3号（共发出5张）	需求方工作地号码： 3#装配
出口存放处编号： NO.38–6		入口存放处编号： NO.3–1

图 13－5　典型的领取看板

生产看板用于指挥工作地的生产，它规定了所生产的零件及其数量。它只在工作地和它的出口存放处之间往返。当需方工作地转来的传送看板与供方工作地出口存放处容器上的生产看板对上号时，生产看板就被取下，放入生产看板盒内。该容器（放满零件）连同传送看板一起被送到需方工作地的入口存放处。工人按顺序从生产看板盒内取走生产看板并按生产看板的规定从该工作地的入口存放处取出要加工的零件，加工完成规定的数量之后，将生产看板挂到容器上。通常生产看板包括以下信息：要生产的零件号、供应方工作地号码、供应方工作地出口存放处；看板号码、所需要的物料、所需零件的简明材料清单、供给零件的出口存放处位置、其他信息等。典型的生产看板如图 13－6 所示。

工作地号：38#油漆
零件号：A435油箱座
放于出口存放处号：NO.38-6
所需物料：5#漆，黑色
放于：压制车间21-11号储藏室

图 13-6　典型的生产看板

2. 看板组织生产的过程

实现看板生产的方法因产品特性和生产条件的不同而不同，但它们的原理都是一样的。看板以最后的工序为起点，按照下列步骤使用：

1）3 号工作地接到生产看板。

2）3 号工作地凭领取看板和该工作地入口存放处空的料箱到领取看板上所规定的 2 号工作地的出口存放处，找到存放所需零件的容器。

3）3 号工作地将装满所需零件的料箱上的生产看板取下，和取货看板核对后，将生产看板放入 2 号工作地的生产看板盒内，取货看板则挂到该料箱上。

4）3 号工作地将装满零部件的料箱取走，并将空料箱放到原处。

5）3 号工作地开始按生产看板上的要求进行生产。

6）2 号工作地接到生产看板后，去其前道工序取货。

按照同样的方式，逐步向前推进，直至原材料或其他外购件的供应地点。看板组织生产的过程如图 13-7 所示。

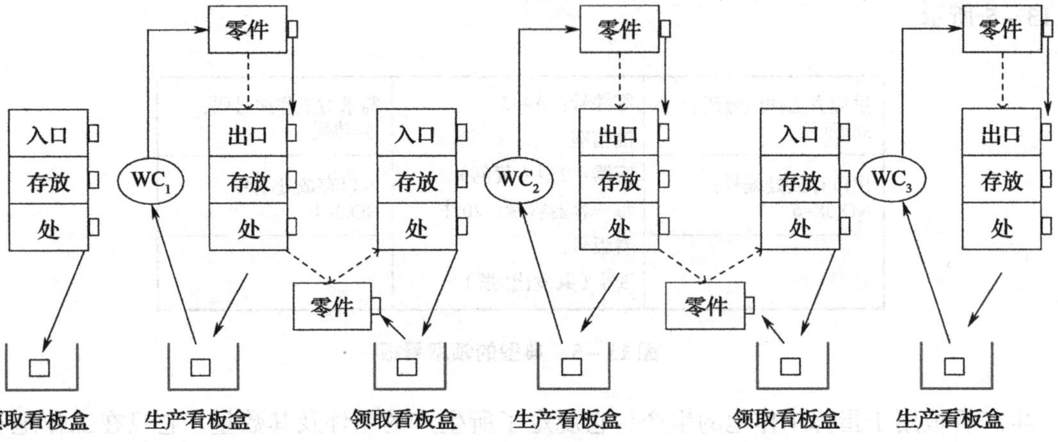

图 13-7　看板组织生产的过程

3. 看板数量的确定

实行看板管理需要确定看板的个数。各个企业看板系统不同，但基本上计算看板数量的方法大致一致。看板数量的计算公式如下：

$$N = N_m + N_p$$
$$N_m = DT_w + (1 + A_w)/b$$
$$N_p = DT_p + (1 + A_p)/b$$

式中，N_m 为领取看板的数量；N_p 为生产指示看板数量；D 为对某零件的日需求量；b 为标准容器中放置某种零件的数量；T_w 为零件的等待时间（日），即领取看板的循环时间；T_p 为所需的加工时间（日），即领取看板的循环时间；A_w 为等待时间的容差；A_p 为加工时间的容差。A_w 和 A_p 应尽可能接近于零。

4. 看板管理的主要工作规则

1）后工序在必需的时候，按所必需的数量，从前工序领取必需的物品。该规则要求如果没有看板，领取一概不能进行；超过看板数量的领取一概不能进行；看板必须附在实物上。

2）前工序仅生产被后工序领取的数量。该规则要求生产不超过看板规定的数量的产品；当前工序生产多种零部件时，必须按各看板送达的顺序进行生产。

3）不合格品绝对不能送到后工序。这里所说的“不合格”的意义，从广义上看也包括不良作业。所谓不良作业，是指没有完全标准化，在手工作业、作业顺序、作业时间上还残留着无效成分的作业。这种无效作业容易引发不合格品的生产。所以，必须彻底消除这些不良作业。实现从前工序顺畅领取。

4）必须把看板数量减少到最小。因为看板的数量，表示着某种零部件的最大库存量，所以有必要把它控制到最小。

5）看板必须适应小幅度的需求变化。通过看板对生产进行微调。所谓通过看板对生产进行微调，指的是对突然的需求变化和生产上紧急事态的适应性。

6）看板上表示的数目要与实际数量一致。

以上规则有利于保证拉动式系统的顺利运行。

章内阅读

均衡至精，拉动求益：SP 公司在制品积压的纾解之道

SP 公司是一家制造企业，负责研发、设计、生产制造汽车橡胶和塑料管路。2019 年上半年该公司的库存周转天数为 49 天，为了实现集团总部制定的将库存周转天数优化至 40 天以下的目标，SP 公司积极开始基于精细生产的数字化转型。由于 SP 公司对上下游的议价能力都较弱，在原材料库存和成本库存管理上主动权有限，只能从减少在制品库存入手。SP 公司在制品库存控制策略采用的是传统的推动模式，为了消除在制品库存，决定采用更先进的拉动模式。在精细生产理论中，拉动实现的技术是看板管理。SP 公司看板管理划分为三大块，分别是车间自制的橡胶管体的生产拉动看板、针对外购件的物料配送拉动看板和针对硫化模具管理的拉动看板。以针对橡胶管体的生产拉动看板为例，SP 公司将产品分为常规产品、次常规产品和非常规产品三大类，并原则上分别对常规产品 A 采用“超市”库存拉动的方式，次常规产品 B 和非常规产品 C 均采用顺序拉动的方式。为了简化日常的看板管理，在设计看板时，SP 公司把这顺序拉动和库存拉动两种拉动方式糅合到一起，以简单、明晰的方式反映出来。至于生产计划看板的位置，SP 公司将其放在硫化工序和组装工序之间的空位上。一是由于硫化工序是定拍工序，本就是应该直接接受计划指令的工序；二是放在硫化工序起到了承上启下的作用。历经半年之久，公司的在制品库存控制方案实施成效显著，以在

制品库存为突破口响应集团号召推行精细生产的行动终于小有成就，整体库存周转天数也达到集团至少低于 40 天的目标。

资料来源：

薛建武，曹金锦．均衡至精，拉动求益：SP 公司在制品积压的纾解之道［EB/OL］．［2022－04－23］．http://www.cmcc-dlut.cn/Cases/Detail/5614．经编者改编。

13.3 实现精细生产的条件

13.3.1 工作标准化

工作标准化，又称为作业标准化，它的表现形式是标准作业表。标准作业表的核心三要素包括加工节拍、作业顺序和标准工序储备。加工节拍，指的是制造出来一个零件或一辆汽车的时间。这是由生产数量和设备的开动时间决定的。作业顺序，指的是操作人员在加工物品的时候，搬运工具、装到机器上、再卸下来的一系列按照时间顺序进行作业的程序。需要注意，这里的作业顺序不是指产品按工艺流程流动的工序程序。标准工序储备，指的是仅仅为了进行该工序内的作业所需要的在制品，也包括机器上正在加工的零件。

大野耐一在他的著作《丰田生产方式》中提到，标准作业是在设备、机器、加工方法、改良工具、钻研搬运方式、规定适当的手头工作量等方面杜绝浪费的基础。工作标准化的关键是在高效率生产的各种条件下，更有效地把物、机器和人的作用组合起来。工作标准化的必要性在于，首先，通过工作标准化，维持现场管理中人员移动、机器、物料和操作方法的稳定性，为现象管理提供规矩。其次，在标准化作业状态下，作业活动是一致的、稳定的，在这种环境下有利于员工集中精力和时间，识别出作业现场是否有异常状况发生，进而促进企业在生产活动中的持续改进。

13.3.2 生产平准化

在拉动式系统下，前道工序只生产后道工序需要的物料的数量。在这种情况下，如果后道工序所需要的物料在时间和数量上是不均衡的，尤其是如果后道工序的需求波动幅度很大，那么前道工序不得不拥有更多的超过实际需要的人员、设备和物料。更为不好的是，丰田生产方式是通过看板管理，将丰田汽车公司内部的各生产工序和外部的协作厂家的生产工序联系在了一起，进行同步生产。因此，最后工序生产需求（顾客需求）的波动，会导致订货的波动性将不好的影响一道工序、一道工序地向前传播。为了不引起这样的恶性循环，丰田汽车公司把充当最后一道工序的整车装配线的生产高峰尽量削平降低，同时把山谷填浅，使生产线的流动趋于平稳，精细生产方式把这种做法叫作生产平准化。1956 年到 1965 年，是在丰田汽车公司内部进行生产平准化的阶段。丰田汽车公司有年度生产计划、月份生产计划和日程计划，平准化的原则通过日程计划贯彻下去。

生产平准化是指在多品种生产条件下，科学地组织和管理可变流水线上若干品种投产顺序，从而使生产平稳、均衡地进行的一种优化方法。生产平准化不仅要求达到产量上的均衡，而且要保证品种、工时和生产负荷的均衡。它体现在生产上的最大特点是实现混流生产。

在生产平准化下，各车型是相对均衡进行排序生产的，可以适时地通过调整生产顺序结合生产线能力来实现生产线的充分利用，通过合理设定生产节拍和合理设定生产顺序进行综合调整，例如让生产标准作业时间短的车型与相对生产标准作业时间长的车型相邻生产，类似这样的布置可以让生产线的负荷处于一定的区间，充分发挥人员和设备的生产能力，提高整理效率。

例如，按市场需求，某汽车厂一月份要生产 A、B、C 三种产品，每种产品的月产量分别为 A 产品 400 台、B 产品 300 台、C 产品 200 台，D 产品 100 台。该月有 20 个工作日，将各车型汽车月产量分解为日产量，该汽车厂混流生产计算表见表 13－1。此处的前提是各个工序上的设备调整准备时间都很短，具备实现混流生产的前提条件，且不考虑生产节拍。

表 13－1　某汽车厂混流生产计算表

车型	月产量（台）	日产量（台）	生产比例
A 产品	400	20	40%
B 产品	300	15	30%
C 产品	200	10	20%
D 产品	100	5	10%

在本例中，最佳的生产顺序之一是“A－B－C－A－B－C－A－B－A－D”，这样的生产顺序实现了完全混流生产，生产率更高了。

生产平准化有小批量、多品种的特点，这种生产方式不仅符合当时日本的国情，在当代面对日益变化的顾客需求，生产平准化依然有重要意义。生产平准化主要有以下优点：

1）顺应了以顾客为导向的生产理念，在顾客需求与汽车生产一般规律的矛盾中取得了平衡，充分发挥了流水线平台的生产能力。

2）高频率、小批量生产有利于提高工人的熟练度，进而提高工作效率。

3）有利于及时发现生产中的质量问题，及时采取措施使工序处于控制状态。

13.3.3　减少调整准备时间

为了实现生产平准化，需要缩小生产批量，如果设备的调整准备时间较长，那么在平准化生产的情况下调整准备占用的时间就会很长，这样是不划算的。此时，减少设备调整准备时间的要求就被提了出来。设备能实现迅速更换调整是实现丰田生产方式的绝对必要条件。

调整准备时间是指机器从加工一种零件到加工另一种零件的转换时间，此处不包括生产技术准备时间。新乡重夫提出的快速换模（SMED）法有效地缩短了换模时间，为精细生产做出了重要贡献。具体而言，快速换模法又称 60s 即时换模、10min 内换模法，它可以将一种正在进行的生产工序快速切换到下一生产工序，且处于最小浪费的状态。快速换模法在丰田汽车公司的实施，使得更换大型压床模具由原来的需要 2～3h 缩短到 3min 之内。通过快速换模法，企业不需要额外库存即可满足顾客需求；交货时间缩短，资金不需要耗费在额外库存上；生产效率也更高了。

通常可采用以下办法来减少调整准备时间：

1）尽可能把内变换操作转变为外变换操作，将内变换操作减少到最低限度。SMED 法要求把与设备装换调整有关的操作区分为内变换操作和外变换操作。前者是指那些只能在设备停止运行后方可进行的操作，会占用停机时间；后者则是指那些能够在设备运行过程中进行的操作。缩短内变换操作后，能够减少整体的调整装备时间。

2）缩短内变换操作时间，并简化外变换操作时间，这样可以保证在设备停机后的很短时间内完成设备的装换与调整。

3）将外部准备作业标准化。即把准备模具、工具和材料的作业充分程序化且必须达到标准化。

4）专用设备要具有通用性。要通过增加最小限度的设备和工装夹具，创造具有通用性的专用设备，提高切换效率。目标是设法减少道具的种类，以减少寻找、取放道具的时间。

5）进行员工培训。首先，员工的调整动作也要设定新的标准，将动作标准化，减少浪费。其次，在进行设备调整准备时，很多都是至少两名员工从事切换动作，因而，两个人之间的配合动作必须演练熟练。

13.3.4 U型制造单元

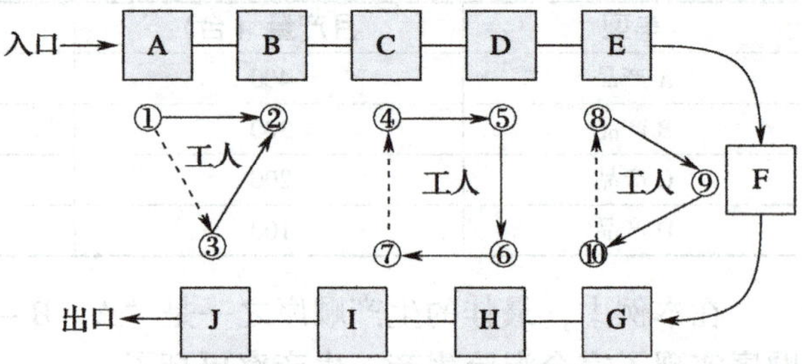

图13－8 U型设备布置

当企业由传统的推式生产方式转为拉式生产方式时，生产布局也需要进行相应调整。合理的生产布局能够保证物流顺畅流动，减少无价值的搬运动作，提高现场的生产效率。精细型工厂倡导实行U型制造单元，整体实现一笔画布局，如图13－8所示。U型制造单元是按产品对象的不同，把机器按不同零件的加工工序布置的。每一个制造单元都配备有各种不同的机床，可以完成一组相似零件的加工。

传统上，机器的布置方式有单独布置（一个人管一台机器）、按机器种类布置（一个人管两台或多台机器）、按工序顺序布置三种，但它们都不符合精细生产的要求。U型制造单元与传统的布置相比主要有以下优点：

1）柔性大。U型设备布置能够适应生产量的变化（需求的变化），在自由地增减所需要的作业人员人数方面有很大的灵活性，可以追加作业人员，也可以减少作业人员。

2）由于出口和入口的作业通常由同一个作业人员来做，因而生产线内在制品的数量能经常保持一致。

3）有利于进行持续改善。因为制造单元中的各机器分别保持着标准的在制品库存量，作业人员之间作业不平衡的情况很容易被发现，进而成为工序改善的动因。

4）利用单件流能够降低在制品的库存浪费。在U型制造单元中采用的是流水线的生产方式，当一台机器上的物料加工完毕后，合格品就可以直接传送到下台机器上进行生产，直至加工完毕被后道工序领走。而在传统的加工方式下，上台机器加工完的半成品会直接推在加工处，然后需要物流设备将其搬运或运输到下一台机器上，整个过程不能实现自动化的流水作业。因此，U型制造单元中的单件流生产可以保证半成品在各工序间顺畅、连续地流转，进而改善库存浪费。

5）能够降低员工等待浪费。在一个作业人员负责一台机器的情况下，当把原材料投入机器加工零部件的过程中，作业人员必须等待。而在U型制造单元中，一个员工至少要负责两到三台机器，这样可以减少作业人员的等待时间。

6）有利于员工间的协调帮助。U 型布置能够把员工集中在一起，增加员工间的接触机会，从而互相帮助，形成良好的工作氛围。

当产品需求变化时，需要把作业人员重新分配作业，在作业人员人数上常常会出现 6.5 人这样的零头数。0.5 个工人在现实中肯定是得不到的，如果取 1 人，又会出现作业人员的等待浪费问题。丰田公司为了克服这种作业人员出现零头数的问题，将几条 U 型生产线合并为一条生产线。使用这种连接方法，更容易应对需求的变化，灵活地向每个工人分配作业。制造零件 A ~ E 的连接生产线如图 13 - 9 所示。

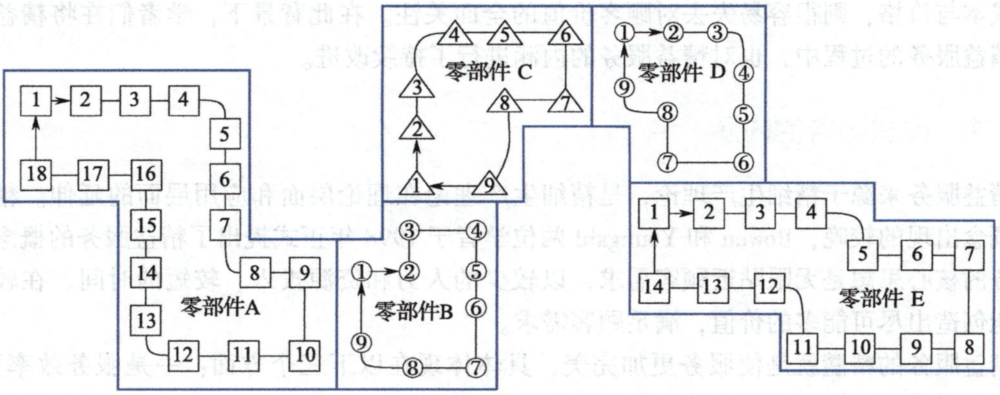

图 13 - 9　制造零件 A ~ E 的连接生产线

13.3.5　密切的供应商关系

精细生产方式要求企业和供货商之间保持紧密的合作伙伴关系，希望供应商能够供应小批量、多批次、高质量的产品。因为在精细生产方式下，企业生产安排紧凑，一旦供应商的供货不够及时或者出现质量问题，就会中断平稳的工作流，影响整个企业的生产节奏。其次，精细生产理论认为对原材料的检验是不增加产品价值的活动。其次，由于企业通过看板方式同供应商联系，如果每次都以变化的数量订购各种零部件，会导致供应商不得不加班生产、造成大量的库存浪费。出于这些原因，企业必须与供应商建立长期互利的伙伴关系。

丰田生产方式的创始人之一大野耐一认为，只有在丰田汽车公司和它周围的协作工厂一起作为一个共同体而共命运的时候，丰田生产方式才能接近完全实现。即当企业和供货商均实行丰田生产方式，二者目标一致的时候，才能实现真正的改善。

精细生产方式下的供应商关系主要有以下几个特点：

1）供应商的数量更少，重点维持好和几个供应商之间的密切关系。

2）供应商更愿意为长期合作关系下的买方供货，此时价格因素往往排在高质量、多批次、小批量等因素之后。

3）供应商必须愿意且能够做到常态的小批量、多批次、高质量的供货，企业会根据自己的经验帮助供应商实行精细运作，帮助供应商达到技术要求。因此，供应商实际是企业扩展的精细系统的一部分。

4）双方共享预测需求信息。

5）鼓励供应商对自己的供应商（二级或三级供应商）也实行精细运作。

13.4 精益服务

对制造业而言，在确保质量标准的前提下控制成本进而降低产品价格，就能在竞争中占据优势地位，以丰田为代表的日本汽车以此赢得了国际市场的领先地位。但是，消费者在服务体验过程中的关注点并不仅仅是时间成本、金钱成本、精力成本、风险成本等各类要素的损失，还包括情感价值、互动质量等来自服务体验过程的收益。因此，服务业企业如果仅仅关注成本与价格，则很容易失去对顾客价值的全面关注。在此背景下，学者们在将精益思想引入精益服务的过程中，也对精益服务的内涵进行了持续改进。

13.4.1 精益服务的内涵

精益服务来源于精细生产理论，是精细生产理论在理论层面和应用层面的延伸。精益服务的概念出现的较晚，Bowen 和 Youngahl 两位学者于 1998 年正式提出了精益服务的概念。精益服务的核心思想是无限贴近顾客需求，以较少的人力和资源投入、较短的时间、在较少的场地能创造出尽可能多的价值，满足顾客需求。

精益服务的精髓就是使服务更加完美，具体体现在以下三个方面：一是服务效率更高，二是服务质量更好，三是服务效益更佳。这三个方面是层层递进的关系，因为只有服务效率提高了，才能缩短顾客等待的时间，通过规范的服务去改善服务质量。提高了服务效率，改善了服务质量，增加了价值顾客，顾客的满意度就会提高，甚至会成为忠实顾客，那么顾客就有意愿多次购买这种优质的服务，进而企业的服务效益也会增加。

13.4.2 精益服务的基本要素

精益服务的基本原则包括通过服务确定价值、确定服务价值链、让服务流动起来、提供顾客驱动型服务、追求完美。它基于服务行业，引入了精益生产的思想原则。由于服务业和制造业是有区别的，因此与精益生产相比较，精益服务的改进主要在服务流程、服务界面、员工管理等方面，对这些要素也更加关注。

（1）顾客要素　在服务过程中，顾客既是消费者也是生产者，这要求服务企业在精益改进中不仅要关注顾客的产出需求，更要关注顾客的过程需求。例如，服务企业在顾客的消费过程中致力于为他们节省时间、金钱、精力等成本，同时也关注顾客在消费过程中的体验性和情感满足，努力提升顾客满意度。

（2）流程要素　流程要素是精益服务改进的重点，也是服务企业向顾客传递价值的渠道。对于流程要素，首先应当树立顾客导向的价值思想，围绕顾客需求区分价值与浪费，设计运营流程对操作程序进行标准化改造；精益服务的关键在于提高效率，更具体地说精益服务主要体现在工作流程的畅通和简化以及工作时间的压缩两个方面。顾客的等待时间是服务浪费的主要形式，而问题往往产生在流程设计中精益服务改进的重点是面向顾客的服务流程和企业内部的协调流程。

（3）界面要素　界面是顾客发生服务的环境、背景，承载并整合流程。服务界面的主要功能是企业通过服务流程辨别、理解和管理各个顾客接触点。服务改进的直观产出就是为顾客提供便利、高效、舒适的服务界面。在精益生产中，实践者用看板、自动化等工具、技术来提高生产界面的效率，为员工创造便利。在精益服务中，这一界面既是员工界面，又是顾客界面，因此需要感官要素的恰当融入，如界面的色彩、明暗设计、气味、声音的使用等。

(4) 员工要素　员工是服务业企业的最重要的资产，在精益服务的改进和实践中发挥着至关重要的作用。精益服务中对员工素质要求更高，员工不仅会得到更多授权，让员工参与决策，还会加大员工培训的支持力度。其次，精益服务还注重加强合作组建跨职能团队，致力于为员工提供个性化服务。及时了解一线员工对服务系统的意见，是精益服务成功落实的关键。赋予组织中各级员工技能和系统思考的方式是精益改进的基础。研究证明，精益改进要更加贴近内部员工，通过积极沟通充分释放员工的创新活力引导员工在精益战略下为公司更加努力地工作。

麦当劳作为全球最大的快餐公司，它的成功也来源于精益服务的实施。具体而言，在顾客要素上，麦当劳致力于为顾客提供快速、准确和友善的服务，礼貌用语贯穿整个服务的始终；在流程要素上，麦当劳通过标准化的流程管理，改进食品制作工艺，所有的操作都是标准的，用机器代替厨师，由计时器和温度计指挥，要求从顾客点餐到最后把所有餐点送到顾客手里的整个过程在 1min 内完成；在界面要素上，麦当劳餐厅布置典雅，播放轻松的乐曲，努力营造欢乐温馨的气氛，制造一种与在家中就餐一样的舒适环境，如桌椅舒适；在员工要素上，一个店铺经理需要接受 2000h 的培训，晋升和加薪对每个人都是公平合理的，关爱员工的家人，专门设置了“太太基金”、员工特许制度等。

13.4.3　精益服务的实现路径

精益服务追求“成本—效率—质量”的三方均衡，顾客视角下的精益服务可以通过以下三种路径实现：

(1)“成本—效率”路径　该路径通过检查并消除服务系统运作中存在的各种浪费，节约服务成本，提高企业各部门之间内部服务以及企业对外部顾客提供服务的效率，打造高效、快捷的服务形象。这种路径并非不关注作为产出的服务质量，只是将其视为一种相对稳定的系统性产出，而更关注提供这种产出的过程。这种路径适用于顾客对时间、速度要求较高的服务，如银行业、保险业等。

(2)“质量—成本”路径　该路径通过深刻挖掘顾客感知服务质量的影响因素，尤其是关注那些可以打动顾客情感的要素，以此为重点设计服务的核心产品和辅助产品，优化服务流程与服务界面，同时注意控制成本。这种路径强调充分发挥员工服务对顾客的影响，同时将作为产出的质量借助独特的服务界面呈现出来。这种路径适用于顾客对服务内容要求较高的行业如酒店、娱乐行业等。

(3)“效率—质量”路径　该路径通过大量顾客服务方案的累积，根据顾客需求特征改进服务系统的响应性，提高设计顾客服务解决方案的效率和服务传递的效率，为顾客在第一时间提供合适的服务产品。这种路径并非不关注成本要素，只是将其置于对效率和质量的考虑之后，更强调通过服务满足顾客最直接的需求。这种路径适用于顾客对效果和效率兼顾的服务，如咨询、医疗等。

本章小结

本章系统地阐述了精细生产的相关内容。13.1节介绍了精细生产的起源和基本思想，即消除浪费和持续改进。13.2节描述了丰田生产方式的起源——看板控制系统的具体内容，主要包括丰田汽车公司实行看板管理的起源、推进式系统和拉动式系统的含义及特点、丰田的看板管理系统的实施原理和主要工作规则，以期读者对丰田生产方式有一个大概的了解。13.3节论述了实现精细生产的前提条件，包括工作标准化、生产平准化、减少调整准备时间、U型制造单元和密切的供应商关系五个条件。最后，13.4节介绍了精细生产在当代的发展，即精益服务的内涵、基本要素（顾客要素、流程要素、界面要素和员工要素）及其实现路径。

案例分析

欲要创其效，必先改其善：Y公司精细改善之路

Y公司是全球前三大液晶面板厂商，经过二十余年的不懈努力与发展，公司积累了丰富的经验与雄厚的实力。2020年受不可控因素的影响，市场对液晶屏幕的需求量越来越大，产品订单与日俱增且呈现多品种、小批量的趋势，但目前公司生产运营的各个环节都面临着挑战，更难以将各个环节都有机地整合起来。2020年8月，Y公司生产部接到通知，有一批500K的M238型号Cell需在PID区域进行为时三个月的生产。这要求Y公司既要消化500K的产能，又不影响PID区域原有产品的正常生产。为了解决这个问题，生产部决定引进新的CUT设备，新引进设备自动化程度更高，产能增加数倍，完全可以消化500K的产能。

经过一段时间测试后，生产中的问题频频出现。有多年精细生产管理经验的生产部王主管通过对PID生产线的价值流进行跟踪，对产线进行剖析，发现了PID生产线存在的诸多问题，例如：工序节拍不均衡，导致工序之间存在较多在制品，在制品过多不仅影响生产效率，还会增加不良率；由于作业方法不标准、员工技能不足等造成产品一次通过率低；生产线存在较大浪费；生产线各个工序的作业员工作量很不均匀；等等。

面对诸多问题，Y公司各部门推行准时化的生产方式。第一，进行生产工艺的优化。公司的生产线各工序之间的节拍相差较大，即使一些工序耗时较短，却也要由专人来完成，浪费了人力。面对该问题，Y公司将两个相邻的耗时较短的工序进行合并，人力减少1人。例如，FMA精度分析原来由制程人员1人专门负责，受限于Bonding的产能过少，该人员有大量的等待时间，所以将FMA和DSP合并由一人操作。经过工艺流程的优化，原来的12个站点优化成8个站点，人力减少4人，这得益于公司制订的多能工培养计划，让个人可以熟练操作多个站点的工作。第二，实现稳定化生产。在车间的每一个工序工位上按照要求挂上作业指导书，且指导书会及时更新，用来指导作业人员作业，做到产品、作业指导书、作业标准三者保持一致。机器设备的稳定化要求设备能够零故障、稳定生产。Y公司对设备进行定

期保养，指定专人负责，并对每次维修项目和保养项目进行记录，这样可以有效提高设备的利用率。第三，实现均衡化生产。Y 公司以多品种、小批量产品组合来实现均衡化生产，提高生产应变能力，应对市场变化，实现柔性生产系统。

通过精细改善，Y 公司持续不断地改进生产，消除不必要的浪费，降低企业的成本，最终生产效能有了显著的提升。未来，随着多品种、小批量产品组合的趋势越来越明显，Y 公司将继续用精细的思想不断解决生产过程中遇到的瓶颈问题，提升企业生产运营管理水平，推动企业发展再上新台阶。

资料来源：

张和平，钟秋鹏，袁壮．欲要创其效，必先改其善：Y 公司精益改善之路［EB/OL］．［2022-04-23］．http://www.cmcc-dlut.cn/Cases/Detail/6039．经编者改编。

【问题思考】

Y 公司是如何进行生产线优化，以达到生产线平衡、人机效能提升目的的？

【案例讨论】

Y 公司进行生产线优化的措施主要有工序流畅化、稳定化生产、均衡化生产三步，这些步骤对人员管理、物料管理、机器设备管理、工艺方法管理、车间环境管理存在的一些问题进行了优化和改善。

本章习题

一、单选题

1．精细生产起源于（　　）。

A．福特生产办法　　B．自动化与准时化

C．丰田生产方式　　D．拉动看板

2．对零件的加工投入超过顾客需求部分的浪费属于（　　）浪费。

A．过量生产　　B．等待

C．移动　　D．动作

3．实行“看板方式”的基础是（　　）。

A．准时化　　B．自动化

C．流水线生产　　D．均衡化生产

4．精细生产活动的参与对象是（　　）。

A．维修人员　　B．全体人员

C．生产管理员　　D．一线员工

5．在下列时间中，（　　）是增加价值的时间。

A．移动的时间　　B．搬运的时间

C．等待的时间　　D．加工的时间

6. 看板在生产过程中的主要目的是（　　）。
   A. 产品标识　　B. 工序标识
   C. 传递生产信号　　D. 数量标识
7. 在精细生产方式中，浪费是从（　　）的角度来衡量的。
   A. 顾客　　B. 企业
   C. 管理人员　　D. 生产人员
8. 生产平准化体现在生产上的最大特点是实现（　　）。
   A. 混流生产　　B. 均衡生产
   C. 柔性生产　　D. 标准生产
9. 新乡重夫提出的快速换模法的作用是（　　）。
   A. 实现工作标准化　　B. 减少调整准备时间
   C. 实现生产平准化　　D. 增加调整准备时间
10. U 型制造单元是按（　　）的不同，把机器按不同零件的加工工序布置的。
   A. 产品对象　　B. 员工技能
   C. 工序　　D. 原材料

二、多选题

1. 丰田生产方式的特点是（　　）。
   A. 多品种　　B. 少品种
   C. 大批量　　D. 小批量
2. 精细生产的核心是（　　）。
   A. 消除浪费　　B. 持续改进
   C. 准时化　　D. 自动化
3. 精细生产方式的两大支柱是（　　）。
   A. 消除浪费　　B. 持续改进
   C. 准时化　　D. 自动化
4. 标准作业表的核心三要素包括（　　）。
   A. 加工节拍　　B. 作业顺序
   C. 标准工序储备　　D. 标准场地
5. 看板是实现准时生产的工具，大体上可以分为哪两类？（　　）
   A. 领取看板　　B. 替代看板
   C. 生产指示看板　　D. 计划看板
6. 实现精细生产的具体方法有（　　）。
   A. 工作标准化　　B. 生产平准化
   C. 生产柔性化　　D. U 型制造单元
7. 精益服务的基本要素包括（　　）。
   A. 顾客要素　　B. 流程要素
   C. 界面要素　　D. 员工要素

三、判断题

1. 大量生产方式是指大规模地生产单一品种的生产方式。（　　）
2. 精细生产采用拉动式系统，生产指示由最后一道工序开始，在需要的时候依次向前传递，使得准时生产成为可能。（　　）
3. 只有不增加价值的活动，才是浪费。（　　）
4. 精细生产方式采用推动式系统。（　　）
5. 推进式系统中的物料流和信息流是分离的，即物料单独流动，各道工序间的需求信息均是不共享的，但是拉动式系统中的物料流和信息流的流动是一致的，物料流随着信息流而流动。（　　）
6. 看板管理中，产品的质量在每一个生产环节都要得到保证，任何一个生产工序都不能将任何有缺陷的产品送到下工序。（　　）
7. 平准化生产只要求达到产量和品种上的均衡。（　　）
8. U 型制造单元面对顾客需求的变化时有更大的柔性，这种柔性主要体现在作业人员的数量上。（　　）
9. 精细生产方式下，供应商对价格因素的关注高于对质量的关注。（　　）
10. 精细生产方式只适合于生产制造领域。（　　）

四、简答题

1. 简述精细生产的含义。
2. 精细生产中的七种浪费是什么？
3. 简述拉动式系统的含义和特点。
4. 简述丰田的看板控制系统的含义和工作规则。
5. 简述平准化生产的必要性和含义。
6. U 型制造单元的特点是什么？
7. 减少调整准备时间的具体措施有哪些？

章后习题参考答案

第 1 章

【单选题】1. C 2. C 3. A 4. C 5. A 6. B 7. C 8. A 9. C 10. A
【多选题】1. ABC 2. ABC 3. ABCD 4. ABCD 5. BCD 6. ABCD 7. ABD
【判断题】1. 对 2. 对 3. 错 4. 错 5. 对 6. 错 7. 错 8. 对
9. 对 10. 错 11. 对 12. 对 13. 对
【简答题】略

第 2 章

【单选题】1. A 2. B 3. C 4. C 5. D 6. D 7. D 8. D 9. A 10. A
【多选题】1. ABCD 2. ABCD 3. CD 4. ABC 5. ABCD
【判断题】1. 错 2. 对 3. 错 4. 错 5. 对 6. 错 7. 错 8. 错 9. 对 10. 对
【简答题】略

第 3 章

【单选题】1. B 2. B 3. B 4. C 5. B 6. D 7. A 8. B 9. C 10. D
【多选题】1. ABCD 2. ABCD 3. ABC 4. ABCD 5. ABC 6. ABCD
【判断题】1. 对 2. 对 3. 错 4. 错 5. 错 6. 错 7. 对 8. 对 9. 对 10. 对
11. 错 12. 对 13. 对
【简答题】略

第 4 章

【单选题】1. D 2. B 3. A 4. A 5. D 6. A 7. C 8. B 9. C 10. C
【多选题】1. ABCD 2. ABCD 3. ABCD 4. ABCD 5. AB
【判断题】1. 对 2. 错 3. 错 4. 对 5. 错 6. 对 7. 对 8. 对 9. 错 10. 对
11. 对 12. 对
【简答题】略

第 5 章

【单选题】1. B 2. A 3. A 4. B 5. B 6. C 7. A 8. D 9. D 10. C
【多选题】1. ABCDE 2. AD 3. ABDE 4. ABCDE 5. ABCDE
【判断题】1. 错 2. 对 3. 对 4. 错 5. 对 6. 对 7. 对 8. 对 9. 错 10. 错
【简答题】略

第 6 章

【单选题】1. D 2. A 3. C 4. B 5. C 6. B 7. B 8. C 9. D 10. C
【多选题】1. AB 2. ABCDE 3. ABCD 4. AB 5. AB
【判断题】1. 错 2. 对 3. 错 4. 对 5. 错 6. 错 7. 对 8. 错 9. 错 10. 对
【简答题】略

第 7 章

【单选题】1. B 2. B 3. B 4. C 5. B 6. A 7. C 8. C 9. B 10. D
【多选题】1. ABCD 2. ABC 3. CD 4. ABCD 5. ABCD
【判断题】1. 对 2. 对 3. 对 4. 对 5. 错 6. 对 7. 错 8. 错 9. 对 10. 对
【简答题】略

第 8 章

【单选题】1. A 2. A 3. D 4. B 5. B 6. B 7. C 8. B 9. D 10. A
【多选题】1. AB 2. ABCDE 3. ABCD 4. ABCD 5. ABCDE
【判断题】1. 错 2. 对 3. 错 4. 对 5. 错 6. 错 7. 对 8. 对 9. 错 10. 对
【简答题】略

第 9 章

【单选题】1. D 2. B 3. B 4. B 5. C 6. A 7. A 8. A 9. B 10. A
【多选题】1. ABC 2. BCD 3. ABC 4. ABCD 5. ABCDE
【判断题】1. 对 2. 对 3. 错 4. 对 5. 对 6. 错 7. 对 8. 对 9. 错 10. 错
【简答题】略

第 10 章

【单选题】1. C 2. A 3. B 4. D 5. B 6. A 7. D 8. B 9. D 10. C
【多选题】1. ABD 2. ABCD 3. ABCD 4. AC 5. ACD
【判断题】1. 错 2. 对 3. 错 4. 错 5. 对 6. 错 7. 错 8. 对 9. 错 10. 对
【简答题】略

第 11 章

【单选题】1. C 2. B 3. A 4. C 5. C 6. A 7. A 8. B 9. B 10. C
【多选题】1. ABD 2. ACD 3. ABC 4. ABC 5. AD 6. ABCD
【判断题】1. 错 2. 对 3. 错 4. 错 5. 错 6. 错 7. 对 8. 错 9. 对 10. 错 11. 错
【简答题】略

第 12 章

【单选题】1. C 2. C 3. D 4. C 5. A 6. B 7. D 8. C 9. A 10. C 11. A

【多选题】1. ABCD 2. ABD 3. ABCD 4. AB 5. ABCD 6. ABCD

【判断题】1. 错 2. 错 3. 对 4. 错 5. 错 6. 错 7. 对 8. 对 9. 错 10. 对

【简答题】略

第 13 章

【单选题】1. C 2. A 3. C 4. B 5. D 6. C 7. A 8. A 9. B 10. A

【多选题】1. AD 2. AB 3. CD 4. ABC 5. AC 6. ABCD 7. ABCD

【判断题】1. 对 2. 对 3. 错 4. 错 5. 对 6. 对 7. 错 8. 对 9. 错 10. 错

【简答题】略

参考文献

[1] 呷哺呷哺关闭200多家门店，重拾初心再出发 [EB/OL]. [2022-04-23]. https://www.zixinbio.com/news/2191.html.

[2] 白长虹，李中，王潇. 精益服务：从运作导向到顾客视角 [J]. 现代管理科学，2010 (8)：12-14.

[3] 陈晨. 公路客运企业旅客精益服务研究 [D]. 西安：长安大学，2015.

[4] 陈霖. 为何大批中国企业在开曼群岛注册 [J]. 国际商务财会，2015 (4)：5-6；12.

[5] 陈伦英. CD农商银行P支行营业网点服务质量管理研究 [D]. 成都：电子科技大学，2021.

[6] 董建松. A银行客服中心服务质量评价指标体系的完善研究 [D]. 石家庄：河北经贸大学，2020.

[7] 大野耐一. 丰田生产方式 [M]. 谢克俭，李颖秋，译. 北京：中国铁道出版社，2016.

[8] 冯雪. M住宅小区物业管理服务质量提升对策研究 [D]. 邯郸：河北工程大学，2020.

[9] 何建崎. 二次ABC分类法在连锁超市配送中心商品管理中的应用 [J]. 湖南农机，2011，38 (9)：118-119.

[10] 胡湘菊，周慧. 论休闲餐饮企业的服务利润链管理：以海底捞火锅店为例 [J]. 湖南商学院学报，2010，17 (6)：94-97.

[11] 韩昭君，汪玥琦. DX汽车零部件公司的库存管理困境 [EB/OL]. [2022-04-23]. http://www.cmcc-dlut.cn/Cases/Detail/4807.

[12] 吉国力，龚达新，徐汉辉. MRPⅡ中物料清单树型结构的分析与实现 [J]. 厦门大学学报（自然科学版），2000 (3)：304-310.

[13] 蒋丽，李倩. 华孚时尚：一根纱线穿起的供应链管理创新 [EB/OL]. [2022-04-23]. http://www.cmcc-dlut.cn/Cases/Detail/4754.

[14] 雷江升. 服务及服务质量理论研究综述 [J]. 生产力研究，2007 (20)：148-150.

[15] 莱因哈特，等. 高端产品背后的认知偏差 [J]. 哈佛商业评论（简体中文版），2018 (1)：38.

[16] 李少冬，仲伟俊，刘乃丰. 医院门诊服务能力规划研究 [J]. 数学的实践与认识，2005 (10)：56-60.

[17] 霍夫斯泰特，阿廖卜塞，赫尔曼. 产品创新该听网民的吗？[J]. 哈佛商业评论（简体中文版），2007 (11)：35-39.

[18] 罗学明，杜水莉. “好”公司会推出更多新产品 [J]. 哈佛商业评论（简体中文版），2018 (10)：49-51.

[19] 李新然，王振，李长浩，等. 什么才是满意的答卷：富士冰山的车间布局优化之道 [EB/OL]. [2022-04-23]. http://www.cmcc-dlut.cn/Cases/Detail/3013.

[20] 马春光. 数字化赋能：太平鸟破解库存控制难题 [EB/OL]. [2022-04-23]. http://www.cmcc-dlut.cn/Cases/Detail/5851.

[21] 饶淑雯. SCOR模型在供应链绩效评价中的应用 [J]. 物流工程与管理，2014，36 (7)：174-176.

[22] 任晓霞. D公司零部件库存管理改进研究 [D]. 大连：大连理工大学，2021.

[23] 石声萍，何新月，洪静，等. 谁动了我的店铺？竹叶青的门店布置与运营 [EB/OL]. [2022-04-23]. http://www.cmcc-dlut.cn/Cases/Detail/4903.

[24] 泰勒. 科学管理原理 [M]. 马风才，译. 北京：机械工业出版社，2007.

[25] 唐勇军，祁雨秋，胡洁. “界”无止境：全柴集团业财融合之路 [EB/OL]. [2022-04-23]. http://www.cmcc-dlut.cn/Cases/Detail/5937.

[26] 王国化. 丰田制造业真经 [M]. 北京：北京工业大学出版社，2006.

[27] 王贵武. SCOR 模型在供应链绩效管理中的应用 [J]. 物流工程与管理, 2012, 34 (8): 64 - 66.

[28] 王洪伟, 郑丽娟, 陈诗沁. 好马配好鞍: ERP 助力 BF 公司采购与仓储系统升级 [EB/OL]. [2022 - 04 - 23]. http: //www. cmcc-dlut. cn/Cases/Detail/4413.

[29] 王俊杰. 乐视生态系统的战略分析 [D]. 成都: 电子科技大学, 2017.

[30] 王健菊, 任红怡. 大数据背景下贵阳创新型中心城市建设思路 [J]. 宏观经济管理, 2017 (12): 87 - 92.

[31] 是什么原因让比亚迪一夜之间宣布停止生产燃油汽车? [EB/OL]. [2022 - 04 - 06]. https: //www. 163. com/dy/article/H49P18KK0552ZCM1. html.

[32] 王子璇. 海航集团多元化战略实施动因及经济后果研究 [D]. 蚌埠: 安徽财经大学, 2021.

[33] 薛建武, 曹金锦. 均衡至精, 拉动求益: SP 公司在制品积压的纾解之道 [EB/OL]. [2022 - 04 - 23]. http: //www. cmcc-dlut. cn/Cases/Detail/5614.

[34] 口罩日产 2000 万只比亚迪如何成就全球最大量产口罩工厂? [EB/OL]. (2020 - 04 - 22) [2022 - 04 - 23]. http: //finance. sina. com. cn/stock/relnews/hk/2020 - 04 - 23/doc-iircuyvh9380116. shtml.

[35] 麦克杜飞, 藤本隆宏. 难以撼动的汽车业"恐龙" [J]. 哈佛商业评论 (简体中文版), 2018 (6): 41 - 49.

[36] 张和平, 钟秋鹏, 袁壮, 等. 欲要创其效, 必先改其善: Y 公司精益改善之路 [EB/OL]. [2022 - 04 - 23]. http: //www. cmcc-dlut. cn/Cases/Detail/6039.

[37] 赵京芳, 支豪正, 陈哲宇, 等. 勠力同心, 臻于至善: 巨邦的精益之路 [EB/OL]. [2022 - 04 - 23]. http: //www. cmcc-dlut. cn/Cases/Detail/5645.

[38] 周婕. TF 公司物业服务质量提升研究 [D]. 杭州: 浙江工业大学, 2020.

[39] 沃麦克, 琼斯. 精益思想 [M]. 沈希瑾, 张文杰, 李京生, 译. 北京: 机械工业出版社, 2008.

[40] 赵艳丰. 漫谈 4S 店的备件库存管理 [J]. 汽车与驾驶维修 (维修版), 2019 (8): 13 - 16.

[41] 张永杰. 无锡博世公司生产计划优化研究 [D]. 天津: 河北工业大学, 2019.

[42] 前沿策略集团. 投资非洲不能只看 GDP [J]. 哈佛商业评论 (简体中文版), 2018 (1): 36.

[43] 李顺基. 适时调整工位, 提升企业收入 [J]. 哈佛商业评论 (简体中文版), 2018 (3): 53 - 58.

[44] 布尔. 排队尾的真正代价 [J]. 哈佛商业评论 (简体中文版), 2018 (5): 8.